독일현대문학에 새겨진 유럽의 자화상

이 저서는 2022년 대한민국 교육부와 한국연구재단의 인문사회분야 신진연구자지원사업의
지원을 받아 수행된 연구임(NRF-2022S1A5A8056101)

독일현대문학에 새겨진 유럽의 자화상

신성엽 지음

연세대학교 출판문화원

독일현대문학에 새겨진 유럽의 자화상

2025년 12월 30일 초판 1쇄 발행

지은이 신성엽
펴낸곳 연세대학교 출판문화원
주소 서울특별시 서대문구 연세로 50
등록 1955년 10월 13일(제9-60호)
전화 02) 2123-3378~80
팩스 02) 2123-8673
전자우편 ysup@yonsei.ac.kr
홈페이지 http://press.yonsei.ac.kr
인쇄 네오프린텍(주)

ISBN 978-89-6850-924-7 (93850)

값 23,000원

유럽의 자화상, 독일문학에 새겨지다

독일현대문학에 새겨진 유럽의 자화상은 유럽에 대한 성찰과 유럽의 비전을 담은 독일문학 작품을 단계별로 나누어 연구하고, '이야기되고, 논구되며, 기억되는' 유럽을 비교문학적, 예술철학적 방법으로 바라보았다. '유럽'은 단순한 지명에 머물지 않으며, 시대에 따라 변화와 성장, 퇴보와 도전을 거듭한 유기체라 할 수 있다. 유럽이 '개념으로 존재하지 않는다'는 사실은 유럽에 고유한 방식이 작동하고 있음을 시사한다. 독일문학은 이렇듯 살아 숨쉬는 '유럽'을 유의미하게 다루고 있으며 그 범위 또한 동구권으로 확장되는 경향을 보이고 있다. 이렇게 볼 때 국경 또한 유동적 생명체라 할만 하며, 그 배경에는 독일문학에 포섭된 다층적 요소들이 유럽문화의 내용을 이루고 있음을 증빙한다.

에우로페Ευρωπη라는 어원이 말해주듯 황소로 변신한 제우스가 에우로페를 약탈하여 크레타로 간 유럽 건국신화는 약탈과 낭만의 역사를 안고 있으며(Kläger/Wagner-Egelhaaf 2016), 신화의 배경인 지리적 공간과 불가분의 관계를 갖는다. 한때 찬란했던 유럽의 신화 속 지역은 현대에 이르러 그 의미와 중요도가 변화하는 양상을 보인다. 그럼에도 유럽은 그 어느 대륙보다 긴밀한 관계를 유지하며, 문명, 권력, 제국, 공동체, 역사적 사건 등 매우 다양한 이슈들이 문학 텍스트 내부에서 형성되고 논의된다. 유럽연합에 속하지 않는 러시아의 문화라고 예외는 아니다. 가령 요람에서 슬라브어를 듣고 자라고, 러시아가 전쟁과 혁명으로 탈마법화되기 전, 청년 릴케의 창작의 원칙이 된 러시아 이미지 및 독일 신세대 문학에 등장한 러시아 이주민 배경은 독일문학이 어느새 유라시아의 경계에까지 영역을 넓히고 있음을 확인케 한다. 벤야민의 『모스크바 일기』와 「나의 서재를 풀어놓으며」에 대한 에세이도 마찬가지였다. 그럼에도 국내 독문학계에서 유럽을 주제로 한 학제간 논의는 충분치 않다. 1960년대와 70년대 그리고 80년대 역시 동서독의 분리와 열강이 대치하는 가운데 희망적 유럽 논의가 어려웠던 것이 현실이다. 그런 와중에 유럽을 논할 때 파급력 있는 담론의 주인공은 엔첸스베르거와 로버트 메나세이다. 일명 '온순한 괴물 브뤼셀'과 '유럽의 전령'이 독일현대문학에 새겨진 유럽을 기획하는데 '전령'이 된 것이다.

엔첸스베르거 이후 유럽 담론은 낙관적이지 않은데 그 배경에 유럽의 미래에 대한 불안과 EU에 산재한 사회적 현상들이 자리한다. 2000년대 들어 문단에서 '유럽'이 빈번히 논의되는 배경에는 크고 작은 규모의 내적 분열에 대한 우려와 미래 비전에 대한 문학적 열망이 관찰된다. 본 연구 도서를 위한 문학 텍스트 역시 이러한 인식을 기반으로 선정했다. 로만문학 연구자 안네 크라우메는 문학 속 유럽을 "움직이는 암호"(Kraume 2010, 7)라 적절히 칭했다. 오늘날 유럽에 관한 문학적 결과물들은 유럽에 관한 사회학적 논의를 마련하는 기현상을 보인다. 이러한 배경에서 이 책은 동사적 속성을 띠는 유럽을 정면으로 돌파한 현대작품을 토대로 유럽의 모습을 파악하고자 하였다.

신성로마제국 시기에 종교적 세계관을 통한 유럽 통합에의 비전은 이후 유럽문화의 재발견과 유럽연합의 제도적 통일체로 이어졌다. 전기 낭만주의자들의 '문화적 유럽기획'과 1993년 창립된 유럽연합을 중심으로 문화적 통합을 시도한 후, '하나의 유럽'은 유토피아적 기획으로서 새롭게 점검되고 사유되어야 할 국면에 이르렀다. 탈냉전 이후 유럽의 지정학적 변동과 유럽공동체에 드리운 이중의 그림자는 현대 독일문학 속에 주조되어 있다.

독일은 "시인과 사상가의 나라"라는 이름에 걸맞게, 오랜 시간 철학과 문학의 중심지로 자리해왔다. 그러나 1945년 제2차 세계대전에서 패한 후, 독일문학은 '영점'이라 불리는 문학적 전환기를 맞이하였다. 페터 슬로터다이크에 따르면 유럽은 1945년 연합국에 의해 독재의 길에서 벗어났지만, 미소 냉전이라는 양분된 이데올로기 시기에 서쪽과 동쪽의 힘겨루기는 "텅 빈 시기"로 진단되었다. 동구권의 몰락 이후 유럽의 역사철학적 방향성은 새로이 정의되어야 했고, 1990년 독일 통일 이후 35년간 유럽 사회는 전통과 혁신 앞에 열병을 앓고 있다.

문학 차원에서, 독일문학의 단절된 전통을 재건하고자 1947년 결성된 47그룹이 20년간 문학적 소임을 충실히 이행한 후, 분단과 통일 문학, 이주자문학과 신세대 문학이 독일 현대문학에 새로운 주제와 형식을 부여하였다. 이 책 『독일현대문학에 새겨진 유럽의 자화상』은 2015년 유럽 난민 사태와 독일 사회의 정치적 변화, 그리고 점점 폐쇄성을 띠는 세계의 국경선에 대한 문제의식에서 출발하였다. 유럽이라는 대륙은 오늘날 유럽연합이라는 단위체가 지시하듯, 하나의 공동체이자 이상으로 기능하지만, 동시에 국가 간 이해관계와 정체성의 충돌이 끊이지 않는 복합적인 공간이다. 이러한 유럽을 문학적으로 사유하는 작업은 문학의 영역을 넘어, 역사학, 과학, 문화학, 정치사회학 등 인접 학문과의 대화가 요구된다. 이러한 현실에서 독일어권 작가들이 유럽이라는 지역을 문학적으로 어떻게 형상화했는지 알아보는 작업은 문학 분과를 넘어 실용적인 분과 학문에서도 필수적 이해에 속하는 작업이라 하겠다. 문학은 그것이 '예술을 위한 예술'로 기능하는 순간에도 현실을 반영하는 거울이자 비판적 성찰의 장이기 때문이다.

1990년 독일 통일 이후 독일문학은 큰 전환점을 맞았다. 1949년 동독과 서독이 탄생한 후 1989년 베를린 장벽이 붕괴되기까지 분단문학과 통일문학을 지나, 신세대 작가들과 이민 배경을 지닌 이주 작가들의 등장으로 독일문학은 한층 다양해졌다. 이주자문학, 다문화주의와 팝문학, 그리고 포스트모더니즘 계열이 기존의 문학 담론에 추가된 것이다. 동독 출신 작가 크리스타 볼프의 『남아있는 것』은 독일 통일 직후 문학과 정치의 관계를 둘러싼

'슈타지 논쟁'을 불러일으켰고, 토마스 브루시히의 『존넨알레 더 짧은 끝에서』는 동독 사회에 대한 향수를 블랙 유머로 풀어내기도 하였다. 이후 '트라반트 세대'라 불리는 구동독의 젊은 작가들과 다니엘 켈만, 잉고 슐체 같은 작가들이 전통적 독일문학의 근엄한 무게에서 벗어나 실험적이고 개인화된 서사를 선보이며, 독일 문학은 활력을 되찾았다.

2015년은 또 다른 분기점이었다. 시리아 내전과 중동·아프리카 지역의 불안정으로 유럽 전역에 난민이 몰려들었고, 독일은 이에 대한 수용 결정을 내리며 국제 사회의 주목을 받았다. 앙겔라 메르켈 총리가 내세운 "우리는 할 수 있다 Wir schaffen das"라는 문장은 독일 사회의 인도주의적 자세를 상징하는 구호가 되었지만, 동시에 사회적 갈등의 불씨가 되기도 했다. 이후 극우 정당의 부상과 정치적 우경화, 국경 통제 강화 등은 독일뿐 아니라 유럽 전반에 파장을 일으켰다. 이러한 상황 속에서 작가들은 외부 세계에서 유입되는 타자에 주목하였고, 독일과 유럽 사회를 다시 돌아보게 되었다.

문학은 타자를 마주하고 경계를 사유하는 담론의 장으로 기능하며, 독일 현대문학은 난민, 이주, 유럽통합, 지역성과 같은 문제들을 적극적으로 다루기 시작했다. 브욘 쿨릭의 『지브롤터의 언어』(2016)는 당시 유럽 국경의 긴장 상태를 기록한 대표적 작품이다. 동시에 우리는 인공지능의 발전, 기후위기, 포스트휴머니즘, 신유물론 등 문학 담론이 바뀐 현시대에 인문학이 감당해야 할 새로운 과제와 마주하고 있다. 특히 과학기술의 비약적 발전으로 인간 존재의 의미가 변화하고 사물의 의미가 새롭게 재발견되는 지금, 독일문학은 인간 중심의 사고를 넘어서는 새로운 문학적 상상력을 실험 중이다. 그동안 비주류로 인식되었던 독일 내 사이언스 픽션 문학이 주목을 받고 있는 것도 첨단과학기술 시대에 인간이 비인간을 상대로 마주한 현실적 사안과 이를 효과적으로 해결하기 위한 문제의식을 반영한다.

자화상은 '끌어내다, 발견하다'의 의미가 담긴 라틴어 'protrahere'와 관련이 있다. 인물을 그린 초상화 portrait는 그림의 대상이 되는 인물을 '발견'하는 것으로, 예술가가 자기 자신을 모델로 붓을 들 때 자화상 self-portrait

이 된다. 따라서 『독일현대문학에 새겨진 유럽의 자화상』은 유럽의 현대 작가들이 자신들의 대륙을 재발견하고 정체성에 대해 고민한 문학 작품을 동양인의 시각에서 연구한 작업이라 할 수 있다.

또한 자화상의 어원이 물리적으로 무언가를 끌어내는 동작을 의미한다는 점을 감안할 때, 자화상을 그리는 창작자가 유럽이라는 대륙을 마주하며 방향성을 점검하는 이 작업은 유럽 사회에 대한 미래에의 비전이 담겨있다.

현대 독일문학의 흐름을 정리하고 통찰력을 부여하는 일은 개인의 역량을 한참 벗어난 일이겠으나, 그간 발표한 논문과 새로운 글을 보태 독일 현대 작가들이 바라본 유럽의 자화상을 엮게 되었다. 독일 현대문학을 읽으면서 느끼는 공통점은 그 시의성에도 불구하고 유럽의 작가들이 장구한 역사의 인문학적 전통을 계승하고 있다는 것이다. 국내 독어독문학계에 축적된 연구자 선생님들의 선행 연구에서 이를 확인할 수 있다. 이를 토대로 독일 현대문학이 유럽을 어떻게 인식하고 있는지를 살피는 작업은 한국 사회에도 유의미한 통찰을 제공하리라 믿으며, 전공자는 물론 교양 독자층에게도 유럽 대륙과 세계에 대한 보다 넓은 인식의 지평을 제공할 수 있기를 기대한다. 끝으로 이 책이 출간되도록 도움을 주신 연세대학교 출판문화원 선생님들과 심영주 대리님께 깊은 감사의 말씀을 드린다.

목 차

프롤로그: 노라 보송

1982년 독일 북서부 브레멘 출신의 노라 보송 Nora Bossong은 소설 『시골풍경 Gegend』으로 데뷔한 후, 사회학적 의식이 높은 소설과 관찰력이 뛰어난 시, 에세이 등을 집필하며 페터 후헬상, 베를린 예술상, 로스비타상, 토마스 만 문학상, 요제프 브라이트바흐상 등 수많은 상을 수상함으로써 문학계에 파장을 미쳤다. 그녀의 저작물엔 유럽의 오랜 유산과 유럽사회에 대한 성찰을 넘어 유럽이 나아갈 방향을 제시하려는 문학적 강령이 담겨있다. 가령 『베버의 의정서 Weber's Protokoll』(2009)에서는 밀라노에 주둔한 나치독일 외교관의 이야기를 통해 권력의 메커니즘을 탐구하고, 르포르타주 『붉은 빛』(2017)에서는 뛰어난 사회학적 보고로 호평을 받았다. 이후 『보호구역』(2019)에서는 외교적 분쟁 지역에서 자행되는 만행을 기록하고 "보호구역"을 관리하는 여주인공을 통해, 부룬디 내전의 여파와 국제기구의 외교적 노력 앞에서 개인이 겪는 도덕적 부담감을 첨예하게 다루었다. 『홍등』(2017)에서 작가는 독일의 매춘을 모티브로 하여 욕망, 돈, 쾌락에 대한 철학적 성찰을 담았다. 그녀는 사회적 이슈를 공론화하면서도, 그 안에 담긴 현실의 복잡성과 모호함을 외면하는 태도는 사안을 지나치게 단순화할 오류가 있다고 적절히 지적하였다. 노라 보송은 산문작가로서의 명성 뿐 아니라 시인으로서도 고유의 영역을 확보하고 있다.

시 「아 유럽 Ach Europa!」은 현대 유럽사회에 대한 비판적 성찰과 애정어린 격려가 담긴 작품이다.

> 아 에우로페, 그저 작게 흔들리는 이 초원의 존재, 황소에 대한 공포에 휩싸인 왕의 딸, 그 모든 일을 겪은 그녀를 누가 탓할 수 있겠는가. 전쟁으로 인해 다른 사람들처럼 그녀 역시 감기에 걸렸다. 모든 나라를 상징하는 하나의 깃발이 평원 너머 나부끼고, 저마다의 풀줄기에는 바벨탑이 설치된다, 브뤼셀 정상에 장식처럼 늘어뜨려진 행정적 혼란. 미치광이와 명예 시민, 하찮은 것들과 악령으로 구성된 감시탑. 습지금잔화가 안전한 선택이겠지만, 우리는 그녀, 에우로페라는 유럽, 세상 끝에서 이 겁에 질린 난쟁이를 걱정한다. 우리는 그녀를 격려하고 언젠가 모든 일이 잘 될 것이라고 확신을 준다.

노라 보송은 문학을 통해 수년 간 유럽 사회에 새로운 내러티브를 제시해왔다. 유럽시민으로서 그녀가 속한 유럽에 대한 문제의식이 이 한 편의 시에 응축되어 있다. 유럽은 인류문명을 선도한 대륙에 속하지만 시인이 포착한 현 유럽은 연약하고 방향을 상실한 대륙이다. 여기서 에우로페 Europe는 신화 속 인물인 동시에 유럽 대륙을 지시한다.

대륙의 기원인 에우로페 공주는 고대 페니키아의 해변 도시 티로스에서 친구들과 놀던 중, 순백의 황소로 변신한 제우스에게 납치되어 지중해를 건너 키프로스 섬 남쪽을 지나 크레타 섬에 이르게 된다. 그녀는 크레타에서 미노스 왕을 비롯한 크레타 왕조의 조상이 되며, '서쪽으로 데려온 여인'이란 의미에서 점차 지리적 영역을 가리키는 이름으로 사용되었다. 기원전 2600년경부터 기원전 1100년까지 크레타 섬을 중심으로 번성했던 고대 미노스 문명은 이집트, 페니키아와 교류하며 풍요로운 문화와 부를 누렸다. 오비디우스는 『변신 이야기』에서, 황소로 변한 제우스가 온화한 눈빛과, 은빛 광택을 띠며, 들판의 꽃향기를 맡으며 에우로페를 유혹했다고 서정적으로 묘사한다. 크레타에 도착한 후 제우스는 에우로페에게 황금 목걸이, 절대 빗나가지 않는 창, 그리고 청동거인 탈로스를 선물하며, 유럽 건국 신화는 낭만적으로 시작된다. 동쪽의 여인이 서쪽으로 와서 서양문명의 탄생을 알린 것이다. 유럽이라는 새로운 대륙의 이름이 탄생한 이러한 낭만적 서사 뒤에는 황소로 변신한 신이 페니키아의 공주를 낯선 땅으로 데려가는 '약탈'의 역사가 공존한다. 제우스와 에우로페, 신과 인간의 사랑은 유럽 문화의 기원이자 낭만과 약탈의 상징이었던 것이다.

보송은 유럽이 겪은 역사적 상처와 숱한 전쟁, 제국주의 역사를 제쳐 두고 현재의 유럽만을 탓할 수는 없다고 판단하였다. 20세기 독일 현대사에서 두 차례의 세계대전과 냉전을 겪은 유럽은 21세기에도 여전히 '감기'라는 일상화된 위기를 안고 살아간다. 감기는 회복가능한 어려움을 의미한다.

유럽연합 행정의 중심지인 브뤼셀에 꽂힌 EU 27개국의 다채로운 국기는 통합의 상징처럼 보이지만, 이들 국기는 '저마다의 풀줄기'에 세워진 바벨탑에 비유된다. 이는 분열된 집단의 오만과 분열을 상징하며, 유럽연합이 추구해온 이상과는 거리가 멀다. 시인이 볼 때, 브뤼셀은 행정의 편리와 감시 체제가 작동하는 특정 권력의 행정기구이며 리더쉽이 부재한 혼란의 상징인 것이다. 언어와 문화, 각국의 이해관계가 충돌하는 현실 속에서 유럽은 마치 고대 시돈의 바닷가에서 에게해 남쪽 크레타 섬으로 이동한 에우로페처럼 불안한 정체성으로 흔들리고 있다.

이 시에서 노라 보송은 유럽연합을 매우 비관적으로 바라보고 있다. EU 엘리트들은 판옵티콘이라는 감시체계 속에서 유럽 국가와 시민들을 효과적으로 관리하고 있다. 그럼에도 그녀의 유럽 인식은 희망으로 마무리된다. 습지에서 자라는 평범한 꽃들이 이 초원의 주인이며, 이 금잔화는 겁에 질린 세상 끝 난장이인 에우로페를, 다시 말해 대륙을 지키는 힘이다. 지금의 유럽은 작고 불안하지만 시적 자아는 자연의 힘을 믿고 난관을 함께 극복하려는 의지를 보인다. 이처럼 노라 보송의 시, 「아 유럽!」은 고대 신화를 모티브로 현대 유럽의 상황을 탁월하게 이야기하고 있다. 오늘날 유럽이 처한 정치 사회적 혼란과 정체성의 위기를 진단하는 동시에, 여전히 '에우로페'를 격려하고 가능성과 희망을 놓지 않으려는 작가의 입장이 이 시에 응축되어 있다.

「아 유럽!」은 보송의 순환시집 『개와 함께 하는 십자군 Kreuzzug mit Hund』(2018)에 실려있다. 이 시집은 중동, 유럽, 전쟁, 난민, 종교, 분열을 다층적으로 다룸으로써 서구 중심주의에 대한 자성적 비판의 목소리를 담고 있다. 유럽은 '세상 끝 겁먹은 난쟁이'에 비유됨으로써, 보편적 인간성과 시의 유토피아적 가능성을 보여준다. 이러한 작업은 괴테의 『서동시집』처럼 문화 간 이해와 교류, 충돌과 공존의 가능성을 탐구함으로써 현대적이고 독창적인 서동요집을 완성했다는 평을 받았다.

총 9장으로 구성된 이 시집은 독일 해안에서 출발해 이베리아 반도, 지중해를 건너 이스라엘 이란에 이르는 다양한 경로를 연결한다. 탄식 속의 유럽 역사는 정교하게 짜인 문장들 사이사이에서 폭력의 반사작용처럼 반짝이며 모습을 드러낸다. 보송의 시는 도시의 건물 외벽에 비친 역사적 흔적들을 보여준다. 그녀는 십자군 전쟁, 식민주의, 자본주의가 얼마나 깊게 글로벌 기호의 제국 속에 각인되어 있는지를 독자들에게 소개하고, 그것이 오늘날 무엇을 의미하는지를 묻는다. 이를 통해 '에우로페' 대륙이 구 유럽의 침략적 광기에서 탈마법화되기를 희망한다. 이러한 정보를 바탕으로 「아, 유럽」을 다시 읽자면, 유럽의 정체성은 타자를 배제하고는 성립될 수 없기 때문에 현대 유럽이 비유럽적인 것을 경시할 경우 유럽은 자기 모순에 빠지며 '겁먹은 난쟁이'처럼 위축되고 폐쇄적일 수 있음을 경고한다고 볼 수 있다.

보송은 2021년 12월 <디 차이트 Die Zeit>지와의 회담에서, 과학조차도 모호성을 지니며 소설이 사회의 거울이나 신비가 아니라 그 이상의 힘으로 여겨질 때 문학은 폭발적 힘을 갖는다고 입장을 밝혔다. '계몽된 근대'에도 확장된 상상력은 필수적이며 문학은 보편적 가치 수호와 사회적 연대에 힘을 싣고 있다. '나의 관심사는 자본주의의 진척과 팽창이 아니라 종교적이고 경제적으로 조건지어진 요소들의 결합에 의해 창출된 인간성의 발달'이라는 막스 베버의 인식 내용이 생각나는 지점이다.

1.

문학과 삶.
드로스테 - 시의 길

문학과 삶. 드로스테 - 시의 길

18세기 독일 작가에 대한 정부 차원의 지원은 우리 사회가 주목해야 할 또 하나의 선례를 제시한다. 낭만주의 작가 안네테 폰 드로스테 휠스호프 Annette von Droste-Hülshoff (1797~1848)의 문학은 드로스테 휠스호프 재단, 노르트라인 베스트팔렌 주 정부, 그리고 유럽연합의 후원 하에 관리되고 있다. 오늘날 드로스테 연구는 생가인 휠스호프 성 Burg Hülshoff과 부친 사망 후 어머니, 언니와 함께 거주한 뤼쉬하우스 그리고 바덴 뷔르템베르크 주, 보덴제 호수의 메르스부르크로 확장된다. 드로스테 문학이 갖는 힘은 오늘날 절실한 생태학적 감수성과 인간 내면에 대한 통찰이다. 그녀는 자연과 신앙이 맞물린 시집 『정신적인 해 Das geistliche Jahr』를 집필한 한편, 단편 『유대인의 너도밤나무』에서는 인간의 죄의식과 도덕의 문제를 매우 예리한 심리묘사로 그려냈다. 뤼쉬하우스에 보관 중인 그녀의 필적은 매우 정갈하고 아름다우며, 언어적 리듬감과 운율은 그녀의 음악적 재능과도 무관치 않다. 무엇보다 드로스테가 나고 자란 베스트팔렌 지역의 환경파괴에 대한 우려가 작품에 담겨 있다는 점에서 일찌감치 현대성을 선취하였다. 여러 기관이 협력하여 드로스테 재단을 후원하고 드로스테의 생가와 주거지를 잇는 "시의 길"이 환경 생태학적으로 잘 보존되고 있는 현상은 독일 사회가 지역과 문화를 어떻게 인식하고 관리하고 있는지 시사점을 제공한다.

노르트라인 베스트팔렌 주의 상징성

노르트라인-베스트팔렌 NRW 주는 독일연방공화국 16개 주 가운데 최고의 인구밀집지역이자 최대의 경제규모를 가진 지역이다. 주도는 뒤셀도르프이며, 명칭에서 알 수 있듯 라인강 북부지역과 베스트팔렌 지역을 포함한다. 이 지역에는 본, 쾰른, 도르트문트, 에센, 뒤스부르크, 뮌스터, 빌레펠트, 부퍼탈, 아헨 등 유서깊은 도시들이 위치해 있다.

NRW주는 라인강과 베저강 사이, 토이토부르크 숲 Teutoburger Wald과 아이펠 Eifel 사이, 젤프칸트와 획스터[1] 사이에 위치한다. 독일 북서부에 위치한 토이토부르크 숲은 고대 로마와 게르만 부족 간의 역사적 격전지로, 서기 9년 로마제국의 총독 바루스가 참패한 곳이다. 한때 로마군의 용병이었던 게르만 케루스키족의 왕자 아르미니우스는 토이토부르크 숲에서 로마군을 기습 공격함으로써 2만여 명의 로마군을 물리쳤다.[2] 바루스전투 Die

---

1 중세도시 획스터 Höxter 근처엔 코르베이 Corvey 성이 있다. 신성로마제국 시절 844년에 지어진 이곳엔 1792년까지 베네딕트 수도원의 수도자가 살았고, 2014년 유네스코 문화유산에 등록됐다. 건축물의 기원은 상당히 오래되어 샤를마뉴 대제 시대의 양식도 볼 수 있다. 군주 독재, 언론 검열, 독일의 소규모 국가분열을 비판했던 자유주의 시인 호프만 폰 팔러스레벤 Hoffmann von Fallersleben은 이곳 도서관을 관리하였다.

2 토이토부르크 전투에 대한 상세한 기록은 로마의 역사가 카시우스 디오 Cassius Dio의 <로마사> 7권에 수록되었다. 디오는 아이네이아스가 로마에 도착한 시기부터 로마 건국 이후 서기 229년까지 80권의 로마 역사서를 저술하였다. 토이토부르크 숲 전투에 대한 기록은 다음과 같다: "산은 협곡과 울퉁불퉁한 지형으로 가득했고, 나무들은 너무 빽빽하고 거대하게 자라 적의 공격 전에도 로마인들은 필요한 곳에서 나무를 베고 길을 닦고 댐을 쌓느라 애썼습니다. 비와 폭풍이 몰아치자 그들은 더욱 흩어졌습니다. 그러나 뿌리와 나무 그루터기 주변의 땅은 미끄러워 걸을 때 불안했고, 부러지고 쓰러진 나무 꼭대기는 그들을 혼란스럽게 했습니다. […] [그러자] 독일군은 갑자기 덤불을 통해 사방에서 그들을 포위했습니다. 그들은 길을 알고 있었기 때문입니다. 처음에는 멀리서 사격했지만, 아무도 저항하지 않고 많은 부상자가 발생하자 공격했습니다. 어떤 순서대로 행군하는 것은 불가능했고 […], 그들은 겨우 모일 수 있었고, 부대별 상황은 항상 공격자보다 수가 적었습니다. 따라서 그들은 쉽게 로마군에게 접근하여 이들을 학살했습니다. 바루스와 가장 유력한 인물들은 포로가 되거나 죽음을 두려워했습니다. 이미 부상을 입은 그들은 끔찍하지만 필요한 행동을 결심했습니다. 그들은 스스로 목숨을 끊었습니다. 이 사실이 알려지자, 아직 건장한 자들조차 저항하지 않았습니다. 어떤 이들은

Varusschlacht 또는 헤르만전투 Hermannsschlacht로도 불리는 토이토부르크 숲의 전투는 로마제국 절정기에 라인강 동쪽의 게르만족이 로마화되는 것을 막음으로써 훗날 독일의 정체성과 민족주의를 북돋아준 역사적 사건으로 자리잡게 된다. 아이펠 고원 또한 노르트라인 베스트팔렌 주 및 라인란트팔츠 주 그리고 벨기에와 룩셈부르크 동부에 넓게 걸쳐있다. 아이펠 지역엔 고대 로마 유적지와 중세 성들이 분포되어 있으며, 중세 기독교의 중심지에 속했던 아헨 대성당과 쾰른 대성당이 위치한다. 이곳에 깃든 샤를마뉴 대제의 역사를 비롯해 로마네스크 건축 양식과 고딕, 바로크 건축물 역시 NRW의 역사 지대에 자리한다. 노르트라인 베스트팔렌 재단 Die Nordrhein-Westfalen-Stiftung, Die NRW-Stiftung은 NRW 주의 자연 풍경과 기념물을 보존하고자 노력하고 있다. 이 지역과 관계가 있는 예술가들 역시 예외는 아니어서 18세기 여성 작가 드로스테에 대한 조명 역시 주정부 사업의 일환이 되고 있다. 2024년 7월 노르트라인 베스트팔렌 재단은 1813년 드로스테가 16세에 쓴 편지를 1만 유로에 구입해서 뮌스터의 드로스테 연구센터에 기증한 바 있다.

뤼쉬하우스 Haus Rüschhaus

뮌스터 인근 하빅스베크 Havixbeck에서 드로스테는 가장 중요한 작가 중 한 사람으로 평가받는다. 드로스테는 한때 보수적인 베스트팔렌 귀족 여성으로 여겨졌지만 내적 열망은 당대 작가들을 능가하였고, 현대의 평론가들은 그녀의 문학에 담긴 선구적인 현대성을 새롭게 주목하고 있다.

지도자를 따랐고, 어떤 이들은 무기를 버리고 자신을 죽이려는 자에게 항복했습니다. 간절히 원하더라도 아무도 도망칠 수 없었기 때문입니다." 로마가 패배한 지 2세기 후, 로마 역사가 카시우스 디오는 이 전투를 3~4일간의 교전으로 묘사했는데, 이 기간 동안 군단은 게르만족의 진군에 끊임없이 공격을 받아 결국 전멸했다. 그러나 이 전투가 토이토부르크 숲 근처에서 벌어졌다는 사실을 기록한 사람은 타키투스뿐이었다.

2012년 NRW 재단은 드로스테가 거주한 뮌스터-니엔베르게의 뤼쉬하우스를 인수하였고, 안네테 폰 드로스테-휠스호프 재단은 매각 금액으로 베스트팔렌의 시인 드로스테의 유산을 보존함으로써 이를 지역의 자연 문화유산으로 관리하도록 협력하였다.

18세기 급변하는 정치사회적 정세 속에서 드로스테는 종교와 사회에 대해 비판적 의식을 지녔고, 산업화로 위협받기 시작한 자연 세계를 섬세한 필치로 담아냈다. 프랑스혁명은 1789년부터 이듬해까지 지속되었고, 나폴레옹은 1806년 베스트팔렌을 점령하였다. 여성들은 자수와 바느질을 주된 일로 삼았고 병자를 돌보는 일을 하였다. 여성이 시를 출판하는 일은 허용되지 않던 시절이었다. 7세 때 첫 시를 쓴 이후 드로스테는 1838년 『안네테 엘리자베스 폰 D..., H...의 시 Gedichte von Annette Elisabeth von D···. H···』라는 제목으로 첫 시집을 출간하였다.

안네테 폰 드로스테-휠스호프는 휠스호프 성에서 태어나 자랐고, 뤼쉬하우스에서 20년간 살았다. 1826년 부친 사망 후 가문의 영지는 오빠 베르너 콘스탄틴에게 양도되었고, 1795년생 언니 마리아 안나(예니)와 어머니는 뤼쉬하우스로 이사하였다. 뤼쉬하우스는 황야지대로 둘러싸인 농가 주택이었다. 출생지에서 도보로 50여분 걸리는 이 길은 현재도 초원과 오솔길로 이어지는 한적한 곳이다. 당시 드로스테가 타고 다닌 마차는 현재 뤼쉬하우스 마굿간에 전시되어 있다. 뤼쉬하우스 우측 벽면 동판에는 이 집에 관한 역사가 다음과 같이 기록되어 있다.

> 바로크 건축가 요한 콘라트 슐라운이 1745년부터 1748년 사이에 자신을 위해 지은 전원 저택. 뮌스터 지역 농가의 양식과 당시 귀족 저택의 삼익 三翼 구조가 융합된 형태이다. 1826년부터 1846년까지는 시인 안네테 폰 드로스테-휠쇼프의 거주지였다. 이곳에서 발라드와 운문 서사시, 『유대인의 너도밤나무』와 『정신적인 해』가 집필되었다.[3]

---

3 “Landhaus des Barockbaumeisters Joh. C. Schlaun, 1745/48 für sich selbst erbaut. Verschmelzung eines Münsterländer Bauernhauses mit Drei-Flügelanlage eines Herrensitzes jener Zeit. Von 1826 bis 1846 Wohnsitz der Dichterin Annette von

베스트팔렌 지역의 바로크 건축가인 요한 콘라트 슐라운[4]은 토호세력들을 위한 시골저택들을 건축하였는데, 뤼쉬하우스 역시 뮌스터란트 농가와 영주 저택의 건축적 혼합물 형식을 취하고 있다.

시의 길

안네테 폰 드로스테-휠스호프 재단은 그녀가 거주했던 주택 두 곳과 주변의 자연 환경을 보존하고 관리하며, 방문객들에게 개방하고 있다. 2021년 봄부터 시인이 거주했던 장소인 휠스호프 성과 뤼쉬하우스 건물 사이에 산보자와 자전거 타는 사람을 위한 시 체험 코스가 생겼다. 휠스호프 성은 뮌스터 중앙역에서 버스(R64)나 열차(Regional Bahn, RB63)를 타고 손쉽게 이동할 수 있다.

드로스테의 지인 중에는 엘리제 뤼디거, 아말리 하센플루그, 아델레 쇼펜하우어, 고고학자 시빌레 메르텐스 샤프하우젠 등이 있다. 작가 레빈 쉬킹과 크리스토프 베른하르트 슐뤼터는 드로스테가 출판사와 연락하고 텍스트를 선정할 때 도움을 주었다. 휠스호프 성을 다녀간 손님 목록엔 『푸른꽃』으로 잘 알려진 낭만주의 작가 노발리스(본명은 프리드리히 폰 하르덴베르크 1772-1801)의 두 번째 약혼자, 율리 폰 샤르팡티에 Julie von Charpentier (1776-1811)도 있었다. 노발리스의 『밤의 찬가』의 주인공이자 그녀의 영원한

Droste-Hülshoff. Hier entstanden die Balladen und Vers-Epen. Die Judenbuche und Teile des Geistlichen Jahres."

4 요한 콘라드 슐라운 Johann Conrad Schlaun(1695-1773)은 베스트팔렌 바로크 시대의 건축가였다. 그는 1720년부터 1723년 3월까지 파더본과 뮌스터의 후작주교이자 후에 쾰른 선제후가 된 바이에른의 클레멘스 아우구스트 1세를 대신하여 광범위한 학술여행을 떠났다. 뷔르츠부르크 레지던스 건축을 시작으로 로마, 빈, 파리 등지에서 일하며 생활하였다. 이중 로마는 클레멘스가 1717-19년까지 신학교인 콜레기움 게르마니쿰 Collegium Germanicum에서 수학하며 머물던 곳이었다. 슐라운은 교회 건축, 도시 궁전, 수도원 건축에 참여하며 건축가로서의 경력을 쌓아갔고, NRW 브륄의 아우구스투스부르크 궁전, 뮌스터의 클레멘스키르헤 교회, 법원건물이었던 오어셔호프 등을 건축하였다.

뮤즈 소피 폰 퀸 Sophie von Kühn(1782-1797)이 15세의 나이로 생을 마친 후, 노발리스는 1798년 율리와 약혼하였지만 1801년 결핵으로 인한 출혈 후 사망하였다. 그의 이른 죽음에도 불구하고 노발리스의 철학적 단편은 인간과 자연의 통일성을 회복하고자 하는 낭만주의 이론의 핵심을 담고 있다.

> 세계는 낭만화되어야 한다. 그렇게 함으로써 우리는 사물의 본래 의미를 다시 발견한다. 낭만화한다는 것은 단순히 질적인 고양이다. 낭만화한다는 것은 평범한 것에 신비로운 모습을 부여하고, 익숙한 것에 알려지지 않은 존엄성을 부여하며, 유한한 것에 무한한 모습을 부여하는 것을 의미한다.

드로스테 휠스호프 재단은 뤼쉬하우스와 휠스호프 성을 잇는 7km의 지형에 "드로스테-풍경: 시의 길 Droste-Landschaft: Lyrikweg"을 마련하였다. '시의 길'은 시인의 추억과 삶이 깃든 풍경 속 박물관인 셈이다. 독일에서도 이례적인 규모의 이 프로젝트는 안네테 폰 드로스테-휠스호프 재단이 주관하고, 유럽 지역 개발 기금(EFRE)의 지원을 받아 진행된 테마 산책로 프로젝트이다. 이 길은 휠스호프 성과 뤼쉬하우스 저택을 잇는 경로를 따라 조성되었으며, 시인이 생애 후반에 자주 오갔던 길이다.

방문객들은 드로스테-휠스호프의 자취를 따라 길을 걸으며, 현대 독일의 생태계에서 휠스호프가 남긴 역사적 텍스트의 흔적을 체험하고, 자연이 계절과 시대의 변화 속에서 어떻게 달라지는지를 관찰할 수 있다. 일종의 문학 체험형 산책로인 셈이다. 이 프로젝트는 지역 주민과 관광객 모두를 위한 초대로, 문학, 자연, 역사, 현재가 어우러지는 독특한 산책을 선사한다.

베스트팔렌의 자연과 생태문학

최근 연구는 안네테 폰 드로스테-휠스호프를 생태문학과 생태비평 Ecocriticism의 선구자로 새롭게 주목하고 있다. 그녀의 문학은 고향인 베스트팔렌 지역의 자연환경에 대한 정확하고도 과학적으로 훈련된 관찰을 바탕으로 하며, 이는 19세기 독일문학에서 보기 드문 접근법이었다.

드로스테의 시와 산문에서 식물, 동물, 암석, 물, 기후현상, 그리고 지역의 민간신앙에 등장하는 정령 등은 핵심적인 시적 모티브로 등장한다. 자연을 배경으로 한 사람들 간의 상호작용 역시 중요한 소재가 되며, 이러한 요소들은 자연과 인간의 복잡한 관계를 세심하게 조망한다. 그 대표적인 예로는 드로스테의 산문 작품 『베스트팔렌 묘사』가 있다. 이 작품에는 지역 전승에 등장하는 정령들에 대한 묘사가 다음과 같이 나타난다.

> 황무지, 들판, 숲에 자주 출몰하는 유령은 연옥에서 온 불쌍한 영혼으로, 수천 개의 묵주에서 매일 기도 속에 기억되고 있으며, 의심할 여지없이 그럴만한 이유가 있다. 왜냐하면 '일요일 방적하던 자'는 이제 덤불 속에서 피묻은 팔을 뻗는 일이 드물어졌고, '도둑질하던 이탄채굴자'는 황무지에서 더 이상 절반쯤 비참하게 신음하지 않으며, '머리없는 바이올리니스트'는 숲길에서 아예 자취를 감추었기 때문이다.

산업화 이전의 지역색을 엿보게 하는 이 인용문은 단순한 지역 묘사를 넘어서, 자연, 전통적 신앙, 역사적 기억이 결합된 지역 생태의 심층적 형상화라고 할 수 있다. 드로스테의 작품은 베스트팔렌이라는 지역 생태계의 시적 증언일 뿐 아니라, 자연과 인간의 상호작용을 깊이있게 성찰한 19세기 초반 생태 인식의 문학적 예시로 평가될 수 있다.

'일요일 방적공', '이탄 채굴자', '머리없는 바이올리니스트' 등은 베스트팔렌 지방 설화나 민속 전승에 나오는 인물로, 이들은 죄를 지은 후 유령이 되어 특정 장소에 나타난다고 여겨졌다. 드로스테는 이들을 사실적 자연 묘사 속에 포함시켜 자연과 문학적 상상력이 교차되는 경계를 형성하였다. 상기 인용문에서 유령이 점점 종적을 감추는 것은 '수천 개의 묵주알로 매일 기도를 하며 그들을 기억'하기 때문인 것으로 보인다. 죽은 자를 위한 지역 주민의 기도가 그들의 영혼을 구한 것이라 할 수 있다. 또 다른 의미에서 이 시기는 농업과 기술 발달, 교육이 발달하면서 민속 신앙이 사라져가는 시기였다. 방적공, 도굴꾼, 머리없는 연주자 등은 도덕적 교훈이 담긴 민담 속 존재들이었지만, 점점 더 현실에서 믿음을 잃어가는 상징들로 읽힐 수 있다. 유령이 깃든 자연공간이 사라지면, 전설도 함께 사라지게 된다. 결론적으로 볼 때, 정령들이 자취를 감춘 이유는 종교적 구원과 신앙의 퇴조, 생태 환경의 변화라는 복합적 사회 변화의 징후라 할 수 있다. 역설적이게도 유령은 과거의 풍경과 자연 그리고 신화를 기억하는 집단적인 시적 언어에 해당한다.

드로스테가 살았던 19세기 전반은 산업화와 자연과학의 태동기였다. 이 시기 유럽 전역에서는 늪지대가 정리되고, 농업과 도시 개발로 인해 도시화 권역이 생활 환경과 세계 인식 자체를 뒤흔드는 계기가 되었다. 이러한 시대적 배경 속에서 드로스테는 자연 훼손의 징후와 그 여파를 누구보다 민감하게 포착했다. 그녀의 시에는 자연과 문화, 인간과 인간, 인간과 비인간, 동물과 무생물 사이의 관계에 대한 시적 고찰이 반복적으로 등장한다. 이는 특히 다음과 같은 시들을 통해 뚜렷이 드러난다: 「황무지의 남자」, 「주목나무 울타리」, 「연못」, 「**에게」, 「젊음과의 이별」, 「인사」, 「종달새 」, 「죽은 종달새」, 「이회암굴」, 「황무지의 소년」, 「고성」, 「축축한 바람이 부는 어느 날에」 등.

특히 「인사」는 드로스테의 생애 후반부에 해당하는 1813년에서 1848년 사이에 쓰여진 비더마이어 시대의 시로, 고향에 대한 향수와 자연과의 밀착된 정서적 유대를 주제로 삼는다. 뤼쉬하우스로 이어지는 '시의 길' 초입에는 바로 이 시의 구절이 새겨져 있어, 그녀의 생애와 문학이 자연과 얼마나 긴밀히 맞닿아 있는지를 상징적으로 보여준다. 301개의 단어, 56행 7연으로 구성된 이 시는 드로스테가 자연에 대해 갖고 있던 감정과 존재론적 인식, 그리고 자기 삶과 고향이라는 장소성이 어떻게 연결되는지를 잘 보여준다.

이 낯선 땅에
익숙한 밤이 내게 찾아들면,
해변의 말발굽 소리처럼
황혼이 먼지구름처럼

내 사랑하는 북쪽에서 내 앞에
강력히 피어오르면,
나는 내 곱슬머리가 살랑이고
대기의 은밀한 말을 느낀다오 -

말을 달려, 덜커덕거리며
내 조국이 사방에서
내게 오는 듯 하오,
그 입맞춤에 나는 불타는 듯 하고;
바람의 나지막한 웅얼거림이
이내 혼란스런 목소리로 바뀌고,
어둠 속 연약한 형체들이
가장 친숙한 모습으로 다가옵니다.

그러면 나는 팔을 뻗어서,
입맞춤, 입맞춤의 숨결을 보내야 합니다.
키스가 몸들을 깨우기라도 하듯,
초록집 속에서 썩고있을 이들에게도;
모든 숲우듬지에 인사를 건넵니다.
모든 황무지와 모든 개울에도,
흐르는 모든 물방울과,
여전히 깨어있는 모든 작은 풀잎에게도.

아버지의 집이여, 너의 탑들과 함께,
고요한 연못이 자장가처럼 감싸주던 곳,
내 생의 폭풍 속에서
수없이 쓰러지고 이겨냈던 곳이여: -
넓고, 나뭇잎으로 덮인 회랑들이여,

젊고 즐겁던 시절의 나를 바라보았던 곳,
그곳엔 아직도 내 한숨이 메아리치고,
내 발자국은 여전히 남아있네.

내 고향 황무지에서 불어오는 축축한 바람이여,
수줍은 탄식처럼 흐느끼는 바람이여,
초목 위에 조용히 내려앉는
그 겸손한 햇살이여, -
나를 멀리 데려갔던 너희 길들이여,
내게 작별의 눈빛을 보내던 눈동자들이여,
나를 따라 두근거리던 마음들이여,
내게 손을 흔들어 주었던 손길들이여.

안녕, 안녕, 지붕이여
결코 나를 잊지 않는 가장 신실한 영혼이 있는 그곳,
지금도 작은 등불의 빛 아래
날 위해 저녁 기도를 올려주는 이여,
닭이 울기 시작하는 새벽에
회색 눈꺼풀을 문지르고
잠들기 전 한번 더
내가 떠난 침상 곁으로 다가오는 이여.

나는 너희 모두를 내곁에 끌어안고 싶고,
너희 모두가 내 곁에 있다고 느껴,
나는 너희 속으로 흘러들고 싶어,
여위어가는 개울이 바다로 흘러들 듯이.
오, 너희가 안다면, 병든 듯 얼마나 달아올랐는지를,
공기는 열병처럼 얼마나 이글거리는지를,

아무도 우리를 위해 기도하지 않고
아무도 우리의 죽은 자들을 알지 못하는 이곳에서!

드로스테의 시 「인사」는 타지에 있는 화자가 고향을 그리워하며, 자연과 사람, 추억의 장소 하나하나에 마음 속 인사를 보내는 시이다. 인간과 자연, 과거와 현재가 깊이 연결되어 있으며, 화자는 고향에 대한 애틋한 그리움과 현재의 소외된 외로움과 단절을 간곡히 표현하고 있다.

드로스테가 뤼쉬하우스를 떠나 보덴제 호수 인근, 메어스부르크 성 Burg Meersburg에서 거주한 시기는 1841년부터 1848년 생을 마칠 때까지였다. 이 시기 그녀는 생애 말기의 고독과 건강 악화 속에서도 가장 많은 문학적 결실을 맺었다. 드로스테는 이곳에서 레빈 쉬킹 Levin Schücking(1814-1883)과 재회하였다. 그는 베스트팔렌의 시인 카타리나 시빌라 쉬킹의 장남으로, 1831년 카타리나 사후, 드로스테는 김나지움 학생이었던 쉬킹을 돌본 인연이 있었다. 1841년 드로스테가 형부 요제프 폰 라스베르크 남작의 도서관 사서로 쉬킹을 추천하면서 다시 인연이 이어졌다.

쉬킹은 뮌헨, 하이델베르크, 괴팅엔 등에서 법학을 공부했지만, 법률보다는 문학에 뜻을 두고, 결국 문학에 전념했다. 그는 소설, 단편, 서평 등을 여러 잡지에 활발히 기고했으며, 1843년에는 <알게 마이네 차이퉁>의 편집장, 1845년엔 <쾰른 신문> 문예란의 책임자로 활동했다. 파리 출장에서 쉬킹은 하인리히 하이네와도 여러 차례 교류하였다.

메어스부르크는 드로스테에게 쉬킹과의 문학적, 정서적 교감이 있었던 설렘의 장소이자, 1848년 5월 드로스테가 심장마비로 생을 마친 최후의 장소이기도 하다. 그녀의 병약한 체력과 더불어, 쉬킹이 결혼 후 멀어지면서 느꼈던 배신감과 외로움도 이 시기에 창작된 시에 드러난다. 1820년에 중단된 『정신적인 해』(1820;1840)와 『유대인의 너도밤나무』(1842) 또한 이곳에서 결실을 보았다. 『정신적인 해』는 『성년』, 『신앙연력』 등으로도 번역되는데, 종교적 성찰과 인간 내면의 투쟁을 다룬 시집이다. 이 시집은 1820년 뤼쉬하우스에서 착수되어 중단되었다가 1840년 메어스부르크에서 결실을 보았다.

1840년대 독일은 기근과 경제 불황으로 심각한 사회적 위기를 맞았다. 오스트리아에선 메테르니히 체제가 붕괴되고, 1848년 혁명과 더불어 프랑크푸르트 국민의회에서는 독일 통일국가 수립을 시도했지만 오스트리아·프로이센·소왕국들의 이해 충돌과 '대독일 vs 소독일' 통일이라는 노선 분열로 인해 실패한다. 독일 통일은 결국 1871년 비스마르크 시기에 이루어지게 된다. 이러한 불안정한 시대적 분위기는 드로스테의 작품에서도 불안과 소외, 인간과 자연의 균열로 반영된다. 다음은 『정신적인 해』에 수록된 「사순절 다섯 번 째 일요일에 Am fünften Sonntage in der Fasten」의 7연이다.

오래전에 내가 멀어져버렸다 해도,
내 노래는 살아남으리,
나와 같은 감정을 느낀
많은 이들이 내 노래 앞에서 진동을 느낄 것이다.
다른 이가 내 시를 주었든,
내가 주었든지간에!
보라, 노래는 살아남았다,
하지만 나는 사라졌도다!

도덕적이고 종교적인 색채를 띠었던 『정신적인 해』 시집과 달리, 뤼쉬하우스를 벗어난 지역에서 탈고한 작품들은 보다 문학화되는 경향을 보인다. 따뜻하고 친숙했던 고향의 자연풍경을 그리워하며, 낯선 땅에서 바라본 저녁 풍경이 고향에서 발원한 황혼이라고 적을 만큼, 드로스테는 고향의 노을을 갈구하였다.

그렇다면 앞서 소개한 「인사」 시, 6연의 신실한 영혼은 누구인가? 드로스테의 어머니 또는 유모로 이해되는데, 전기적 요인을 고려할 때 유모 마리아로 보는 것이 타당하다. 예정일보다 두 달 일찍 태어난 드로스테는 유모 덕분에 살아남았다. 그녀는 드로스테의 감수성에 깊은 영향을 미쳤다. 『시집』(1844)에 수록된 「남아있는 것 Was bleibt」 후반부에는 유모를 “나의 유년을 돌봐준 여인”으로 묘사했으며, 세월이 흐른 후 그녀는 뤼쉬하우스에서 노년의 마리아를 돌보았다. 도르스테에 관한 전기에는 마리아에 대한 각별한 애정이 곳곳에 노출되어 있다.

유모 마리아, 즉 카타리나 마리아 엘리자베스 플레텐도르프 Katharina Maria Elisabeth Plettendorf는 1763년 4월 22일 노르트발더 키르히바우어샤프트에서 태어나, 알텐베르게에서 일하던 중 직조공 헤르만 플레텐도르프와 결혼해 그로세 가세에서 살았다. 1797년 33세의 나이에 휠스호프 성에 유모로 부름을 받고, 7개월 만에 태어난 조산아 드로스테를 세심히 돌보았다. 그녀가 알텐베르게로 돌아간 후에도 휠스호프 가족은 플레텐도르프 자녀들에게 재정적 지원을 하였고, 안토니오 엘리자베스 플레텐도르프는 드로스테의 대자이기도 하였다. 카타리나 플레텐도르프는 드로스테 휠스호프 가족의 초대로 여생을 뤼쉬하우스에서 보냈고, 1846년 2월 16일 83세의 나이로 사망하였다. 카타리나의 사망으로 드로스테는 진정한 마음의 고향을 상실하였고, 2년 후인 1848년 5월에 생을 마친다. 드로스테가 정주하지 못한 베스트팔렌의 지역들은 오늘날 지역의 의미를 되살리고, 드로스테의 시에 담긴 자연 풍경과 서정성이 이 지역을 찾는 방문객들을 맞이한다. 2025년 봄 이제는 박물관이 된 뤼쉬하우스를 안내하던 도슨트 마리아 벤네 Maria Venne는 시인의 마리아에 대한 각별한 애정을 설명하였다.

드로스테가 엘리제 뤼디거에게 보낸 1843년 편지에 적은 글귀, ‘지금은 유명해지고 싶지도 않고 좋아하지도 않지만 100년 후에는 제 글이 읽히는 사람이 되고 싶다’던 드로스테의 작가적 염원이 실현된 것이다.

「습지의 소년 Der Knabe im Moor」

이 시는 드로스테가 콘스탄츠 인근 메어스부르크에 머물던 시기였던 1841년

9월 30일부터 1842년 2월 초 사이에 생성되었다. 그녀는 1842년 7월 29일까지 이 곳에 거주하였는데, 「습지의 소년」은 이야기 형태의 발라드 시로, 당시 드로스테의 나이는 44세였다. 이 시는 1842년 2월 16일 <교양층 독자를 위한 조간신문 40호 Morgenblatt für gebildete Leser No.40>에 처음 실린 후, 1844년 출간된 『시집』의 마지막 장의 연작시 「황야화첩 Heidebilder」에 게재되었다. 시인은 1830년대 후반부터 베스트팔렌의 자연경관에 주목하였는데, "황야화첩"엔 베스트팔렌의 풍경을 다룬 12개의 시가 묶여 있다. 이러한 특징 때문에 드로스테 문학은 비더마이어 시대부터 후기낭만주의 시대까지 넓은 범주의 문학사적 경향을 보인다.

「습지의 소년」은 주제적 측면에서 인간이나 공간을 중심에 두지 않고, 환경 속의 인간을 묘사함으로써 인간과 자연의 상호작용에 주목하고 있다. 6연으로 구성된 「습지의 소년」은 늪지를 통과해 집으로 돌아오는 소년의 심정이 베스트팔렌의 자연 환경과 함께 묘사된다.

오, 습지를 건너는 일은 정말 끔찍하다,
그곳은 황야연기로 가득하고,
안개는 유령처럼 소용돌이치고,
덤불가지는 뜨개질하듯 엉켜있고,
발을 디딜 때마다 작은 샘이 솟구친다,
갈라진 틈에선 쉿쉿거리며 노래하는 소리가 들려 -
오, 습지를 건너는 건 정말 오싹해,
갈대밭이 바람에 바스락거리는 곳!

떨고있는 아이는 책을 꼭 쥐고,
마치 쫓기는듯 달음박질을 친다;
허허로운 바람이 들판 위를 휩쓴다-
저기 수풀에선 무엇이 바스락거리나?

그건 바로 유령같은 무덤파는 자,
주인의 최고의 이탄을 훔치는 자;
으,으, 미친 소처럼 부르짖는다!
겁에 질린 소년은 움츠려든다.

강가에선 그루터기가 덩그러니 서 있고,
소나무는 섬뜩하게 고개를 끄덕인다,
소년은 귀를 쫑긋 세운 채,
창처럼 쏜살같이 거대한 갈대 사이를 달린다;
그 안에선 졸졸 흐르는 소리와 바스락대는 소리가 난다!
그것은 고통 속에 물레를 돌리는
저주받은 거미여인!

앞으로, 앞으로! 질주해,
앞으로, 무언가가 그를 잡으려는 듯!
발밑에선 불길한 기운이 끓어오르고,
그의 발 아래선 휘파람 소리가 난다,
유령의 멜로디같아;
배신자같은 불충한 바이올린 연주자,
결혼식 금화를 훔친
도둑같은 바이올린 연주자!

습지가 갈라지고, 한숨소리가 터진다
입을 벌린 동굴에서;
아, 아, 저주받은 마가렛이 외친다:
"오, 오, 내 가련한 영혼이여!";
소년은 상처입은 사슴처럼 튀어오른다;
만약 보호천사가 곁에 없었다면,

그의 창백한 작은 뼈들은
늪 가장자리에서 무덤을 찾았을 테지.

이윽고 땅은 단단해지고,
저쪽, 버드나무 곁에서,
등불이 그토록 아늑하게 깜빡이고,
소년은 갈림길에 서있다.
그는 깊이 안도의 한숨을 쉬고, 습지를 돌아보며:
여전히 두려운 눈길을 보낸다.
그래 괴성이 들리는 그곳은 너무 무서웠어,
오, 황야는 정말 끔찍했어.

드로스테의 시적 자아인 소년은 인적이 드문 늪을 지나는 동안 자연이 만들어내는 급격한 움직임과 갖가지 낯선 소리, 그리고 공포를 체험한다.[5] 아이가 건너기에 늪은 낯설고 위험하며, 불확실한 미지의 자연 공간이다. 실제로 수령이 오래된 나무는 사람의 관절처럼 구부러져 땅위로 돌출되어 있으며, 바람부는 저녁에 나무의 출렁임은 사람의 움직임과 흡사하다. 소년은 살아 움직이는 늪지대를 지나며, 무덤파는 사람, 바이올린 연주자, 거미여인이

5 시는 소년이 습지를 통과하는 경험을 공포스럽게 묘사하며, 자연에서 받은 인상을 다양한 감각을 통해 생생하게 묘사한다. 연기와 유령처럼 소용돌이치는 증기, 으스스한 분위기를 자아내는 덤불, 바람에 흔들리는 갈대에서 나는 딱딱거리는 소리, 그리고 땅 속에서 올라오는 물의 존재 등은 독자에게 오감적 체험을 생생히 제공한다. 특히, 자연의 신비롭고 마법적인 특성을 지시하는 명사들이, "바스락거리다", "끓어오르다", "노래하다" 등의 동사와 결합함으로써 시에 자연의 음향적 분위기를 강화한다(O Schaurig ist's über's Moor zu gehen,/ Wenn das Röhricht knistert im Hauche!). 시인 드로스테는 이러한 음향적 효과를 극대화하기 위해 싯구에서 마찰음 Reibelaute(Frikative) - 예컨대 [f], [s], [ʃ], [ç], [x], [χ], [h] -을 전략적으로 사용하고 있다. 이러한 요소들은 자연의 소리를 직접적으로 전달할 뿐 아니라, 소년이 느끼는 공포감을 심화시키는 역할을 한다. 이로 인해 시적 화자의 감정은 더욱 역동적으로 표현되며, 소년의 발걸음이 점점 더 빨라지는 장면을 통해 위협적인 자연으로부터 벗어나려는 내면적 긴장감이 극적으로 드러난다.

라 표현된 불운한 실잣는 사람, 저주받은 마가렛 같은 유령을 보았다고 믿는다. 드로스테의 시어는 당시 베스트팔렌의 지역색과 문화를 담고 있다. "이탄채굴자"는 오늘날 환경에서는 낯선 단어군에 속한다. 이탄채굴자는 늪지대나 습지에서 이탄을 채굴하여 이를 건조시켜 연료로 사용하는 노동자를 뜻한다. 식물이 분해되지 않은 채로 쌓여 형성된 유기 물질층인 이탄은 석탄이나 장작을 대신할 수 있는 연료 자원으로, 19세기 유럽 시골지역, 특히 독일 북서부와 베스트팔렌 같은 저습지대에서 흔히 사용되었다. 드로스테의 시에서 이탄채굴자는 주인이 묻힌 무덤의 이탄을 몰래 채굴하고 있다. '도둑질하던 이탄채굴자'는 당시의 사회상과 도덕적 경고의 메시지가 함께 들어 있다. 이 사람은 죄를 짓고 유령이 되어 황무지를 떠도는 인물로, 황야를 지나는 소년의 뇌리에 되살아나 그를 두렵게 만든다.

"아, 황야를 건너는 건 무섭다"라는 후렴 구절은 농지 개발과 산업화되기 전의 원시적 자연 풍경이다. 인적이 없는 자연 공간에서 주인은 자연이다. 마을에서 온갖 유령 이야기를 접했을 소년은 황야를 건너면서 유령의 그림자와 어우러진 위협적인 자연을 느낀다. 이에, 겁에 질린 소년은 "상처입은 사슴처럼" 뛰고, 소년과 함께 마음의 널뛰기를 한 독자 역시 소년이 황야의 공포에서 살아남아 집에 무사히 당도한 뒤에야 안도한다.

소년이 늪지대를 건너는 동안 그를 지탱해준 것은 믿음이었다. 소년은 민담이나 전설을 통해 마침내 선이 승리하는 이야기를 접했을지도 모른다. 그리고 초자연적 현상과 위협적인 자연 앞에서 자신이 죽을지도 모른다는 공포심에 책 교본을 손에 꼭 쥔 채, 늪지를 달리고 달려 마을에 이른다. 2연의 "Fibel"은 알파벳을 배우는 읽기 교본 입문서를 가리키는 동시에, 어원적으로 15세기 성경 구절을 기반으로 한 종교 입문서를 가리킨다. 학교나 교회에 다녀오는 것으로 보이는 손에는 초급자용 책이 들려있었다.

「습지의 소년」은 미신적, 자연마법적 감각 차원에서 괴테의 「마왕 Erlkönig」(1782)을 닮았다. 괴테의 텍스트 「마왕」은 슈베르트의 동명의 가곡 「마왕」(1815)으로 작곡되었는데, 슈베르트는 셋잇단음표의 빠른 템포를 통해 시의 긴박한 분위기를 극적으로 고조하였다. 리듬감있고 강렬한 대화체 형식의 「마왕」은 부자 간의 대화를 통해 아들이 느끼는 공포와 자연의 불가항력적인 힘을 극적으로 전달한다.

담시 「마왕」은 말을 타고 달리는 아버지와 아들 그리고 초자연적 힘이 팽팽히 힘겨루기를 벌이는 가운데, 마왕의 유혹과 죽음의 그림자가 작품을 압도한다. 아들은 마왕이라는 미지의 힘을 감지하지만 아버지는 그의 존재를 아들의 환영이라 인식한다. 늦은 밤 바람에 흔들리는 자연의 소리를 들으며 들판을 지나는 아들에게 자연은 두렵고 무서운 세계에 속한다.

내용적 측면에서 드로스테의 시는 괴테와 구분된다. 드로스테의 주인공이 늪 지대를 지나 무사히 마을에 이른 것과 달리, 괴테의 주인공은 마왕의 힘에 굴복하고 만다. 「습지의 소년」은 무서운 들판을 홀로 건너며 살아움직이는 자연을 있는 그대로 만난다. 자연은 다정하지도 친밀하지도 않으며, 무섭고 소름끼치는 대상이다. 문명 이전의 거친 자연인 것이다. 괴테의 시와 다른 점은 무엇보다 드로스테의 시가 여성적 관점이라는 데 있다. 물레와 실잣는 여인, 무덤을 훼손하는 자와 마가렛의 전설은 시대상과 민담을[6] 집약하고 있다. "마왕"에 굴복한 괴테의 주인공과 달리, 습지의 소년은 손에 꼭 쥔 책과 믿음으로 자연의 공포를 벗어나게 된다. 다음은 괴테의 담시 「마왕」이다.

밤과 바람을 가르며 누가 늦은 시간에 말을 달리고 있는가?

---

6 그림 형제 Brüder Grimm의 민담집 『어린이와 가정을 위한 동화』(1812)는 동화 자체로서뿐만 아니라, 19세기 초 독일의 시대상과 문화가 반영된 민속 자료로서 중요한 가치를 지닌다. 드로스테의 시를 보면 그림 형제 민담집에서 읽은 이야기가 연상되는 구절들이 많다. 예컨대 "덤불손이 덤불에 뜨개질을 한다"는 표현에서 알 수 있듯, 그 당시 여인들의 방적 기술은 중요한 여성적 덕목으로 간주되었다. 이러한 맥락은 빌헬름 그림과 야콥 그림이 채록한 여러 민담 속에서도 반복적으로 나타난다. 대표적으로 「실잣는 여인 Die Spinnerin」, 「세 개의 실패를 가진 소녀 Das Mädchen mit den drei Spulen」, 「세 명의 실잣는 여인들」, 「게으른 실잣는 여인」, 「용감한 꼬마 재봉사」, 「일곱 마리의 까마귀」 등의 민담은 여성의 방적과 실 잣기 기술이 당시 도덕적 가치와 사회적 이상을 투영하고 있음을 말해준다.

그것은 아이를 안고가는 아버지이다;
그는 소년을 팔에 편히 안고 있다,
그는 아이를 껴안고, 따뜻하게 품고 있다.
"내 아들아, 무엇이 두려워 얼굴을 감추느냐?"
"보세요, 아버지, 마왕이 보이지 않으시나요?
왕관을 쓰고 긴 옷자락을 날리는 마왕이요?"
"내 아들아, 그것은 엷게 퍼진 안개란다."

"얘야, 이리 오렴, 나와 함께 가자!
내가 너와 함께 멋진 놀이를 해줄게;
해변에는 알록달록한 꽃들이 많이 피어있고,
우리 어머니는 금으로 된 옷이 아주 많단다."

"아버지, 아버지, 들리지 않나요?
마왕이 내게 속삭이는 소리가요?"
"안심해라, 안심해, 내 아들아;
그것은 바람이 마른 잎들 사이로 바스락거리는 소리란다."

"착한 아이야, 나랑 가지 않으련?
내 딸들이 곱게 너를 기다릴거야:
내 딸들은 밤에 윤무를 돌며
너를 어르고 춤을 추면서 자장가를 불러줄거야."
"아버지, 아버지, 저기 안보이시나요?
저 어두운 곳에 마왕의 딸들이요?"
"아들아, 아들아, 분명히 보이는구나,
그것은 늙은 버드나무가 회색으로 빛나는 것이란다."
"나는 네가 좋구나, 아름다운 네 모습이 나를 매혹시키는구나;
네가 가기 싫다면, 억지로라도 데려가야겠다."

"아버지, 아버지, 마왕이 이제 나를 붙잡으려 해요!
마왕이 날 아프게 해요!"

아버지는 공포에 질려, 더 빨리 말을 몬다,
그는 신음하는 아이를 팔에 안고서,
간신히 농가에 도착하지만;
아이는 그의 품에서 죽어 있었다.

이 시에는 아버지와 아들, 마왕과 해석자가 등장한다. 아이는 급하게 말을 모는 아버지 품에서 초자연적 존재로 보이는 마왕과 두려운 대화를 나누는데, 아버지는 그것이 자연이 내는 소리라며 이성적으로 아들을 달랜다. 마왕의 딸들은 자연의 존재들, 또는 아들을 죽음으로 유혹하는 마왕의 도구로, 아들은 전래 동화에 등장한 이야기를 환상 속에서 떠올린 것이라 할 수 있다.

이 시는 괴테가 예나에서 머물 때 쿠니츠에 살던 농부가 아픈 아이를 안고 병원으로 말을 달리면서 겪은 사건을 모티브로 하였다. 다른 한편 "마왕" 모티브는 일찍이 요한 고트프리트 헤르더의 「마왕의 딸들 Erlkönigs Tochter」(1779)을 참고했다고도 볼 수 있다. '마왕의 딸들' 또는 '요정'을 주인공으로 한 헤르더의 시는 16세기 덴마크의 민담을 번안한 작품이다. 드로스테와 괴테의 시, 그리고 헤르더와 덴마크의 민담은 문명화되지 않은 시절의 자연을 생생히 그리는 한편, 지역의 전설과 자연을 소재로 문학과 민속학이 만나는 지점을 형상화하였다.

문헌에 따르면 드로스테는 괴테의 「마왕」을 알고 있었다. 하지만 그녀의 작품엔 마왕의 내용이나 주제적 측면은 찾아볼 수 없다. 자연마법적인 정겨운 묘사의 시어를 사용하고 늪지에서 살아남은 소년을 형상화함으로써 괴테의 작품과의 변별성을 확보하고 있다. 더구나 바다, 황야, 늪 등 문명 외적인 영토를 시적 주제로 삼음으로써, 무한성과 동경의 공간인 낭만주의 자연과 달리, 자연이 위협적 권력을 행사하는 현장을 생생히 묘사하였다. 이 때문에 모르겐블라트 신문에서 드로스테의 시를 접한 시인 페르디난드 프라일리그라트 Ferdinand Freiligrath(1810-1876)는 레빈 쉬킹에게 보낸 편지에서 "머리카락이 쭈뼛 서는 공포"를 체험했다고 썼다. 『유대인의 너도밤나무』[7], 「습지의 소년」, 「주목나무벽」, 「탑에서 Am Thurme」 등은 당시 호평을 받은 작품이었으며, 특히 「습지의 소년」은 20세기 들어 독일 학교의 텍스트로도 채택되는 등 문체적 특징과 내용면에서 문학적 가치를 인정받았다.

1813년 드로스테는 언니 예니와 외가인 뵈켄도르프에 머무는 동안, 빌헬름 그림과 야콥 그림을 만났다. 민담집 『어린이와 가정을 위한 동화』를 집필한 그림 형제는 드로스테에게 민요와 동화를 수집하도록 영감을 주었다. 그림 형제는 괴팅엔 대학교에서 재직하는 동안 하노버 왕국의 아우구스투스 1세가 자유헌법을 철폐하는 것에 반대하는 청원을 제출하였다. 이후 교수직에서 파면된 형제는 집필에 몰두하였다. 구전문학인 민요와 민담은 만들어지는 것이 아니라, 자라난 것이기에, 노래 안에는 민족의 숨결이 자연스럽게 살아숨쉰다. 테어도어 슈토름의 『임멘제 호수』의 주인공 라인하르트 또한 이를 잘 알고 있었다.

> 이 아름다운 노래들은 결코 만들어지는 것이 아니야. 민요는 자라나고, 거미 실타래처럼 공중에서 떨어져 땅 위를 날아다니지, 여기저기서. 그리고는 수많은 곳에서 동시에

7 1842년에 발표된 중편소설 『유대인의 너도밤나무』는 사회적·종교적 소속감과 사회 집단의 편견으로 인한 인물의 주변화 문제를 다루며 독일어권에서 가장 널리 읽히는 작품 중 하나가 되었다. 오늘날 위태롭고 사회적 긴장이 고조된 시대 속에서 그 의미는 더욱 절실하게 다가온다. 이 소설은 실제 일어났던 살인사건을 다루었는데, 숲은 동식물의 서식지이자 인간에게 필요한 원료의 공급원이자 살인사건의 배경이 된다. 드로스테-휠스호프의 문체는 사색적이고 정밀하며, 그녀의 다중부호적 텍스트는 결코 단순한 해답을 제시하지 않는다. 작품 서언 말미에는 '돌을 내려 놓으라'는 준엄한 경구가 눈길을 끈다. "돌을 내려놓을지다. 그것이 네 머리를 맞힐지어다." 드로스테가 생각하기에, 단단히 돌을 쥐고 있는 자는 밝은 공간에서 태어나 경건한 손길에 의해 보호받고 자라난 운이 좋은 자로, 가련한 존재에게 돌을 던질 만큼 무고한 자는 아니다. 드로스테의 따뜻한 내면과 폭력을 거부하는 자세는 공동체를 위해 '개척사업'을 벌이는 현대사회의 파우스트적 인간상과 또 다른 길을 제시한다.

불려지지. 우리는 이 노래들 속에서 우리 자신의 행동과 고통을 찾게 돼. 우리 모두가 그 노래를 함께 만든 것처럼 말이야.

그림 형제가 활동한 독일 낭만주의 시대는 프랑스에 맞서 민족주의 감정이 고취되던 시기로, 독일 지성인들은 나폴레옹 지배 아래 '우리는 누구인가'라는 집단적 자각을 통해 민족의 정체성과 민족 감정을 고취하였다. 민요는 민중과 함께 자라난 가장 순수한 문학 형태로, 드로스테 역시 어린 시절부터 베스트팔렌 지역의 전설과 민담에 관심을 가졌다. 요한 고트프리트 헤르더는 『노래에 담긴 제 민족의 목소리』(1779)에서 각 민족의 민요를 민족의 영혼으로 이해하였다. 소박한 언어와 집단적 경험을 담은 전승된 민요야말로 민족 공동체의 목소리였던 것이다. 낭만주의자 클레멘스 브렌타노와 아힘 폰 아르님이 수집한 민요집인 『소년의 마술피리』(1805) 역시 문화적 전승에 대한 탐구라 할 수 있다.

1820년 뵈켄도르프에서 23세의 드로스테를 만난 카셀의 건축가 하인리히 볼프는 그녀를 "매우 재치 있고 아름다운 소녀였으며, 본성적으로 매우 친절하고 매력적인 무언가를 가지고 있었다"라고 묘사했다. 함부르크 상인의 아들 프리드리히 베네케 역시 그녀에 대한 인상을 일기에 기록하였다. "이처럼 날카롭고 거침없고 심오한 정신은 내게 거의 느껴보지 못한 것이었고, 그와 함께 부드럽고 감동적인 순수함과 깊은 감정, 그리고 넘치는 사랑이 있었다. 이 모든 것은 상당한 지적 교양과 교육에 의해 뒷받침되었다."

뤼쉬하우스에서 작은 작업실을 마련한 후 그녀는 그곳을 "작은 달팽이집"이라 불렀다. 달팽이처럼 얇은 껍질 안에서 조용히 정제된 삶을 살고자 했던 드로스테의 바램은 19세기 사회적 제약을 벗어나 예술적 자율성과 깨지기 쉬운 자유를 누리고자 하는 자신만의 보호막이었다.

그녀는 생명체와 일상의 풍경 그리고 자연생태계에 깊이 몰두하였다. 관찰력이 남달랐던 그녀의 수집 목록 중에는 펜그림, 광물 그리고 조개 껍데기가 다수 존재하며, 뤼쉬하우스 박물관에서 그녀의 실제 생활 공간을 만날 수 있다.

2.

로베르트 메나세의 『수도』와 브뤼셀

로베르트 메나세의 『수도』와 브뤼셀

최근 독일 현대문학은 국경 문제에 대한 관심에서 벗어나, 보다 넓은 차원에서 '유럽'이라는 공간과 정체성에 주목하는 방향으로 전환되고 있다. 로베르트 메나세 Robert Menasse(1954~)의 작품 경향과 유럽 내 이주자 문학의 현주소가 이를 대변한다. 메나세의 소설 『수도 Die Hauptstadt』(2017)는 "최초의 EU소설"로 평가받으며, 벨기에 수도 브뤼셀에 위치한 EU 위원회와 관료제를 풍자적으로 다룬 사회소설이다. 동시에 유럽연합이라는 기관의 작동방식을 대상화한 "기관소설"로도 평가된다. 빈 출생인 메나세는 오스트리아의 정체성과 역사에 관한 에세이에 이어, 유럽과 유럽연합, 그리고 세계화에 대한 글을 쓰며 민족주의 재등장에 대한 우려와 함께 반유럽적 정서의 통합운동을 비판하였다. 그는 국가를 넘어 지역에 기반한 이상적 공동체로서 유럽공화국이라는 비전을 제시하였다.

현대유럽을 논하는 관점에서, 로베르트 메나세의 소설은 지중해에서 브뤼셀로의 이동을 보여준다. 그의 작품은 "세계를 담은" 문학으로 평가되며, 유럽이라는 분열된 현실 속에서 상실된 총체성과 지역 통합의 가능성을 재구성하려는 문학적 시도로 이해된다. 메나세의 소설은 그가 다루는 주제와 형식을 끊임없이 반성하는 "자기참조적인 문예학 담론"으로, 텍스트나 담론이 그 자신을 반영하며, 문학과 정치, 제도와 개인의 관계를 다층적으로 탐구한다.

신화에서 출발하여 세계문학에 대한 구상이 담긴 괴테의 『서동시집』

(1819), 프리드리히 슐레겔의 『유럽-기관지 Europa-Zeitschrift』, 로베르트 발저의 『유럽인. 베른 시절의 산문(Ⅲ) 1928-1933』, 그륀바인의 『점화플러그』, 얀 바그너와 페데리코 이탈리아노의 『그랜드 투어. 유럽의 젊은 시로 떠나는 여행』에 이르기까지, 유럽에 대한 문학적 논의는 길고 풍부한 목록을 제시한다. 그중에서도 노발리스, 괴레스, A.W. 슐레겔 등 낭만주의자들의 유럽 성찰과 함께 토마스 만, 헤르만 브로흐, 루돌프 판비츠 Rudolf Pannwitz 등이 주목받았다.

현대 독일문학사에서 유럽담론은 세계대전을 전후한 작가들 사이에서 두드러지며, 하인리히 만, 슈테판 츠바이크, 요셉 로스, 폴 발레리 등이 대표적이다. 1989년 베를린 장벽 붕괴 이후에는 밀란 쿤데라, 콘라드, 귄터 그라스, 페터 슬로터다이크, 한스 마그누스 엔첸스베르거 등도 유럽 논의에 대한 중요한 목소리를 내왔다. "유럽은 시인들의 고안물"이라는 하인리히 만의 표현처럼, 19세기와 20세기 문학은 유럽에 대한 다양한 담론을 개진했다. 예술과 예술가의 문제, 사회와 시민의 문제를 다룬 토마스 만과 달리, 하인리히 만은 독일의 권위주의적 체제와 소시민적 사회 질서에 저항한 참여문학가였다. 그러나 이후 유럽에 대한 담론은 국가 간 이해관계와 유럽연합 내부의 현안들로 인해 더욱 다성적인 목소리를 내게 되었다.

21세기 독일 현대문학에서 '유럽'이 빈번히 논의되는 배경에는 대륙에 대한 우려와 함께 유럽의 미래에 대한 비전이 자리한다. 한때 유럽은 "성경, 세 개의 세계종교 그리고 넓은 아치형의 그리스 안티케를 토대로 대성당의 중세와 계몽, 인권을 포함하는 기적"으로 요약되었다. 이들이 유럽문화의 근간을 이루는 것은 여전하나, 오늘날 이러한 인식은 지나치게 소박하고 고전적인 단계에 머문다. 오늘날 유럽은 통합을 지향하지만 통합과 단절이 공존하고, 달라진 기술 환경 속에서 끊임없이 자신을 재서술하는 복합적 공동체이다.

2019년 5월 유럽의회 선거를 앞두고 독일공영방송은 "유럽이 당신에게 무엇을 의미하는지"를 여성작가들에게 물었다. "유럽을 향한 나의 꿈은 하나의 집과 같은 꿈이다", "나의 유럽은 포에지이며, 유럽은 나의 집이다", "유럽은 여행의 기쁨을 의미한다", "나는 유럽연합의 시민이고 싶다", "유럽과 상속받은 트라우마", "유럽인은 기억을 지닌 인간이다"등 다양한 답이 나왔다. 이러한 응답은 메나세의 장편소설인 『수도』에서 보다 암울한 형태로 나타난다.

유럽연합 설립자들의 희미한 그림자 - 50주년 행사준비와 관료제의 모순

메나세의 『수도』는 유럽연합의 정체성을 형성해온 인물들과 사건들을 전지적 시점에서 교차적으로 엮어내며, 서사성과 대중성을 동시에 확보했다는 평가를 받았다. 이 작품으로 메나세는 2017년 "독일 도서상"에 이어 2019년에는 칼 추크마이어 메달을 수상했다. 칼 추크마이어(1896-1977)는 표현주의 극작가로 군국주의와 관료의 독선에 대한 해학과 풍자를 즐겼다. 그의 고향인 라인란드 팔츠 주에서는 매년 독일어 문학과 문화에 기여한 인물에게 그의 이름을 딴 이 메달을 수여하고 있다. 당시 주지사 말루 드라이어는 시상식에서, 메나세의 작품은 독일어의 현대적 발전에 크게 기여했을 뿐 아니라, 유럽이념과 그 미래를 둘러싼 논쟁을 유럽 전역에서 촉발했다고 평가하였다. 메나세는 2017년 유럽의회에서 열린 로마조약 60주년 기념 연설에서 "유럽공화국이여 영원할지다!"라고 장중한 어조로 외치며, EU의 정치적 통합과 유럽 이념에 대한 확고한 신념을 드러냈다.

이러한 문제의식을 배경으로, 소설은 유럽연합집행위원회가 기념행사를 준비하는 과정에서, 로마조약 50주년과 유럽석탄철강공동체(EGKS) 60주년 중 어느 기념일을 중심에 둘 것인지에 대한 논의를 한다. 문화총국 국장은 "팔기에 좋다"는 이유로 상징성이 더 강한 '50주년'을 선택한다. 이 장면에서 메나세는 유럽의 이상이 점차 상업화되고 정치적 이미지 전략으로 변질되어 가는 현실을 풍자하고 있다. 그는 유럽연합 설립자들이 강조했던 민족 감정의 극복과 초국가적 연대의 이상이 오늘날 정치 엘리트들에 의해 잊혔거나 침묵되고 있다고 비판한다. 이러한 문제의식은 이미 2012년에 출간된 에세이 『유럽의 전령』에서도 분명하게 드러난다. 메나세는 왜 EU가 시민들에게 사랑받지 못하는지를 질문하며, 유럽은 국민국가를 넘어서야 한다고 주장한다. 민주주의를 위해서는 그 틀을 국가 바깥으로 확장해야 한다는 것이다.

1992년 유럽공동체(EC) 12개 회원국은 네덜란드 마스트리히트에서 새로운 유럽연합 설립에 서명했고, 이듬해 각국의 비준을 거쳐 EU가 공식적으로 출범했다. 그러나 마스트리히트 조약 체결 20주년을 맞아 실시된 범 유럽 설문조사 결과는 충격적이었다. 이 결과는 『유럽의 전령』에 인용되었는데, 응답자의 42%가 자신을 유럽국가 연합과 동일시하지 않았으며, 브뤼셀의 EU 관료들을 엘리트주의적이고 현실과 동떨어진 집단으로 인식했다. 나아가 70% 이상이 EU 관료제에 대해 부정적인 시각을 갖고 있었고, EU 법률이 자국의 이익을 제한한다고 인식했다(Menasse 2012, 20).[8] 이러한 여론은 "유럽이라는 추상적 형성물이 EU 기관이라는 물질적 구체화 속에서"(Johann/Rössler 2019, 188) 형체를 드러내는 현상으로 해석할 수 있다.

『수도』에서 메나세는 이러한 현실을 파편화된 모자이크식 서술로 구현하면서, 민주적 정당성 없이 작동하는 EU의 관료제와 시민들의 불신을 형상화한다. 소설은 에필로그에 앞서 유럽 통일을 꿈꾸었던 빅토르 위고의 문장으로 시작한다.

> 상상, 그것은 행복. 기다림, 그것은 삶
> Rêver, c'est le bonheur; attendre, c'est la vie(Menasse 2017, 5).[9]

이 구절은 메나세가 유럽의 통합을 하나의 완결된 제도적 실현으로 보기보다, '지속적인 기다림과 상상의 과정'으로 이해하고 있음을 암시한다. 빅토르 위고는 『레 미제라블』, 『노트르담의 꼽추』를 통해 사회적 불의와 인간

---

8 이하, 『유럽의 전령 Der europäusche Landbote』(2012) 인용은 "L쪽수"로 표기함.

9 이하, 『수도 Die Hauptstadt』(2017) 인용은 "H쪽수"로 표기함.

존엄을 탐구하며 명확한 사회적 의식을 드러냈다. 그는 1851년 공화정을 폐지하고 제국을 부활시키려 한 나폴레옹 3세에 반대하다 망명길에 올랐다. 이후 브뤼셀을 비롯한 여러 도시에서 19년간 유배생활을 이어가며, 자유와 인권, 유럽의 통합에 대한 이상을 문학과 정치 활동으로 표명했다. 1870년 보불전쟁으로 제2제정이 붕괴하자 프랑스로 귀국한 그는 상원의원에 당선되어 이상적인 사회 건설을 위한 정치적 열정을 지속했다.

로베르트 메나세는 이와 같은 위고의 유럽통합의 이상에 공감하며, '헤센 지방의 전령'을 넘어 "유럽의 전령"이 되고자 했다. 이에 그는 브뤼셀에 집을 마련하고, 2년간 『수도』 집필에 전념했다. "헤센의 전령"은 의학도였던 게오르크 뷔히너가 1834년에 작성한 전단으로, 헤센 대공국의 봉건적 억압과 과중한 세금, 사회적 불평등을 고발하는 정치적 선언문이었다. '오두막에는 평화를! 궁정에는 전쟁을!'이라는 격문은 당대 독일 사회에 큰 충격을 주었고, 뷔히너는 탄압을 피해 스위스 취리히로 이주하였다. 민중에게 행동을 촉구한 이 선언문은 질서를 사회적 가치로 삼는 정치문화에 충격을 가져왔다. 메나세가 에세이 제목으로 유럽의 전령을 택한 것은 뷔히너의 급진적 사회비판과 평화에 대한 염원을 21세기 유럽의 위기 속에서 소환하기 위함이었다.

소설에서 페니아 제노풀루는 유럽연합 행정조직 핵심인 유럽연합집행위원회 소속이다. 그녀는 집행위원회 50주년 기념행사를 기획하는 임무를 맡고 이 일을 마르틴 주스만에게 맡긴다. 당시 유럽연합에 대한 대중의 지지율은 40%에 불과한 수준이었으며, 에킨슨 국장은 이 기념일을 계기로 유럽의 이미지 쇄신을 도모하려 한다. 그녀가 볼 때, 집행위원회에 대한 시민들의 비판은 "민주적 정당성의 결여, 관료제의 확대, 규제 과잉"이라는 상투적 편견에서 비롯된 것이다. 기념 행사 기획에 가장 먼저 반응한 페니아는 이를 더 나은 부서로 옮기기 위한 기회로 삼는다. 그녀는 문화부장으로 승진했지만, 부서의 명성과 예산을 고려할 때 이 인사는 사실상 좌천에 가까운 인사였기 때문이다.

이에 반해 마르틴은 진심으로 '기념'의 의미를 고민하며 페니아와 상반된 유럽의 역사 담론적 초상을 그린다. 그는 기념 행사를 통해 유럽연합의 설립 원칙을 되새기고, 다시는 대륙에 아유슈비츠가 재현되지 않기를 바란다. 홀로코스트의 기억이 국가주의를 극복하고 유럽통합을 가능하게 한 원동력임을 상기시키자는 것이다. 그는 행사의 중심에 아우슈비츠 생존자를 초청하자고 제안한다. 그들은 "낡은 유럽의 민족주의가 저지른 범법"을 증언할 마지막 세대이기 때문이다. 그 아이디어는 EU 집행위 내부에 파장을 일으키며, 다양한 인물의 이야기와 얽히게 된다.

데이비드 드 브리엔트 David de Vriend는 1943년 4월 19일, 아우슈비츠-비르케나우로 향하던 강제수용소 열차에서 탈출한 마지막 유대인 생존자 가운데 한 명이었다. 데이비드는 가족과 함께 기차에 올랐으나 혼자 살아남았고, 이후 50주년 기념행사에서 "이상적 시대 증인"으로 채택된다. 소설은 장리샤르 브룬파우트를 중심으로 한 자유연합군이 프랑코 정권과 살라자르 정권에 맞서 싸운 유럽의 저항사를 환기한다. 1944년 6월, 데이비드는 부모님의 석방과 전쟁 종식, 유럽 해방을 위해 자유연합군에 가담했지만, 그해 8월 밀고로 체포되어 아우슈비츠로 이송된다. 데이비드는 수개월을 버텨 살아남았고, 전후에는 교사가 되어 단순한 '증언자'가 아니라 다음 세대를 교육하는 '교육자'로 살기를 원했다. 데이비드 드 브리엔트는 "인종주의의 희생자, 파시즘 저항군, 협력과 배반의 피해자, 집단학살의 증언자, 인권을 기반으로 한 탈민족적 유럽의 비전, 그리고 한 인간의 생애에 응축된 역사적 교훈"을 상징하는 인물로 집약된다. 그러나 그런 그가 치매를 앓고 있다는 사실은 이 기념비적 행사가 상징을 조작함으로써 기억문화가 형식적 '망각' 행위일 수 있음을 풍자적으로 보여준다.

엔첸스베르거는 『온순한 괴물 브뤼셀 혹은 유럽의 금치산』(2011)에서 유럽연합의 수도 브뤼셀에 위치한 EU 수뇌부를 "온순한 괴물"에 은유한 바 있다. 그들은 집행위원회를 통해 유럽에 유토피아를 구현하려 했으나, 시인의 눈에 그것은 확장된 기술관료적 지배로 보였다. 유리 파사드로 둘러싸인 현대적 건물 안에서, 온순해 보이지만 실상은 위압적인 EU 지도자들이 민주적 정당성을 의심스럽게 행사한다고 본 것이다. 유리 파사드 메타포는 메나세의 『수도』에서도 반복된다. 런던대학교 위원회와 영국 외무부 내각에서 근무한 경험이 있는 애킨슨 국장은, 모든 일은 닫힌 문 뒤에서 이루어졌고, "방음문은 현실이자 은유"였다고 회상한다. 물론 그녀의 옛 직장과 현 유럽위원회는 다르다. 런던 내각회의 구성원은 개신교 엘리트 학교 출신으로 비슷한 외모와 억양, 그리고 배우자까지 동일한 사회적 배경을 공유했고, 회의는 의식 절차를 포함해 30분이면 끝났다. 그러나 그들의 신속한 결정이 반드시 대다수 영국 시민의 이익과 일치하는 것은 아니었다.

브뤼셀 EU위원회에서는 사정이 다르다. 이곳에는 여러 언어, 여러 문화적 배경을 지닌 사람들이 함께 앉아 있었다. 특히 동유럽 출신 인사들 중에는 노동자나 장인 가정에서 성장한 이들도 많았다. 런던에서는 20분이면 끝날 일이 이곳에서는 몇 시간, 며칠, 심지어 몇 주가 걸렸다. 이 과정은 흥미롭지만, 끝이 보이지 않는 지루한 협상과 수많은 타협 끝에, 유럽위원회를 찾은 이해당사자들의 사안은 조용히 협상테이블에서 사라지기도 한다. 유럽통합의 이상을 기획했던 기념행사 프로젝트 역시 끝없는 절충과 번역의 행정 언어 속에서 효율적 절차와 투명성을 자랑하지만, 유럽의 비극을 소비하는 미디어 이벤트로 전락하고 만다. 행사 장에는 각국 대표, 언론인, 관료들로 가득하지만, 그 누구도 무엇을 기념하는지 명확히 이해하는 사람은 없다.

EU의 수도 브뤼셀 - 국제 질서와 초현실주의적 감각 사이

『수도』는 사실과 허구를 능란하게 엮어내며, 인용부호 없는 대화와 서사 속 이론적 논평을 통해 현실정치의 현안을 서술하는 한편 브뤼셀의 이미지를 포스트모던하게 재구성한다. 소설은 "저기 돼지가 간다!"로 시작한다. 프롤로그에서 인물들은 각기 다른 장소에서 브뤼셀 광장을 누비는 돼지를 목격하는데, 돼지는 소설에 흩어진 에피소드를 연결하는 서사의 매개이자 상징적 장치로 기능한다. 브뤼셀 출신 초현실주의자 르네 마그리트가 <이미지의 배반>(1929)에 적힌 문구 '이것은 파이프가 아니다'에서 부정적 지시 관계를 통해 사물의 본질에 접근했듯이, 메나세 역시 정치·언론·관료제의 언어로 구성된 '유럽'의 표상을 아이러니하게 폭로한다. 실제로 유럽 정책전문가 롤랑 프로이덴슈타인은 『수도』를 두고 "이 작품의 부제는 '이것은 소설이 아니다'라고 해야 마땅하다"고 평하며, 메나세가 유럽의 이미지를 서술하는 방식이 현실을 왜곡하고 있다고 비판했다.

소설에서 카이-우베 프리게와 페니아가 목격한 돼지는 유럽 독자들에게도 낯선 서술전략에 속한다. 30대 후반의 페니아는 실용적 인물로, 세대 간 화합이나 유럽 통합의 이상은 그녀의 관심 밖이다. 키프로스 출신의 그녀가 무역부로 부서를 옮기기 위해 고군분투하는 행보는 서구문명의 근간을 구성해온 이상주의적 가치가 현실적 이해관계 앞에서 어떻게 일그러지는지를 보여준다. 이는 동시에 오늘날 EU의 핵심 의제가 문화가 아닌 경제 중심으로 이동했음을 드러낸다. 40대 중반의 카이-우베 프리게는 10년 전 브뤼셀에 부임한 이후, 무역총국 내각책임자이자 독일 대표 고위관리로 활동하고 있다. 함부르크 출신인 그는 북독일의 "한자동맹식 국제주의" 감각을 계승한 인물이다. 효율성과 합리성을 중시하는 그의 태도는 한스 홀바인의 회화 <게오르크 기체의 초상>(1532)을 연상시킨다.

1498년경 아우크스부르크에서 태어나 런던에서 활동한 화가 홀바인은 헨리 8세의 궁정화가로 잘 알려져 있다. 그의 대표작인 게오르크 기체의 초상에는 화려한 융단과 인장, 편지, 가죽 장부, 저울, 열쇠 등이 세밀하게 묘사되어 있으며, 그 사이 유리 화병 속에 섬세한 카네이션 꽃이 있다. 기체는 단치히 출신의 상인으로, 당시 런던 한자동맹 지부를 대표했다. 한자동맹은 북해와 발트해 연안 도시들이 결성한 상인 연합체로, 회원 도시 간 자유무역협정을 통해 북유럽 무역을 장악한 조직이었다. 단치히 출신의 상인 기체는 런던 한자동맹 지부를 대표하던 인물로, 부를 축적한 스틸야드의 상인들은 아우크스부르크 출신 화가 홀바인에게 초상화를 의뢰했다. 스틸야드 초상화에 속하는 기체의 그림 속 집무실에는 서류와 장부가 빼곡히 놓여 있으며, 이는 한자동맹 상인 특유의 치밀함과 업무 처리 방식을 시각적으로 드러낸다. 홀바인은 정물 속 사물의 상징성을 섬세하게 포착하여 당대 상업사회와 사회적 분위기를 회화적으로 기록했다. 특히 카네이션은 약혼과 신의를 상징하는 꽃으로, 상인의 절제된 표정은 일과 사랑, 계약과 감정의 양면성을 지시한다. 이러한 상징적 구성은 관계 유지를 위해 필요한 신뢰와 균형을 은유하며, 프리게의 직업윤리와도 맞닿는다. 홀바인의 회화적 질서와 프리게의 관료적 질서는 '정확성'과 '균형'을 핵심 가치로 공유하고 있는 셈이다.

함부르크 대학 시절, 카이-우베 프리게는 무늬가 있는 유색 셔츠를 기숙사 친구들에게 나눠주고, 쇼핑센터에서 동일한 흰 셔츠를 열 벌 구입했다. 아침마다 의상을 고르는 수고를 줄이기 위한 선택이었다. 이후 EU 위원회 사무실에서도 이러한 생활방식은 지속된다. 이는 정확성과 규율, 의무에 충실한 독일인의 전형적 모습으로 제시되며, 프리게의 성격을 함축적으로 드러낸다. 프리게가 보여주는 치밀함과 규율의 미학은 곧 근대 유럽 상인의 윤리적 계보를 계승하는 현대 관료의 자화상이라 할 수 있다. 오늘날 다시 주목을 받고 있는 쇼펜하우어의 견실한 글쓰기 또한 북독일의 상인 정신을 계승하였다는 평가를 받는다.

이제 소설에 나타난 무역 시장의 양상에 주목해보자. 일반적으로 내수시장의 가격 하락을 방지하기 위해 생산량을 줄이는 것이 상식적이지만, 유럽의 대규모 돼지 생산업체들은 다른 방식으로 대응한다. 예컨대 소설 속 메르켈 총리는 지난 한 해 동안 중국을 여덟 차례 방문했으며, 다음 주에는 오스트리아 대통령이 돼지 무역 문제로 베이징을 찾을 예정이다. 네덜란드 역시 중국과의 무역 협약 체결을 추진 중이다. 이 일련의 움직임은 경제적 행위이자 동시에 정치적 절차로 이어진다.

EU 회원국들은 각국의 경제적 이익을 좇는 과정에서 경쟁적으로 무역을 확대하게 된다. 그러나 이러한 경쟁은 가격 하락을 초래하며, EU 전체의 시장 균형을 위협한다. 각국은 돼지 생산을 늘려 중국을 비롯한 제3국으로 돼지를 수출하려 하지만, EU를 벗어난 돼지는 곧 '자국의 비자'를 들고 세계시장에 진입하게 된다. 결과적으로 회원국들은 '유럽'이라는 통합의 틀 안에서 다시 국가주의로 회귀하게 된다. 즉, 유럽연합은 'EU'라는 이름으로 단일 시장을 구성했지만, 실제로는 '자국 이익'을 우선시하는 경쟁 구도 속에서 무역 구도는 EU의 통합 이념과 배치된다. 그렇기에 유럽통합론자들은 '탈국가적 민주주의'의 필요성을 강조하지만, 유럽의 정체성이 여전히 개별 국가의 이권을 통해 규정된다는 사실은 정치적 통합의 한계를 보여준다. 메나세가 단편적이고 파편화된 서사 구조를 채택한 이유 역시, EU라는 거대 기관이 통합에 어려움이 있음을 상징적으로 보여주는 포스트모던한 서술 전략이다.

브뤼셀 도심에 등장한 돼지는 마치 공포 동화책에서 튀어나온 듯한 모습이었다. 더럽고 분홍빛을 띠며 길을 잃은 돼지는 도시를 위협적인 분위기로 몰며 EU의 수도 브뤼셀이라는 상징적 이미지에 균열을 낸다. 이제 브뤼셀은 도시의 벽면을 채운 에르제 Hergé와 모리스 Morris의 만화 이미지들과 어우러져 브뤼셀은 "한 권의 만화책"처럼 보인다. 돼지는 마그리트의 '이미지의 배반'처럼 기표와 기의를 배반하며 유럽연합의 수도를 초현실적으로 만든다. 이와 달리, 브뤼셀 경찰 에밀 브룬파우트 경감은 도시의 고전성과 전통에 매료된 인물이다. 2차 세계대전 당시 자유유럽군을 이끌었던 장 리샤르 브룬파우트의 아들인 그는, 조상의 도시가 관광객들에 의해 점령당하는 현실을 못마땅하게 여긴다.

> 도시가 깨어날 무렵의 이른 아침의 브뤼셀을 사랑했다. 이 찬란함! 이 장소는 단체 관광객들이 몰려오기 전, 이른 아침 시간에야 비로소 진정한 아름다움을 드러냈다(H79).

경감이 사랑한 브뤼셀은 북유럽 르네상스 회화를 대표하는 작가들이 활동한 유서깊은 도시이다. 16세기 플랑드르 화가 피터르 브뤼헐은 앤트워프에서 활동을 시작하여 1563년경 브뤼셀로 이주한 후 이곳에서 생을 마쳤다. 그의 대표작인 <알프스산맥의 풍경>(1555), <베들레헴 인구조사>(1566) 등은 오늘날 이곳 벨기에 왕립미술관에 소장되어 있다. 브뤼헐의 작품에는 농민의 일상과 종교 풍습이 정교하게 결합되어 있으며, 후기작에는 브뤼셀 주변의 언덕과 마을 풍경이 자주 등장한다. 루벤스 역시 앤트워프를 중심으로 활동하였으나, 브뤼셀 궁정의 외교화가로서 자주 이곳을 방문했다. 특히 프랑스 왕비 마리 드 메디치 Marie de Médicis의 생애를 주제로 〈마리 드 메디치 연작〉(1622-1625)을 그리는 과정에서 브뤼셀의 합스부르크 궁정을 드나들었다. 당시 브뤼셀은 스페인 합스부르크 왕가의 지배하에 있었으며, 피렌체 메디치 가문의 일원인 마리가 1631년 아들 루이 13세의 섭정 권한에서 밀려나 프랑스에서 추방된 뒤 머물렀던 도시이기도 하다. 브뤼헐과 루벤스의 역사적 층위 위에 초현실주의 화가 르네 마그리트의 시각적 상상력이 덧입혀지면서, 유럽연합의 수도 브뤼셀은 과거와 현재, 현실과 환상이 뒤섞인 패치워크같은 도시로 직조된다. 이러한 유서깊은 도시에 아침이 찾아들면 브뤼셀 거리는 카페에서 차를 마시는 사람들, 저글링하는 거리 예술가, 아코디언 연주자, 교회 앞에서 셀카를 찍는 관광객들로 붐빈다. 메나세는 소설 속에서 EU의 수도, 브뤼셀의 다층적인 모습을 인상적으로 전달하고 있다.

브뤼셀의 상징이 된 돼지와 정치사회학적 은유

에르하르트 교수는 오스트리아 빈 대학의 국민경제학 명예교수이자 EU의 미래를 논의하는 싱크탱크 <유럽을 위한 새로운 조약>의 13번째 회원으로, 브뤼셀을 방문 중이다. 그는 로베르 슈만 광장을 걷다가 포소니 거리 모퉁이에 있는 '카프카 카페'에 들렀다가, 자신의 팔에 난 유럽 지도 형태의 "푸른 멍" 위에 오각형 별 12개를 새겨 유럽 지도를 완성하려 한다. "여기는 이베리아 반도, 여긴 장화 모양의 이탈리아, 부풀어 오른 곳은 그리스"라고 설명하자, 타투이스트는 "그건 유럽이 아니라 일그러진 형상"이라며 멍과 지도는 비율이 맞지 않다고 반박한다. 에르하르트는 유럽에 대한 향수를 부여잡으려는 몸짓으로 타투를 시도하지만, 타투이스트는 "몇 주면 멍이 사라지고 별만 남을 것"이라며 이를 만류한다. 하나의 대륙은 지워지고 회원국을 상징하는 별만 남는 상황이 못마땅한 그는 결국 타투를 포기한다. 이 에피소드는 '하나의 유럽'이 실현하기 어려운 모델임을 보여주는 동시에, 에르하르트가 부여잡고 있는 꿈이 변화하고 있는 유럽의 현실과 엇박자로 가고 있음을 제시한다.

브뤼셀 시내에 등장한 돼지는 희화화의 상징으로 등장할 뿐 아니라, 마르틴 주스만 집안의 비즈니스와도 긴밀히 연결된다. 플로리안 주스만은 부친의 "기괴하고 급작스런 죽음" 이후 양돈 농장을 물려받아 기업으로 키워냈다. 그는 EU의 동물보호 정책과 채식주의 로비스트들의 이데올로기를 불신하는 한편, 뇌물과 협박에 취약한 관료제의 구조적 부패를 비판한다. "유럽 양돈업자 협회" 회장으로서 플로리안은 EU 문화부 직원인 동생 마르틴에게 중국과의 무역 협정에 불만을 토로한다.

> 모든 돼지 생산자들이 중국 시장을 원해. 중국은 세계 최대의 돼지고기 수입국이지. 중국에서 온 차세대 생산자들도 규모가 어마어마하고. [...] 그런데 EU는 중국과 그에 상응하는 무역협정을 체결할 능력이 없어. 중국은 EU 전체가 아니라, 개별 국가와만 협상해. 그리고 각 국가는 자신이 다른 국가들을 따돌리고 최고의 양자 협정을 맺었다고 믿지만, 현실은 중국이 이들을 서로 경쟁하게 만들 뿐이야. 어떤 나라도 그처럼 큰 문제를 혼자 감당할 수는 없어.

이 대사는 유럽 각국이 자국의 이익을 우선시하며 무역 경쟁을 벌이는 현실을 지시한다. 중국과의 돼지 무역은 결과적으로 대륙 전체에 부정적 영향을 미친다는 것이다. 도심에 나타난 돼지가 브뤼셀 시민들에게는 초현실적 광경이지만, 유럽의 양돈업자들에게 돼지는 중국의 값싼 양돈으로 인한 구조적 위기와 맞닿은 실질적 위협의 존재다.

메나세는 2006년 프랑크푸르트 시학 강연 『의지와 표상으로서 세계의 파괴』에서, EU의 민주주의적 결함을 비판했다. 유럽위원회가 각국 정부의 지명에 따라 구성되고, 권력이 국가 단위로 분산되어 있다는 점에서 그는 "유럽이 여전히 국가들의 클럽에 불과하다"고 진단했다. 그가 진단하기에 유럽 통합의 이상은 시스템에 안주하는 제도적 현실에 의해 끊임없이 왜곡된다.

메나세의 인물 마르틴과 플로리안은 유럽연합과 유럽 사이의 갈등을 상징한다. 마르틴이 유럽공화국이라는 비전을 품은 이상주의자라면, 플로리안은 시장 논리에 충실한 현실주의자다. 형제는 식성에서도 차이가 드러난다. 플로리안은 벨기에식 체리 맥주와 굴라시를 즐기며 "흥미롭군. 맛이 있으면 레시피를 받아 홈페이지에 올릴 거야"라고 적극적으로 반응하지만, 마르틴은 해산물 요리인 물 프리트 Moules et Frites와 와인을 주문한다. 부친은 "우리에겐 플로리안같은 실용주의자가 있어 다행"이라고 말하곤 했다. 그러나 마르틴은 기술 관료가 아닌, "유럽연합관료"가 되기를 바랬다. 그러나 안타깝게도 그는 폭탄 테러로 인해 생을 마감하게 된다. 또 다른 인물 라이자드 오스비키는 1965년 폴란드 루블린 인근 마을에서 태어났으며, 가족은 반나치, 반공 투쟁의 역사적 상흔을 짊어졌다. 조부는 1940년대 초 독일군에 저항한 폴란드 지하조직에 가담했다가 공개 처형되었고, 부친 또한 유사한 이유로 사망했다. 억압된 유럽 역사의 유산인 그는 포즈난의 루브란스키 신학교에서 "마테우스"라는 사도 이름으로 세례를 받으며 새로운 정체성을 부여받았다. 오스비키는 브뤼셀의 호텔 앞에서 예의 그 돼지를 만난다.

> 이제 그는 그 돼지를 알아챘다. 그는 자신이 본 것을 믿을 수 없었다. 호텔 앞뜰에 늘어선 연철 기둥들 사이에 돼지 한 마리가 서 있었다. 그 돼지는 머리를 숙인 채, 마치 공격 직전의 황소 자세로 서 있었고, 그 모습은 어딘가 우스꽝스러우면서도 동시에 위협적이었다(H11f).

돼지는 유럽 정치구조의 혼란, 인간의 생존 욕구, 그리고 기억의 잔존을 함께 표상한다. 크레타의 황소와 미노타우로스의 유럽 신화를 희화화한 이 동물은, 폭력과 희생, 기억의 서사를 잇는 중심적 모티프로 작동하게 된다. 마르틴에게 돼지는 가족 기업의 상징을 넘어, 아버지의 죽음, 형의 도축업,

돼지귀로 계산되는 무역 통계, 그리고 아우슈비츠의 기억과 맞닿아 있다. 소설에서 돼지를 모티브로 풍자적 이미지는 지속된다.

폴란드 출장길에서 마르틴은 추운 날씨를 대비해 "따뜻한 독일제 속옷"을 입었다. 그의 속옷은 앙고라 재질로 고품질이며, EU 지침에 따라 불연처리되었다. 크라쿠프 공항으로 향하는 택시 안은 매우 더웠고, 이 기능성 속옷에 따뜻한 옷까지 겹쳐 입은 그는 "돼지처럼 땀을 흘렸다"(H119f). 크라쿠프에서 약 1시간 거리의 아우슈비츠 제1수용소를 기억하는 유럽인에게 수용소 내의 처절했던 상황과 대비되는 이 장면은 불편한 감정을 유발한다. 어린 시절, 마르틴은 이 독일 속담의 부조리를 깨달았다. 돼지는 피부를 통해 땀을 배출하지 않는다. 아버지는 도축장에서 돼지의 피를 "땀 Schweiß"이라고 불렀고, 피 냄새를 좇는 사냥개를 "Schweißhund"라 지칭하며, '돼지'와 관련된 언어의 폭력성을 마르틴에게 설명하곤 했다. 이 기억이 유대인 수용소를 출장 중인 마르틴에게 갑자기 되살아난 것이다. '돼지처럼' 흐르는 땀을 손수건으로 닦아내며, 마르틴은 자기가 입고 있는 이 속옷이 얼마나 부조리하고 부적절한 보호막인지를 체감한다. 이처럼 작품 속 돼지는 단순한 동물 이미지부터 아우슈비츠의 잔혹한 현실에 이르기까지 복합적 상징물로 작용하고 있다.

서술자의 표현에 의하자면, 돼지는 헛간에 있는지, 도살장에 있는지, 아니면 수출용인지에 따라 관할 부서가 달라진다. 돼지를 둘러싼 행정적 혼란은 EU의 분절성과 비효율성을 풍자한다고 할 수 있다.

소설 말미의 메트로 신문 기사에는 "반으로 갈라져 푸줏간 갈고리에 매달린 돼지" 사진이 실리고, 제목은 "브뤼셀 돼지의 끝?"이라 표기되어 있다. 돼지의 실제 존재 여부는 확인되지 않았으며, CCTV 영상이 조작되었을 가능성까지 제기되었다. '돼지는 흔적도 없이 사라졌다'는 문장이 소설과 돼지의 결말을 대신할 뿐이다. 결국 메나세는 돼지라는 상징을 통해, 유럽통합이 표방한 '하나의 유럽'이라는 서사가 얼마나 불안정하고 가상적인지를 풍자하였다. 메나세가 볼 때 오늘날 유럽의 모습은 과거 황소로 변한 제우스의 자리를 돼지가 점유하고 있는 것이다.

유럽연합 내부의 문화 홀대

소설에서 페니아와 마르틴은 유럽연합 내부의 문화 인식과 가치 위계를 상징적으로 보여주는 인물들이다. 키프로스 출신의 페니아는 10년 전 그리스 여권을 가지고 브뤼셀에 왔다. 당시 키프로스는 EU 회원국이 아니었고, 인구가 백만 명 남짓한 작은 섬나라였다. 그녀에게 그리스 국적은 경력 기회를 열어준 입장권같은 것이었다. 런던비즈니스스쿨과 스탠퍼드 대학원을 졸업한 후, 그녀는 극도로 경쟁적인 유럽위원회 채용시험 '콩쿠르 Concours'를 통과한 수재다. 작가 메나세는 매년 수만 명이 지원하는 이 시험에서 단 100명만이 최종 선발되는 구조를 페니아 사례를 통해 묘사하며 엘리트주의와 행정 관료제의 폐쇄성을 비판한다.

페니아는 경력 초기에 경쟁총국 General Directorate for Competition에서 일하다가 무역통상위원회 내각으로 자리를 옮겼고, 이후 문화부장으로 승진했다. 하지만 그녀에게 문화부는 '강등'으로 여겨진다. 문화부는 예산도, 영향력도 거의 없는, 유럽연합 내에서 상대적으로 낮은 지위에 놓인 부서였다. 문화부의 존재는 사실상 행정적 형식과 명목에 불과한 경우가 많았다.

> 문화라! (...) 이제 그녀는 문화부 소속이었다 - 그것은 모노폴리 게임만큼이나 의미가 없었다. 문화는 예산도, 위원회의 비중도, 영향력도, 힘도 없는 의미없는 부서였다. 동료들은 문화부를 알리바이 부서라 불렀다 - 그것이 그나마 그럴 때만이라도! 알리바이는 중요하다, 모든 행위는 알리바이를 필요로 한다! 하지만 문화는 문화가 무엇을 하는지 지켜보는 눈이 없었기에 속임수라고 볼 수는 없었다. 무역 혹은 에너지 위원이, 심지어는 낚시 위원회의 위원이 회담 중에 화장실에 갈 때면 회의는 중단되고 그 혹은 그녀가 돌아올 때까지 기다렸다. 하지만 문화부 위원인 그녀가 자리를 비울 때 회담은 아무런 방해도 받지 않았다. 물론 그녀가 협상 테이블에 있는지 화장실에 있는지 아무도 신경을 쓰지 않았다(H23).

초국가적 EU의 성격은 문화정책을 경제 논리에 종속시키는 문제를 안고 있다. 문화는 유럽의 본질이 아니라, 유럽이 자기 정당성을 위해 내세우는 장식품에 불과하다. 문화부는 "모노폴리 게임"을 지켜보는 관객에 가까운 것이다.

정작 페니아에게 여권은 "문장에 비둘기가 있는 섬에서 경력의 기회를 제공하는 대륙으로의 여행서류" 정도의 의미였다. 그녀는 그것을 개인의 정체성보다는 경력상승의 도구적 수단으로 인식한다. 50주년 기념행사 이후 페니아가 그리스 여권에서 다시 키프로스 여권으로 변경하기로 한 결정은, 자신의 출신 배경을 전략적으로 활용해 유럽연합 내에서 더 유리한 위치를 점하려는 행위로 해석된다. 이러한 '전략적 정체성의 유동성'은 곧 EU 제도의 허점과 모순을 드러내는 해학적 장치이다. 페니아가 소지한 여권은 모두 EU 여권으로서 그녀가 유럽시민임을 확인시켜 주지만, 현실의 국제 정치와 관습에서 결코 동등하지 않음을 보여준다. 그녀의 여권은 '하나의 유럽'이라는 이상과 국민 국가라는 현실 사이에 존재하는 균열을 가시화하는 상징적 장치라 할 수 있다.

라투르의 시각에서 본 유럽

두 차례의 세계대전을 거치며 유럽은 하나의 유럽을 향한 이상을 모색했다. EU는 1992년 네덜란드 마스트리히조약 체결 이후 1993년 11월에 공식 설립되었고, 유로화는 2002년 1월 1일 유통이 시작되었다. 유럽통합의 보편적 가치는 지역 간 불균형을 해소하고 강한 국가가 약한 국가를 돕는 연대의 정신에서 출발하였다. 그러나 EU가 표방하는 경제적 번영과 자유민주주의의 가치는 역설적이게도 탈중심적 시선에서 비로소 조명될 수 있다.

브루노 라투르는 행위자연결망이론과 근대성 비판을 통해, "어떤 것의 강도는 집중, 순수성, 통일성에서 나오는 것이 아니라 확산, 혼합, 약한 연결들의 신중한 엮임에서 나온다"고 보았다. 이는 EU의 통합 모델이 지향해야 할 방향을 환기시키는 통찰이다. 유럽의 정체성은 고정된 본질이 아니라, 다양한 행위자, 즉 국가·제도·시민·비인간적 요소들이 맺는 복합적 관계망 속에서 구성되는 혼종적 하이브리드 공간으로 이해할 수 있다.

2010년 3월 유럽문화수도 지정 25주년을 기념하여 브뤼셀에서 열린 회의에서 EU 집행위원장 호세 마누엘 바로소는 창의적 산업의 육성을 '유럽 2020 전략'의 핵심목표로 제시했다. 닷새 뒤 개최된 유럽문화산업포럼에서도 각국의 문화부 장관들은 문화를 전략적 자산으로 강조했지만, 실제 논의의 초점은 문화의 자율성보다는 경제적 성장의 도구로서의 활용에 맞추어져 있었다. 집행위원회 교육문화국의 오딜 캥탱 국장은 연설 당시, "비록 '유럽 2020전략' 초안에 '문화'라는 단어가 직접 언급되진 않았지만, 혁신, 경쟁력, 디지털 아젠다, 사회 통합의 다양한 이니셔티브에 문화가 핵심적 요소로 포함되어 있다"고 언급했다. 그러나 이러한 정책은 자칫 문화가 경제정책의 '알리바이'에 머물 수도 있다는 것을 잊지 말아야 한다. 문화는 단순히 경제성장의 수단이 아니라, 사회적 상상력과 민주적 연대를 확장시키는 독자적 축으로서 기능해야 한다. EU를 비롯한 각국의 문화정책은 경제적 논리와 대등한 차원에서 정책적 균형을 모색해야 하며, '통합'의 이름 아래 은폐된 불균형과 중심과 주변부라는 위계의식을 비판적으로 성찰할 필요가 있다.

유럽연합의 수도가 브뤼셀이 아닌 아우슈비츠라면?

브뤼셀은 플랑드르의 수도이자 벨기에, 그리고 유럽연합의 수도이다. 런던, 베를린, 파리, 로마, 마드리드, 빈, 모스크바 등이 오랜 세월 권력의 중심이었던 반면, 브뤼셀은 칼 대제의 집권기(1515-1555년)를 제외하면 한번도 실질적 수도였던 적이 없다. 오히려 마드리드(1559-1753), 빈(1713-1794), 파리(1794-1815) 등 외국 수도의 지배를 받아왔다. 다시 말해 브뤼셀은 "제국의 권력의 중심"이었던 적이 없었다. 바로 이러한 사실이 이 도시를 오늘날 통합 유럽의 수도로 만들었다(De Ridder 2002, 5).

메나세는 '수도'라는 다의적 개념을 통해 유럽연합의 현주소와 비전을 묻는다. 그는 아우슈비츠와 유럽연합이라는 극단적 두 그룹을 기관소설의 모티브로 병치함으로써, 아우슈비츠 이후 되살아나는 민족주의의 조짐을 우려한다. 브뤼셀이 정치적 타협과 중립의 상징이라면, 아우슈비츠는 유럽 문명이 다다른 최악의 폭력이자 파국의 공간이다. 즉, 소설은 유럽 통합은 권력의 중심지가 아니라 부재, 상실, 파괴의 기억 위에서 출발해야 한다는 메시지를 담고 있다. 이 맥락에서 메나세가 주장하듯, EU의 정체성은 아우슈비츠 이후에야 비로소 가능해진다(H184).

아우슈비츠의 희생자들은 유럽의 거의 모든 나라에서 왔다. 그들 모두는 동일한 줄무늬 옷을 입고, 같은 죽음의 그림자 속에 살았다. 살아남은 자들이 품은 미래에 대한 염원은 곧 '인권의 인정'이었다. 국적과 종교, 출신이 무엇이든 그들은 존엄과 자유 속에서 살고자 했다. 그러므로 이들 생존자들은 오늘의 EU가 서 있는 윤리적 토대이자 '증인'이라 할 수 있다. 따라서 유럽의 수도가 브뤼셀이 아니라 아우슈비츠라고 상상하는 일은 단순한 지리적 전환이 아니라, 수도를 '기억과 윤리의 수도'로 재정의하자는 요청에 가깝다. 브뤼셀이 정치적 타협의 상징이라면, 아우슈비츠는 통합 유럽이 결코 망각해서는 안 될 근본 가치를 안고 있다.

> 기괴했다. 수용소에 뜨거운 음료가 담긴 자판기라니. 자판기회사는 "엔조이!"다. 아우슈비츠 날씨는 끔찍이 추웠고 나는 뜨거운 커피가 있어서 기뻤다. 하지만 기대하지 않았던 그 곳의 일상성에 우리는 충격을 받거나 놀라게 된다(H171).

수용소 출장길에 마르틴이 받은 기념 배지에는 "이 카드를 잃어버리지 마세요. 분실 시 수용소 내 머물 수 있는 권한이 없습니다"라는 문구가 적혀있다. 관광객을 겨냥한 이 문구는 수용소에서 벗어나고자 몸부림쳤던 사람들의 절박한 역사를 희석하고 제거해 버린다. 상품화된 아우슈비츠를 목격한 마르틴이 그곳을 "유럽위원회의 탄생지", "유럽연합의 발상지"라 부른 것도 이 때문이다. 그곳은 과거의 파국을 기억하고 새로운 윤리를 모색해야 할 상징적 장소다. 역사상 이토록 다양한 정체성과 문화, 종교, 적대적 세계관이 한곳에 집결된 장소는 없었다. 민족과 국가, 종교와 출신 등 모든 구분은 '살아남으려는 염원', '존엄과 자유에 대한 동경' 앞에서 무의미해졌다(H185). 이 지점에서 역사학자 토니 주트의 통찰이 메나세의 사유와 맞닿는다. 그는 전후 유럽이 단순히 경제적 번영 위에서가 아니라, 아우슈비츠의 교훈을 망각하지 않으려는 '기억의 공동체' 위에서 성립되었다고 말한다. 유럽통합은 과거의 파국을 반복하지 않기 위한 정치적 성찰 행위이자 윤리적 결단의 산물이었다.

유럽의 정체성과 기억의 수도

> 향후 몇 년간 아우슈비츠의 시체소각장에서 특정 유럽을 건설하는 것이 왜 중요한지 기억하고자 한다면, 역사만이 우리를 도울 수 있다. 끔찍한 과거의 상징이자 기호를 통해 연합된 새로운 유럽은 주목할 만한 성취다. 유럽은 항상 과거에 책임을 져야 한다. 유럽인들이 이렇게 중대한 맥락을 보존하고 싶다면 - 유럽이 현재와 미래에도 과거사를 도덕적 목표와 윤리적 경고로 삼고자 한다면, 그 과거는 모든 세대에 전승되어야 한다. '유럽 연합'은 역사에 대한 하나의 응답일 수 있지만, 결코 역사를 대체할 수는 없다(Judt 2006, 966).

주트의 이러한 인식은 소설 속 EU 싱크 탱크 회담장의 에르하르트를 통해 조명된다. 그는 EU 설립자들의 이념을 옹호하며 유럽연합 공동의 프로젝트를 위해 수도를 새롭게 건설해야 한다고 주장하였다. 이에 대해 회의에 참석한 지식인들은 서로 다른 견해를 내놓는다. 슈테파니데스는 "EU의 수도를 정하는 논의는 이미 지난 사안이며, 유럽의 여러 도시에 기관을 분산 배치한 결정이야말로 가장 이성적인 선택이었다"고 반박한다. 또 다른 참석자는 "좌절된 민족국가의 수도이자, 세 개의 공용어를 지닌 나라의 수도"(H393)

라는 점에서 브뤼셀이야말로 통합 유럽의 상징이라고 말한다. 새롭게 세워져야 할 이 수도는 대륙의 지리학적 중심이어야 하는가? 유럽은 더 이상 "그 누구의 나라도 아닌 나라"가 아니며, 역사를 지니지 않은 땅은 단 한 평도 없으므로 수도는 그 역사가 유럽 통합이념에 합당한 지점에 세워져야 한다는 것이 에르하르트의 입장이다. 그의 눈에 아우슈비츠는 유럽통합체가 세워진 기초이자, 모든 미래를 향한 약속으로 수렴되는 상징적 장소이다. 하지만 그는 곧 정치적 엘리트들 앞에서 자신의 생각이 순진했다는 인식에 이르고, 더 이상 회의에 참석하지 않기로 결심한다. 그가 경제학자 아르망 모엔스를 인용하며 마지막으로 던진 제안은 국가별 여권 대신 유럽 단일 비자를 발급하자는 아이디어였다.

"다시는 아우슈비츠를 반복하지 말자 Nie wieder Auschwitz"는 구호는 민족주의와 국가주의의 극복을 요청함으로써 유럽 통합의 윤리적 기반을 상징하지만, 회원국 대표들로 구성된 EU 이사회 입장에서 이 구호는 위원회에 대한 일종의 전쟁 선포로 받아들일 수도 있다. 폴란드를 비롯한 회원국들이 자국의 역사적 고통을 정치적으로 이용당한다고 느껴서 집행위원회의 통합이념을 비판하거나 견제하려고 하면 유럽연합집행위 입장에서는 자신들의 권한에 대한 공격으로 비치기 때문이다.

소설은 종교나 문화의 충돌만을 보여주지는 않는다. 헝가리 아우토반에서 난민행렬로 인한 추돌사고를 당한 플로리안이 두건을 쓴 무슬림 여성의 무릎에 누워 안정을 취하는 장면은 이질적 문화의 연대 가능성을 시사한다. 메나세는 이 장면을 "플로리안을 구한 무슬림 여인은 마돈나 같았다"(H275)고 서술함으로써 종교적 경계를 해체하고 유럽을 위협하는 타자에 대한 새로운 시선을 제기하였다. 메나세의 소설은 푸코가 말한 "이질적 토포스의 기억 장소"이자, 1990년 데리다가 던진 질문, "유럽 문화의 수도는 오늘날 하나의 장소여야 하는가, 이를 위한 하나의 장소가 있기는 한가?"에 대한 서사적 응답이다. 결국 토니 주트의 통찰처럼, "아우슈비츠의 시체 소각장에서 특정 유럽을 세우는 것이 왜 중요한지를 기억할 수 있다면, 그것이야말로 역사를 진정으로 아는 일"이다. 메나세의 『수도』는 바로 그 기억 위에서 윤리적 통합체로서의 유럽을 사유하도록 요청한다.

로마조약의 후예들 - 탈국가적 유럽 정체성과 기억문화

1957년 유럽 경제공동체를 창설한 로마조약에는 문화에 대한 직접적 언급이 없었다. 그러나 장 모네는 "다시 시작해야 한다면 문화로부터 시작할 것이다"라고 말하며, 문화가 공동체 건설의 핵심임을 강조했다. 『수도』의 50주년 기념행사 장면에서도 마르틴과 페니아의 대화 속에 이 문장이 인용되며, 유럽 시민과 국가적 관심사를 대비시키는 장치로 사용된다.

에르하르트는 EU 싱크탱크 첫 회담 전, 벨기에 루벤 대학에서 탈국가주의 경제학을 주창한 아르망 모엔스의 무덤을 찾으며 자신이 국가에 얽매인 존재가 아니라 유럽 신봉자임을 드러낸다. 1960년대 모엔스는 시장경제의 팽창과 다국적 기업의 부상이 국가 민주주의를 약화시킬 것임을 예견했다. 이 시대는 아직 학문적 비판 정신과 사상적 자유가 있었다. 에르하르트는 현실정치의 민족주의적 속박을 비판하며 국민경제학자들을 "반추동물"이라 부르고 "국가 의회를 폐쇄하라"고 외친다. 이러한 급진적 표현은 기존 모델을 반추하는 데서 그치는 경제학자 및 관료주의를 비판하는 한편, 학문적 자유와 유럽 이념을 수호하려는 작가의 절박한 태도로 해석된다.

메나세는 『유럽의 전령』에서 "자기결정적이고 독단적인 민족국가의 이데올로기, 국가 간 상속된 적개심, 국익을 힘으로 관철하려는 시도"가 결국 아우슈비츠로 귀결되었다고 지적하였다. 고향을 갖는다는 것은 인권이지 국가적 정체성이 아니다. "고향은 저기 있다, 인생에서 방문하지 않는 곳, 지역적 정체성은 유럽 정체성의 뿌리이다"(L95). 이는 국가 중심의 논리를 넘어, 다층적 정체성과 이동성을 기반으로 새로운 유럽을 제안하는 선언이기도 하다.[10]

---

10 "자기 결정적, 자기 의식적, 독단적 국가의 이데올로기, 민족주의의 역학, 국가 간 "상속

유럽연합은 유럽의 영구적 평화와 경제적 번영을 목표로 출범했지만, 소설 속 위원회의 현실은 이러한 이상과 간극을 보인다. EU 기념일 연설에서 위원장은 전임자들의 공로를 기리고, 로마 조약과 석탄철강공동체의 창설을 언급하며 유럽 통합의 역사를 기념하지만, 이를 주목하는 사람은 거의 없다. 마치 치매에 걸린 조부의 과거를 회상하는 손자처럼, 그 연설은 과거의 영광을 되뇌일 뿐 현재의 청중에게는 아무런 감흥을 주지 못한다.

> 유럽연합 회의론자와 반대론자들에게 석탄철광연합체의 설립이 아무리 아름다웠다 말한들 무슨 소용이 있겠는가? 이는 마치 치매에 걸린 할아버지에게 한때 제 정신이었던 시절이 있었노라 축하하는 것과 같다. 그러는 동안 손자들은 그들과 전혀 다른 방식으로 감응 없이 일하고 있는 것이다(H61).

소설에서 약 20여명의 인물과 서로 다른 배경의 에피소드들이 교차하는 가운데, 메나세의 『수도』는 EU의 설립이념이 세대를 이어가고 통합된 유럽의 상으로 구현되기를 바라는 포스트모던적 선언문으로 읽힐 수 있다. 메나세가 "아우슈비츠를 유럽연합의 수도로 삼으면 어떻겠느냐"는 작가적 질문을 던진 것은, 실제 수도의 이전을 제안하기보다는 기억문화와 유럽통합의 관계를 성찰하기 위한 상징적 제안이었다고 할 수 있다. 민족주의는 유례를 찾기 힘든 인종차별과 전쟁을 초래했고, 그 극단으로서 아우슈비츠를 낳았다. 아우슈비츠가 단순히 '기억의 용기 容器'나 박물관적 무대장치로 전락하지 않기 위해서는 인류애에 기반한 보편적 역사의식과 "추모의 돌" 하나를 올려놓는 실천적 행위가 필요하다. 이는 곧 '기억의 이데올로기화'를 방지하려는 시도이기도 하다.

유럽 공통의 기억문화를 수호해온 소설 속 주인공들은 말벡 전철역 폭탄테러로 동시에 죽음을 맞이한다. 그 전철역은 유럽위원회와 유럽이사회 건

된 적개심", 다른 나라들에 대해 "국익"을 힘으로 관철시키려는 시도는 수백만 명의 목숨을 앗아갔고, 살아있는 사람들에게 끝없는 고통을 주었고 속박을 벗어난 민족주의의 절정은 오늘날 "아우슈비츠"를 기호화하는 끔찍한 인류범죄로 이어졌다"(L8).

물에서 400미터, 유럽의회로부터 600미터 거리에 위치한다는 점에서 유럽 통합의 중심부에서 발생한 비극을 상징한다. 유럽이념의 옹호자였던 마르틴, 에르하르트, 데이비드의 죽음은 한 시대의 몰락이자, 기억문화의 세대적 변형을 의미한다. 『어제의 세계』(1942)에서 슈테판 츠바이크가 프란츠 요제프 황제의 몰락과 함께 구유럽의 상실을 애도하며 유럽의 정신적 통일을 옹호했던 것처럼, 메나세 또한 "오스트리아는 세계의 마지막이 될 것이다"라는 다의적 구절을 떠올리며 역사적 기억문화와 유럽의 다양한 정체성이 결코 분리될 수 없음을 강조하였다. 츠바이크를 코스모폴리탄적이고 자유주의적인 작가로 형성되는 데에는, 합스부르크 제국의 황혼기라는 역사적 배경이 중요한 문화적 조건으로 작용했다.

오늘의 유럽은 여전히 민족국가적 열망과 전지구적 문제의 해결이라는 이중의 과제 속에 분투하고 있다. 메나세는 이러한 현실을 직시하면서도, 과거의 실수를 반복하지 않고자 대륙의 미래를 사유한다. 그는 유럽 시민으로서 위기에 처한 유럽을 파토스가 아닌 풍자와 냉철한 유머로 기록함으로써, 유럽대륙과 유럽문명에 대한 성찰과 비판적 애정을 드러내고 있다.

3.

역사의 저편: 잉에보르크 바흐만 「유예된 시간」

역사의 저편:
잉에보르크 바흐만 「유예된 시간」

오스트리아 작가 잉에보르크 바흐만 Ingeborg Bachmann(1926-1973)의 시 「유예된 시간 Die gestundete Zeit」은 1952년, 전후 독일문학의 핵심 단체인 '47그룹'(Gruppe 47)에서 처음 낭독되었다. 전후 독일 문단은 제3제국 시기의 언어 오염에 대한 회의와 반성 속에서, 역사적 광기의 잔재를 청산하고, 문학을 '영 시점 Null Punkt'에서 새롭게 출발시키고자 하였다. 이 시기의 문학 환경은 마치 모든 나무가 벌목된 민둥산과도 같았으며, 실존적 전환을 호소하는 차원에서 '벌채문학' 또는 '영점문학'이라는 개념으로 설명된다. 47그룹은 1947년 한스 베르너 리히터의 주도 아래 결성되어, 1967년까지 약 20년간 지속되며 전후 독일문학 재건에 결정적인 역할을 하였다. 이들은 문학을 통해 나치 과거에 대한 성찰과 책임을 추구하는 한편, 새로운 독일을 건설한다는 일념 하에 정치적, 윤리적 감수성을 회복하려는 문학적 실험을 장려하였다.

바흐만이 1953년에 발표한 시 「유예된 시간」은 제2차 세계대전의 '혹독한 날들'을 언급함과 동시에, 그보다 더 혹독한 시대가 다가오고 있음을 예감하는 시적 목소리를 담고 있다. 이 시는 전쟁의 상흔을 넘어, 전후 유럽 사회의 불안정한 내면과 전후 냉전시대라는 세계 현대사의 불가피한 균열을 암시함으로써, 개인적 체험과 역사적 인식이 교차하는 전후 시문학의 한 정점을 이룬다. 언어의 본질과 개별적 경험 사이에서 존재는 고립되고, 감각적인 것과 사색적인 것 사이에서 언어는 세계의 상을 추적한다.

「유예된 시간」

보다 혹독한 날들이 다가오고 있다.
철회가능한 유예된 시간이
수평선에 보이기 시작한다.
이제 너는 구두끈을 묶고,
개들을 다시 습지로 쫓아야 한다.
물고기의 내장은
바람에 차가워졌기 때문이다.
루피넨 꽃의 빛은 초라하게 타고 있다.
너의 시선은 안개 속을 추적한다:
철회할 때까지 유예된 시간은
수평선에서 보이기 시작한다.
루핀 꽃의 빛은 초라하게 타오른다.
네 시선은 안개 속에서 추적을 한다:
철회할 때까지 유예된 시간이
수평선에 보이기 시작한다.

저기, 너의 연인이 모래 속에 빠져든다,
모래가 그녀의 나부끼는 머리카락 위로 쌓인다,
모래는 그녀의 말을 무너뜨린다,
모래는 그녀에게 침묵을 명령한다,
모래는 그녀가 죽는다는 것을 알고,
포옹 후에는 기꺼이
이별한다는 것을 안다.

뒤돌아보지 마라.
구두끈을 묶어라.
개들을 다시 쫓아라.
물고기를 바다에 던져라.
루핀 꽃등불을 꺼뜨려라!
더 혹독한 날들이 오고 있다.

이 시는 전통적인 운율 구조를 탈피한 무운 無韻의 4연 구성으로, 제2차 세계대전의 직접적인 참화 이후에도 여전히 진행 중인 역사적 불안정성과 실존적 위기 의식을 정교하게 드러낸다. 시의 반복적인 구절, '더 혹독한 날들이 다가오고 있다'는 역사가 종결이 아닌 지속적인 위협의 연속임을 암시한다. 바흐만은 "유예된 시간"이라는 개념을 통해 과거와 미래 사이, 즉 세계전쟁이라는 종말론적 사건 이후의 사이공간에 독자와 시적 자아를 위치시킨다. 이 사이공간은 안정적으로 보장된 시간이 아니라, "철회될 수 있도록, 잠정적으로 허용된 auf Widerruf" 불확실하고 위기감이 서린 유예된 시간이다. 이 시간은 언제든 끝날 수 있다는 조건부 평화인 셈이다. '유예된 gestundet'이란 '기한이 연장된', '상환이 유예된'이란 독일어 단어이다. 혹독한 시간이 다가올 것이기 때문에 "너"는 구두끈을 매고 달릴 채비를 해야 한다.

시적 자아는 "신발끈을 조여라", "개들을 되돌려 보내라", "물고기들을 바다에 던져라", "루핀꽃 등불을 꺼뜨려라", "뒤돌아보지 말라"고 명령한다. 위험을 통제하고, 희미한 아름다움이나 희망의 불빛을 끄라고 조언한다. 과거에 미련을 두지 말고 행동에 나설 준비를 하라고 명함으로써, 혹독한 날들에 맞설 태세를 준비시킨다. 역사가 이미 파국으로 치달았음에도 최종적 파국은 아직 '유예된' 것이다.

'루핀 Lupinen'(학명 Lupinus)은 콩과 식물로, 긴 꽃대에 여러 송이의 꽃이 등불 모양으로 달리며 보라, 분홍, 노랑 등 다양한 색을 맺는다. 꽃말로는

'상상, 욕망, 회복력, 희망' 등을 의미한다. 루핀의 시적 상징을 고려할 때 3연의 '루핀꽃의 빛을 끄라'는 시행은 찬연한 자연 앞에서 희망과 아름다움을 포기하라는 냉정한 선언에 다름 아니다. 루핀은 화사한 꽃과 초록 줄기로 아름다운 생명력을 상징하지만, 그 빛마저도 초라하게 타오르고 있다고 말함으로써 자연의 빛이 결국 사그라들 빛임을 주지시킨다. 척박한 땅에서도 잘 자라며, 토양을 비옥하게 만드는 루핀의 생명력은 역설적으로 "유예된 시간" 지대를 밝힐 수 없다. 등불같이 생긴 루핀꽃의 빛을 끄라는 시행은 우리에게 꽃이라는 대상을 버리라고 명령함으로써, 역사적 시간이 자연의 시간관과 부조화함을 드러내고 있다. "해협의 산뜻한 보트와 즐거운 돛단배" 대신 "마당의 구부러진 나무"와 "어부들의 찢어진 어망" 그리고 "소작인 처의 구부정한 허리"가 시적 성찰의 대상이 되는 시대인 것이다. 이 대목은 브레히트가 나치를 피해 덴마크에서 망명생활을 하는 동안 쓴 「서정시를 쓰기 힘든 시대」(1939)의 구절로, 위태로운 시간은 전쟁이 끝나고도 여전히 유예된 채 열려있음을 상기시킨다.

「유예된 시간」의 시적 화자는 음울한 과거를 회상하기보다는, 다가올 재난에 대한 대비를 통해 실존적 각성을 요청한다. 바흐만에게 전후는 파시즘적 위계가 일상에 남아있는 시대로, 역사는 진보가 아닌 파국의 연속이다. 특히 "연인이 모래 속에 잠기며 말조차 잃는" 장면은 사랑과 언어의 상실로 인해 앞날이 죽음과도 같이 '혹독'할 것임을 경고한다.

바흐만의 시간 인식은 발터 벤야민 Walter Benjamin(1892-1940)[11]의 『역

11 베를린 샤로텐부르크의 유대계 부르조아 가정에서 태어난 발터 벤야민은 매체미학의 선구자 중 한 사람으로, 「기술복제 시대의 예술작품」(1935)이라는 중요한 에세이를 집필하였다. 그는 일생을 '문지방'과도 같은 이행의 지대를 살다가 생을 마감했다. 그는 조국을 떠나 이방인으로 살아가며, 망명 중 스페인 국경 포르부 Portbou에서 생을 마쳤다. 스페인을 경유해 포르투갈에서 미국으로 망명하려던 벤야민의 계획은 좌초되었다. 당시 스페인은 프랑코 정권하에 있었고, 망명자들에게 협조적이지 않았다. 그의 삶은 경계인이자 국외자로서 "유예된 시간"의 비극적 삶을 상징적으로 보여준다.

사의 개념에 대하여』에서 등장하는 파울 클레의 <새로운 천사>에 대한 해석과도 상응한다. 벤야민에게 있어 역사는 진보가 아닌, 폐허의 연속, 즉 과거의 파편들 위에 축적된 참사의 기록이다. 마찬가지로 바흐만의 시에서 인류의 미래는 기술적 진보나 경제적 재건으로 낙관되기보다, 역사의 반복성과 폭력의 잔재 속에서 혹독한 날들이 다가오고 있음을 예고한다. 결국 「유예된 시간」은 전후 독일 사회의 정치적, 정신적 폐허를 전면에 드러내면서 독일 현대시의 전환점을 예고한 작품으로 평가할 수 있다.

> 파울 클레 Paul Klee가 그린 <새로운 천사 Angelus Novus>라는 그림이 있다. 이 그림의 천사는 마치 자기가 응시하고 있는 어떤 것으로부터 금방이라도 멀어지려고 하는 것처럼 묘사되어 있다. 그 천사는 눈을 크게 뜨고 있고, 입은 벌어져 있으며 또 날개는 펼쳐져 있다. 역사의 천사도 바로 이렇게 보일 것임이 틀림없다. 우리들 앞에서 일련의 사건들이 전개되고 있는 바로 그곳에서 그는, 잔해 위에 또 잔해를 쉼 없이 쌓이게 하고 또 이 잔해를 우리들 발 앞에 내팽개치는 단 하나의 파국만을 본다. 천사는 머물고 싶어 하고 죽은 자들을 불러일으키고 또 산산이 부서진 것을 모아서 다시 결합하고 싶어 한다. 그러나 천국에서 폭풍이 불어오고 있고 이 폭풍은 그의 날개를 꼼짝달싹 못하게 할 정도로 세차게 불어오기 때문에 천사는 날개를 접을 수도 없다. 이 폭풍은, 그가 등을 돌리고 있는 미래 쪽을 향하여 간단없이 그를 떠밀고 있으며, 반면 그의 앞에 쌓이는 잔해의 더미는 하늘까지 치솟고 있다. 우리가 진보라고 일컫는 것은 바로 이러한 폭풍을 두고 하는 말이다.

역사철학 테제 및 "형세"와 "파편" 외에도 벤야민의 사유 개념 중 하나인 "문지방 Schwelle" 또는 '문턱' 개념은 공간과 공간의 경계로서, 이질적인 특성 사이에 있는 일종의 유예지대이다. '문지방'은 경계 Grenze와는 분명히 구분되어야 한다. 벤야민에 따르면, 문지방은 하나의 '지대 Zone'이다. 변화, 이행, 밀려드는 흐름이 '문지방'이라는 말 속에 담겨 있으며, 이 단어의 어원도 이러한 의미를 간과하지 않는다. '부풀어오르다. 불어나다 schwellen'에서 유래한 '문지방'은 무언가가 차오르고 팽창해서 넘어가는 지대인 셈이다. 바흐만의 "유예된 시간"은 일종의 문지방, '사이공간 Dazwischen'으로서 정적인 특성이 아닌 동적인 경계지대가 된다. 문지방은 안과 밖을 연결하는 경계 지점이자, 익숙함과 낯섦, 과거와 미래가 오가는 좁지만 강력한 지점이다. 안과 밖, 지난 시간과 다가올 시간의 유예 지대인 문지방에서 '역사의 천사'는 역사의 폐허를 정리하고, 인간의 상처를 치유하며 새로운 미래를 준비하고자 한다. 하지만 '진보'라는 급격한 시간의 흐름은 멈춤을 모르기에, 멈춰서서 폐허를 일궈 세계를 재건하고자 하는 역사라는 '새로운 천사'의 염원을 알 리 없다. 천사의 날개는 날 준비가 되어 있고, 천사는 기꺼이 날개를 접어 현재에 머물고자 하지만 역사의 천사는 망명과 파국의 체험을 통해 역사가 진보한다는 가상을 신뢰하지 않는다. 따라서 중세 회화 및 조형예술에 자주 등장한 천사 본연의 이미지는 간데 없고, 눈을 부릅 뜨고, 입은 벌린 채 망연자실해 있는 천사가 현대의 이미지를 대체한다. 파울 클레의 <새로운 천사>는 역사를 사유하는 알레고리이다. 이는 마치 과학기술을 바라보는 새로운 천사의 입장을 보는 듯 하다. 인간과 기술이 공진화하는 포스트휴먼 시대에 인문학의 알레고리인 새로운 천사는 두 눈을 부릅 뜬 채 인간성의 재건과 기술의 속성을 성찰하고 이를 기록해야 한다.

4.

미하엘 크뤼거의 『나의 유럽』

미하엘 크뤼거의 『나의 유럽』

1914년부터 1945년까지의 유럽은 30년 전쟁과는 또 다른 '30년'에 해당하는 시기로, 그 기간 동안 유럽은 상실과 죽음을 깊이 체험했다. 두 차례의 세계대전으로 인해 유럽은 정치, 경제, 군사, 학문, 문화 등 거의 모든 영역에서 세계에 미친 막강한 힘과 위업을 내려놓게 된다. 전후 냉전 이데올로기 시대를 거쳐, 독일의 재통일과 유럽연합의 정치적 역학 변화가 유럽의 새로운 모습으로 떠오르면서, 오늘날 유럽이 직면한 여러 현안에 대해 성찰할 필요성이 제기된다. 현대 독일 작가들이 유럽을 비판적 시각에서 서술한 것과 달리, 미하엘 크뤼거 Michael Krüger(1943~)는 유럽의 다양한 지역을 탐방하며 유럽에 대한 깊은 애정을 보여준다. 그의 시집 『나의 유럽 Mein Europa』(2019)은 유럽의 도시들이 지닌 문화지리적 의미와 그에 얽힌 역사적 맥락을 풀어내고, 작가가 대륙을 대하는 독특한 시각이 제시된다. 이 작품을 통해 유럽을 둘러싼 감정적, 지적 관계를 이해할 수 있으며, 유럽에 대한 노장 시인의 관점과 역사적, 문화적 현실에 대한 인식을 엿볼 수 있다.

미하엘 크뤼거의 시집 『나의 유럽』은 초국가적 공동체로서 유럽연합이 심각한 위기에 직면한 시기에 발간되었다. 브렉시트, 금융위기, 난민 문제 등으로 유럽이 극심한 갈등과 진통을 겪고 있던 시점이었다. 크뤼거는 한저 Hanser 출판사를 27년간 '전설적으로' 이끌며, 스웨덴 왕을 제외하고는 노벨 문학상 시상식에 가장 자주 참석(17회)한 인물로, 수상자들의 편집인 또는 발행인으로서의 역할 덕분에 이 기록을 세웠다.

『나의 유럽』은 미하엘 크뤼거의 "2017년 말부터 2019년 초까지"(Krüger 2019, 246)[12]의 여행 일지를 바탕으로 한 작품으로, 산문과 운문의 장르를 복합적으로 아우른다. 이 책은 유럽을 글쓰기와 여행이라는 신체적, 정신적 이동을 통해 상징적 지형으로 재탄생시켰다. 각 시는 도시들의 지명을 제목으로 삼고 계절의 흐름에 따라 여섯 개의 단락(가을-겨울-봄-여름-가을-겨울)으로 나뉜다. "나의"라는 관형어가 지시하듯 시인이 그린 유럽의 지도는 앞서 메나세의 경우와 다르게, 유럽에 "경고"하는 접근방식 대신, 호의적 시선으로 유럽을 노래한 시문학적, 여행지리학적 유럽 담론에 해당한다.

이 작품은 릴케의 『말테 라우리즈 브리게의 수기』(1910)로 시집의 시작을 알렸다. 릴케의 작품은 일기체 형식의 소설로, 『나의 유럽』의 부제인 "일기에서 발췌한 시"와 유사한 구성을 보인다. 덴마크 귀족 가문의 마지막 상속자인 말테는 부모님의 별세 후 빈둥거리는 삶을 살다 시인이 되기를 결심하고 파리로 간다. 세기 전환기의 파리는 도시의 생명력으로 고동치고 있었지만, 대도시의 빠른 속도는 시인이 되고자 하는 자에게 방해가 된다. 릴케의 이 작품은 수많은 단편과 인상의 편린이 모인 '수기'로, 전통적인 소설의 형식을 따르지 않는다. 대신 "산문시집을 읽듯" 울림에 집중하는 텍스트로, 세계에 대한 감수성과 주제의식을 새로운 방식으로 발견할 수 있도록 이끈다. 오스트리아-헝가리 제국의 이중수도 프라하에서 태어난 릴케는 뮌헨과 베를린에서 대학공부를 하였고 빈, 파리, 제네바, 로마, 페테르부르크 등지에서 유럽인으로서 다양한 문화를 섭렵했다.

크뤼거가 인용한 릴케의 말을 빌자면, "아, 하지만 시란 일찍 써지는 것이 아닙니다. 시는 오래 기다려야 하는 일로 의미와 달콤함을 평생, 가능한 긴 세월 동안 수집해야 하는데 그러고 나면 결국 아마도 좋은 10행을 쓸 수 있

---

12 이하, 미하엘 크뤼거의 『나의 유럽 Mein Europa』을 "ME"라 표기하고 쪽수를 병기한다.

을 것입니다 [...] 한 구절을 위해서는 많은 도시를 봐야만 하는데 사람들은 새가 어떻게 나는지를 느껴야 하고 작은 꽃들이 아침에 어떤 몸짓으로 피어나는지 알아야 합니다." 이처럼 크뤼거는 릴케의 독법에 주목하며 여행지에서 만난 "작은 꽃과 동물들"을 통해 살아 숨쉬는 응축된 시를 써 내려갔다. 그는 각 도시와 자연을 통해 얻은 영감을 일종의 사물시로 풀어내며, 유럽을 그 자신만의 감수성으로 탐구하였다. 그는 유럽의 도시에서 느낀 감정과 철학적 사유를 바탕으로 과거와 현재가 직조된 시적 상상력을 발휘한다. 크뤼거의 여행은 단순한 물리적 이동이 아닌, 유럽 국토 순례라는 깊이있는 체험을 통해 수행되었다.

릴케는 20세기 초 정치적, 사회적 혼란기에 "정처 없이 떠도는 자 der unbehauste Mensch"로서 유럽의 도시들을 편력하며 죽음, 병, 불안, 궁핍, 언어와 현실, 예술가와 사회, 고독과 사랑 등을 주요 주제로 탐구했다.[13] 일명 "말테의 수기"는 1904년 로마에서 시작되어 1910년 라이프치히에서 마무리되며, 전통적인 시민사회에서 벗어나 외국 문화를 관찰하는 인류학적 방식으로 유럽을 탐험했다. 그는 이 여행을 통해 "무존재의 수수께끼"를 체험하며 낭만적 순례여행을 지속했는데, 이 과정에서 릴케는 유럽의 도시들을 단순한 물리적 공간으로서가 아니라, 인간 존재와 고통, 예술적 창작의 장소로서 의미를 부여하며 이를 통해 깊은 철학적 성찰을 이끌어냈다.

비록 릴케와 크뤼거 사이에는 약 100여년의 시간차가 존재하지만, 두 작가는 릴케의 표현대로 "독일어의 뿌리까지 닿아있는" 작가들로서, 유럽에 대한 인상과 감정을 독자적으로 전달한다. 미하엘 크뤼거의 유럽은 말테의 수

13 스위스 라롱 Rarogne의 성 미하엘 성당 옆, 암석 돌출부에 있는 릴케의 묘지에는 릴케가 직접 고른 비문이 새겨져 있다. "모든 것에서 해방된 초극의 시간"이 기록되어 있다. "장미여, 오 순수한 모순이여,/ 숱한 눈꺼풀 아래 누구의 잠도 아닌 갈망이여. Rose, O reiner Widerspruch, Lust,/ niemandes Schlaf zu sein unter soviel Lidern." 장미는 3,500만년의 역사를 지닌 장구한 역사의 꽃으로, 독일 힐데스하임 대성당에 있는 장미는 세상에서 가장 오래된 장미로 알려져 있다. 장미의 눈꺼풀 아래, 장미의 유구한 역사에는 모든 것을 초극한 자연의 해방의 순간이 존재한다.

기와 비교할 때, "28세 덴마크 시골 청년" 말테의 불안한 내면을 그린 릴케의 젊은 시절과는 다르게, 역사와 문화를 초월한 대자연의 무심한 깊이를 찬미한 노장시인의 시적 응답으로 볼 수 있다. 미하엘 크뤼거는 80세의 나이로, 수십 년간의 삶의 궤적을 통해 유럽을 희망어린 시각에서 바라보며, 그의 여행 일지에서 유럽의 인문지리학적 요소를 감지하고, 각 도시의 고유한 특성을 세밀하게 포착하여 유럽의 자화상을 그려내었다. 독일인이 지역을 중시하고 세계 여행을 활발히 하는 민족이라는 것은 잘 알려진 사실이다.[14]

릴케의 음영은 말테의 수기를 인용한 프롤로그에 이은 첫 시 「조글리오 Soglio」에서도 확인된다. 조글리오는 선사시대부터 인간이 거주한 산악 마을로, 1095미터 고도에 위치하며 알프스의 파노라마 뷰와 그 주변의 자연경관이 인상적이다. 이곳은 본다스카 계곡과 시오라, 피츠 센갈로(3369m), 피츠 바딜레(3305m) 등 세계에서 가장 매혹적인 경관을 자랑하는 지역이다. 릴케는 1901년부터 1903년까지 이곳에 몇 차례 머물며 영감을 받았다. 질곡의 현대사를 보낸 노장 시인 크뤼거는 유럽의 역사와 문화를 넘어서 살아있는 대자연의 정신을 담아냈다. 릴케가 표현한 "정처 없는 떠도는 자"라는 이미지처럼, 크뤼거 역시 유럽의 도시와 자연을 떠돌며 유럽의 영혼을 감각적으로 그려내고, 그 경험을 시적 형태로 남겼다.

유럽의 인문지리에 대한 시적 보고

오래된 지층의 유럽 대륙은 500만년 동안 이름 없이 존재해 왔다. 빙하기가 지나고 대륙은 동에서 서로 이어지는 이주민 물결을 맞이하게 되며, 그 이

14 여정 혹은 여행을 뜻하는 Reise는 초기에는 군사동원의 뜻으로 쓰였다. 사전을 찾아보면 Reise의 뜻이 '여정, 여행, 항해'로 자리에서 일어나 출발하는 것을 의미한다. 어원학 사전에서 'reise'는 '출발, 행진, 여정, 군사 원정'의 의미로 쓰였고, 1050년에서 1350년의 중세 고지독일어에서 유래했다는 것을 알 수 있다. 게르만 공통어에서도 'rīsaną'는 '일어나서 떠나다'의 의미를 지녔다.

후 유럽은 점차 역사와 문화의 중심으로 자리잡게 되었다. 기원전 5세기, 고대 그리스의 역사학자 헤로도토스는 에우로페 신화에 대해 특별한 감흥을 느끼지 않았다고 전해진다. 그는 이 신화를 티레 출신의 페니키아인이 아르고스 왕의 딸인 이오를 납치한 사건에 대한 보복으로 이해했다(데이비스 2023, 19).

지중해 동쪽 페니키아는 현재의 레바논에 해당하는 지역으로, 에우로페 신화는 이 고대 문명의 상징적인 이야기 중 하나로, 후에 서구 예술사에 큰 영향을 미쳤다. 르네상스 시대 화가들인 티치아노, 렘브란트, 핸드릭 반 발렌, 루벤스 등은 황소로 변신한 제우스에 의해 납치되는 에우로페를 독특한 화풍으로 묘사하며, 서구 예술의 중요한 주제로 변주하였다. 하지만 현대에 이르러, 이러한 고대 신화적 전통을 현대인의 실제적 삶과 결부짓기란 쉽지 않다. 그럼에도 유럽 대륙의 기원이 된 에우로페 신화는 여전히 슈트라스부르크의 유럽의회 앞마당에 기념비적으로 장식되어, 유럽을 상징하는 조각으로 자리잡고 있다.

유럽의회 건물 근처인 로베르 슈만 거리에서는 <에우로페의 납치>와 <유럽에서 불어오는 바람>과 같은 조각상을 만날 수 있다. <에우로페의 납치> 조각상은 2005년, 크레타 섬에서 유럽 의회에 기증되었다. 그리스의 예술가 니코스와 판텔리스 소티리아디스 형제가 제작한 이 작품은 강철(황소), 청동(소녀), 유리(황소의 등) 등 세 가지 재료로 제작되어, 약 6톤의 무게를 자랑한다. 에우로페 신화에 대한 예술적 형상화는 고대 그리스의 킬릭스(얇은 접시 형태의 포도주잔)와 항아리에서 시작해, 후에 중세 거장들의 회화로 재현되었다. 오늘날 에우로페 신화의 문화적 상징성은 지속적으로 이어지고 있다.

> 유럽의 영토는 타나이(돈강)에서 시작해 북쪽 대양을 따라 뻗어나가고, 스페인 끝자락에까지 이른다. 동쪽과 남쪽은 폰토스라 불리는 바다(흑해)에서부터 솟아오르며, 그 모든 곳은 위대한 바다(지중해)에서 하나로 연결돼, 종국에는 카디스제도(지브롤터)에서 막을 내린다(Barber 1984, 30).

고대인들의 사고를 반영한 14세기 유럽 정의에 따르면, 유럽의 경계는 해안가를 따라 그려졌다. 유럽의 경계 설정 문제는 수 세기 동안 지리학자들의 논의의 주제였지만, 크레타를 중심으로 동서 간 문화가 교차했으며 신화적, 정치경제적 관점에서 지중해가 유럽의 발원지라는 점에는 이견이 없다. 오르세 미술관에 소장된 고흐의 <별이 빛나는 밤에>의 배경인 론 강은 스위스 알프스에서 발원해 아를을 가로질러 지중해로 흘러든다.

크뤼거가 유럽을 기행하며 만난 유럽은 유럽연합과 같은 초국가적 단위체가 아니다. 유럽은 선사 시대부터 생명체가 살아온 유기적 공간으로, 인문학적, 자연과학적, 사회학적 생활 공간이다. 크뤼거는 『나의 유럽』에서 국경을 넘어 국가와 민족의 경계를 형성하는 자연과 문화적 환경을 탐방하며, 민족주의 세력이 급부상하는 현상에 대한 실망감을 표출하였다. 그는 에필로그에서 『나의 유럽』 여행 당시의 유럽에 대한 소회를 다음과 같이 정리한다.

> 2019년은 공식적으로 유럽이 이성을 잃은 해로 기록될 것이다. 독일에서 폴란드, 헝가리, 루마니아를 거쳐 러시아까지 동유럽 전역이 우파 권위주의의 늪에 빠져들고 있으며, 스페인에서는 바르셀로나와 마드리드 사이에 증오가 깊어지고 있다. 이탈리아는 외국인 혐오증을 공통점으로 한 연립정부가 통치하고 있고, 발칸 반도에서는 분쟁이 여전히 끝나지 않는다. 영국과 영어권 세계에 대해선 차마 언급하고 싶지 않다. 유럽에는 국경을 넘지 않는 한, 익사자들을 수용할 준비가 된 정치인들이 있으며, 유럽의 도덕적 약점을 이용해 이를 악용하는 이슬람주의자들이 존재한다(ME246f).

크뤼거는 유럽의 위기를 체감하고 있었지만, 당시 방송매체를 채웠던 정치 사회학적 유럽의 현실과는 다른, 보다 집단적이고 심층적인 유럽을 기행하고자 하였다. 그는 『나의 유럽』 에필로그에서 자신을 이른 아침 낯선 도시를 산책하는 사람으로 묘사하며, 고요하고 평범한 일상의 순간들을 포착한다. 청소부들이 에스프레소 첫 잔을 새벽에 마시는 장면이나, 광택이 나도록 닦은 사과와 오렌지를 "위태로운 건축물"처럼 쌓은 시장의 풍경을 언급하며 도시의 일상을 공유한다. 또한 그는 키릴문자로 쓰인 공연 프로그램을 해독하거나, "잠에 취한 박물관"을 음흉하게 응시하고는 "청사"들을 지나친다

(ME243). 이 묘사에서 알 수 있듯, 그는 공공건물이나 행정 기관에 대해 그리 호의적이지 않다. 그는 "(사라예보에서처럼) 총알 구멍이나 (도처에) 외설적이거나 그럴듯한 낙서에서 이야기를 읽어낸다." 크뤼거가 도시를 읽는 방식은 매우 직접적이다. 그가 새벽 네 시에 길을 나서는 이유는 모로코 행 값싼 표를 구했기 때문이기도 하다(ME244). 이 시간대에는 사람들이 일터로 가기 전으로, 급히 담배를 피거나 크로와상을 먹는 사람도 없다. 패션 가게나 시계 부티크의 문이 열리기 전, 그 시간대에는 감시카메라만 존재할 뿐, 길을 떠도는 이방인에게 관심을 갖는 이는 없다. 그가 포착한 유럽은 대단히 소소하고 일상적이며, 로베르트 메나세가 유럽연합의 "수도" 브뤼셀과 엘리트 관료주의를 비판하는 관점과 근본적인 글쓰기 차이를 보인다.

전후 유럽연구는 상대적으로 드물게 이루어졌으며, 그 중 막스 벨로프 Max Beloff의 『유럽과 유럽인』(1957), 하인리히 단넨바우어 Heinrich Dannenbauer의 『유럽의 생성. 고대후기부터 중세까지』(1962), 그리고 오스카 할레츠키 Oskar Halecki의 『유럽. 역사적 경계와 구분』(1957)은 역사적·문화사적 관점에서 유럽을 다룬 중요한 연구로 평가된다. 이들 연구는 유럽 통합에 대한 초창기 논의를 담고 있으며, 21세기 독일 현대작가들이 다룬 유럽의 현안과 비교할 때 분명한 차이를 보인다. 양차 세계대전과 제3제국의 경험은 에세이, 산문, 소설, 시 등 다양한 문학 장르에서 조명되었으며, 1955년 한스 에곤 홀트후젠 같은 보수적인 논객조차 "불길한 12년의 인간적이고 역사적인 경험"을 선례를 찾기 힘든 사례로 언급하였다. 히틀러 점령 하의 ' 과거사 정리'에 관한 논의가 마무리된 후, 비로소 유럽의 미래에 대한 논의가 본격적으로 시작된 것이다.

작가들이 국가를 넘어 유럽을 사유하기 시작한 시점은 1980년대 후반으로, 엔첸스베르거는 다소 이른 감이 있지만, 국내 문제에서 유럽 통합의 방향으로 작품의 초점을 전환하였다.[15] 21세기 독일 현대문학의 방향성은 표

15 1960년대와 70년대의 엔첸스베르거는 독일 내 현안과 정치적 논평에 집중했으나, 이후 방향을 바꾸어 『아 유럽!』(1989)과 『부드러운 괴물 브뤼셀 또는 유럽의 금치산 Sanftes

현주의 시대의 수렴하기 힘든 주제들만큼이나 강한 개성을 드러낸다고 할 수 있다.

『나의 유럽』은 자연이 살아 숨쉬는 스위스 앵가딘 지역, 생 모리츠에서 시작된다. 여행자가 "사방이 고요한 가운데 여름을 지켜보고자" 한다면, 조글리오의 태양에게 잠시 멈춰달라고 당부해야 한다. 절경을 감상하고 익어가는 밤송이를 보기 위해서이다. 로마인들이 베르겔 계곡에 이식한 엥가딘 지방의 밤은 오늘날 스위스 전역의 가을을 특징짓는다. 숨이 멎을 듯 아름다운 이 지역에서 시인은 자연을 "책"으로 여기며, 그 안에서 세상을 읽으려 한다.

> 여기, 땅이 가파르게
> 위로 사라지는 곳에서,
> 너는 태양에게 말해야 해,
> 멈춰 있으라고,
> 네가 조용히
> 여름을 배웅하고 싶기 때문이지,
> 수확의 끝을 알고있는
> 밤나무 열매를 줍는 사람을 위해.
>
> 그래서 책은
> 스스로 쓰여져야 해,

Monster Brüssel oder die Entmündigung Europas』(2011)에서 유럽과 유럽연합에 대한 심도있는 논의를 펼쳤다. 유럽의 '주변부' 국가에 대한 문화사적 논의로 이해되는 『아 유럽!』의 목차는 다음과 같다: "스웨덴의 가을(1982)", "이탈리아의 방종(1983)", "헝가리의 혼란스러운 정세(1985)", "포르투갈의 상념(1986)", "노르웨이의 시대착오(1984)", "폴란드의 우연(1986)", "스페인의 파편들(1985)", "에필로그. 바닷가의 보헤미아(1987)." 작가는 에세이를 통해 유럽의 주변부를 여행하며 다양성 속에서 유럽의 잠재력을 발견하는 한편, 통합을 말하면서 분열을 반복하는 대륙의 모습을 본다. 그러나 기행문의 서술자가 동유럽에 산재한 역사적 사실에 대해 가치중립적인 입장을 취하거나, 과거 나치 독일과 관련된 집단적 기억의 흔적을 해당 지역만의 역사로 축소하는 경향에 관해서는 비판의 지점이 되었다.

샘물의 리듬에 맞춰.
날이 저물어,
풀밭에 쓰인 신의 말씀,
돌들의 반항적인 기도를 읽을 때까지.

시인이 서 있는 곳은 '땅이 가파르게 위로 사라지는' 산악 지형이다. 이 시에는 여름의 끝자락에서 순간을 붙잡고 싶다는 여행자의 심정이 잘 드러난다. 밤을 줍는 사람은 가을 수확을 맞이하는 사람으로, '나'는 삶이 자연스럽게 펼쳐진 진실된 공간에 위치해 있다. 시인은 하루라는 시간이 온전히 에너지를 발해 활동을 마친 풀밭에서 신의 말씀, 곧 자연에 깃든 우주의 숨결을 느낀다. 또한 이 시행은 인간 중심의 세계관에서 벗어나 돌이라는 존재가 행위자가 되어 스스로를 드러냄으로써 사물이 성찰한다는 급진적 사고를 보인다.

그러나 시인이 여름에 조글리오를 재방문했을 때, 그곳에서 느꼈던 내적 고요는 사라지고, "도끼와 전기톱의 소음" 속에서 "달과 화강암"이 전하는 옛 설화는 설 자리를 잃었다(ME146). 크뤼거의 모티브인 "달과 화강암"은 "점판암 단층 사이에 생물체가 남긴 잎맥"(Sebald 2012, 71)처럼, "진실"과 관련된 옛 이야기를 들려주지만, 톱질하는 끔찍한 소리가 태양을 몰아낸다. 그가 도시를 순례하고 자연을 관찰하는 과정에서, 결국 우리에게는 무엇이 중요한지를 부각시키며, '잠들어있는' "나의 유럽"이 깨어나 공론화되기를 바란다.

크뤼거의 여정은 지속되고, 크로아티아의 수도 자그렙과 에두아르드 뫼리케(1804-1875)의 도시 펠바흐 Fellbach를 거쳐 여러 도시에서 계절을 보내고, 조르텐, 취리히를 거쳐 다시 독일로 돌아와 바덴 뷔르템베르크 주, 라벤스부르크에서 끝을 맺는다. 시간은 나선형처럼 순환하고, 인간의 삶 또한 지속된다.

펠바흐는 바덴 뷔르템부르크 주도인 슈투트가르트 북동쪽에 위치한다. 슈바르츠 발트와 슈바벤 알프스에서 발원한 네카강은 북쪽으로 흐르며 로이틀링엔, 튀빙엔, 슈투트가르트, 하일브론, 하이델베르크를 지나 만하임에서

라인강과 합류한다. 네카 강을 따라 포도가 재배되며, 생산량의 약 70%는 백포도주이다. 30년 전쟁이 끝날 무렵 펠바흐의 주민 수는 556명에 불과했으며, 산업화 이전 이 지역의 대표산업은 포도농사였다. 1861년 철도건설로 인근 지역인 슈투트가르트와 연결되면서 이 지역의 산업화는 가속화되었다.

1991년에 펠바흐 시는 뫼리케의 도시에 대한 인연을 기리기 위해 뫼리케 상을 제정하였다. 뫼리케는 19세기 가장 중요한 작가로 일생 동안 슈바벤-프랑켄 지역을 벗어나지 않았으며, 고대 그리스 및 로마 문학에 정통한 번역가이기도 했다. 1991년 볼프 비어만이 첫 수상자로 선정되었고, 3년마다 수상자가 결정되었다. W. G. 제발트(1997), 로베르트 쉰델(2000), 브리기테 크로나우어(2003)에 이어 2006년에는 크뤼거, 2015년에는 얀 바그너, 2024년엔 야로슬라프 루디스가 뫼리케 상을 수상하였다.

뮌헨을 출발점으로 여행을 떠난 작가는, 각 도시를 거치며 그 곳에 얽힌 자연과 역사를 마주하게 된다. 크뤼거는 현대 도시의 '산책자 flâneur'와는 거리를 둔다. 그는 빠르게 소비되는 물화된 도시의 리듬을 따르지 않고, 마치 "죽음을 자신 안에 품고 있는" 말테의 고향 사람들처럼, 낯선 도시에서 자아를 돌보며 길을 걷는다. 이 느린 걸음은 사물과 세계를 보다 깊이 들여다 보려는 진실된 관찰의 시간이다. 그는 '명상적 부재' 속에서 타인 뿐만 아니라 자기 자신과도 거리를 두며, 사물의 본질에 다가가고자 한다. 고흐의 <구두>가 구두라는 있는 그대로의 존재를 드러내듯, 여행자는 낯선 곳에서 있는 그대로의 사물을 발견하게 되는 것이다. 다른 말로 표현하자면, 여행지에서 우리는 문득 자신이 아무도 아닌 존재임을 자각하게 되는 것이다.

크뤼거는 노벨문학상 후보로 여러 차례 거론된 작가 클라우디오 마그리스 Claudio Magris의 글을 인용하며, "여행자는 유랑인이자 이방인, 손님"이라 말한다. 여행자는 낯선 사람이 머물던 방에서 잠을 자고, 베개도 지붕도 그의 것이 아니다. 그러나 크뤼거는 이런 낯섦을 두려워하지 않는다. 그는 "풍경, 정원, 공원"을 사랑하며, "돌 속에서 틈을 찾는 잠자리"(ME146)처럼 작고 연약한 존재들 속에서 우주를 발견하는 여행자다.

크뤼거의 시에는 종종 인간의 감각과 기억을 넘어서는 존재들이 등장한다. 그들에게는 역사가 새겨져 있으며, 인간이 놓치고 지나간 시간과 감정을 고스란히 간직하고 있다. 시집 『나의 유럽』에 실린 「사라예보」에서, 시인이 유대인 묘지를 방문했을 때 '파리'한 마리가 동행한다. 이 파리는 모든 묘비를 알고 있는 존재로 의인화되어 나타난다. 파리는 수억 년의 지구 역사를 기억하며 역사적 진실을 증언하는 매개자로서 역할을 수행한다.

시적 자아와 파리는 무덤에 앉아 죽은 자의 삶을 기린다. 1914년 제1차 세계대전의 발발을 촉진한 사라예보 총격사건과 2차 대전 당시 유대인 공동체의 파괴, 그리고 1990년대 유고슬라비아 내전을 사라예보 사람들에게 깊은 상처를 입혔다. 그가 묘지에서 묘사한 한 구절, "돌 주변의 풀은 여전히 눈물로 젖어있다"(ME31)는 자연 속에 스며든 고통의 기억을 상징적으로 드러낸다. 풀과 돌, 눈물이라는 시어는 과거의 비극이 단지 과거에 머무는 것이 아니라, 여전히 현재를 구성하고 있는 감각임을 드러낸다. 크뤼거는 인간의 역사적 상처가 자연 속에 고스란히 남아 있다고 말하며, 돌 무덤을 조용히 응시한다. 이는 앞서 언급한 그의 '느린 걸음'과 '명상적 부재'의 태도와도 연결된다. 그는 급하게 해석하거나 잊으려 하지 않고, 자연 속에 새겨진 고통의 흔적을 고요히 감각하며, 생의 부정성을 통해 삶의 진실에 다가가고자 한다.

유럽의 도시에 새겨진 문인들

크뤼거가 시집에서 언급한 문인/예술가 중 실명이 거론된 인물은 다음과 같다: 뫼리케, 제발트, 아이헨도르프, 클레, 루크레츠, 보스니아 헤르체고비나의 이제트 사라일릭, 마리 루이제 플라이써, 후헬, 벤야민, 니체, 폴 오트차코프스키-라우렌스, 폴 멀든, 클라이스트, 고야, 드뷔시, 라오울, 카라바조, 그리고 안데르센 등이다. 이들은 크뤼거가 찾는 도시에 각인된 인명 목록을 형성하며, 유럽 여행이 단순한 지리적 여정을 넘어 인문지리학의 영역으로 확장됨을 보여준다.

> 대학 마당의 너도밤나무는
> 마지막 잎들을 떨어뜨린다.
> 나무는 브레히트나
> 발터 벤야민보다 오래 살아남았다.
> 비극이
> 서사극보다 오래 살아남은 것이다.
> 다른 방식으로는
> 결말을 맺지 못했을 것이다(ME47).

크뤼거가 11월의 베를린에서 만난 너도밤나무는 브레히트와 벤야민처럼 역사적 인물들이 세상을 떠난 후에도 여전히 아카데미의 뜰을 지키고 있다. 브레히트의 서사극 이론보다 더 오래살아 남은 '비극'은 문학적 장르가 아닌, 역사적이고 사회적인 사건들을 포함하는 상징적인 단어이다. 인간의 고통과 갈등, 인간 존재의 불완전함으로 인한 역사적 비극을 포함하는 어휘인 것이다. 너도밤나무(die Buche)는 대학의 뜰에서 역사적 상처와 시간의 흐름을 목격한 자연물이다. 독일어권에서 자생하는 너도밤나무는 독일 숲의 20-30%를 차지하는 활엽수로, 참나무보다 더 넓은 분포를 보인다.

펠바흐를 지나며 시적 자아는 뫼리케의 심상에 투영된다. 뫼리케는 횔덜린, 셸링, 헤겔이 학습한 튀빙엔 대학에서 신학을 전공하고, 목회 활동을 하다 은퇴 후, 『프라하 여행길의 모차르트』(1855)를 비롯한 네 편의 소설과 『슈투트가르트의 도깨비』 등의 동화를 남겼다. '타고난 몽상가'로 불렸던 그는 주일 설교보다는 시와 소설 집필에 몰두하며, 서정시 전통을 계승하는 동시에 대상을 객관적으로 묘사하는 새로운 사물시 전통을 개척했다. 이 관점에서 사물은 하나의 완결된 대상으로 해부되고 해석된다. 자연을 인간과 직접 연결된 존재로 파악함으로써 사물의 새로운 가능성들이 열린다. 「펠바흐」의 첫 1-3행에서는 슈바르츠발트와 슈바벤 알프스에서 발원한 네카 강에 서 있는 뫼리케의 모습이 시각적으로 대상화되며, 그가 처한 자연 환경과 그의 내면이 소개된다.

펠바흐에서 나는 개울을 보지 못했다
하지만 나는 뫼리케를 보았다
근시의 그가 네카 강에 서 있는 것을:
무의미란, 그가 중얼거렸다, 악한 말이야,
그리고 그는 말의 흐름을 놓쳤고,
물고기 떼는 그를 지나
멀리 헤엄쳐갔다.
다시 한 번 마음 속
집 수색, 모두가 너보다 강하다.
귀뚜라미가 다시 우는 그때 말하라,
하지만 나뉘지 않는 것을 조심해,
너의 중국의 유산을.
펠바흐의 아스팔트 틈에서
풀포기가 터져 나왔다,
세상에 나오고자
안간힘을 쓴 풀을 보았다, 그것을 본 것은
나뿐, 정말 나뿐이었다,
하지만 아무도 그 사실을 알려 하지 않는다(ME9).

라인 강 지류인 네카 강은 펠바흐 인근을 흐르는 가장 큰 강이다. 시적 자아인 '나'는 현실과 환상의 경계에서 자연과 내면의 독백을 이어간다. 그는 펠바흐의 개울을 보진 못했지만, 펠바흐 외곽의 네카 강에 선 뫼리케를 상상하고 있다. 그는 격렬한 시대 속에서 시대의 압력에 밀려 작은 형식 속에 담긴 완결성에 주목하였다.

'의미없다'고 여기는 것은 인간의 의지를 단념시키는 것이기에 나쁜 말이다. 이는 '무의미'를 모르는 물고기들의 생동하는 힘에 배치된다. 무의미하다고 단정짓는 순간 물고기와 삶의 의미는 그의 곁을 떠나버린다. 무의미를 깨닫고 말의 원천인 생각의 실마리를 놓아버린 뫼리케에게 물고기가 모여들었다가 흩어지는 무언의 풍경은 침묵에서 운율을 찾는 그의 시적 세계를 지시한다고 볼 수 있다. 또한, 나뉘지 않는 것, 주체와 객체의 통합된 것에 대한 유산은 동양의 정신 세계로서 분열적 사고에 대한 반감을 나타낸다. 이렇게 볼 때 이 시의 전반부 풍경은 한 폭의 동양산수화로 독해될 수 있다.

뫼리케가 속한 비더마이어[16] 작풍은 30년 전쟁과 프랑스혁명 등 사회적 대변혁을 거친 후, 정치라는 "위대한 세계"에서 물러나 은둔적 삶에서 내적 질서를 찾고자 하였다. 침묵 속에서 운율을 찾고자 했던 뫼리케의 시적 세계는 자연과의 깊은 교감을 전제로 한다. 그가 물고기 떼의 흐름을 통해 감지한 것은 외적 자연에 대한 질서와 자기만의 운율이었을 것이다. 그러나 자연의 생동감은 그의 작법과 반드시 일치하지는 않는다.

현대의 시인 크뤼거는 과거와 현재, 동양과 서양, 관찰자와 무관심한 세계를 형상화하면서 펠바흐의 풀 한 포기로 생각을 전환한다. 「펠바흐」 후반부에서 시적 자아는 "아스팔트"로 상징되는 산업화 시대의 냉혹한 현실 속에서도 풀포기가 보여주는 끈질긴 생명력에 주목한다. 이러한 풀포기는 알브레히트 뒤러의 <큰 풀포기 Das große Rasenstück>(1503)에 드러난 자연의 생명력을 연상시킨다. 뒤러의 풀더미 세밀화는 자연에 대한 깊은 관찰과 사유를 담고 있다. 민들레, 질경이, 클로버 등 길가의 잡초는 강인함과 생명의 존중을 담고 있으며, 그 자체로 조화롭고 역동적이다. 회화사에서 위대한 것

16 '비더마이어' 명칭은 루드비히 아이히로트 Ludwig Eichrodt(1827-1892)가 주간지에 연재한 풍자소설 『슈바벤지방 교사 고트리프 비더마이어와 친구 호라티우스 트로이헤르츠의 시 Die Gedichte des schwäbischen Schulmeisters Gottlieb Biedermaier und seines Freundes Horatius Treuherz』(1850-1857)에 등장하는 주인공의 이름에서 연원하였다. 아이히로트는 "예술적으로 큰 야심 없이 작은 것에 만족하는 소박한 시"를 썼다(참조, 서용좌 2008, 242).

을 묘사하던 시대에 움츠려있던 작은 사물에 집중함으로써 자연을 독립적인 주체로 설정하였다. 크뤼거의 풀포기 또한 끈질긴 생명력으로 생태적 회복을 꾀하며, 자연에 대한 인간의 경외심을 담은 철학적인 시어라 할 수 있다.

얀 바그너의 시집 『그랜드 투어』에 게재된 마리온 포쉬만의 「작은 풀포기」는 비슷한 맥락에서 감상이 가능하다. "100 그램" 밖에 안 되는 풀포기의 경쾌한 가벼움이 "뇌의 밝은 심연 위에" 뿌리를 내린다. '밝다'와 '심연'의 간극 만큼이나 '정처없이 뿌리를 내린다'는 표현 역시 모순적이다. 포쉬만은 이질적이고 함축적인 시어를 사용하여 현대인 특유의 사유과정을 풀에 빗대 표현하고 있다. 다음은 포쉬만의 시 3연이다.

> 풀은 이미 우리를 압도했다 — 풀이 그 위로 자랐다,
> 섰다가, 누웠다가, 북적대며, 가물거리며, 풀이, 그렇게
> 정처없이 뿌리를 내린다 우리 뇌의
> 명쾌한 심연 위로(GT 482).[17]

「펠바흐」에서 과거의 뫼리케와 현대의 크뤼거가 위치한 격동의 유럽 땅에서 여전히 영토를 지탱하는 힘은 자연의 생기라 할 수 있다. 비록 자연이 "도끼와 전기톱 소음"(ME146)에 의해 훼손되더라도, 대륙을 지켜온 유형·무형의 존재들이 건재하는 한, 자연의 생명력은 쉽게 소멸되지 않을 것이라는 희망이 시에 담겨 있다. "이끼는 바이러스만큼 쉽게 사라지지 않을 것"이기 때문이다(Enzensberger 2004, 73). 이는 과학기술문명 발달과 산업화의 가속화로 인해 훼손된 자연이 회복되고, 이 땅의 생명력이 지속되기를 바라는 염원에 해당한다.

한편, 해리 마인크 Harry Maync는 뫼리케의 시적 서정을 회화적 언어로 풀어내며 그의 작품세계를 해석하였다. 그는 또한 1910년 취리히에서 구스타프 빌레터가 발견한 괴테의 『빌헬름 마이스터의 연극적 사명』 원고를 편

---

17 이 시집에 관해서는 5장 『그랜드 투어. 유럽의 젊은 시로 떠나는 여행』을 참조.

집한 인물이기도 하다.

> 괴테식 깊이와 민속적 소박함, 고대의 우아함과 낭만적 형태의 풍성함, 바로크적 재미와 동화적인 마법, 부드러운 달콤함과 무자비한 비극, 타오르는 격정과 고요한 사색이 교차하며 우리를 끌어당긴다. 그리고 모든 것은 뫼리케 특유의 저 흐릿한 금빛에 물들어 있다(Maync 1944, 326).

마인크의 이 표현은 뫼리케 문학에 담긴 감정의 스펙트럼을 잘 포착하고 있다. 인용문에 나타난 "동화적인 마법"에서 알 수 있듯, 뫼리케는 이야기꾼으로서 신적이고 마적인 자연, 유령, 도깨비 등 초자연적 존재들로 가득한 동화를 썼다. "흐릿한 금빛"은 뫼리케 시의 고유한 분위기와 감성을 잘 포착한 어휘이다. 뫼리케는 괴테 이후 가장 주목 받았던 작가로, 그의 작품엔 고전적인 우아함과 낭만주의적 특성이 결합되어 있다. 동일 맥락에서 시와 음악의 통합이라는 바그너식 창작 원리를 계승한 후고 볼프는 250여 편의 뫼리케 시가 지닌 감정적 깊이와 내면의 아름다움에 매료되어 53개 시에 곡을 붙여 『뫼리케 가곡집』을 완성했다. 그의 시는 사랑, 종교, 자연, 그리고 풍자를 주제로 19세기를 규정하는 고전주의적, 낭만주의적 정서를 잘 드러낸다. 가곡집의 두 번 째 작품인 「소년과 꿀벌 Der Knabe und das Immlein」은 꿀벌을 메신저로 소녀의 사랑을 묻는 소년의 순수한 이야기를 담고 있다.

크뤼거의 유럽 순례는 계속되고, "W.G. 제발트의 황량한 땅, 베르타흐"를 지나 「알고이 방엔 Wangen im Allgäu」에 도착한다. 이는 보덴제 호수로의 이동 경로로, 작가는 노이슈반슈타인 성 서쪽에 위치한 베르타흐를 지나 알고이지방 방엔을 향해 북서쪽으로 이동하였다.

> 상처입은 채 나는 방엔에 도착했네,
> 제발트의 황량한 땅, 베르타흐를 지나,
> 내 손에는 더 이상 아무 것도 없었네,
> 오직 아이헨도르프만이, 노래와 시,

사랑의 이별을 향한 긴 길만이 있었네.

선한 죽음을 위한 형제단은
<트라우베>에서 뜨거운 빵을 먹고 있었네
햄이나 소시지를 곁들여.
내가 당신들 옆에 앉아도 될까요
이 선거 전날에?
그들의 대답은 한목소리로 울려 퍼졌네,
마치 별들이 돌바닥위로 떨어지는 듯이(ME11).

빈프리트 게오르크 제발트(1944~2001)는 1966년 영국으로 이주한 뒤 영문학계에서 주목을 먼저 받은 세계 문학 작가다. 나치 독일 시절 독일 남동부의 알고이 지방 베르타흐에서 출생한 제발트는 영국에서 반평생을 보냈다. 그의 부친은 1929년 바이마르공화국 시절에 독일제국군 Reichswehr에 입대한 후, 나치 치하에서 복무하다가 1947년 전쟁 포로가 되었다. 학창시절 홀로코스트의 참상을 목격했던 제발트는 독일 사회가 나치 시대의 범죄와 기억을 어떻게 은폐, 왜곡하고 있는지에 문제의식을 느꼈고, 전쟁과 박해, 상실과 애수의 감정은 그의 작품에서 중심 주제가 된다. 그는 2001년 『아우스터리츠』로 세계적 명성을 얻었고, 수전 손택(1933-2004)은 제발트를 오늘날에도 위대한 문학이 여전히 가능한지를 보여준 사례로 평가하였다. 제발트의 자연은 침묵 속에서 존재의 사라짐을 응시한다. 인류의 역사는 자연사에 대하여 독립적이지 않으며 역사적 과정과 밀접한 관련 하에 있다.

「알고이 방엔」의 시적 자아는 시적 모티브로 등장한 제발트처럼 '상처 입은 채' 방엔에 도착한다. 독일 남부 바덴 뷔르템베르크 주의 방엔은 알프스 북쪽 기슭으로 알프호른, 목가적 목축문화 등 알프스 문화권의 일부이다. 2연에 나오는 '선한 죽음을 위한 형제단 Bruderschaft vom guten Tod'은 17세기 로마에 뿌리를 둔 종교 공동체이다. 이들의 목표는 충실한 신앙 생활을 통해 축복된 죽음을 맞이하는 것이다. 병자와 임종자를 돌보며 종교적 삶을 살아가는 이 카톨릭 단체는 알고이 지방의 경우, 선종신심을 기반으로 장례와 추도예배를 공동체적으로 실천한다. 마침 시적 자아가 이 곳을 찾았을 때, 이들은 '포도송이'라는 뜻의 트라우베 식당에서 음식을 먹고 있다. 이들이 먹고 있는 "뜨거운 빵"은 독일어로는 "하이세 젤렌 heiße Seelen 뜨거운 영혼"이란 의미로, 알고이 지방의 바삭한 빵이다. 젤렌은 생존적 의미 외에도 영혼을 살리는 영적 양식의 은유이다. 전염병이나 흑사병이 돌던 시절에 사람들은 망자의 영혼을 위해 이 빵을 구워 가난한 사람들에게 나누었다는 이야기가 있다. 젤렌 빵은 일상의 음식을 넘어 종교적 마을 공동체로 나아가는데 기여한 것이다. 선거 전 날, 음식점이 거의 찬 듯한 분위기에서 여행객의 합석에 기꺼이 동의하는 둘러앉은 사람들의 목소리가 쏟아져 내리는 별빛과 함께 긍정성을 배태하고 있다.

다른 한편, 크뤼거가 묘사한 "제발트의 황량한 땅"은 독일 내 제발트 수용에 대한 부진한 이력을 지시하는 바, 1997년 스위스에서의 제발트 강연을 토대로 한 「공중전과 문학 Luftkrieg und Literatur」에 대한 독일문단의 침묵을 고려할 때 이 표현은 보다 구체적으로 드러난다. 당시 영국군은 40만번의 출격으로 131개의 도시를 침공하였고, 민간인 60만 명이 희생되었고, 750만 명이 거리로 나앉았지만, 독일 사회 뿐 아니라 전후 독일 문학은 "민족적 굴욕"에 대해 침묵했다. 영미권의 활발한 제발트 수용 현상은 전후 독일로선 그리 달갑지만은 않았다. 제발트는 과거 서독인들의 경직성과 비민주적 태도가 자아의 성찰을 가로막는 방어적 심리에서 기인한다고 보았다. 전후 독일 작가들의 위태로운 반쪽의식에 대한 언급과 역사의 희생자들에 대한 제발트의 "지적 헌신"은 독일인들 입장에서는 아픈 상처를 건드리는 또 다른 상처였다고 볼 수 있다. 제발트는 공적 담론에서 사라진 사람들에 주목하였고, 다층적 의미에서 가해자들이 가한 범죄에 침묵하는 메커니즘에 대해 기억 전략을 새롭게 썼다. 2차 대전 막바지 몇 해 동안 총 131개 독일 도시가 공중폭격을 받았고, 많은 사람들이 공습에 노출되어 있었다. 폐허가 된 독일

도시는 인류의 역사가 자연사 속으로 다시 빠져 들어간 순간을 확인케 하였다. 폐허와 문화의 퇴락은 '파편'에 대한 알레고리적 감수성을 진작시켰고 다른 한편 자연의 역사에 대한 일종의 경외심을 환기시킨다. 베르타흐를 들르지 않고 방엔으로 가는 동안, 독일 땅에는 낭만주의 시인 아이헨도르프만 남게 된다. 자연의 '감각적인 구상성'이 그의 시를 규정하는 셈이다.

시집 『나의 유럽』에서 크뤼거가 오데사, 뮌헨, 마르세이유, 툴롱, 코르바라, 스펠론카토, 사라예보, 잉골슈타트 등을 지나 빈, 마부르크, 낭트, 베를린을 여행한 후, 12월 여정의 한 곳은 뒤셀도르프였다.

> 나는 붙잡을 수 있는
> 단 하나의 이름을 찾는다.
> 도시는 얼음 밑에 잠겨 있다.
> 가라앉지 않으려면
> 나는 서둘러 달려야 한다.
> 부디, 나를 그대로 두어라,
> 부서져가는 얼음장 아래
> 봄이 올 때까지(ME53).

이 시는 하인리히 하이네의 『독일. 어느 겨울동화』(1844)를 상기시킨다. 크뤼거는 12월 8일 밤 뒤셀도르프에서 "붙잡을 수 있는 이름 하나", 즉 하인리히 하이네를 찾으며, 하이네의 고향을 얼음장 밑에 놓인 도시로 그린다. 라인-루르 지방 라인강 유역의 뒤셀도르프는 오늘날 예술과 패션의 중심지이자 국제 도시로 알려져 있다. 2024년 12월 기준 외국 국적자는 188,930명으로 28.7%를 차지하며, 2019년 시집이 출간될 당시에도 이미 인구의 약 64만 명 가운데 외국인은 23.6%, 이민 배경을 지닌 사람은 42.6%에 달했다. 다문화적 성격이 강한 도시이기에 도시에 서린 독일적 정체성은 상대적으로 희미하다. 백남준은 이곳 뒤셀도르프 쿤스트아카데미에서 교수로 재직한 바 있다.

크뤼거는 이러한 도시의 현실과 더불어, 하이네 생존 당시와 또 다른 맥락에서 살얼음판이 깨질새라 재빨리 이곳을 빠져나온다. 진보적 사상가였던 시인 하이네가 파리에서 고국을 방문했을 때, 보수적이고 억압적인 정치 체제 아래 잠들어 있던 독일을 '겨울 나라'로 형상화한 것과 달리, 현대의 시인 크뤼거는 국제화되어 하이네의 시대 비판 정신을 찾아보기 어려운 뒤셀도르프의 현 상태를 우려하고 있다. 그는 얼음 도시에 빠지지 않으려고 긴장의 끈을 놓지 않지만, 이내 부서지는 얼음 아래 있겠노라 말함으로써 결빙기의 봄을 기다리는 역설적인 상황을 만들어 낸다.

크뤼거의 여정에는 오데사 Odessa가 있었다. 오데사는 유럽의 남동부에 위치하며, 흑해에 접한 항구 도시이다. 오데사는 우크라이나 곡물 수출의 주요 항구이자, 제2차 세계대전 당시 루마니아군과 소련군이 치열하게 격돌했던 전략적 요충지였다. 이러한 역사적 맥락 속에서 시적 자아는 교회에 들어가 '당신을 위한 초 한 자루'를 켜며, 그 불빛이 그대를 비추어 주기를 기도한다.

교회 앞 천사의 얼굴을 한 걸인,
그녀의 갈라진 손은
청어와 양파를 떠올리게 한다,
경건한 공동체.
인공적인 빛; 축복은
코트 안감에 바느질되어 있다.
나는 너를 위해 초 한 자루를 켰다,
초가 너를 밝혀주리라.
빈자와 부자는 더 이상 소통이 없다,
슬픔은 자존심으로 가득하여
작은 슬픈 말들을 경멸한다.
그러나 네 안에 죽어가는 것은, 너에게 남는다,
너는 그것을 죽음 속으로 가져간다.

이제 시를 포기할 때가 왔다,
완성되지 못한, 끝낼 수 없는 시 말이다.
오데사, 바벨의 안경을 쓰고 본 그 모습은,
이제 길고양이들 땅이다.
작별을 고하며, 그렇게 말하고 싶었다(ME12).

시인이 오데사에서 느낀 혼돈은 유럽의 역사와 문화적 해체를 상기시킨다. 세상은 변하여 전통적 질서와 문명은 붕괴되었으며, 단절되고 분열된 이미지로 인해 시는 더 이상 완성되기 어렵다. 그럼에도 너 안에서 죽어가는 것들은 사라지지 않고 너와 함께 머문다. 존재의 슬픔은 숱한 이야기와 자존심으로 가득한 만큼, 타인이 건네는 작은 위로의 말들은 실질적 도움이 되지 않는다. 슬픔은 감정의 해부학적 측면에서 자존심과 존엄성을 가진 감정인데, 사회적 연대는 한계가 있는 관계로 진정한 위로는 안타깝게도 외부에서 기대하기 어렵다. 그럼에도 시적 자아는 슬픈 존재를 위해 성당에서 초 한 자루를 켠다. '너'를 위해 밝힌 시인의 초는 게르하르트 리히터의 회화 <촛불>과 나란히 읽힐 수 있다. 그의 촛불은 소멸을 향해가는 빛으로 고요히 흔들리며 빛을 내뿜는 동시에, 실내를 밝히던 전통적 회화의 도상을 넘어 역사와 대면하는 비물질적 에너지로 전환된다. 이렇듯 크뤼거의 시적 여정은 도시의 풍경과 기억 속에 각인된 유·무형의 역사를 내밀히 기록한다.

유럽은 여전히 흐른다 - "풀과 건초" 속에

2019년은 크뤼거가 그의 여행을 마무리하고 시집 『나의 유럽』을 펴낸 해이다. 그러나 그해 말부터 유럽은 전 세계를 휩쓴 코로나 19 팬데믹으로 국경이 봉쇄되기 시작했다. 자유롭게 문호가 개방된 하나의 대륙이 외부와 단절되고, 이동이 멈추던 순간, 그의 시는 이 시기를 특별하게 기억한다.

스키의 본고장을 읊은 오스트리아 「레히 암 아를베르크 Lech am Arlberg」 시는 자연의 장엄함과 인간의 작은 몸짓을 극명하게 대비한다. 시인은 이곳에서 '바람'과 '물'의 구체적 작동 방식을 알지 못한 채, 그저 자연의 신비 앞에 말을 잃고 멈춰선다. 이른바, 자연의 현상에 대해 모른다는 고백 자체가 경외감을 부르는 순간이라 할 수 있다.

> 나는 산중 바람에 대해서도
> 물에 대해서도 아는 게 없습니다,
> 그것이 어떻게 남쪽으로 퍼져 가는지.
> 산 기슭에서,
> 경이로움이 갈라지는 곳에서,
> 말들이 웅크리고 있습니다, 어떤 설명도 할 준비가 안된 채로:
> 유럽은 닫히고,
> 귀뚜라미는 안개를 기다립니다.
> 일본에서 온 여자가,
> 거대한 풍경에 비해 너무 작은 여인이,
> 모자를 벗어
> 별과 돌을 모읍니다.
> 밤이 그녀를 삼켜버리기 전에(ME143).

이 시에 등장하는 여러 이미지들—말, 귀뚜라미, 별과 돌, 그리고 일본에서 온 여인—은 시적인 상징으로 가득 차 있으면서도, 구체적인 역사적 배경과 연결될 여지를 열어 둔다. 실제로 아를베르크 터널은 제2차 세계대전 말기, 독일군이 퇴각하던 핵심 경로였고, 1945년 5월 8일 독일이 항복하기 직전까지 전략적 요충지였다. 시인은 알프스의 자연경관에 감탄하다가 왜 하필 일본 여인을 등장시키는가? 크뤼거의 집필이 역사에 대한 회한을 담고 있다는 점을 상기할 때 이 여인에 대한 구체적 기록은 양차 세계대전과 관련하여, 시집의 부제이기도 한 '발췌하지 못한 일기'에 기록되어 있을 가능성이 있다. 일본 여인은 스위스 알프스 산맥의 "거대한 풍경에 비해 너무 작은 여인"으로 등장하며, 밤이 자신을 삼켜버리기 전에 조심스럽게 '별'과 '돌', 즉 자연의 신비와 기억의 파편을 모으고 있다. 이 장면은 인간 존재가 자연과 역사 앞에서 취할 수 있는 하나의 입장을 상징적으로 보여준다. 레히 암 아를베르크는 아름다운 풍광의 관광명소이자 기억을 상기시키는 역사적 변곡점인 것이다.

어느 작은 지점에서 발원한 물은 자신만의 방식으로 물줄기를 형성해 나간다. 자연의 절경에 시적 자아는 '놀라움'을 목도할 뿐 자연에 적합한 표현법을 모른다. 광활하고 압도적인 자연 앞에 언어의 한계를 실감한 것이다. 유럽은 유럽의 남부와 북부를 자연적으로 나누는 알프스라는 굳건한 빗장으로 문을 걸어 잠갔다. 자연 지형이 스스로 경계를 설정한 것이다. 유럽이 멈춘 동안에도 시간은 흐르고, 귀뚜라미는 불확실한 미래를 기다리고 있다. 모든 것이 닫힌 시기에도 여전히 흐르고 있는 것이 있으니, 그 흐름의 주체는 풀과 건초, 즉 유럽의 자연이다. 삶은 모호하고 동시대적 기록은 신용을 잃기도 한다. 제발트가 바라본 독일 문단이 그러하였다.

2023년 이곳 레히 암 아를베르크에서 열린 "레히 문학제 Literaricum Lech"는 크뤼거를 첫 번째 계관 시인으로 선정했다. 심사위원단은 그의 문학이 "시적 지성, 이해, 유머를 담고 있으며 우리 시대에 정치시를 도입하는 진지함"을 겸비했다고 평가했다. 중요한 점은 크뤼거에게 자연은 도피의 대상도, 단순한 경외의 대상도 아니라는 것이다. 그는 자연을 역사와 대화하는 존재 자체로 받아들이고, 일련의 시를 통해 문명의 폭력과 시간의 상흔, 그리고 소비 사회의 불편한 속내를 무심히 고발한다.

> 도나우 강가의 돌조차
> 공허한 도시의 키치한 모습과 대조적으로,
> 너무 많은 의미를 갖고 있다. 하지만 밤이면

얼음장같이 차가운 물과 대화하면서도
돌들은 어떤 높은 질서에도 예속되지 않는다.
돌은 그저 돌일 뿐이다. 우리처럼(ME39).

만성절 대축일 빈에서 크뤼거는 도나우 강가에 서 있다. 시인은 루이스 부뉘엘 감독을 기리며, 우리 모두는 죽음에 빚지고 있다고 고백한다. 크뤼거의 시에는 자주 등장하는 자연 이미지들이 있다. 그중 "돌"과 "별"은 우리가 잃어버린 감각, 잊힌 기억, 말로 다 닿지 않는 세계에 대한 열쇠처럼 기능한다. 크뤼거는 돌을 자연물 그 자체인 동시에 사유와 존재의 매개체로 다루고 있다. 이 시는 도시와 자연, 문명과 물질, 의미와 무의미를 교차시키는 인상적인 장면을 담고 있다. "공허한 도시의 키치한 모습"은 소비사회의 피상성과 과잉된 이미지의 허영을 비판하는 한편, 도시를 흐르는 그 도나우 강가의 '돌'은 의미의 과잉을 벗어나, 돌은 단지 '돌일 뿐'이라는 물 자체에 대한 인식을 사유케 한다. 여기서 '우리'는 돌처럼 위계 질서에 속하지 않는 자유로운 존재들이다. 우리, 즉 인간과 비인간의 통합체로서 '우리'는 해석이 필요 없는 존재, 그 자체로서 존엄을 획득하고 있는 것이다.

크뤼거의 자연 모티브는 이처럼 삶을 고찰하고, 존재를 억합하는 사회적 규범에 질문을 던짐으로써 풍경 이상의 의미를 지닌다. 또한 자연은 인간 사회의 질서를 반영하기도 한다. 예를 들어, 바이에른 남부의 "슈타른베르크 역"을 덮은 커다란 구름은 단순한 기상 현상이 아니다. 그것은 도나우 강가의 소박한 돌멩이들과 달리, 구름 간에도 위계적 구조가 형성될 수 있음을 나타낸다.

역사 위에 걸린
커다란 구름, 이 구름은
작은 구름들의 움직임을
어렵게 했다(ME123).

기차 역 위를 덮은 거대한 구름은 작은 구름들의 자유로운 이동을 방해한다. 도시라는 공간에서는 심지어 구름조차 위계를 드러내는 것이다. 가로수를 보아도 그러한데, 특히 들풀은 잡초라는 이름으로 송두리째 뽑혀져 나가는 비운을 겪는다. 이는 생태주의적 신유물론의 사상을 담고 있기에, 인간 중심적인 자연관에 이의를 제기한다. 그가 긍정적으로 그리는 자연은 인간의 가치 기준이 아닌, 자연 그 자체의 질서와 상호 관계 속에 자리한다.

크뤼거는 유럽의 국경을 넘나들며 도시의 이야기와 외곽의 자연을 교차시킨다. 그 과정에서 시인은 자신의 삶과 나이를 성찰하며, 마침내 자연으로 돌아갈 시간이 왔음을 감지한다. "이제 떠날 때가 되었다 es ist Zeit zu gehen"는 고백은 시간의 흐름 앞에 선 존재의 겸허한 인식을 드러낸다. 더 나아가 노년의 화자는 "아무것도 탕진하지 않았으며, 아무 것도 남기고 싶지 않다"(ME123)고 말함으로써 물질적 소유나 업적에 대한 집착을 내려놓고, 자연과의 조화로운 삶을 추구하려는 내적 태도를 보여준다.

시 「슈타른베르크」의 배경은 루드비히 2세(1845~1886)의 노이슈반슈타인 성으로 유명하지만, 동시에 그 건축을 위한 막대한 비용으로 바이에른 국고가 탕진되고, 왕은 슈타른베르거 호수에서 의문사한다. 시인은 왕의 화려한 건축물이나 의문의 죽음과는 무관하게, 자연 속의 소박한 존재들과 더불어 살아간다. 이 태도는 하인리히 하이네가 남긴 말과 깊이 맞닿아 있다. 하이네는 "나는 죽어서 황제로 아헨의 성당에 묻혀 있고 싶지 않다. 보잘것없는 시인으로서 네카 강변의 슈투트가르트에 사는 것이 훨씬 더 좋다"고 말한 바 있다. 크뤼거 또한 시인의 소명은 위대한 기념비가 아니라, 겸허한 삶 속에서 자연과 조응하는 데 있다고 믿는다. 그는 돈을 추구하기보다는 시인으로서의 삶에 만족한다고 고백한다. 그는 도서 발행인보다는 시인으로 불리기를 원하며, 자신의 삶이 알만스하우젠에 있음을 알고 이에 자족한다. 크뤼거는 알만스하우젠에서 고슴도치와 풍뎅이, 단풍나무와 이웃하며, 자연과의 내밀한 교감을 통해 존재의 진실을 모색하고 있다.

알만스하우젠에서 그는 백혈병 진단을 받았고, 코로나 팬데믹으로 인해 격리된 상황 속에서 집필 활동을 이어갔다. 이 경험은 그가 자연과 삶의 유한성에 대해 더욱 성찰하게 만든 중요한 배경이 된다. 『나의 유럽』에는 「알만스하우젠」에 관한 시 14편이 수록되어 있다. 미하엘 크뤼거는 도시에서 멀리 떨어져 목조주택에 거주하며, 3마리의 돼지, 12마리의 염소와 '깊은 우정'을 맺으며 살고 있다. 목가적 분위기의 삶은 관련 마을의 첫 시부터 확인된다. 이 공간에서 크뤼거는 자연을 단순한 외적 환경으로 보는 것이 아니라, 내면의 세계와 상호작용하는 중요한 요소로 이해한다. 이는 목가적 삶의 이상화뿐만 아니라, 현대를 살아가는 개인에게 자연의 중요성과 그 속에서 찾을 수 있는 평온과 지혜를 제시하는 방식이라 할 수 있다.

> 고슴도치를 보았니?
> 그는 니체의 "아침놀"을 읽고 있어,
> 동물들을 위한 책이야.
> 배추흰나비가 책장을
> 넘겨줘, 책이 달팽이
> 점액으로 달라 붙었거든.
> 산딸기는 먹지 마,
> 여우가 손을 댔어.
> 그리고 제발, 내 무덤에
> 비단향나무꽃은 심지마, 십자화과 식물도
> 안돼, 무덤도,
> 자작나무엔 재가 필요하거든(ME10).

니체의 『아침놀 Morgenröte』(1881)의 부제는 "도덕적 선입견에 대한 생각들"이다. 그는 땅속 깊은 곳까지 파고 들어가 수천년 동안 철학자들이 진리라고 믿어온 것들에 구멍을 파고 이성의 건축물들에 균열을 내기 시작했다. 니체에게 아직 인류가 마주하지 못한 아침의 붉은 빛을 찾는 길은 도덕 그 자체가 아니라 도덕에 대한 잘못된 편견에서 벗어나는 것이었다. 이는 '모든 기존 가치의 전도'를 통해 가능했다. 이러한 관점에서 볼 때, 이 시는 단순한 자연 서정시가 아니라 작은 철학 동화처럼 읽힌다. 아직 인간이 직면하지 못한 아침놀의 환희를 동물들은 이미 자연스럽게 알고 있다.

고독하고 방어적인 존재인 고슴도치는 니체의 책을 읽고 있다. 독서를 돕는 이는 가볍고 순수한 존재인 배추흰나비이다. 그는 펄럭이는 날개짓으로 책장을 넘긴다. 그러나 그 책장들은 달팽이 점액으로 들러붙어 있다. 달팽이는 자연의 느린 흐름을 상징하며, 이 책이 인간 이성의 산물이 아니라 자연과 깊이 연관되어 있음을 암시한다. 『아침놀』은 자연의 책인 것이다.

그러나 자연의 세계가 이상적인 공간만은 아니다. 산딸기를 먹지 말라는 경고는, 겉보기엔 순수한 자연의 일부일지라도 여우, 즉 교활함과 위험의 상징이 이미 그것에 손을 댔을 수 있음을 일깨운다. 이어서 시적 자아는 자신의 무덤에 어떤 꽃도 심지 말라고 말한다. 특히 꽃잎 네 장이 십자 형태로 배열된 십자화과 Kreuzblütengewächse 식물을 거부하는데, 이는 기독교적 상징과 장례 의례에 대한 저항으로 읽힌다. 무덤도 원하지 않는다고 단호히 말하는 작가의 태도는, 인간의 형식화된 죽음 관념에서 벗어나 그저 재로 돌아가 자작나무 뿌리에 흡수되는 존재가 되기를 바라는 것이다. 이는 니체의 철학, 특히 『아침놀』에서 강조된 환경윤리적 사고, 반기독교적 사유, 그리고 자연으로의 회귀와 깊게 맞닿아 있다.

오래된 유럽과 이방인 풍경

보스니아 헤르체고비나의 도시 사라예보와 일리자를 비롯하여 크뤼거가 방문한 도시는 유럽연합의 범주를 넘어선 경우가 있다. 발칸 반도에 위치한 사라예보는 오스트리아-헝가리 제국의 황제 계승자 프란츠 대공과 그의 아내 소피 대공비가 암살된 곳으로 유럽의 현대사에서 제1차 세계대전을 촉발한 상징적인 도시이다. 크뤼거의 시에 나타난 외국에 대한 파편적 기록을 다른 작가의 텍스트와 교차하여 살펴보는 일은, 그의 응집된 시 세계를 해석하는데 도움이 된다. 일례로 엔첸스베르거의 시 「오래된 유럽」(1995)은 유럽에 유입된 다양한 민족을 주요 모티브로 삼아, 한때 찬란했던 기독교 문화의 쇠퇴를 간접적으로 제시한다.

빵집 앞에서 따뜻한 빵 냄새 맡으며
기니 출신의 뚱뚱한 마술사가
황금색 브레첼 간판 그림 아래에서
열쇠고리를 팔고 있다
회색 형제 거리에서.
(회색 형제들이 누구였더라?)

작은 체구에 다부진 밀매꾼들이
커다란 운동화를 신고서
아무도 알아듣지 못하는 언어로
투덜대며 언쟁중이다
성령교회 묘지의 담벼락에서.
(성령이 누구였더라?)

그리고 이제 보스니아 노파가
뻣뻣한 다리를 쭉 뻗는다.
몇 분 동안 벤치 위에서,
1639년에 지은 엘레판트 하우스의
어두운 녹색 정문 뒤에 있는
어두운 녹색의 조용한 뒤뜰에서.

“오래된 유럽” 또는 “옛 유럽”이라는 제목의 이 시는, 이국적인 문화가 도시 공간 속으로 깊숙이 침투해 들어온 유럽을 그린다. 정체성과 경계가 뒤섞인 거리의 장면들은, 유럽이 단일한 민족이나 종교의 정체성을 넘어 이주와 이동, 혼종의 경로 위에 놓여 있음을 시사한다. 그는 독일 사회에 스며든 다양한 이민 집단들을 시적 소재로 삼아, 관찰자적 시선으로 다문화 공간의 유럽을 변화와 대립의 역사적 상징물을 통해 섬세하게 포착하였다. 크뤼거 역시 그 전통 위에서 유럽 도시의 풍경에 스며든 타자의 흔적을 기록한다.

흥미롭게도 엔젠스베르거의 시는, 기독교 전통의 쇠락을 노골적으로 묘사하지 않으면서도, 거리의 풍경을 통해 그 붕괴의 징후를 암시적으로 드러낸다. 1연의 기니 출신 마술사, 2연의 정체불명의 밀매꾼들, 3연의 보스니아 출신 노파 등, 다국적 인물들이 교차하며 유럽의 다양성과 혼종성을 선명히 드러낸다.

샤를마뉴(카롤루스 대제)로 상징되는 중세 기독교 제국의 통합 이념 —즉, 정치적·종교적으로 유럽을 하나로 묶으려 했던 시도— 은 유럽 정신의 뿌리로 자리 잡은 바 있다. 그러나 이 시에 등장하는 "회색 형제 거리"는 더 이상 통일성의 상징이 아니다. 오히려 낯선 문화와 언어가 섞인, 정체성의 균열이 발생한 변화와 유럽의 미래를 논구하는 낯선 장소로서 기능한다.

시의 2연에는 이렇게 묻는 구절이 있다: "성령이 누구였더라?" 이 짧은 물음은 단지 타자(이방인)가 제기하는 신학적 무지의 표현이 아니다. 오히려 유럽 내부에서 스스로의 정신적 근거를 되묻는 질문으로, '오래된 유럽'이 그린 다국적 풍경이 오늘날 유럽의 오랜 그림이었음을 상징적으로 보여준다.

시인은 이주와 문화적 이질성에 대해 어떤 명확한 입장을 드러내기보다는, 일정한 거리감을 유지한 채 유럽의 풍경을 조용히 응시한다. 특히 "아무도 알아듣지 못하는 언어"라는 표현은 중요한 상징적 장치다. 여기서 말하는 '이해되지 않는 말'은 단순한 외국어가 아니라, 타자의 언어, 즉 유럽에 익숙하지 않은 상징 체계를 가리킨다. "아무도 알아듣지 못하는 언어"는 이방의 언어로, 어원상 이방인은 "낯선 나랏말로 fremd(ländisch)" 이야기를 하기에 정착민의 입장에서 "이해할 수 없게 잘못 말하다"를 의미했다. 고대 그리스에서는 이러한 말들을 "야만"이라 불렀는데, 이는 '이해할 수 없게 웅얼거리는 자'라는 의미였다. 오늘날 바바리즘이란 말도 여기서 유래한다. 이를 바탕으로 보면, 시 속의 '작고 다부진 밀매꾼들'은 낯선 언어로 소통함으로써 사회적 질서 밖에 위치한 존재들로 그려진다. 이들은 단순한 이방인이 아니라, 보편적 가치에 대한 근본적 의문을 제기하는 거울같은 존재다.

더불어 시의 각 연에 등장하는 인물들은 외래 문화의 점진적 이식과 확산을 은유한다. 이 과정은 급격하지는 않지만, 점진적으로 유럽 사회 전반에 영향을 미치고 있다. 유럽은 이미 오래전부터 종교와 학문, 무역과 전쟁 등 여러 사상적 전통 속에서 '타자'와의 공존 가능성을 모색해왔다. 칸트의 세계시민주의도 그 연장선에 있다. 하지만 오늘날의 유럽 정치 상황은 이와는 다른 방향으로 전개되고 있다. 다문화주의에 대한 신뢰는 흔들리고 있으며, 특히 독일에서는 극우 정당인 '독일을 위한 대안당'이 이민자 대량 추방을 논의한 사실이 드러나면서 사회적 충격을 불러 일으켰다. 이처럼 다문화적 유럽의 현실은 유럽의 정체성과 그 변화를 비판적으로 성찰하도록 한다.[18] 크뤼거는 이주와 정체성의 문제를 비판이나 포용의 어조 없이 조용히 관찰한다. 그러나 그 안에는, 우리가 '오래된 유럽'이라 부르던 정신적 기반이 더 이상 자명하지 않은 시대에 접어들었음을 드러내는 시적 통찰이 깃들어 있다. 이런 이주의 문화를 보다 회의적으로 전망한 시가 있다.

드레스덴의 위상 변화

미하엘 크뤼거의 시 「드레스덴」은 구동독의 몰락과 관련이 있다. 이 시는 통일 이후 관광지로 소비되는 도시의 이면에 감춰진 역사적 침묵을 소

18 칸트의 세계시민 사회론은 차치하더라도 오늘날 유럽 및 세계의 정치는 더욱 폐쇄적인 경향을 보이고 있다. 유럽의 정치는 "이민자 대량 추방 논의"라는 다소 예상하기 힘든 국면으로 치닫기도 하였다. 2023년 독일대안당은 포츠담 인근에서 난민 및 비동화 시민을 추방한다는 비공개 회의를 열었다. 오늘날 신문 지상에서는 이민자 대량추방 논의, 독일극우정당 해산 여론 등 독일 통일 이후 달라진 정치 지형도를 다각도로 확인할 수 있다.

시지와 같은 일상적 사물들을 통해 드러낸다. 이 시에서 주목할 지점은 도시를 구성하는 사물들이 단순한 배경이나 오브제가 아니라, 스스로 말하는 존재로 전환된다는 점이다. 시적 자아는 드레스덴의 전후 이미지를 관광객의 카메라, 케첩과 겨자, 그리고 폴란드 출신 거리 음악가들의 연주를 통해 재현하면서, 이 도시가 겪은 문화적 상처와 역사의 조각들을 독특한 방식으로 소환해낸다.

그의 손이 떨렸다, 그가
소시지 가판대 중 하나에서,
깨달았을 때, 그가 구운 소시지를 찍은 것이 아니라,
구운 소시지가 그를 찍고 있었다는 것을,
츠빙거 궁전과 프라우엔 교회
그리고 호박방이 카메라에 담긴 뒤였다,
남겨진 조각들의 후세에서.
모든 것을 보여주는 이미지들의,
참을 수 없는 침묵, 희생자와 희생을 감수한 자들,
꼬치에 꽂혀 건조된 뒤, 해골 속에
케첩이나 겨자를 곁들인 채.
우리 뒤에서 폴란드 출신의 세 음악가들이
튜바와 트럼펫, 그리고 게슈토프트 호른[19]을 불고 있었다
개구리들과 비둘기들을 위해,
그러자 침묵이 소리치기 시작했다(ME142).

시적 자아는 드레스덴의 대표적인 명소들 —츠빙거 궁전, 프라우엔 교회, 그리고 전설적인 '호박방 Bernsteinzimmer'—을 모두 카메라에 담은 뒤, 소

19 사냥나팔에서 기원한 호른은 관악기와 현악기를 연결하는 따뜻한 음색의 악기이다. 게슈토프트 연주기법은 악기 벨 입구를 손바닥으로 막아 진공상태로 만들어 악기를 울려서 소리를 내는데, 그 결과 반음이 올라가 트럼펫이 뮤트를 사용할 때처럼 쨍한 소리가 난다.

시지 가판대 앞에 섰을 때 그의 손이 떨렸다. 하지만 이 순간 그는 자신이 소시지를 찍은 것이 아니라, 오히려 소시지가 자신을 찍고 있었다는 역전된 감각을 경험한다. 사물이 주체가 되고, 인간이 오히려 객체가 되는 이 반전은 손님 음식인 커리부어스트가 도시의 이미지를 결정짓는 것과 같다. 시인은 도시를 표면적으로 소비하는 관광객의 시선과 그 너머의 침묵된 진실 사이의 긴장을 시적으로 형상화한다.

시인은 드레스덴의 명소를 "남겨진 조각들의 후세"라고 명명한다. 이 '조각들 Brocken'은 단순한 파편이 아니라, 복합적인 상징성을 띤다. 이는 프로이센의 정치경제적 유산을 넘어 18세기 계몽주의 군주였던 강건왕 프리드리히가 남긴 궁전과 예술품의 잔재이며, 다른 하나는 드레스덴의 외교·경제적 상징이었던 마이센 도자기의 몰락과도 연결된다. 이는 오늘날 두어스 그륀바인이 구동독의 드레스덴을 빗댄 "깨어진 도자기" 이미지와도 상통한다.

더 나아가 '브로켄 Brocken'은 "발푸르기스의 밤"에서, 마녀들의 축제가 벌어지는 하르츠 산맥의 최고봉을 의미하기도 한다. 이는 드레스덴이라는 도시가 품은 역사의 파편들이 외세의 패스트푸드적 산물에 의해 역사의 뒷편으로 밀려나고 있음을 나타낸다.

시의 말미에 등장하는 세 명의 거리 음악가들(튜바, 트럼펫, 게슈토프트 호른을 연주자)은 드레스덴에 새로운 음을 불어넣는다. 게슈토프트 연주법은 호른의 벨 입구를 손으로 막아 진공 상태로 만든 뒤 음을 진동시키는 방식으로, 의도적으로 벨을 닫아 소리를 왜곡한다. 이를 통해 자연스러운 소리 대신 위협적이고 불안한 정서를 전달한다. 이는 도시의 침묵에 균열을 내고, 망각된 역사에 목소리를 부여하는 다의적 장치로 기능한다. "침묵이 소리치기 시작했다"는 마지막 구절은 남아있는 역사의 조각들이 마침내 언어와 소리의 형태로 모습을 드러낸 순간을 나타낸다. 이는 도시의 풍경을 묘사하는 데서 한 발 나아가, 풍경 이면의 역사와 기억, 사물과 인간 사이의 얽힘을 시적으로 표현한 탁월한 표현이라 할 수 있다.

소시지는 맥주와 함께 독일민족의 지역사를 구현한 중요한 음식이었다.

하랄트 숄의 설명에 따르면, “독일 소시지는 식탁에 올라오는 역사이다. 전통적으로 소시지 생산은 장인정신이 필요한 복잡한 작업이었다. 고기를 갈고 향신료를 첨가해 보존하는 등 많은 경험이 필요한 작업이다. 따라서 소시지는 독일 자유도시의 긍지이자 특권이었다. 오늘날에도 많은 소시지가 도시 이름을 달고 있다.” 하지만 드레스덴을 방문한 시적 자아는 민중과 함께 전승된 전통적인 독일 가정의 소시지가 아니라, 2차 세계대전 당시 미군이 반입한 소시지와 케첩을 지시한다. 이 소시지는 드레스덴의 역사적 상처와 결합되며, 그 상처를 은유하는 “죽은 자들의 두개골”을 딛고 반입된 끔찍한 음식으로 묘사된다. 여기서 두개골은 물론 소시지의 주원료인 동물 및 전쟁의 희생자들을 상징한다고 볼 수 있다. 소시지는 ‘카메라 상자에 갇힌’ 드레스덴의 문화적 이미지를 대체하며, 과거와 현재, 전통과 침략, 소비 문화와 기념 문화의 충돌을 의미한다.

크뤼거는 사물을 주어로 삼아, 도시의 사물들이 시인의 감정을 대변하게 하였다. 그에 따라 사물의 말하기는 드레스덴의 위상이 변화하는 과정을 조명한다. 드레스덴이 지닌 전통적 이미지는 관광 이미지로 소비되고, 역사와 전통은 광채를 잃었다. 시적 자아의 내면에서 울려 퍼지는 소리없는 외침은 드레스덴에 대한 회한과 경고의 메시지로 읽을 수 있다. 마지막 행에서 정적이 소리치는 장면은 드레스덴이 고요 속에서 외치는 탄식이라 할 수 있다.

크뤼거는 미국자본의 유입에 대한 성찰과 경계를 제시하면서, 유럽의 전통과 사상을 부여잡으려는 어찌 보면 당연한 보수적인 입장을 드러낸다. 그는 “당신이 손에 쥐고 있는” 시집 『나의 유럽』이 유럽과 타 대륙을 구획화하는 지점이자 유럽인 정체성에 교훈을 전달하려는 태도를 보인다.

마르세유, 역사와 이야기를 품은 도시

크뤼거는 여행자로서 세계를 다 돌아보지 않았다. 그는 “상 페테르부르크나 교토, 레바논, 토론토, 알라스카나 브라질 원시림”(ME245)을 방문하지 않았다고 말한다. 대신 프랑스 남서지방을 자주 방문했고, 그곳에서 옥수수, 해바라기, 라벤더가 부드럽게 일렁이는 들판을 만났다. 이곳은 작가를 행복하게 만들고 놀라움을 주는 장소였다.

「마르세유 Marseille」는 벌레마저 도시의 오래된 역사를 간직한 곳이다. 지중해 연안의 프랑스 최대항구도시인 마르세유는 역사와 문화의 교차로로서 상업적 번영을 누렸다. 기원전 600년 경 고대 그리스 포카이아인들이 정착해 세운 후, 페르시아 전쟁을 피해 온 튀르키예인들이 이 곳에 정착하면서 도시가 확장되었고, 고대 로마제국에 편입된 이후 코르시카, 스페인, 알제리, 아르메니아인 등 다양한 이민족들이 이동했던 곳이다.

부지런한 고고학자들처럼 바퀴벌레들이
성모 마리아 앞에서 쓰레기를 분류한다.
무례한 북서풍이 보이진 않지만,
그 바람은 아프리카 모래를
바다의 대초원 위로 실어 나르고,
부야베스를 데운다,
산 자와 죽은 자를 위해.
마르세유, 네 유치한 야망이여,
아름답고 타락했도다
예의, 가난, 곤궁함으로 이루어진
네 장구한 역사처럼,
너는 네게 대항하지 않는 누구에게나
도시의 이야기를 풀어놓는다(ME17).[20]

---

20 남프랑스 항구도시 마르세유는 뤽 베송의 영화 <택시>로 잘 알려졌으며 <몬테 크리스토 백작>의 무대인 이프 섬 Château d’if이 가까이 있다. 지중해의 해산물 수프인 부야베스는 차가운 겨울에 즐겨 찾는 음식이다. 미스트랄 바람은 오스트리아 산간 지방의 푄 바람과 달리 한랭 건조하다. 크리스티안 페촐트 감독의 <트랜짓> 역시 마르세유를

바퀴벌레는 인류가 존재하기 이전인 백악기에 출현했고, 마르세유는 프랑스에서 가장 오랜 역사를 가진 도시이자 부야베스의 발상지이다. 북서풍에 실려온 아프리카 대륙의 "모래"는 프랑스 제국주의 시절, 북아프리카 식민지와 본국을 잇는 중심지로 향토 음식인 부야베스와 함께 숱한 이야기를 간직하고 있다. 마르세유는 방어벽을 치지 않고 도시를 있는 그대로 느끼는 여행자에게 도시의 장구한 역사를 풀어놓는다. 마르세유라는 이야기꾼은 개방적이고 소탈한 성격의 소유자이다. 프랑스혁명 당시, 프로이센과 오스트리아 등 유럽의 주요 왕국들은 자국의 왕권과 사회 질서가 위협받는 것을 우려하여 군사적 동맹을 체결하였다. 프랑스 북동부 라인강 국경선을 방어하던 프랑스 라인 군단은 오스트리아군의 침공에 대비하였고, 전략적 요충도시인 스트라스부르의 시장 프레데리크 드 디트리히는 혁명군의 사기를 진작하고자 군가를 장려하였다. 당시 혁명군 장교이자 시인이었던 클로드 조제프 루제 드 릴이 군가를 작곡하였다. 1792년 7월 프랑스 혁명정부는 '조국은 위기에 있다'는 선언과 함께 전 국민에게 의용군 참여를 호소하였다. 이 노래는 시민들의 애국 집회를 통해 빠르게 확산되었고, 마침내 마르세유 의용군이 이 군가를 부르며 파리를 향해 진군하게 되었다. 마르세유 사람들이 부른 이 노래는 원래 '라인 군단 군가'였으나 그들의 행군과 함께 전국적으로 알려지면서 "라 마르세예즈 La Marseille"라는 이름으로 불리게 되었고, 1795년 프랑스의 공식 국가로 채택되었다. 신고전주의 양식의 파리 개선문에는 마르세유 혁명군의 진군 장면을 묘사한 대형 부조가 새겨져 있다. 자유의 수호신이 날개를 펼친 채, 오른 손엔 칼을 쥐고 왼손을 높이 들어 의용군들을 인도하는 모습이 개선문 동쪽의 조각 상부를 장식한다.

가자, 조국의 자녀들이여,
영광의 날이 왔다!

배경으로 한다. 과거와 현재가 겹쳐진 이 도시는 나치의 감시를 피해 유럽을 탈출하려는 망명자들이 모이는 곳이다.

> 우리를 향한 폭정에 맞서,
> 피의 깃발이 올랐다!

마르세유에서 파리까지는 800km에 달하는 거리다. 마르세유 의용군은 이 거친 가사의 군가를 부르며, 적국에 대한 분노와 조국을 위한 헌신의 마음을 북돋으며 저항과 평화의 의지를 담아 전진했던 것이다.

유럽이라는 인문지리학적 지형이 갖는 힘

1936년, 토마스 만은 에세이 「주목하라! 유럽」에서 괴테의 말을 인용하며, "젊은 세계의 자녀들"이 정신적 수업과는 거리가 먼, 안온한 지대에서 안주하고 있는 현실을 우려하였다(Mann 1936, 316). 그는 이러한 안일함이 시대의 참상에서 눈을 돌리고 유럽이 가진 정신적 기반의 위기를 의미한다고 보았다.

> 젊은 세계의 자녀들은 자신들이 모험과 고난, 완전한 불안정 속에 있다고 주장하며, 우리가 부르조아 시대의 경제적 안정을 누렸다고 여긴다. 그러나 그들은 외부적 상태의 의미를 과대평가한다. 우리 전시대의 아들들은 늙어서도 풍족한 안락감에서 벗어나 초라한 영웅성으로 나아가야 했다. 결정적인 것은, 그들이 더 이상 고등한 의미의 '교양'에 대해, 자기 자신을 향한 노력과 개인적 책임에 대해 아무 것도 모른다는 것이다. 그들은 집단 속에서 안락함을 누리고 있다(Mann 1936, 317).

만은 내적 몰두 대신 외부를 향한 젊은이들의 집단주의적 경향을 "자아의 지속적인 휴가"라 부르며, 집단은 개인에 비해 훨씬 안락한 공간에 속해 있다고 진단한다. '집단주의적 종족'은 고통스러운 자기 성찰없이 안온하게 살아가는 경향이 있다. 그러나 이러한 집단적 자아조차 삶의 안정과 미래를 위해서는 전 세대의 문제를 해결해야 했다. 만은 오늘날 유럽 제도의 대중적 타락이 이러한 집단성의 왜곡된 형태라 판단하였다. 이 지점에서 토마스 만은 호세 오르테가 이 가세트의 통찰에 주목한다. 가세트는 그의 저서 『대중의 봉기』(1929)에서, 19세기 인구 급증과 함께 등장한 '새로운 대중'에 주목하였다. 그는 프랑크푸르트 학파에 앞서 대중이라는 개념을 본격적으로 사유했으며, 대중이 물질적 풍요를 누리는 동시에 문명의 원리에는 무관심한 태도를 보인다고 진단했다. 만은 이를 예로 들며, 문화적 쇠퇴는 단지 전쟁의 산물이 아니라 이미 근대 내부에서 진행되어 온 세속적 현상임을 밝히고 있다. 즉, 유럽의 정신적 지형은 제국과 전쟁에 의해 일방적으로 만들어진 것이 아니라, 근대 문명이 잉태한 대중성과 집단주의 속에서 그 방향을 꾸준히 전환해 왔다고 본 것이다. 전쟁은 이러한 흐름을 가속화하고 첨예하게 드러낸 측면이 있다. 이러한 비판은 시대의 물줄기를 거스르는 지난한 투쟁의 역사이기에 매우 가혹한 시대 인식이라 할 수 있다.

> 모든 인문주의에는 본질적인 나약함이 존재한다. 이는 파시즘에 대한 경멸, 관용, 의심에 대한 사랑, 즉 인간 본연의 선함과 관련이 있다. [...] 오늘날 우리가 필요로 하는 것은 전투적 인문주의이다. 즉 인간성을 발견하고 자유, 관용, 의심의 원칙이 수치와 광기의 불굴의 힘에 의해 왜곡되고 침탈당하지 않도록, 인문주의가 통찰력을 지녀야 할 것이다. 유럽 인문주의가 그 이념을 전투적으로 재생할 능력을 상실했다면, 그것은 결국 쇠퇴할 것이며, 유럽은 더 이상 그 이름을 실질적으로 지니지 못하고, 역사 속에서만 존재하게 될 것이다. 그런 유럽 앞에서 우리는 오히려 그 역사적 의미를 무시간적이고 무관심한 방식으로 묻어두는 편이 나을지도 모른다.[21]

---

21 "In allem Humanismus liegt ein Element der Schwäche, das mit seiner Verachtung des Faschismus, seiner Duldsamkeit und seiner Liebe zum Zweifel, kurz: mit seiner natürlichen Güte zusammenhängt [...] Was heute nottäte, wäre ein *militanter* Humanismus, ein Humanismus, der seine Männlichkeit entdeckte und sich mit der Einsicht erfüllte, daß das Prinzip der Freiheit, der Duldsamkeit und des Zweifels sich nicht von einem Fanatismus, der *ohne* Scham und Zweifel ist, ausbeuten und überrennen lassen darf. Ist der europäische Humanismus einer streitbaren Wiedergeburt seiner Ideen unfähig geworden; vermag er nicht mehr, sich die eigene seele in kämpferischer Lebensfrische bewußt zu machen, so wird er zu grunde gehen, und ein Europa wird sein, das seinen Namen nur noch ganz historischer Weise weiterführen wird, und vor dem es besser wäre, sich ins Unbeteiligt-Zeitlose zu bergen"(Mann 1936, 326f).

1933년 나치 정권이 집권한 후, 미국으로 이주한 만이 유럽에 당부한 것은 '통찰력 있는 인문주의'였다. 인문주의가 그 이념에서 멀어지면 유럽은 찬란했던 이름 속에 머물 뿐이다. 만이 강조했듯 바람직하지만 '나약한' 성질의 인문주의는 '전투적으로' 지켜내야 할 대상이다. 바로 이 지점에서 크뤼거의 유럽 답사의 의미를 읽어낼 수 있는 바, 그는 유럽이라는 인문지리학적 지형이 갖는 힘을 믿었다. 유럽은 단순한 대륙이 아니다. 그것은 '교양'과 '자기 책임'이라는 정신적 인프라 위에 건설된 하나의 살아움직이는 유기체이다. 크뤼거가 유럽을 여행하며 받은 소회 역시 성찰을 전제한다. 유럽은 역사적 방식으로 존재하는 것이 아니라 탄생과 쇠락, 그리고 번영을 유럽의 인문학적 정신과 함께 했다. 유럽의 자연은 그냥 지켜지는 것이 아니라 투쟁하여 지켜내는 삶 속에 살아 숨 쉬게 된다.

> 내가 알았더라면,
> 풀이 내 인생에서
> 어떤 역할을 했는지를.
> 풀로서, 건초로서.
> 이것이 시가 되어야 하나?
> 잠시 멈추며,
> 내 신발 아래 풀이
> 스스로 다시 일어설 때까지:
> 그래, 이건 시야!

시인은 일상 속에서 인간이 놓칠 수 있는 작은 순간들의 의미에 집중한다. 지나치기 쉬운 발 밑의 풀이야말로 시, 그 자체이다. 발 아래 밟혔던 풀이 재기하려는 모습은 토마스 만이 말한 삶의 의미에 대한 깊은 성찰과 인문주의의 강력한 방어 기제이다. 일상의 소소한 것에서 철학적 의미를 찾는 과정은 '자기 자신을 향한 노력과 개인적 책임' 없이는 불가하다. 발에 눌린 풀이 회복되는 과정에서 시가 생성되듯, 토마스 만 역시 인문주의가 본연의 참된 가치를 잃지않도록 끊임없이 자신을 들여다보며, 전투적으로 삶에 임해야 함을 강조하였다. 인문주의는 파시즘에 대한 경멸, 관용, 사랑이라는 선한 인간성과 관계된다. 이러한 특성은 너무도 나약한 성질의 것이기에 내적 투쟁없이는 견지하기 힘든 것이다. 과거 인본주의의 모범적 선례들이 오늘날 다시 부활하고 재생하기 위해서는 인본주의가, 시가 외부 세계에 대해 통찰력을 가져야 하는 것이다. 그럴 때 인본주의는 고고학적 유물이 아니라 발 아래 풀이 시간이 지나면 원형을 유지하듯이 그 힘을 발휘할 수 있을 것이다. 크뤼거에게 자연이 대륙의 증거물이며, 인문학적 등가물인 이유이다.

크뤼거가 볼 때 "정의는 개암열매 한 톨만큼 작다"(ME30). 시대에 따라 변해온 정의관은 덕에서 이성으로, 권리 보장에서 구조적 평등으로 꾸준히 변화되어 왔고, 절대적이지 않지만 '정의'를 가정하지 않는 삶은 무기력하다. 개암나무 열매는 작지만, 요리에 풍미와 질감을 더하는 열매는 단단하고 중요한 가치를 지닌다. 정의 역시 겉보기엔 작고 미미하나 그 안에 또 다른 개암나무를 키우는 힘을 내재하고 있다. 크뤼거의 집 근처 "슈타른베르거 호수"의 보리수는 이파리마다 무한한 이야기를 담고 있다.

> 나의 보리수 한 그루는 쓰러져야 한다,
> 불치병에 걸린 것이다.
> 한 때 나무는 네 그루였고,
> 모든 이파리는 끝이 없는,
> 이야기를 간직했다(ME166).

시적 자아인 "나"는 아름드리 보리수 그늘에서 시간을 보냈다. 보리수는 유럽의 자연과 전통을 상징하는 나무이다. 슈베르트의 연가곡집 <겨울나그네>에 나오는 「보리수」는 연인의 사랑과 이별의 슬픔을 담고 있다. 마을의 입구나 우물가에 서 있던 보리수는 불치병에 걸려 고통스럽고 쇠약해진 상태이다. 과거에는 아름드리 나무가 풍경을 아름답게 하였고, 봄이면 연노란 꽃잎을 휘날리며 지역의 분위기를 명랑하게 하였으나, 이제 과거의 유산은 사라지고 남은 보리수마저 생명이 위태롭다. 공동체의 상징이자 사람과 휴식, 안식과 죽음이라는 역설을 담고 있는 보리수는 잃어버린 세계의 총체성을 상징한다. 국토를 지키는 나무는 자연경관이자 민담의 소재이자 기억이 축적된 사회적 담지물이 된다. 이러한 맥락에서 역사와 문화를 뛰어넘어 존재하는 대륙의 풀, 돌, 산, 바람, 구름은 역사적 기억의 상징물로서 유럽 인문주의의 초석을 마련한다. 일찍이 횔덜린의 시에는 자연에 대한 광채가 살아 빛났다. 독일의 상징적 나무인 「떡갈나무 Die Eichbäume」(1976) 시를 보자.

정원에서 걸어나와 내 그대들에게 가노라, 너희 산의 아들들이여!
그곳 정원밖에선 자연이 인내와 성실로,
근면한 사람들과 가꾸고 다듬으며 살고 있구나.
그러나 장엄한 이들이여! 그대들은 온화한 세계에서
티탄족처럼 서서 너희를 먹이고 기른 하늘과
너희를 낳은 땅과 그대들 자신에게만 속할지어다.
그대들 중 누구도 사람의 학교에 다닌 적이 없고,
강인한 뿌리에서 자유롭고 기쁘게 서로 앞다투어
밀치고 나아갔으니, 독수리가 먹이를 낚아채듯 힘찬 팔로
공간을 포진하라, 그리고 구름에 맞서
햇빛 찬란한 월계관이 유쾌하고 위대하게 그대들을 향하는도다.
그대들 각자가 하나의 세계이며, 하나의 신인 까닭에
하늘의 별처럼 자유롭게 연대하여 함께 살아가라.
내가 이 예속된 신세를 견딜 수 있다면, 내 결코
이 숲을 시샘하지 않을 것이며, 기꺼이 사람들과 어울려 살아가련만.
사랑이 떠나지 않는 심장이 사교적인 삶에 나를 가둬두지만 않는다면,
나 기꺼이 그대들 틈에 기꺼이 살련만!

미하엘 크뤼거의 『나의 유럽』은 횔덜린의 자연찬가를 잇는 일종의 시적 산문이다. 자연에서 태어나 하늘을 향해 거대한 가지를 뻗는 떡갈나무들처럼 시인은 인간이 만든 학교라는 규범적 사회에서 뛰쳐나와 자연의 법칙 아래 자유롭게 인간 정신을 펼치고자 한다. 거대하게 뻗어가는 떡갈나무는 티탄족에 다름 아니다. 하늘의 별자리처럼 자유롭게 형세를 만드는 일은 인간 사회에서는 불가능한 일이기에 시인은 숲의 정신을 시샘할 수 밖에 없는 운명이다. 미하엘 크뤼거는 남부독일신문과의 인터뷰에서 자신이 문학에 열광하는 이유를 "26개의 철자로 상상할 수 있는 모든 것을 표현"할 수 있기 때문이라 밝힌 바 있다.[22] 그는 전후 냉전 이데올로기 시대를 지나 1990년대 독일의 재통일과 유럽연합의 역학구도를 목격하면서 자신만의 유럽 답사기를 완성하였다. 크뤼거의 시문학으로 그린 유럽 지도는 자연과 도시에 대한 자부심으로 완성되었다. 그가 기록한 대륙의 자연과 문화 속에는 그의 방대한 인문학적 지식과 이해가 드러나고 각 도시의 역사가 응축되어 있다. 『나의 유럽』은 일종의 유럽 책인 것이다. 제발트의 언명처럼, 문명은 파국과 함께 자연사로 퇴락한다. 파편은 전체를 상실한 잔해가 아니다 파편화된 형식은 무한을 지시하는 조각으로서, 이 안에는 완결과 미완의 긴장이 도사린다. "파편"에 역사적, 정치철학적, 문학적 형세가 기록된다. 시인이 여행을 통해 얻은 결론은 자연과 지역에 대한 예찬이다.

> 솔직한 심정으로, 나는 이 문명에
> 한 푼도 쓰지 않으리, 하지만
> 도시외곽과 늪지사이의 이 작은 구역이 우리를 구할 것이다(ME203).

---

22 https://sz-magazin.sueddeutsche.de/literatur/der-letzte-seiner-art-79709. 그는 신문 지면을 통해 그가 발행한 책 중에, 2011년 노벨문학상 수상자인 스웨덴의 토마스 트란스트뢰메르가 가장 인상적인 시인이었다고 밝혔다. 그는 심리학자 시인이라는 특수성과 스웨덴 자연시 전통에서 모더니즘 계열에 기반한 시를 쓴다. 침묵, 이미지의 도약, 투명한 자연 이미지 파편으로 각인된 트란스트뢰메르의 시는 크뤼거가 몸담은 한저 Hanser 출판사에서 번역되었다.

5.

그랜드 투어. 유럽의 젊은 시로 떠나는 여행

그랜드 투어. 유럽의 젊은 시로 떠나는 여행

얀 바그너와 페데리코 이탈리아노가 엮은 시선집인 『그랜드 투어. 유럽의 젊은 서정시로 떠나는 여행』(2019)(이하, 『그랜드 투어』 또는 GT로 표기함)은 17세기 '그랜드 투어'라는 고전 개념을 토대로 동시대 유럽 시문학의 방대한 동향을 집결함으로써 유럽 지형의 현재적 의미를 문학적 시선으로 고찰하고 있다. 르네상스와 계몽주의 시대의 산물인 그랜드 투어는 청년 귀족이 교육을 마친 후 이탈리아의 고전문화와 예술을 배우고자 장기간에 걸쳐 행한 엘리트 교육의 연장선이었다. 당시 옥스퍼드와 캠브리지를 비롯한 영국 대학 교육의 위상은 그랜드 투어를 능가하기 어려웠고, 정치, 경제, 사회, 문화 등 현실 세계에 대한 탐방이라는 차원에서, 그랜드 투어는 정치사회적, 교육적 의도가 농후한 교양교육의 절정이었다. 그 결과 그랜드 투어는 여행을 통한 정체성 형성에 기여했고, 사회적 변화를 위한 규범으로써 근대 서양의 형성과정에 지대한 영향을 미쳤다. 괴테의 이탈리아 기행 이후 점차 대중화된 이 개념은 두 발행자의 기획 의도에 부합하였고 또 다른 관점에서 시를 통한 전방위적 유럽 여행이 현실화되었다.

탈냉전 이후 유럽은 국경 갈등과 이주민, 난민 문제에 이어 유로존, 브렉시트 등 국내외 정책적 난제에 시달려 왔다. 독일 제1국영방송의 <궁지에 몰린 사람들 Die Getriebenen>(2020)은 난민 문제가 정점에 이르렀던 2015년 여름, 하이데나우, 하나우, 바이에른 등지에서 벌어진 국내 정치적 충돌과 함께 주변국과의 협상에 직면한 메르켈 정부의 고충을 긴박하게 그려낸다. 영화 속에서 수상은 '우리는 자유로운 국가에서 충분히 잘 살고 있는데 이 증오는 도대체 어디에서 오는가?'라고 자문한다. 자국민 보호와 인도주의 사이에서 균형을 모색하던 유럽의 정치적 기로는 『그랜드 투어』 기획 의도와도 관련이 있어 보인다.

더욱이 이 시집이 출간된 2019년을 기점으로 1년 만에 세계는 코로나19 팬데믹으로 일상생활의 중단이라는 초유의 상황을 맞게 되었다. 특별한 경우를 제외하고 유럽의 국경이 봉쇄되었으며 이탈리아를 시작으로 북쪽의 노르웨이, 모스크바에 이르기까지 이동이 제한되었다. 한때 외출 금지령이 내려졌던 독일 오버팔츠 지역의 미터타이히 Mitterteich 마을 사례에서 보듯, 이 시대의 여행은 역설적이게도 시를 통해서가 아니면 상상조차 어려운 행위가 되었다. 『그랜드 투어』는 그렇게 여행의 자유가 사라진 시기에 더욱 기념비적인 도서로 자리매김하게 되었다.

유럽 49개국의 젊은 시

이 시선집은 7개의 여정을 따라 총 49개국의 서정시 700여편을 소개한다. 450명의 작가가 참여한 시적 여정의 시작은 폴란드 시인 타데우슈 돈브로브스키 Tadeusz Dąbrowski(1979)의 「해체 Auflösung」이며, 종착점은 슬로베니아의 그레고르 포드로가 Gregor Podlogar(1974-)의 「오래도록 길은 달린다 lang fahren straßen」이다. 점점 늘어가는 시인 목록과 방대한 시편 가운데 어떤 작품을 선택하고 배열할 것인지에 대한 공동발행인의 편집 과정 또한 흥미로운 지점이지만, 특히 '해체'에서 시작해 계속 달리는 길로 끝나는 이 여정의 구도는 단순한 시 배열 이상의 의미를 지닌다. 국가와 국가의 경계를 해체하고, 가능한 다양한 지역의 정보를 구성해 간다는 상징적 메시지가 시선집을 통해 드러난다. 유럽은 "우리가 태어나기도 전에" 하나였던 것이다.

전체 580쪽에 달하는 이 시선집은 히브리어, 터키어, 그리스어를 포함한 47개의 다양한 유럽어로 쓰인 시들을 독일어 번역과 함께 수록하였다. 원문은 독일어 우측에 작은 서체로 병기되며, 시의 선정은 지리적 거리보다는 시적 자발성, 문화적, 역사적 관련성 등을 기준으로 이루어졌다. 이로써 유럽이라는 공간은 하나의 고정된 지리 개념이 아니라, 이동성과 상호작용 속에서 복합적 공간으로 재구성된다.

그랜드 투어의 역사와 문화

18세기에 본격화된 그랜드 투어는 이탈리아를 중심으로 행해졌으며 로마, 피렌체, 베네치아, 나폴리 등 문화적 중심지를 탐방하는 형식을 띤다. 17세기 말부터 18세기 초, 특히 영국, 독일, 네덜란드 귀족들 사이에서 성행한 그랜드 투어는 르네상스를 거치며 재발견한 고전 시대의 보편적 가치를 사회적 문화 규범으로 수용하고자 했던 유럽 지식인들의 대장정이었다. 이들 교양인들의 여행은 알프스에서 자연을 느끼고, 문화적 변방에서 로마라는 중심으로 이동하는 특징을 지닌다.

역사학자 라이너 바벨(1955-)과 제레미 블랙(1955-)은 이 여행이 귀족들에게 제공한 문화적 경험임을 강조하면서, 그랜드 투어의 초기 역사에서 중요한 역할을 한 기행문학과 여행자의 경험을 다루었다. 바벨은 『14세기부터 18세기까지의 유럽 문화와 귀족 여행』(2005)에서, 여행자들이 경험한 풍경, 음악, 여인, 음식과 같은 다양한 문화적 요소들을 상세히 소개하고 있다. 블랙 또한 『이탈리아와 그랜드 투어』(2003)에서 그랜드 투어가 유럽도시에 미친 영향을 논의하며, 당시 여행자들이 카톨릭 문화와 종교적 전통에 대한 인식을 어떻게 변화시켰는지 설명하였다.

그랜드 투어의 기원은 중세 순례길에 뿌리를 둔다. 중세 순례자들은 로마가 새로운 성지로 부상하기 전, 예루살렘을 비롯한 거칠고 황량한 땅의 성지를 찾아 순례 여행을 지속했다. 순례 여행은 종교적 성취 뿐 아니라, 여행 중 만난 사람들과의 교류를 통해 사회적 경험 또한 축적하였다. 예를 들어, 10세기 프랑스의 주교 고테스칼크 Gotescalc는 이베리아 반도를 지나 스페인의 산티아고 데 콤포그텔라를 순례지로 삼고, 여행 중에 만난 다양한 인물들과 사건들을 기록하였다. 최초의 산티아고 순례자인 그는 순례길에서 이슬람 참배자들과 만나 기독교 세계와 이슬람 세계의 문화적 교류와 충돌을 경험하였고, 중세의 순례 여행이 도적을 비롯해 불법적 행동과 범죄에 노출되는 등 위험한 여정이었음을 보여준다. 당시 순례는 신의 은총을 통한 영적 구원 뿐 아니라 왕국의 번영을 기원하는 정치 사회적 목적을 지니기도 하였다.

1496년 11월에 아놀드 하르프는 로마, 예루살렘, 산티아고를 순례지로 정하고 기독교 문화의 대장정에 나선 인물이다. 『아놀드 폰 하르프의 순례기』는 중세 후기 종교적 순례의 중요한 예시로, 그의 기록에는 여행 중 만난 사람들과 사회적 상황이 생생히 묘사되어 있다. 이 여행에서 만난 여행 가이드와 도적들, 그리고 이슬람 참배자들의 일상과 종교적 특이성이 다채롭게 전해져, 이 순례기는 그 당시의 문화적 교류와 종교적 갈등을 엿볼 수 있다. 종교적 순례는 이후 좀 더 세속적인 방향으로 진행되었고, 영국을 비롯한 유럽 상류층의 교육적 여정이 시작되었다. 그랜드 투어는 정치적이고 외교적 의미도 있었다. 많은 외교관과 정치 이론가들은 로마를 방문하여 상대 국가의 제도와 권력 관계를 배우고, 동맹국 간 복잡한 정치적 네트워크를 파악하려 했다. 그랜드 투어는 정치적, 외교적 목표를 달성하는 중요한 도구가 되었으며, 로마는 고대 로마와 교황 제국의 중심지로서, 정치적 전략을 배우기 위한 중요한 장소였다.

그랜드 투어는 *groote tour*(네덜란드어), *große Tour, große Rundfahrt* (독일어)라고 불리며, 이는 각기 다른 여행 방법과 내용을 반영하는 용어들이었다. 17세기 영국, 독일 그리고 네덜란드에서 이미 통용되던 개념인 이탈리아를 향한 그랜드 투어는 런던, 암스테르담 등 북유럽인에게 동경어린 단어였다. 당시 예술가들은 그랜드 투어의 주요 여행자들의 경험담을 시각적으로 표현함으로써 그랜드 투어를 확산시키는 역할을 하였다.

영국 여행자들에게 영향을 끼친 대표적인 예술가로는 조반니 파올로 파니니 Giovanni Paolo Panini(1691-1765), 폼페오 바토니 Pompeo Batoni (1708-1787), 안토니오 카날레토 Antonio Canaletto(1697-1768), 기암바티스타 피라네시 Giambattista Piranesi(1720-1778)가 있다. 파니니는 로마를 찾은 여행자들에게 가장 기억에 남을 만한 시각적 자료를 제공하였는데, 고대 로마의 유적과 예술품과 여행자를 하나의 화폭에 배치함으로써 여행자의 그랜드 투어 경험담을 압축하였다. 그렇게 그려진 그림은 그랜드 투어의 시각적 요약이라 할 수 있다. 피라네시 역시 폐허에 새겨진 고대 유적을 상세히 묘사함으로써 유적지와 고대 건축 문화에 대한 지대한 관심을 보여준다. 류신은 『사색의 미술관』에서 괴테의 이탈리아 여행기를 그랜드 투어와 연결함으로써 독일문학과 그랜드투어 간의 공백을 메웠다.

독일의 경우 요한 하인리히 빌헬름 티슈바인의 <로마 캄파냐의 괴테> (1787)가 유명하다. 괴테는 1년 7개월간 이탈리아를 여행하며 로마, 나폴리, 시칠리아 등을 방문했다. 이 여행은 그의 세계관과 예술계에 큰 파장을 일으켰다. 고대 문화유산과 자연환경을 직접 경험한 괴테는 고전주의적 가치와 고대 로마의 미학에 대한 새로운 시각을 확보하였다. 이 그림에는 질풍노도기의 작품인 『젊은 베르테르의 고뇌』를 뛰어넘는 『파우스트』의 대가다운 면모가 그림의 주제와 구도 속에 포착된다. 괴테는 당시 로마에서 활동하던 독일 예술가들 사이에서 유행하던 넓은 챙의 회색 모자를 쓰고, 로마 외곽 캄파냐 평원의 황량한 풍경을 배경으로 석관에 기댄 자세로 앉아있다. 화폭 왼쪽 괴테의 등 뒤에는 참나무 잎이 보인다. 참나무는 독일의 상징적 자연요소로, 고향인 독일의 정체성을 새롭게 인식한 과정이었음을 상징한다. 흥망성쇠를 견딘 고대의 유적들이 황량한 평원에 흩어진 공간에서 괴테는 캄파냐 평원의 폐허를 바라보며 고전주의자로서의 변화를 직감한다. 1786년 8월 29일 새벽 생일 파티 자리에서 급작스럽게 떠난 이탈리아로의 여행은 바이마르 공국의 공직 생활에 지친 괴테가 고대 그리스 로마 문학을 비롯한 고전성에 눈뜨는 중요한 계기가 되었다. 『이탈리아 기행』(1816-17)에서 고백했듯 괴테는 이곳에서 처음으로 '진정한 나'를 찾았다. 괴테의 고백은 이탈리아의 유구한 돌들이, 이제는 폐허가 된 로마제국의 유적지가 자신에게 말을 걸어오는 과정에서 나온 고백이었다. 요한 요하임 빙켈만 Johann Joachim Winckelmann(1717-1768)이 고대 그리스와 로마 미술을 재조명하며 요약한 "고귀한 단순성과 조용한 위대함"을 괴테 역시 실감한 것이다. 참된 예술은 이제 감각적 차원을 넘어 이상적 인간상을 위한 정신적, 도덕적 고양으로 나아간다. 이런 의미에서 그랜드 투어는 단순한 여행이 아닌, 존재론적 사건이 된다.

그랜드 투어 개념이 본격적으로 정립된 곳은 리처드 라셀스 Richard Lassels(1603-1668)의 저서 『이탈리아 여행』(1670)에서였다. 그는 이 책에서 "Grand Tour"라는 표현을 명시적으로 사용하며, 이를 귀족 교육의 일환으로서 체계화하고 그 의미를 명확히 했다. 라셀스는 영국 상류층 자제들의 가정교사로서 이탈리아를 여러 차례 여행하면서, 젊은 세대가 세계의 실물 경제와 문명에 대한 이해를 갖추기 위해서는 반드시 그랜드 투어에 참여해야 한다고 역설했다. 프랜시스 베이컨 역시 일련의 에세이 중 「여행에 관해 Of Travel」(1615)에서 사회에서 주도적인 역할을 할 야망있는 젊은이라면 반드시 외국을 여행해야 하며, 이를 통해 얻는 경험과 지식은 결국 국가 전체에 측정할 수 없는 가치를 제공하게 될 것이라고 강조한 바 있다(vgl. Kupperman 2007, 112). 당시 최고 예술품이 모여있던 나라를 여행함으로써 예술적 취향을 기르는 것은 장차 고국을 위해 헌신할 인재들이 갖추어야 할 교양 교육의 목표 그 자체였다. 이러한 관점은 유럽 전역으로 확산되어, 네덜란드, 독일, 스웨덴 등지의 청년들도 자국의 발전을 위한 일환으로 그랜드 투어에 동참하게 된다.

18세기에는 회화 외에도 기행문과 여행기를 통해 그랜드 투어의 이상과 매력을 널리 보급하는 문화적 흐름이 형성되었다. 기행문학의 출판은 그랜드 투어를 단지 귀족 교육의 일환이 아닌, 당대 유럽 문화의 이상형으로 확산시키는데 중요한 역할을 하였다. 18세기 중반 로마에 체류하던 스코틀랜드의 작가이자 법률가 제임스 보스웰 James Boswel(1740-1795)은 루소에게 보낸 편지에서 자신의 여행 목적을 다음과 같이 소개하고 있다.

> 나는 이탈리아를 거의 다 둘러보았습니다. 몰락한 로마 문화의 잔재와 고전적인 명소들을 열정적으로 방문했지요. 건축, 조각상, 그림을 철저히 공부했으며 어느 정도 성과를 이루었다고 봅니다.

보스웰의 이 문장은 당대 지식인 사회에서 그랜드 투어가 지닌 상징성을 제시하는 한편, 교양과 학습의 여정으로서의 그랜드 투어가 유럽 교양 교육의 중요한 축이었음을 알게 한다. 사전 편찬을 통해 영문학사에 큰 족적을 남긴 사무엘 존슨 Samuel Johnson(1709-1784)의 경우 그랜드 투어는 보다 상징적인 사건이다. "이탈리아에 가본 적이 없는 사람은 응당 봐야 할 것을 자신이 보지 못했다는 열등감을 항상 의식하게 된다. 여행의 가장 웅대한 목적은 지중해의 해안을 보는 것이다"라는 사무엘 존슨의 말은 당시 그랜드 투어의 보다 넓은 지평을 제시한다(Johnson 1774. 4. 11).

> 그 해안들에는 세계의 위대한 제국인 아시리아, 페르시아, 그리스, 로마가 있었다. 우리의 종교, 거의 모든 법과 예술, 야만을 넘어선 우리의 모든 것들은 이 지중해 연안으로부터 우리에게 왔다.

지중해 연안의 제국들은 고대 세계의 중심이었다. 이들은 서구 문명의 기초를 형성하는데 중요한 역할을 하였다. 특히 그리스와 로마는 서양의 법, 종교, 철학, 예술 등 서구 문명의 원천으로서 오늘날까지도 인류의 문명에 영향을 끼치고 있다. 존슨의 경우, 고대의 자연 유산을 통해 자신이 속한 문명의 뿌리를 확인하고 교양과 인격을 완성하고자 했던 그랜드 투어의 영향력을 확대한 측면이 있다. 이처럼 여행은 지리적 이동에 그치지 않고, 문명의 기원을 체험하고 현재를 가늠하는 정신적 순례라 할 수 있다.

이상화된 미적 규범을 향한 열망과 광활한 자연에 대한 재인식은 낭만주의 예술에서도 중요한 주제였다. 프리드리히 슐레겔은 문예지 『아테네움 Athenäum』을 창간하며 독일 낭만주의 이념을 정초하는데 기여하였는데, 『아테네움 단편 Athenäum-Fragmente』(1798)에서는 "그랜드 투어 *le grand tour*"에 대한 개념을 직접 언급하기도 하였다.

> 작품은 일반적으로 선명하게 경계가 설정되고, 그 경계 내부에서 경계가 없고 다함이 없을 때 형성된다. 또한 작품은 온전히 그 자체로 진실되고 어디에서나 동일하지만, 그럼에도 작품 자체를 넘어설 때 숭고한 작품이 된다. 가장 지고하고 높은 것은, 젊은 영국인의 교육에서처럼, 그랜드 투어이다. 그는 자신의 개성의 모서리들을 다듬기 위해서가 아니라, 시야를 확장하고 정신에 더 많은 자유와 내적 다양성을 부여함으로써 결과적으로 자립성과 자기충족에 이르고자 인류의 여러 장소들을 여행해야 한다.[23]

슐레겔은 훌륭한 작품이 작동하는 원리를 그랜드 투어에 비유하고 있다. 작품은 완성된 이후 선명한 형태로 남게 되지만, 작품이 발산하는 무한한 해석의 가능성은 완결된 형태를 넘어서게 된다. 슐레겔은 완결되어 있으되 열려있는 작품 형성의 역설적 성격을 젊은 영국인의 교육에 비유한다. 작품 형성에 요구되는 경계 설정과 열린 해석 사이의 긴장은 고국을 떠나 낯선 대륙에서 행해지는 교양인의 이상적 교육 과정과도 같다. 젊은 여행자는 자기폐쇄적 특징을 벗어나 세계의 여러 곳과 접촉하며 완결과 통합을 향한 정신적 자율성을 획득해야 한다. 이러한 고전적 엘리트교육 모델로서 그랜드 투

---

23 Gebildet ist ein Werk, wenn es überall scharf begrenzt, innerhalb der Grenzen aber grenzenlos und unerschöpferlich ist, wenn es sich selbst ganz treu, überall gleich, und doch über sich selbst erhaben ist. Das höchste und Letzte ist, wie bei der Erziehung eines jungen Engländers, *le grand tour*. Er muß durch alle drei oder vier Weltteile der Menschheit gewandert sein, nicht um die Ecken seiner Individualität abzuschleifen, sondern um seinen Blick zu erweitern und seinem Geist mehr Freiheit und innere Vielseitigkeit und dadurch mehr Selbständlichkeit und Selbstgenügsamkeit zu gehen.

어는 시간이 지나면서 하나의 트랜드로 변모하게 되었다. 특히, 기술의 발달과 시민 계급의 확산은 그랜드 투어의 성격을 근본적으로 변화시켰으며, 로마는 더 이상 여행자의 필연적 종착지가 아니었다.

『그랜드 투어』 시선집에서는 이탈리아가 네 번째 여정에 등장한다. 젊은 시를 통해 떠나는 그랜드 투어는 더 이상 고전적 위계를 보이지 않는다. 독자는 책장을 넘기며 유럽 대륙을 자유롭게 이동하며, 유럽의 도시와 문화를 다양하게 체험하게 된다. 한때 변방이라 불렸던 지역들은 그 고유한 정체성으로 인해 오히려 주목을 받고, 독자의 지각을 새롭게 자극한다. 문화적 중심과 주변국이라는 위계 자체가 해체되고 새로운 질서가 구성된 것이다.

그랜드 투어의 현대적 의미

18, 19세기 교양 여행이자 지적 운동이었던 '그랜드 투어'는 21세기 시문학에서 새로운 함의를 지닌다. "유럽의 젊은 시를 통해 떠나는 그랜드 투어"는 오늘날 유럽이 직면한 문제와 갈등을 각국의 시 여행을 통해 해결하고자 기획된 시집 편찬자들의 열정과 노고가 들어있다. 이는 유럽 문화의 다양성에 대한 보고이자 독특한 시대의 기록이라 할 수 있다. 앞서 엔첸스베르거와 요하임 사르토리우스는 『현대시의 박물관』(1960)과 『새로운 시의 아틀라스』(1995)에서 유럽의 다양한 시인들과 작품을 한데 모아 시들이 가진 문화적 특수성과 미학적 가치를 조망하였다.

『그랜드 투어』는 알바니아 Albanien에서 키프러스 Zypern까지 49개국의 시를 번역하여 독일어로 싣고. 독일어 번역본 우측에 원문과 번역자 이름을 밝히고 있다. 원시는 협소한 지면으로 인해 시행이 무시된 불규칙식자 Flattersatz로 표기되어 있다. 얀 바그너와 이탈리아노 페데리코는 시집 발간에 앞서 시인 목록을 작성하고, 목록에 보충할 작가가 있는지를 전 유럽의 관계자들에게 물었다. 이들은 몇 달에 거쳐 광범위한 목록의 답 메일과 전화를 주고받은 후, 지역 선정의 형평성 등을 고려해 재검토를 부탁했다. 그동안 두 발행인은 번역가의 도움을 받아가며 전체 시인의 서지를 뒤져 여태껏 발간된 모든 지면을 구석구석 읽었다(vgl. Italiano/Wagner 2019, 9). 이렇게 하여 문학적 그랜드 투어의 대장정이 실현된 것이다.

이탈리아노는 이탈리아의 번역가이자 문예학자로 뮌헨대학에서 첼란과 몬딸레 Montale에 관한 지리시학 연구로 박사학위를 받았다. 이후 동 대학에서 영문학 작품에 나타난 번역과 지리에 관한 연구로 교수자격을 취득하게 된다. 그가 관심을 둔 지리시학은 케네트 화이트의 문예학적 용어로 문학에 대두된 풍경과 영토를 분석하는 공간 시학이다. 지형학적 사고와 글쓰기의 관계를 조명한 이 개념은 1989년 이후, 동유럽의 정치적 지형 변화로 주목을 받았고, 2010년을 전후하여 슬라브 문예학의 연구 대상 및 범주화 작업에서 등장했다. 독일 및 프랑스 문예학에서는 구체적 정의 없이 지리시학이 시문학 연구에 대두된 바 있다. 『그랜드 투어』의 각 요소들은 지리시학적 관점에서 활발한 논의가 가능하다. 유럽의 젊은 시에는 불안, 기대, 희망, 긴장 등 삶의 복합적 정서가 집광되어 있다. 시선집이 설정한 나라는 유럽연합 27개국보다 외연이 넓다.

이 시선집은 자명하게도 유럽연합의 국가들뿐 아니라 지리적, 역사적 이유로 유럽에 속할 수 있거나 유럽으로 여겨지는, 그리고 마땅히 그래야만 하는 나라들까지도 포함한다(GT 10).

49개국 『그랜드 투어』 노선

1. *폴란드* - 웨일스 - 마케도니아 - 아이슬란드 - 몰도바- *포르투갈* - *핀란드*
2. 보스니아와 헤르체고비나 - *아일랜드* - *프랑스* - *네덜란드* - *키프로스* - 노르웨이 - 벨로루시
3. 영국 - 이스라엘 - *덴마크* - *오스트리아* - *크로아티아* - *룩셈부르크* - 러시아
4. *체코* - *불가리아* - 스코틀랜드 - 그루지아 - *이탈리아* - 코소보 - *라트비아*

5. *벨기에* - *몰타* -*리투아니아* - 안도라 - *헝가리* -터키 - 세르비아
6. 스위스 - *루마니아* - 알바니아 - *슬로바키아* - *스페인* - 몬테네그로 - *에스토니아*
7. 우크라이나 - *독일* - 아르메니아 - *그리스* - *스웨덴* - 북아일랜드 - *슬로베니아*.

*이탤릭체 표기는 2025년 기준 유럽연합 27개국 회원국임

이들 여행 노선은 유럽의 역사, 언어, 그리고 지리적 인접성만으로 구획되지는 않는다. 독서를 하며 편집자의 편집 의도를 알아보는 일 또한 시를 통한 그랜드 투어의 재미를 더해 줄 것이다.

- 여정1: 동유럽(폴란드와 마케도니아, 몰도바), 북유럽(웨일스, 아이슬란드, 핀란드), 서유럽(포르투갈)
- 여정2: 발칸 반도(보스니아와 헤르체고비나), 서유럽(아일랜드, 프랑스, 네덜란드), 지중해(키프로스), 북유럽(노르웨이) 및 동유럽(벨로루시)
- 여정3: 영국과 이스라엘(비유럽 국가 포함), 북유럽(덴마크), 중앙유럽(오스트리아, 룩셈부르크), 발칸 반도(크로아티아), 동유럽(러시아)
- 여정4: 동유럽(체코, 불가리아, 그루지아, 코소보, 라트비아), 서유럽(이탈리아), 스코틀랜드
- 여정5: 서유럽(벨기에, 몰타, 안도라), 발트해 연안(리투아니아), 동유럽(헝가리, 세르비아), 터키(중동과 유럽의 경계)
- 여정6: 서유럽(스페인), 서유럽과 중앙유럽의 경계(스위스), 동유럽(루마니아, 알바니아, 슬로바키아, 몬테네그로, 에스토니아)
- 여정7: 동유럽(우크라이나, 아르메니아), 서유럽(독일, 그리스, 스웨덴), 북아일랜드), 발칸 반도(슬로베니아)

섬과 대륙, 신화와 현실이 교차하는 경계에서

여정1에서 주목할 만한 점은 몰도바가 아이슬란드에 이어 배치된다는 것이다. 빙하와 화산, 오로라로 대표되는 북대서양의 신비로운 섬나라 아이슬란드에서, 순식간에 동슬라브 문화권의 내륙 국가인 몰도바로 전환하는 구성은 현실 세계의 지리적 이동으로는 쉽게 떠날 수 없는 방식이다. 이는 시적 상상력이 아니고서는 불가능한 여정이다.

두 번째 시적 여정의 길목에는 지중해 동부의 섬나라 키프로스가 놓여있다. 고대 그리스 신화 속에서 아프로디테, 아도니스, 피그말리온의 고향으로 알려진 이 섬은, 오랫동안 유럽과 아시아, 두 대륙을 잇는 지정학적 요충지로 기능해 왔다. 이러한 전략적 요충지로 인해 키프로스는 역사적으로 수많은 제국의 지배를 받았다. 16세기에는 오스만 제국, 19세기에는 영국 제국의 식민지로 편입되었고, 1959년에 공식적으로 독립을 선언했으나, 1974년 튀르키예의 군사적 개입 이후 국토의 약 36%가 튀르키예의 지배 하에 놓이게 되었다. 이 과정에서 북부 지역에 거주하던 약 17만 명의 그리스계 키프로스인들과 남부의 약 5만명의 튀르키예계 키프로스인들은 삶의 터전을 잃고 대규모 인구 이동을 겪었다. 현재 국제사회가 공식 정부로 인정하고 있는 남키프로스 공화국은 2004년 유럽연합에 가입하여, 정치경제적으로 유럽 내 입지를 강화하고 있다. 이 여정은 보스니아 헤르체고비나를 출발점으로 하여, 아일랜드, 프랑스, 네덜란드, 노르웨이 그리고 스탈린 시대 군사 건축 양식을 간직한 벨로루시로 이어진다. 이들 국가의 지리적 배치와 문화적 층위는, 마치 하나의 거대한 별자리를 형성하듯 연결되며, 유럽 각 지역의 역사적·정치적 의미를 시각적으로 드러낸다.

한편 영어권 국가인 웨일스, 영국, 스코틀랜드, 그리고 북아일랜드의 시인들(총 49명)과 독일어권 시인들(총37명)은 각각의 여정에 산포되어 등장한다. 세 번째 여행에서는 영국 시인 케이트 템피스트 Kate Tempest(1985-)의 시 「타이레시아」를 시작으로, 잠들지 않는 사람들, 기이한 이웃 소녀, 타인의 꿈, 히비스커스 향기, 올빼미, 흑해, 올리브 나무, 케밥, 파프리카, 살라미, 초코 수플레 등 사람과 음식, 자연과 문화가 교차하는 다채로운 이미지들이 펼쳐진다. 이 여정은 지리적 이동을 넘어 문화적 요소와 감각적 체험의 지형도를 탐색하는 여정이기도 하다. 크로아티아를 여는 첫 시는 콩고 출신의 오스트리아 시인, 피스론 므완자 무질라의 시에 이어서 등장한다. 그는 할머니의 염소에 대한 동경과 혐오와 폭력의 언어로 규정된 "이 몸"을 「자화상」에 담아냈다.

크로아티아 시인 토미차 바이시치 Tomica Bajsić(1968~)의 「티토에 대한 외서」는 구 유고슬라비아 연방에서 크로아티아가 독립하기까지의 역사적 갈등과 정체성의 균열을 시적으로 재현한다. 혁명가, 독재자, 대통령, 공산주의자 등 다양한 얼굴을 지닌 요시프 브로즈 티토는, 이 시에서 "카스파 하우저"란 별칭으로 호명된다. 카스파 하우저(1812-1833)는 19세기 실존 인물이자, 문학에서 문명 이전의 순수, 사회로부터의 단절, 역사적 피해자로서의 인간상을 상징해왔다. 그의 이미지는 폴 베를렌, 릴케, 트라클, 츠바이크, 벤야민, 한트케 등 유럽의 지성들에 의해 다양한 방식으로 재해석되었다. 이는 유럽이 문명 이전의 인간이라는 자기 역사의 공백에 대한 성찰적 시선을 철학적 사유로 승화한 전통과도 관련이 있다. 그는 지는 해를 사랑했으며, 신은 그의 가슴에 부드러운 불꽃을 지폈다. 카스파 하우저는 세상에 던져진 순수한 영혼이었다.

전체 여정에 걸쳐 소개되는 시들은 자연시, 연애시, 정치시, 송시 등 다양한 장르로 구성되며, 그 속에는 여전히 제우스, 타우로스, 미노스 왕 등 고대 신화의 흔적이 강하게 새겨져 있다. 이는 유럽이 정치와 경제의 공동체이기 이전에 신화적 상상력과 문화적 기억의 공동체임을 보여주는 또 하나의 증거라 할 수 있다. 시집 발행인들은 이러한 공동의 유산을 토대로, 언어적 경계를 넘어 유럽의 다층적 정체성을 확인하고 공존과 연대의 유토피아적 가능성을 모색하고자 하였다. 이제 책의 지면을 건너뛰어 마지막 경로에 해당하는 7번째 여정에 이르고자 한다.

7번째 풍경: 우크라이나-독일-아르메니아-그리스-스웨덴-북아일랜드-슬로베니아

일곱 번째 여정은 총 7개국, 58명의 시인이 참여하였다. 이 중에서 젊은 독일시 편에서는 26명의 시인이 동참하였다. 여정은 우크라이나에서 시작된다. 해바라기 밭, 슬라브 신화, 도미노 게임이 벌어지는 거대한 테이블, 그리고 검은 빵처럼 민중의 기억을 환기시키는 시어들 속에 동유럽 고유의 문화적 결, 공동체적 상상력, 비극의 역사가 얽혀있다. 이어지는 독일 여정에서는 1978년생 슈테펜 포프 Steffen Popp의 시 「(성긴) 숲들」이 첫 번째 이정표이다. 여기서 '성긴 gelichtet'은 '숲을 솎아낸, 간벌된, 성겨진'이라는 뜻으로, 자연을 관리하거나 파괴하는 인간의 행위를 의미한다. 두 언어의 결합으로 원형적 자연이 훼손된 현대적 숲이라는 긴장 관계가 발생하게 된다.

송진이 나무에서 흘러내린다, 숲은
내 창문 앞에 목질의 푸르름으로 서 있고
온 세상 어디에도
들도, 정원도
내 집같은 집은 없다.

때때로 동물이 나타난다, 잎사귀 뒷면엔
사슴빛깔 과녁 지난해
총탄자국 몇 개가 남아있다 -

두 마리 늙은 말이
바람에 꺾인 나무를 끌어내고, 어둠과 함께
사냥꾼들이 온다, 그들의 노란
운동화가 빛나는 것이 보인다.

포프의 시는 고전어 어휘와 현대 독일어의 결합을 통해 언어적 긴장과 문화적 깊이를 만들어낸다. '숲'을 의미하는 라틴어 'silvae'는 숲이라는 1차적 의미 외에도 신화적 원형 공간, 즉 신들의 거처로서의 시원적 자연을 상징한다. 3연에 등장한 '말'을 지칭할 때도 형용사 'uralt'를 선택함으로써 인간의 유한성에 대비되는 태고적 자연을 강조한다.

시의 중반부에 등장하는 '아주 오래된 말'은 태고의 시간과도 연결된 존재이다. 유럽 문화에서 말은 신성한 힘을 지닌 신의 교통 수단으로 신화적 위상을 지녔다. 포세이돈은 말을 타고 바다를 건넜으며, 헬리오스도 태양의 마차를 끄는 말들을 지닌 신이었다. 고대 게르만과 슬라브 문화에서도 말은 신적인 존재와 인간을 매개하는 교량 역할을 하였고, 신에게 바치는 제례의 상징이기도 하였다. 하지만 이 시에서 말은 벌목된 나무를 끌어내는 노동의 도구로 전락해 있다. 이렇게 볼 때 시인이 '늙은'이란 형용사를 굳이 시원성이 담긴 'uralt'라는 단어를 선택한 것은 우연이 아니다. 이 표현은 잃어버린 질서나 훼손되기 전의 원형성을 상징하며, 신성한 자연이 문명에 의해 어떻게 종속되었는지를 보여주는 시적 장치로 기능한다. 사냥꾼의 노란 운동화 또한 원초적 풍경에 침입한 현대 문명의 상징적 기호로 볼 수 있다.

이 시가 근원적인 자연을 다룬다는 점은 '송진'이라는 시어에서도 명확히 드러난다. "Harz"라는 단어는 송진을 의미할 뿐만 아니라, 독일의 하르츠 산지를 떠올리게 한다. 이는 로마 군을 물리친 게르만의 숲을 연상시키며, 자연의 원형이 지닌 강력한 이미지를 강조한다. 시인이 그려낸 원형 그대로의 숲은 프란츠 마르크의 회화에서 나타나는 순수한 동물들이 살았을 법한 공간과 일치한다. 표현주의 예술은 20세기 초 산업화, 도시화, 전쟁 등으로 인해 인간의 소외와 사물화, 불안한 내면, 갈등 등을 강렬한 원색, 일그러지고 왜곡된 형태, 기하학적 추상 등으로 표현했다. 마르크의 <푸른 말>은 이와 변별되게 대도시라는 문명화된 공간이 아닌 원초적 자연 공간에 동물을 배치함으로써 자연과 동물의 순수성, 인간 사회와의 대조를 강조하였다. 이를 통해 표현주의 회화의 또 다른 주제 의식이 확인된다.

프란츠 마르크 <푸른 말>(1911), 뮌헨 렌바흐하우스

일찍이 괴테가 '유럽의 테라스'라 부른 드레스덴에서 성장한 후, 베를린에 거주하는 포프는 2017년 라이프치히 도서상 후보에 올랐다. 시인은 하르츠라는 시어를 의도적으로 사용함으로써 게르만족의 신화와 역사를 연상시키는 풍경 속에서 "두 마리 늙은 말이 바람에 쓰러진 나무를 끄는" 이미지를 창출하였다. 이는 기독교 이전의 이교적 자연 숭배와 마녀를 악마화한 중세 교회의 시선이 혼합된 "발푸르기스의 밤"을 비롯하여 독일의 대표 산지인 하르츠 숲을 통해, 독일 여행의 시작점을 상징적으로 제시한다. 이어지는 모니카 린크 Monika Rinck의 시 「연못」은 삶의 부정적인 경험을 변주한 작품이다. 이 시는 구어적 리듬감을 유지하며, 고통, 죄책감, 거짓말을 연못에 비유하고 있다. 린크는 연못을 통해 감정의 어두운 면모를 탐구하며, 인간 존재의 내면적 갈등을 은유적으로 표현한다.

그가 말한다: 고통은 연못이야.
내가 말한다: 그래, 고통은 연못이지.
고통은 물고기들이 가로질러 지나가며
움푹 팬 곳에 가라앉아 썩은 냄새를 풍기기 때문이야.

그가 말한다: 죄책감도 연못이야.
내가 말한다: 그래, 죄책감도 역시 연못이지.
죄책감은 웅덩이에서 출렁이며,
내가 팔을 치켜들면 어느새
겨드랑이까지 차오르기 때문이지.
그가 말한다: 거짓말은 연못이야.
내가 말한다: 그래, 거짓말 역시 연못이지.
여름 밤,
거짓말의 물가에서 피크닉을 하고
언제나 그곳에 무언가를 잊어버리기 때문이야.

모니카 린크의 「연못」에서는 고통, 죄책감, 거짓말을 동일한 자연 공간인 연못에 비유하며, 이 감정들이 서로 얽히는 과정을 묘사한다. '그'와 '나', 연못과 시적 자아는 반복적인 대화 형식을 통해 감정의 교감을 나누며, 각 감정이 연못에서 일어나는 현상들처럼 병렬적으로 드러난다. 오염된 연못은 썩은 냄새를 풍기고, 죄책감은 웅덩이에서 출렁이며 겨드랑이까지 차오른다. 여름 밤 연못가에서의 로맨스 역시 거짓말로 점철되어 연못은 그야말로 부정적 이미지로 넘실댄다.

연못이라는 서정적인 자연 공간은 보통 사색이나 내적 평화의 상징으로 여겨지지만, 린크의 시에서는 부패와 죄책감, 거짓말의 상징적 공간으로 표현되었다. 연못을 시적 자아의 내면에 빗댄 이 시는 독일 신세대문학의 특징이 부각되는 작품이다. 1990년 이후 독일 문학의 경향을 대변하는 이 새로운 문학적 흐름은 독일 고전문학의 무거운 주제에서 벗어나, 더 가볍고 경쾌한 글쓰기를 실험하는 작가들에 의해 주도되었다. 유디트 헤르만, 다니엘 켈만, 잉고 슐체와 같은 작가들이 그 대표적인 예시이며, 그들은 기존의 문학적 엄숙함을 탈피하고, 더 감각적이고 현대적인 목소리를 내기 시작했다. 이러한 변화는 신세대 문학의 가벼운 질주를 일컫는 '처녀들의 기적'이라는 표현을 통해서 잘 드러난다. 이는 통일 이후 침체되어 있던 독일 문학사에서 젊은 신예 작가들이 등장하며 기존의 문학적 문법을 깨뜨린 현상을 일컫는 말이다. 이들 시인은 1969~1981년에 태어났으며 개별 시집 및 자유 집필 등을 통해 꾸준한 주목을 받았고 향후 활동도 기대되는 작가들이다. 유디트 헤르만은 『여름별장, 그 후』(1998)로 주목을 받았고, 유디트 찬더, 마리카 보트로칙, 노라 보송 등 신예 작가들은 새로운 세대의 감각적인 목소리로 평가 받았다. 물론 작가들은 '우리는 기적도, 프롤레타리아도 아니다'며 범주화를 거부했지만, 거대 서사에서 새로운 감수성 문학으로 이행한 것은 분명했다. 다음은 1980년생 유디트 찬더의 「혹은 이슬 oder tau」이라는 시의 일부이다.

> 내 손은 한 마리 죽은 물고기
> 은빛 아침 갈대 속 비늘들
> 잡히지 않은 채로, 그는 네 가슴에서
> 강가로 철벅인다 갈대가 오래 타오른다

이 시는 자연의 상징적 이미지를 통해 존재의 고통과 내면의 갈등을 표현한다. 은은한 아침 햇살과 은빛 물고기 비늘이 독특한 시각적 묘사를 이루는 가운데, 감각적 언어로 사랑의 감정을 노래하고 있다. 찬더에 이어 소개된 다니엘 팔브 Daniel Falb(1977~)는 인류세에 대한 시학 텍스트를 출간하기도 했다. 이 지점에서 여행과 만남을 통해 시에 자양분을 공급한 릴케의 시 한 편을 접함으로써 현대시의 달라진 지형을 확인할 수 있을 것이다.

> 먼 지방의 조용한 친구여, 그대의
> 호흡도 공간을 증대할 수 있음을 느껴라.
> 어두운 종각들의 들보들 속에서
> 그대 자신이 울리도록 하라. 그대를 여위게 하는

슬픔은 이 음식을 먹고 강건한 것이 된다.
변용을 거치며 나가고 들어오라.
무엇이 그대의 가장 쓰라린 경험인가?
마시는 것이 씁쓸하다면, 그대 자신이 포도주가 되어라.

이 깊고 깊은 한밤에, 그대의 감각들의
십자로에서 마력이 되고,
그것들의 기묘한 만남의 의미가 되어라.

하여 지상적인 것이 그대를 잊을 때마다,
조용한 대지에게 말하라: 나는 흐른다.
빠른 물에게는 답하라: 나는 존재한다.

러시아, 스페인, 이탈리아, 이집트 등을 여행한 릴케는 먼 곳에 있는 친구를 소환함으로써 『오르페우스에게 바치는 소네트』(1923)의 마지막 시편을 마무리했다. 현존재로서 지상에 거주하는 인간은 자연의 노래 속에서 신적인 질서와 조화, 변용을 꿈꾸며, 인간 정신에서 솟구친 신을 감지함으로써 존재의 고귀함을 경험하게 된다. 릴케가 오르페우스의 신화를 통해 인간 존재의 깊이와 변용의 가능성을 탐구했다면, 오늘날 유럽의 젊은 시인들은 각자의 시대적 감각 속에서 인간과 세계의 관계를 새롭게 사유하고 있다. 그들은 신화적 상징보다는 일상의 사소한 이미지와 감정의 변화 속에서 의미를 찾고, 기존의 질서가 더이상 유효하지 않는 현대의 조건에서 언어의 새로운 가능성을 실험한다. 이제 1980년대 이후에 태어난 노라 보송의 시를 통해, 현대시가 전통과 만나는 과정을 살펴보자.

젊은 시인들의 시 - 시간의 직조물

다음은 1982년생 노라 보송의 「쥐잡이」이다. 오늘날 쥐잡이란 단어는 낯선 어휘이다. 그녀는 하멜른 설화를 바탕으로 현대 사회의 이면을 드러낸다.

두 소년을 만났다
다리 아치 밑에서, 밤에,
그들은 기둥에 오줌을 누며
자신들이 일곱 살이라고 말하고
머릿니도 있다고 했다.
내가 믿으려 하자
그들은 나를 비웃었다. 이 말고는
얻을 건 아무 것도 없어, 작은 아이가 알려주었다.
그는 덤불을 가리키더니
내 발등을 밟았다. 나는 기꺼이
그 아이에게 반했을 것이다, 그밤에
더 싸구려로 겪을 일은 아무 것도 없었다.
큰 아이는 물었다, 짐승조차
혼자서는
죽을 수 없다는 게 진짜냐고. 이 다리 밑에
소년들이 있기엔 너무 늦은 밤이었다.

시에 등장하는 소년들은 7세라는 나이에 어울리지 않는 언행을 한다. 옛 시대로 이동한 듯한 어두운 인상의 아이들은 시적 자아인 '나'를 유혹하는 듯한 행동을 하지만, 짐승도 혼자 죽을 수 없다는 게 사실이냐 물음으로써 존재의 고독과 절망감을 동시에 드러낸다. 전설에 따르면 중세 도시 하멜른은 쥐떼로 시달리고 있었는데 쥐잡이가 나타나 이들을 퇴치했다. 그러나 마을 사람들이 보수를 주지 않자 그는 아이들을 피리로 유인해 데리고 사라진다. 민담에서 피리 소리에 홀려 쥐잡이를 따라갔던 아이들이 되살아난 듯 보송의 현대시에서는 그 아이들이 도시의 그림자로 다리 밑에 살아가고 있다. 다리 밑 가난하고 방치된 아이들은 사회에서 소외된 인물들로, 이들은 어둠 속에 방치되어 있기엔 너무 약한 존재들이다. 보송의 시는 설화의 신비를 벗기는 한편, 희망이 박탈된 현대 도시의 냉혹한 현실을 여실히 드러낸다.

쥐잡이 전설은 1284년 6월 26일 피리를 부는 남자가 니더작센 주 하멜른 마을에 나타나 130명의 아이들을 끌고 간 실제 사건에 기반을 두고 있다. 초기 텍스트에는 쥐에 대한 언급이 없었지만, 시간이 흐르면서 피리부는 사나이는 쥐를 잡는 사나이로 이야기가 발전하였다. 1384년 도시 연대기에는 "우리 아이들이 떠난 지 백년이 지났다"는 문구가 등장하며, 마을 교회 스테인드글래스 창에는 이 이야기가 그림으로 묘사되기도 하였다.

잡혀간 아이들에게 무슨 일이 일어났는지는 아직도 미스터리이다. 이들은 전염병으로 인해 사망했거나, 예루살렘 십자군 원정에 나섰거나 더 광범위한 독일 정착의 일환으로 동유럽으로 이주했다는 등 여러 가설이 대두되었다. 이 이야기는 그림 형제의 『독일의 전설』(1816)에 삽입되어 하멜른의 쥐잡이를 대중화하는데 기여하였다. 그림 형제 외에도 리처드 버스테건, 괴테, 로버트 브라우닝 등이 이를 소재로 작품을 남겼는데, 17세기 버스테건의 『쇠퇴한 지능의 회복』(1605)에 따르면 잃어버린 아이들이 트란실바니아에 나타났다는 기록이 있다.

트란실바니아로 갔다는 전승은 하멜른 시 자료에서도 확인된다. 이 가설이 힘을 받는 이유는 중세시대 헝가리의 일부였던 트란실바니아에 독일어를 사용하는 민족이 정착했기 때문이다. 헝가리왕 안드레아스 2세는 국경 방어와 개척을 위해 독일계 이주민에게 안드레아눔 Andreanum이라는 특허장을 발급하였다. 이 문서는 작센 게르만 이주민을 위한 황금특허장 Goldener Freibrief der Siebenbürger Sachsen이라고도 하며, 왕과 직접 계약을 맺은 이 증서 덕분에 이 곳은 독자적인 자치 공동체로 존속할 수 있었다. 이러한 역사적 배경을 통해 볼 때 쥐잡이로 전승되기 전의 피리부는 사나이는 동방 개척의 모집인이었을 개연성이 높다. 다시 시집으로 돌아와 바그너와 이탈리아노의 시선집이 루마니아를 비롯한 동구권 세계와 폭넓게 연결되어 있다는 것을 알 수 있다.

독일 서정시를 통한 여행 이후 아르메니아의 젊은 시 한 편이 소개된다. 코카서스 지역에 위치한 내륙 국가 아르메니아는 동쪽으로는 아제르바이젠, 북으로는 조지아, 서쪽으로는 튀르키예 그리고 남쪽으로는 이란과 국경을 맞대고 있다. 아르메니아는 약 200년 간 러시아와 소비에트 연맹의 지배를 받았지만, 기원 전부터 존재했던 고대 왕국으로 로마제국, 페르시아 제국, 비잔티움, 오스만, 러시아 제국 등 여러 제국 사이에서 교차로 역할을 하였다. 고유한 문자와 강인한 민족성을 지닌 아르메니아는 로마제국보다 일찍 기독교를 수용했고 문화사적으로 유럽에 가깝다. 1915년 제1차 세계대전 중 벌어진 아르메니아 집단학살은 현대사에서 비극적 사건으로 기록되며, 1991년 소련 해체와 함께 독립하였다.

『나의 유럽』에는 아르메니아의 시 한 편만이 소개되었고, 번역은 편집자이자 시인인 얀 바그너가 맡았다. 타테프 차흐안 Tatev Chakhian(1992~)의 「혁명 후」는 8행 구성의 한 문장으로 구성된다.

> 혁명 후에,
> 승리한 전쟁 후에,
> 독립기념일 후에,
> 한 거리 청소부는,
> 침울하게, 허리를 구부린 채,
> 결코 혁명을 생각하지 않는다,
> 승리를
> 더더욱 독립을 생각하지 않는다(GT 492).

아르메니아는 전통적으로 러시아의 안보 체제에 기대어 왔지만, 최근에는 유럽연합과의 관계 강화 및 서방 진영과의 연대를 강화하고 있다. 「혁명 후」에 등장한 청소부의 휜 허리는 개인적 서사를 넘어 아르메니아가 겪어온 오랜 세월의 질곡을 상징한다. 최근 몇 년 간 이 나라의 정세는 불확실성이 크고, 지역 내 갈등과 외교적 난제들이 해결되지 않은 상태이다.

이 나라는 기독교와 이슬람 문명이 만나는 지정학적 경계에 위치하는 관계로 크고 작은 제국들의 침략에 시달려야 했다. 페르시아의 군대, 알렉산더 대왕의 원정, 몽골의 말발굽, 오스만 투르크의 칼끝, 러시아 제국의 그늘에 이르기까지 아르메니아의 땅은 언제나 타자의 욕망 위에 놓여 있었다. 1915년, 오스만 제국에 의한 아르메니아인 대학살은 그 고통의 절정을 이룬다. 더욱이 현재도 튀르키예와 혈맹인 아제르바이잔이 아르메니아의 국경을 감싸고 있어, 지정학적 고립과 불안은 여전히 진행형이다. 기억과 상처, 문자와 디아스포라가 층층이 쌓인 문명사의 국가 아르메니아는 1920년대 소련에 합병된 후 1991년 소련이 붕괴되면서 독립을 선언했다. 아르메니아계 주민들이 다수인 나고르노-카라바흐 지역은 아르메니아와 아제르바이젠 간의 오랜 분쟁 지역이다. 아르메니아인들은 2020년 전쟁에서 패함으로써 많은 영토를 아제르바이젠에 넘겨주어야 했다.

이 곳은 국토는 좁고, 자원은 빈약하며, 군사적·외교적 동맹도 마땅치 않다. 시인의 조국엔 노아의 방주가 홍수에 떠밀려 일곱째 달부터 열째 달까지 머물렀다고 알려진 아라라트 산이 있었다. 지금 그 산은 튀르키예에 속하지만, 오랫동안 아르메니아 민족의 정신적 중심이자 신화의 근원이었다. 그러니 아라라트를 바라보는 아르메니아인의 마음엔, 마치 흩어진 고향을 먼 발치에서 바라보는 망명자의 상실의 감정이 실려 있을 것이다.

이러한 역사적 맥락 속에서, 시 속 거리 청소부의 굽은 등은 한 개인의 고단함을 넘어, 아르메니아라는 국가 전체가 짊어진 지층의 무게를 말해준다. 1992년생 젊은 시인에게도 그 무게는 고스란히 전해진다. 그는 노인의 굽은 몸짓 속에서 국가의 잃어버린 시간과 장소를 읽어내고, 그 공간에 배어 있는 노인의 기억과 정체성을 되짚는다. 타테프 차흐한은 아르메니아의 수도

예레반 출생으로, 현재 폴란드에 거주하며 예술활동을 하고 있다. 그녀는 시를 통해 개인의 삶과 정치사회적 맥락을 연결하며, 조형예술과 번역 활동을 활발히 수행 중이다. 차흐안은 시인의 정체성과 관련된 디아스포라의 감정과 아르메니아 집단학살에 관한 역사적 트라우마를 주제로 정치적 감수성을 표출하고 있다.

독일어권 오스트리아 작가 프란츠 베르펠 Franz Werfel은 소설『무사 다그의 사십 일 Die vierzig Tage des Musa Dagh』(1933)에서 오스만 제국에 맞선 아르메니아인들의 저항기를 다룬 바 있다. 이를 통해 1915년 오스만 제국의 군대에 맞서 무사 다그 산에서 행해진 아르메니아들의 집단적 저항과 아르메니아 민족에 대한 박해, 그리고 집단학살이 국제 사회에 알려졌다. 이 작품은 제2차 세계대전 시기 유대인의 운명을 예견하였다고도 평가받는다. 1933년 봄 베르펠은 프로이센 예술아카데미에서 추방되었고, 같은 해 11월에 이 소설을 출간하게 된다. 이듬해 나치는 이 소설을 일련의 도서들과 함께 공개적으로 소각하였다.

소각된 책의 작가 목록

〈폭풍우〉와 인생의 수수께끼

아르메니아에 이어 유럽문명의 발원지인 그리스가 등장한다. 하리스 프사라스 Harris Psarras(1982~)는 아테네 출신의 법률학자로 5권의 그리스어 시집을 출판한 바 있다. 아테네는 고대 그리스 3대 비극작가에 속하는 아이스퀼로스, 소포클레스, 에우리피데스가 활동한 도시 국가였으며. 소크라테스, 플라톤, 아리스토텔레스 등 위대한 사상가들의 고향이기도 하다. 기원전 5세기 아테네는 페르시아 전쟁에서 승리한 뒤, 정치적, 문화적 황금기를 맞았다. 다음은 프사라스의 시 「호소」의 1연이다.

> 내가 딛고 설 수 있도록, 두 단어를 줘,
> 리듬과 운율, 운율과 리듬,
> 확신할 수 있도록,
> 운율 하나만 줘(GT493).

시인은 시적 형식인 리듬과 운율을 삶의 기반으로 보며, 이 요소들이야말로 불확실한 세계에서 우리가 딛고 설 수 있는 기반이라 이해한다. 이러한 사유는 시적 자아가 지금 당장 비타민을 달라고 호소하는 4연에서 명확히 드러난다. 리듬과 운율은 삶과 문학, 두 영역 모두에 필요한 요소로 시대의 건조함과 갈급함을 치유한다. 그리스 대장정에는 프사라스의 시 두 편이 더 소개되는데 그 중 「조르조네의 "뇌우"」가 시선을 끈다. 이 시는 서양 예술사에서 첫 풍경화로 알려진 조르조네(1477-1510)의 그림을 모티브로 삼고 있다.

> 나는 조르조네 생각이 지속된다
> 그는 잠든 아프로디테나 마돈나 같은
> 매혹적인 존재들에게 사로잡혔다.
> 둘 다 강렬하게 잊혀졌다.

그, 온전한 대가인 그는,
자신의 기량을 펼쳐보였다
그가 사랑한 자연의 장면들과
인간의 본질적 성향들을.

그는 많은 작품에 서명을 하지 않았고
그에 대한 정보도 거의 없다;
하지만 그의 그림 <폭풍우>는
해석과 대화에 무궁무진한 여지를 남긴다.

그의 생애에 관해 바사리가 몇 자 적었다:
그는 다 빈치와 스치듯 만났고
벨리니의 제자였다고 –
우리에게 이건 흥미로운 사실이다.

그럼에도 우리가 <폭풍우> 앞에 서자; 이 그림은
수수께끼 같은, 인생의 표현이었다.
신화를 먹여살리고
우리 정신에 열정을 부여하는 수수께끼 말이다.

두 존재는 완전히 잊혀졌다.
비록 간결하지만, 칭찬하는 방식으로,
우리 예술사가들은
조르조네를 언급한다.

프사라스는 조르조네의 회화 <폭풍우>(1508)를 소재로 수수께끼같은 풍경화를 인생에 빗대고 있다. 풍경이 회화의 배경에 머물지 않고 독자적 주제로 등장한 것이 17세기 플랑드르 화가들의 작품이었다는 점을 상기할 때, 이 그림은 근대적 의미의 풍경화를 일찍이 구현한 셈이다.

베네치아 화가 조르조네는 티치아노와 공동으로 작업을 하였고, 벨리니의 제자로 알려져 있다. 그는 작품에 서명을 하지 않았다. 르네상스 시기 공방에서는 여러 작가들이 협업을 했기 때문에 완성된 작품은 개인의 창작물로 간주되기보다는 집단적 창작으로 여겨졌다. 이 시기 예술은 예술가의 자의식보다는 표현의 본질에 집중하던 수공업 시절이었다. 이를 고려할 때 뉘른베르크 출신 알브레히트 뒤러의 예술가적 자의식은 이례적인 것이었다.

<폭풍우>는 시적 감수성과 미적 완성도 면에서 높은 평가를 받고 있다. 그림의 전경에는 긴 막대기를 든 청년과 아이를 안은 여인이 거리를 유지한 채 좌우로 배치되어 있다. 배경으로는 키 큰 나무들과 시냇물, 야트막한 언덕, 그리고 하얀 대리석 질감의 도시 건축물들이 자리한다. 그럼에도 회화의 제목이 <폭풍우>인 것은 그림 상단의 짙은 구름층을 뚫고 나온 번개 때문이다. 화폭을 가르는 다리를 중심으로 위쪽은 폭풍우 직전의 긴박함이 감지되는데, 다리 아래로는 평온하고 고요한 아르카디아 풍경이 펼쳐진다.

이 그림의 원제는 날씨, 폭풍을 일컫는 라틴어 tempestas에서 유래한다. 그림 속 인물들이 누구인지 의견이 분분하고, 그에 대한 해석이 확정되지 않은 까닭에 <폭풍우>는 여전히 수수께끼같고 신비로운 작품이다. 아이를 안고 있는 여인은 목동으로 보이는 그림 왼쪽의 남자에게 주의를 기울이지 않고, 그림을 바라보는 관객을 빤히 응시하고 있다. 예술사가 에드가 빈트(1900-1971)는 이 그림을 시적 알레고리로 이해했고, 구스타프 하르트라웁 Gustav F. Hartlaub은 자연의 4 요소, 즉 땅, 물, 공기, 불의 성질이 그림의 내용을 이룬다고 해석하였다. 르네상스 회화 전통과 달리, 종교적 상징이나 알레고리를 분명히 드러내지 않는 이 그림은 여전히 열린 작품으로 평가받는 가운데, 시인 프사라스 역시 인생을 이 그림에 빗대며, 회화를 포에지적 요소로 끌어들인다. 명확한 규정이 불가능한 이 수수께끼 같은 그림은 그 모호성으로 인해 역설적이게도 그림 해석에 양분을 공급하고 우리의 정신을 고무시키게 된다.

또한 이 그림은 벤야민의 『독일 비애극의 원천』(1928)에 소개된 '근대성의 알레고리' 개념과 관련하여 해석되곤 한다. 그에게 세계는 파괴된 의미의 현장으로서, 벤야민의 알레고리는 세계의 파편화와 몰락의 기조 속에서 해석이 부가된다. 세계는 근대성의 진실한 형식인 알레고리 속에서 폐허로 드러나며, 알레고리적 시선은 죽음과 파국을 통해 사물을 본다. 이러한 맥락에서 그림 속 모티브들은 통일성이 세계의 결여된 파편적 이미지들로 구성되며, 명확한 서사 대신에 퇴적된 잔해처럼 흩어진 기호들로 남게 된다.

조르조네 <폭풍우>(1508년경), 베니스 아카데미아 미술관

아테네 태생의 스타마티스 폴레나키스 Stamatis Polenakis(1970~)의 시 「거대한 수수께끼」는 낮과 밤이 교차하는 일상의 시간이 거대한 시간과 어떻게 연관되는지를 인상적으로 표현하였다.

이 짧은 자유의 시간과
영원히 작별하라.
안녕, 잊을 수 없는 날들이여, 영광스러운 밤들이여,

그리고 바람에 흩날리던 나뭇잎들이여.
우리는 젊었고, 아무것도 기대하지 않았으며,
난파된 자가 물속에 돌을 던지듯
맹목적인 고집으로 아침을 기다렸다(GT 495).

호메로스부터 아이스퀼로스, 소포클레스 그리고 에우리피데스는 고대 서사시와 비극을 통해 운명과 인간 의지, 치열한 삶과 다양한 방식의 죽음을 노래하였다. 폴리스 사회에서 그리스인들이 경험한, 짧지만 강력했던 아테네의 찬란했던 시간은 결국 쇠락하였다. 한때 영광의 시간을 구가했던 아테네의 후손은 짧은 자유의 순간과 작별하고, 또 다시 떠오를 태양을 고집스럽게 기다린다. 옛 영광의 아우라를 간직한 그리스의 후예들은 조난자가 된 심정으로 물 속에 돌을 반복적으로 던지고 있다. 이 행위는 한편으론 누군가 들을까봐 또 다른 생각으로는 현실이 바뀌리라는 맹목적인 기대 속에서 이루어진다. 만약 "물속"이 고대 그리스의 전성기를 의미한다고 본다면, 후손들의 이 지난한 행동은 체념적인 행동이 아니다. 그것은 경제적으로든 문화적으로든 난파된 자가 견지하는 고집스런 작업이며, '내일'이라는 아침을 기대하는 반어적 몸짓이다. 운명을 거스를 수 없다는 것을 알면서도 끝까지 저항하는 의지를 보인 선조들은 사라졌다. 오이디푸스, 안티고네, 프로메테우스처럼 운명을 거스르기 어려운 상황에서도 끝까지 나아가려던 영웅들의 의지는 찾아볼 수 없다. 시적 자아로서의 젊은 우리는 아무것도 기대하지 않았지만, 그럼에도 불구하고 내일을 기다린다. 이 두 행위는 실존적 이중성을 드러내며, 기대할 수 없는 상황 속에서도 삶을 영위할 수 밖에 없는 낯선 희망을 내포한다. 이는 청춘의 감정이자, 인생의 거대한 수수께끼이다.

카테리나 일리오풀루 Katerina Iliopoulou(1967-)의 「여우」와 「테씨의 바다 풍경」으로 그리스 여행이 마무리된다. 그녀의 작품은 그리스 문화와 역사, 개인의 경험과 감정을 결합하는 특징이 있다. 갈색 여우는 깜찍한 시적 화자와의 네 번째 만남에서 다음과 같은 대화를 나눈다.

헤드라이트 불빛에서 그녀가 나타났다
작은 갈색 여우 한 마리가
길을 가로질렀다.
그리고는 다음 날 밤에
그녀는 덤불 속으로 쏜살같이 달아났다.
또 어떤 날엔 어둠 속에서
여우의 꼬리만 스치기도 하였다.
그 후로
그녀의 발이 너의 시야를 건드렸고
따뜻한 털이 있는 그녀의 몸이
우리 사이를 질주했다.
항상 달렸고, 가만 있는 법이 없었다.
"그런데 너는 누구니?"우리가 여우에게 물었다.
"나는", 그녀가 답했다, "남아있는 것이야."

어두운 밤, 자동차 헤드라이트에 비친 갈색 여우는 도로를 건너고 있었다. 그 다음 날 여우는 재빨리 수풀 속으로 사라졌고, 세 번째 만남에서는 꼬리가 어둠을 쓸고 지나갔다. 드디어 여우의 두 발을 본 날, 시적 자아는 대화를 시도했다. 여우는 자신이 누구인지 말하며, 점차 둘은 친해지게 된다. 여우는 어떤 것이 끝난 후, 소멸 이후에 남은 존재로서, 현대 사회에서 찾아보기 힘든 낯선 자기 정체성을 보유하고 있다.

시적 자아는 자동차 헤드라이트가 도로에 떨어지는 지점에서 여우를 처음 목격했다. 자유롭고 독립적인 성향의 여우는 도시화로 인해 점점 좁아지고 있는 열악한 환경에 밀려, 겨우 남은 자연의 잔여물로 생존 중이다. 자신을 '남아있는 것'이라 답하는 부분에서 여우의 개성과 절박함이 묻어난다.

일리오풀루의 「테씨의 바다풍경 Herr Te in Meereslandschaft」 역시 자연물인 조약돌을 통해 인간 존재와 세상과의 관계, 그리고 언어의 한계성에 대해 탐구한다. 이 시는 그리스의 참신한 시 정신을 기리고 있는데, 인간이 자연의 소리를 해독하는 과정을 통해 말로 형언하기 힘든 사물 세계의 신비를 시화하고 있다.

그는 해안에서 조약돌 하나를 주워들고
흥미롭게도 그 조약돌이
내부도 외부도 없다는 것을 알아차린다.
둘은 하나이다.
더 이상 아무 생각이 떠오르지 않아서,
그는 그 조약돌이 세상에 적대적이라 결론짓고,
멀리 던져버린다.
조약돌의 낙하 ㅡ "물 속으로의 일격".
테 씨는 그 조약돌에 묘하게 매료되었고
설명할 수 없는 방식으로 시샘한다(GT 499).

시적 자아는 내부도 외부도 없는 조약돌의 본질적 통합 상태에 부러움을 갖는다. 외부와 내부가 서로 다른 것이 세상의 이치인데, 조약돌은 본질적 일체성으로 인해 시적 자아인 테씨의 관심의 대상이 되고 있다. 2연에서 테씨는 두 번째 조약돌을 주워 입에 넣는다. 처음엔 짠 맛이 난다. 바다에서 온 사물이기 때문이다. 하지만 그의 입안에 있는 돌은 딱딱하고 침묵하는 덩어리로 변해 그의 목소리를 삼키고 만다. 자연물이 제 장소를 떠나 인간의 입 안에 들어오게 되어 테씨는 조약돌과 하나되어 인간과 소통이 단절된다.

마지막 3연에서 시적 자아는 목소리 없이도 말할 수 있다는 놀라운 경험을 한다. 한 무리의 바닷새가 발치에 날아와 해독하기 어려운 텍스트를 남기고 사라졌고, 테씨는 몸을 구부려 텍스트를 해독하기 시작한다. 새가 남긴 흔적인 비언어적 텍스트를 통해 테씨가 해독해 낸 것은 무엇일까?

1연에서 자갈은 세상에 적대적이다. 자갈이 시적 자아의 내면 상태의 반영이라는 점을 고려할 때, 테씨는 겉과 속이 다른 세상에 불만이 있어서 홧김에 조약돌을 물 속으로 던지고 만다. '물 자체'로 진실된 조약돌에 질투심을 느낀 것이다.

2연에서 그가 주워든 바닷가의 짠맛 나는 조약돌은 그에게 침묵의 언어를 선사하고, 그는 인간과의 소통 대신 자연의 언어를 독해하게 된다. 이것이 테씨의 바닷가 풍경이다. 이 과정은 이른바 표리부동의 인간 언어를 떠나 자연세계의 순수를 알고자 하는 시인의 시작 행위로, 시는 자연을 통해 세계의 균열을 폭로한다. 이런 맥락에서 일리오플루는 그리스 인터넷 매체에 자신의 시론을 다음과 같이 설명한 바 있다.

> 시는 끊임없이 불완전하고, 거대하며, 모순적이고, 의미와 붕괴로 가득 찬 세계를 관찰하고 느끼는 적극적인 방법이다. 시에서 언어는 혼란스럽고, 탈구되어 있는데, 이것이 어쩌면 우리가 세상을 있는 그대로 부정할 가능성을 제기한다고 볼 수 있다.

말과 마차, 해상 교통로를 이용한 여정 대신, 시 정신으로 무장한 채 유럽의 젊은 시로 떠나는 대여정은 이제 스웨덴으로 향한다. 그리스와 스웨덴 간 직선거리는 2,351km이며 900km 속도로 비행할 경우, 2시간 30분이 소요된다. 스웨덴이 위치한 유럽의 북서쪽 스칸디나비아 반도는 북쪽으로 러시아와 국경을 맞댄 핀란드가 있고, 덴마크, 노르웨이, 스웨덴과 함께 서유럽과는 또 다른 자연풍경을 선보인다. 스웨덴 여행에서는 스톡홀름 초현실주의 그룹 설립 멤버인 아세 베르크 Aase Berg(1967-)의 시 「유리사슴」과 서울 출신의 마라 리 Mara Lee(1972-)의 「진동」을 만날 수 있다. 이란계 스웨덴 시인 아테나 파로크차드 Athena Farrokhzad(1983-)의 「내 가족은 맑스적 세계관으로 여기 왔다」에서도 동시대 유럽 시인들의 다문화적 배경을 확인할 수 있다. 스웨덴은 1975년 유럽 최초로 다문화주의를 표방한 결과, 대략 30%에 이르는 높은 이민자 비율을 유지하고 있다.

북아일랜드 역시 7번째 여정에 속하는데 다섯 명의 시인이 참여하였다.

2014년 엘리엇 상을 수상한 시네이드 모리세이 Sinéad Morrissey(1972~)는 독일, 일본, 뉴질랜드 등에서 문화적 다원성을 경험하였고 2014년 한국을 방문한 적이 있다. 모리세이는 「네모난 창을 통해」라는 시에서 꿈속에 출현한 죽은 자들의 신비롭고 불안한 이미지를 표현하였다. 이 시의 2연엔 델프트를 묘사한 장면이 나오는데, 이 곳은 17세기 네덜란드 화가 요하네스 페르메이르가 활동한 도시로 잘 알려져 있다.

> 로흐 호수 위로 구름이 쌓여있다
> 델프트 도시 위에 구름이 탑을 이룬 것 처럼,
> 수면 위로 구름이 자욱하다.

시적 화자는 저 멀리 첨탑이 있는 네덜란드의 작은 도시에 구름 낀 정경을 상상하고 있다. 델프트는 <진주귀걸이를 한 소녀>(1665)로 유명한 페르메이르의 고향으로, 헤이그에서 트램을 타고 30분 거리에 있다. 오라녜 왕가의 프리젠호프 건축물과 델프트 도자기로 이름난 곳이기도 하다. 모리세이의 시연은 델프트 시내와 구시가지 건물들, 수면과 구름, 그리고 하늘이 정서적 깊이감을 전달하는 페르메이르의 <델프트 풍경>(1660/61)과 중첩된다.

일곱 번 째 여정의 마지막 행선지는 슬로베니아이다. 게르만, 라틴, 슬라브 문화가 만나는 발칸반도의 슬로베니아는 이탈리아, 크로아티아, 헝가리 그리고 오스트리아와 국경을 맞대고 있다. 류블랴나 대학에서 비교문예학과 독문학을 전공한 알레 스테거 Aleš Šteger(1973-)의 시, 「계란」, 「외투」, 「우리의 어머니」, 「낭만파와 현실파」에 이어 베로니카 딘틴야나 Veronika Dintinjana(1977-)의 「대성당 파사드의 사자들」이 소개된다.

> 삼류 대리석이 비와
> 추위, 열에 노쇠해졌다; 그들은
> 파도의 끝자락을 닮았다, 순간을 위해

형체를 만들었다가
이내 흩어진다
        거품이 되어.
그들은 미소짓고 있다.
어쩌면 그들은 자신들이 사라지리라는 것을 알고 있다(GT 522).

이 시의 제목에는 외벽의 파사드에 새겨진 사자들이 등장한다. 이들은 중세 교회 건축에 등장하는 종교적 상징물이며, 강력하고 영속적인 왕권에 대한 상징으로 사용되었다. 류블랴냐의 성 니콜라스 대성당은 1706년에 완공되었고, 슬로베니아의 역사가 새겨진 기념비적 청동문이 관광객의 발길을 이끈다. 슬로베니아의 독립 운동과 기독교 역사가 새겨진 이 공간은 그들 민족의 역사적 자부심이 표현된 곳이다. 하지만 대리석은 점차 부식되고 있으며, 형상들은 잠시 형체를 유지하다가 이내 사라져, 결국 거품으로 변할 운명이다. 서쪽으로는 이탈리아, 서남쪽으로는 아드리아 해에 접한 이 나라는 청정 자연과 역사적 유산이 풍부하다. 여러 제국의 지배를 받은 슬로베니아는 존재의 일시성과 시간에 따른 소멸을 몸소 체험하였다. "파도의 물결 꼭대기를 닮은" 파사드의 이미지는 일시적 존재의 아름다움과 슬로베니아의 거칠었던 역사를 빗댄다. 영원한 승자는 시간으로, 시간 앞에 존재는 영속성을 보장받지 못한다.

생성형 인공지능이라는 최첨단 과학기술 시대에 사물의 가치를 재발견하고, 존재의 덧없음을 통해 세계를 성찰하도록 하는 이러한 종류의 시가 쓰여지고 있다는 사실은 대단히 고무적이다. 580여쪽에 달하는 이 시집 『그랜드 투어』의 마지막 페이지는 라디오 방송과 번역가로 활동하는 그레고르 포들로가르 Gregor Podlogar(1974~)가 맡았다.

햇살이 구름의 배를 갈라놓자
지친 관광객을 지나 비가 내린다 나의 작은

머릿속 기계는 위대한 제국의 박자를
두드린다 저기 밖에 뭔가가 있어
그곳에서 다른 삶이 시작된다 발굴의 메아리 없이
나를 둘러싼 세계가 낡은 대륙의 중심에서의
봄처럼 활개를 편다 콜롬비아에서 온 엽서 한 장이
내게 다시 전하길 다른 세계가 있어 아니야 나는 아직
새로운 세계에서 온 티베트 돈을 다 쓰지 못했어 아니
나는 합스부르크 신화를 몰라 왜 너는 묻니
나는 25번째 후손이야 카르파티아 산맥 너머
백 년 전에 나의 선조들이 방 하나를 나눠썼지
돼지들과 다른 동물들과 함께 하지만 오늘
우리는 가슴 벅차게 거리를 달리다가 철제 새를 타고 날아본다(GT 529).

포들로가르의 시는 구두점도 행갈이를 통한 문장의 구분도 없다. 「오래도록 길이 이어진다 lang fahrn straßen」는 제목처럼 거리엔 현재와 과거, 공간과 공간이 연속적으로 흐른다. 류블랴나에 소재한 슬로베니아 필하모닉은 1701년 설립된 아카데미아 필하모니코룸을 계승한 세계에서 가장 오래된 오케스트라이다. 브람스, 하이든, 베토벤을 비롯해 파가니니가 이 곳의 명예회원이었으며, 구스타프 말러는 상임 지휘자로 활동(1881~1882)한 전력이 있다. 필하모닉 음악당 또한 그라츠의 저명한 건축가 아돌프 바그너가 기획하였으니, 오스트리아 제국의 지성사를 슬로베니아에서 읽는 격이다. 『그랜드 투어』가 유럽 남동부 발칸반도의 작은 나라에서 끝나는 것은 여러모로 의미가 있다. 길은 육로와 바다, 산과 하늘을 통해 서방과 동방으로 길게 이어진다. 그리고 이곳 슬로베니아는 역사적으로 독일어, 이탈리아어, 헝가리어 등 여러 언어권이 교차하던 지역으로, 다양한 문화가 얽혀 있다. 얀 바그너가 시선집을 엮을 때, 중앙이 아닌 각 지역에 주목하고, 슬로베니아는 유럽 문학의 다채로운 스펙트럼을 표현하는 상징적인 위상을 갖는다. 시선집 『그랜드 투어』는 이처럼 유럽의 지형, 역사, 문화, 자연 풍경이 시의 지형도 안에 정성스럽게 모인 복합적 문화 공간이다.

얀 바그너와 페데리코 이탈리아노가 공동 편찬한 『그랜드 투어』(2019)를 통해 18세기 엘리트 교육인 그랜드 투어와 21세기 시적 그랜드 투어의 차별성을 살펴보았다. 유럽의 젊은 시를 통한 그랜드 투어에서 젊은 작가들은 주제와 표현 방식에서 전통과 결별하고, 내용적으로는 전례없는 확장을 보이고 있다. 이들 젊은 시인들의 시가 문학성을 확보하고 있는지에 관한 여부는 한 세기가 지난 후 제대로 평가될 것이다. 그럼에도 불구하고, 유럽의 젊은 시들을 읽으며 확인한 점은, 이들 시인들이 속한 고향의 풍경과 감정 상태를 시문학에 여실히 반영하고 있다는 점이다.

기술의 발전과 글로벌화로 세계는 더욱 촘촘하게 연결되었지만, 지역과 지역성의 함의는 더욱 중요해졌다. 대내외 정치 논리와 경제 역학으로 인해 자신의 터전이 위협받고 있는 시대에 시인의 촉수는 정교해지고 있으며, 시적 주제 및 표현 방식 역시 예리해지고 있다. 라틴어와 불어의 황금기는 지나갔고, 영어가 실용언어의 주된 자리를 차지하고 있지만, 시인들은 여전히 자신의 모국어로 글을 쓰고 있다. 유럽의 49개국 시로 떠난 이 여행은 이에 대한 방증이다. 시집 편찬자는 시선집에 모은 시들을 통해 유럽의 역사와 현 사회의 문제를 한 곳에 집결하였으며, 다양한 유럽 언어로 구성된 시선집을 통해 유럽에 새로운 비전을 제시하고 있다.

시는 경제적 논리와 배치된 길을 간다. 시선집에 적혀 있듯 이들 젊은 시인의 도전에는 비자도, 여권도 필요 없다. 그들의 문학적 여정은 과거 이탈리아로의 일방적 경로 대신, 민주적이고 열린 방식으로 탈중심적 여행을 기획하였다. 독자는 자유롭게 책을 열어 시를 읽고, 지도와 사전을 펼쳐가며 다양한 루트의 여행길을 탐방할 수 있다.

18세기 그랜드 투어가 로마와 나폴리를 중심으로 문화적 규범을 배우기 위한 장기적이고 이상적인 교육 여행이었다면, 오늘날 "유럽의 젊은 서정시를 통한 여행"은 다국적 시를 읽고 이들 시의 배경이 되는, 역사·지리적 공간을 배우고 체험한다는 점에서 그랜드 투어의 새로운 가능성을 열었다.

현대 시문학의 지형은 유럽이라는 하나의 대륙 안에서 다양한 민족이 살아가고 있다는 사실을 보여주며, 각 민족이 그들 나름의 고유한 문화와 정신을 이어오고 있음을 알 수 있다. 이를 통해 유럽의 문학 풍경이 다채로운 목소리로 이루어진 다원적 공간임을 확인하게 된다. 유라시아 대륙에서도 젊은 시인들이 집합적으로 참여하는 초국가적 그랜드 투어를 통해, 아시아 각 지역의 전통과 비전을 모색할 수 있는 기회를 열어갈 수 있을 것이다. 이를 통해 각 나라의 정체성과 역사를 이해하고, 다양성을 전제로 한 관용과 포용의 문학적 대화가 현실화될 수 있다.

6.

『페터 슐레밀의 기이한 이야기』와 유럽의 그림자

『페터 슐레밀의 기이한 이야기』와 유럽의 그림자

아델베르트 폰 샤미소 Adelbert von Chamisso(1781 Ante -1838 Berlin)는 세계문학사에서 그림자 상실을 주요 모티브로 등장시킨 선구자에 속한다. 그의 소설 『페터 슐레밀의 기이한 이야기 Peter Schlemihls wundersame Geschichte』(1813; 이하 『페터 슐레밀』로 표기함)는 주인공인 페터 슐레밀이 회색 남자에게 자신의 그림자를 판다는 다소 환상적인 내용을 모티브로 한다. 그림자 모티브는 민담 설화적, 정신분석학적, 철학적, 사회학적 해석을 가능하게 하는 핵심 요소로, 정신분석학에서 그림자는 '나'의 어두운 반려자로서 억눌린 감정, 집단적 무의식을 의미한다.

프랑스 북동부에서 출생한 샤미소는 1790년 프랑스 혁명의 여파로 재산을 몰수당한 귀족 가문 출신으로, 사브리앙트의 봉쿠르 영지를 떠나 벨기에와 네덜란드를 거쳐 독일로 도피하였다. 당시 그의 부모는 일곱 자녀를 데리고, 뒤셀도르프, 뷔르츠부르크, 바이로이트를 거쳐 1796년 베를린에 정착하게 된다. 샤미소는 베를린에서 군 복무를 하며 자연과학을 연구하였고, 스위스 코페에서 2년 동안 식물학을 연구하기도 하였다. 1812년 베를린으로 돌아온 그는 1815년 러시아 선박 '루릭'의 식물학자로 임명되어, 태평양과 베링해를 탐험하며 항해일기를 작성했다. 그는 식물학 연구를 통해 중요한 식물 채집을 하였고, 1818년엔 베를린으로 돌아온 후 식물원 관리인으로 활동하였다. 샤미소의 대표작인 『페터 슐레밀』은 그가 겪은 자아의 위기, 정체성 탐구와도 관련이 있는 작품으로 샤미소의 인생 경험이 고스란히 반영된 작품이다.

샤미소의 문학적 유산은 19세기 문학 환경 속에서 이주 문학이라는 중요한 이정표를 세웠다. 모국어가 아닌 독일어로 작품을 쓴 그는 오늘날 터키, 이탈리아, 폴란드, 루마니아 등 이주문학의 후예를 거느린 작가라 할 수 있다. 샤미소는 모국어가 아닌 독일어로 글을 쓰는 첫 작가는 아니었다. 샤미소가 『페터 슐레밀』을 발간하기 42년 전인 1772년, 이사카 팔켄존 베어 Isaschar (Zacharias) Falkensohn Behr(1746-1817)는 『폴란드 유대인의 시』를 익명으로 출간하였다. 팔켄존 베어는 폴란드-리투아니아 출신의 유대인 상인이자 의학자였다. 전통적인 이디시어를 사용했던 그는 쾨니히스베르크, 라이프치히, 할레에서 의학을 공부한 후, 베를린에서 가정교사로 일하다가 후에는 쿠어란트와 백러시아에서 개업의로 활동한 인물이다. 팔켄존과 샤미소는 모두 모국어가 아닌 독일어로 작품 활동을 한 이주민 문학의 초기 작가로, 국경을 넘은 존재가 겪은 정체성의 위기와 갈등을 작품에 반영하고 있다.

샤미소는 도자기 화가로 가족의 생계를 책임지기도 했고, 1796년엔 루이제 여왕의 사환으로, 1798년에는 폰 괴체 연대의 소위로 복무했으나 프로이센 군대에서 망명자 신분으로 인해 갈등을 겪기도 했다. 그는 병사의 단조로운 삶을 독일문학과 철학으로 달랬으며, 베를린 문단에서 율리우스 에두아르트 히치히 Julius Eduard Hitzig(1780-1849)와는 평생의 우정을 맺었다. 이들의 특별한 관계는 『페터 슐레밀』 서문에서도 확인된다. 히치히에게 보낸 샤미소의 편지에는 3년 동안 세계 항해 여행의 광범위한 족적에 대한 소회가 담겨있다. 프랑스인이자 독일인으로서 샤미소는 '초기 유럽시민'의 삶을 살았으며, 그의 삶은 페터 슐레밀의 그림자와 깊은 연관이 있다.[24]

---

24 그림자 모티브와 관련한 판타지 동화 특성에 대해서는 베른트 라이스트너의 다음 글을 참조: Leistner, Bernd(1989): Chamisso und sein Mann ohne Schatten. In: Bernd Leistner: Sixtus Beckmesser, Essays zur deutschen Literatur. Berlin; Weimar, 80-89. 슐레밀은 호프만의 『섣달그믐날밤의 모험 Die Abenteuer der Sylvester- Nacht』(1815)에서 주변인물로 등장하며, 「잃어버린 거울상의 이야기」에 나오는 주인공의 운명을 결정짓는다. 또한 19세기 두 명의 작가가 샤미소의 슐레밀 이야기를 이어갔는데,

『페터 슐레밀』을 논할 때, 이 작품이 진기한 이야기를 의미하는 노벨레인지 아니면 동화인지를 묻는 형식적 질문과 낭만주의적인지, 현실주의적인지를 묻는 내용적 질문이 동시에 제기된다. 이러한 문제는 예외 없이 슐레밀의 기이한 그림자 사건과 관련이 깊다. 정신분석학자 융의 관점에서 그림자는 "섬뜩하고 공포스런 형제"로, 우리가 기꺼이 테이블 밑에 감추고자 하는 모든 것을 포함하는 또 다른 짝, 즉 우리가 감추고 싶어하는 모든 것의 반영을 의미한다. 그림자는 무의식의 억압된 영역과 연결되어 있으며, 자아가 그림자를 어떻게 인식하느냐는 개인의 성격과 행위를 결정짓는 중요한 요소가 된다. 이러한 해석은 페터 슐레밀의 그림자를 정신분석학적 관점에서 바라보는데 근거를 제공한다.

또한 그림자는 철학적, 매체적, 존재론적 관점에서 플라톤의 '동굴의 비유'와 연관지어 논의할 수 있다. 샤미소의 그림자 모티브는 동굴 속 포박된 죄수가 외부세계를 이해하려 할 때, 횃불에 비친 사물의 그림자를 통해 세계를 이해하는 장면을 떠올리게 한다. 동굴 안에서 그림자만을 보고 실체를 파악하는 죄수처럼, 소설 속 시민들은 슐레밀의 그림자에 집착한다. 이는 시민사회의 속성이 동굴 속 죄수들과 다르지 않음을 시사한다. 다음 장에서는 상호문화적 관점에서 샤미소와 초기 유럽 시민사회를 살펴보고, 오늘날 유럽

프리드리히 크리스토프 푀르스터 Friedrich Christoph Förster의 『페터 슐레밀의 귀향 Peter Schlemihl's Heimkehr』(1843)과 루드비히 베히슈타인 Ludwig Bechstein의 『페터 슐레밀의 원고 Die Manuscripte Peter Schlemihl's』(1851)가 그 예에 속한다. 한스 크리스티안 안데르센은 1847년 잃어버린 그림자 모티브를 『그림자 Der Schatten』 동화로 변형했다. 다비드 칼리쉬는 이 소재를 무대에 올렸는데, 1850년 5월 베를린 프리드리히-빌헬름-시립 극장에서 『페터 슐레밀. 노래가 있는 연극 Peter Schlemihl. Posse mit Gesang in 1 Aufzug』이 초연되었다. 아우구스트 브루네티-피사노 August Brunetti-Pisano는 1908년 슈투트가르트 국립극장에서 상연된 오페라 <페터 슐레밀>을 작곡하기도 하였다. 쿠르트 블루멘펠트 Kurt Blumenfeld는 "유대인문제 Judenfrage"에 대한 논의에서 작곡하기도 하였다. 쉬마르자 레빈 Schmarja Levin의 예를 들어, 시오니즘 관점에서 슐레밀 모티브의 의미를 논의했다. 레빈은 페터 슐레밀과 그의 그림자를 다룬 이야기가 그림자를 잃고 존재의 고유성을 상실한 유대인을 주인공으로 설정한 것이라 믿었다. 블루멘펠트 역시 유대인으로서 슐레밀 모티브에 대해 그의 정신적 대화상대인 한나 아렌트와 논의한 바 있다.

사회를 슐레밀의 그림자와 연결하여 고찰하고자 한다. 슐레밀이 그림자를 판 사건은 오늘날 유럽 사회의 자화상으로 읽힐 수 있기 때문이다.

상호문화성의 전령사

18세기 정치적 혼란 속에서 베를린에 정착한 샤미소는 오늘날 상호문화적 전통을 선도한 작가로 재발견된다. 그는 모국어가 아닌 독일어로 글을 쓴 근대 시인이자 보헤미안으로, 어디에도 속하지 않은 경계인이었다. 샤미소는 프랑스와 독일, 귀족과 시민세계, 문학과 학문 '사이에' 서 있다는 사실을 자각하고 있었다. 그의 친구였던 마담 제르멩 드 스탈 Germaine de Staël 과의 편지에서 알 수 있듯, 샤미소는 경계인으로서 상이한 세계를 오가며 이행의 삶을 살았다. 그는 이렇게 말했다: "독일에서는 프랑스인이요 프랑스에서는 독일인, 개신교들 사이에서는 카톨릭, 구교도들 사이에서는 개신교, 신자들과 있을 때는 철학자요, 분노에 찬 사람들 앞에서는 위선자, 귀족들에게는 자코뱅이요 민주주의자들에게는 앙시앙 레짐의 사람인 것이다. 내가 속할 곳은 어디에도 없다. 나는 어디에서나 이방인이다."

자전적 맥락에서, 그림자 상실은 언어와 문화적 맥락에서 그 어디에도 온전히 속하지 못하는 이방인으로서 샤미소의 정체성을 의미한다. 이는 또한 유럽 시민사회의 초기 모델로서 그의 역할을 시사한다. 동시에, 기이한 거래로 인해 그림자를 상실한 페터 슐레밀은 초기 자본주의 시대의 사회적 현실과 당대 사람들의 인식 조건에 따라 형성된 삶의 태도를 반영한다.

샤미소, 초기 유럽시민

프랑스 북부에서 베를린으로 망명한 샤미소는 동시대인 알렉산더 폰 훔볼트적 의미에서 '언어를 통해 세계를 여는' 번역활동을 통해 유럽적 사유에 일찍이 눈을 떴다. 그의 세계일주 경험은 낯선 세계에 대한 호기심과 유럽에 대한 자각이 합류하는 중요한 계기가 되었다. 샤미소를 '시민성에 대한 동경을 지닌 보헤미안'으로 규정한 토마스 만은 에세이 「샤미소」에서 그가 독일어권에서 외국인의 시적 재능이 운 좋게 뿌리를 내린 사실이 놀랍다고 평했다.

만의 눈에 샤미소는 독일어권에서 테르치네 Terzine 운율을 괴테만큼 잘 다루는 대가였다. 1813년 『페터 슐레밀』이 발표된 시점은 작가가 여행 중인 때였다. 샤미소는 단순히 시적 재능을 가진 인물이 아니라 어린이와 야만인과도 친구가 될 수 있는 소박하고 자유로운 사람이었다. 그는 유대인 소재를 적극적으로 다루었으며, 그의 가장 잘 알려진 인물인 '슐레밀'에게 유대인성을 부여하기도 했다. 하이네는 『로만체로』의 대표적인 작품인 「예후다 벤 할레비」의 20행에 달하는 스탄짜로 "슐레밀"이라는 이름을 기리기도 했다.

> 여보게, 샤미소, 자네에게 이러한 일을 고백하는 것만으로도 얼굴이 달아오르네. 나는 가슴에서 그 불행한 자루를 꺼내어 가물거리는 불길처럼 내 안에서 스스로 배가되는 일종의 분노로 금화를 꺼냈네. [...] 그때 나는 자네에 대한 꿈을 꿨네. 나는 자네의 작은 방 유리문 뒤에 서 있는 듯했고 자네는 해골과 한 다발의 말린 꽃 사이에 놓인 책상 위에 앉아있는 듯했지. 자네 앞에는 할러, 훔볼트, 리네의 책이 펼쳐져 있었고 소파 위에는 한 권의 괴테 책과 마법의 반지가 있었네(PS 2장).[25]

주인공 슐레밀이 작가 샤미소를 소환하는 이 대목은 매우 특이한 형식을 보여준다. 특히 소설 도입부의 편지들과 맞물려 다양한 문학적 해석과 담론을 여는 계기를 제공한다. 슐레밀이 꾼 꿈 속에 나타나는 사물들은 금화와 마르지 않는 욕망을 대체하는, 오히려 죽음과 허무를 상징하는 해골과 마른 꽃, 즉 바니타스를 대표하는 물건들이다. 그와 함께 등장하는 알브레히트 폰 할러, 훔볼트, 괴테, 푸케 등의 사상적 계보는 결국 슐레밀의 정체성을 암시하는 중요한 문화적 상징으로, 유럽문화의 편린들을 드러내는 요소라 할 수 있다.

25 편의상 『페터 슐레밀의 기이한 이야기』를 "PS"라 칭하고 그 옆에 쪽수 또는 장을 표기한다.

1815부터 1818년까지 3년에 걸친 세계여행은 샤미소의 낭만주의에 대한 열정을 식히는 계기가 되었다. 그는 오토 폰 코제부가 지휘하는 루릭 호를 타고 대서양을 넘어 태평양을 지나, 아시아, 아메리카, 하와이, 라타크 열도를 거쳐 북극으로 나아가려는 의도로 베링 해협을 통해 동북경로를 찾고자 했다. 이 탐사일정은 『탐험여행의 논평과 견해』(1821)에 기록되었으며, 이후 샤미소는 학문적 지평을 넓히고 베를린 식물원 관리자로 활동하게 된다. 탐험가이자 식물학자로서 샤미소의 삶은 당시 독일 사회에서 여전히 '이방인'으로 남아있었던 그의 활동범위와 의식을 확장하는 계기가 되었다. 비록 당시 알렉산더 폰 훔볼트에 비해 지명도는 낮았지만, 샤미소는 식물학 연구에서 CHAM이라는 이름으로 활발히 활동하였다. 여행 중 그는 자연 뿐만 아니라 인간, 사회, 정치적 관계에도 관심을 기울였으며, 식민지화, 노예거래, 선교 활동에 대해 비판적 시선을 견지했다. 그는 여행을 통해 다양한 사회를 접하면서 개방적인 정신을 형성하였고, 이러한 태도는 그의 계몽주의적 프로젝트로 이어졌다. 오늘날 샤미소는 계몽된 낭만주의자로 불린다. 샤미소는 시인이자 번역가, 식물학자로서 국가 간 문화교류의 '초기 사신' 역할을 했으며, 다문화적인 세계를 경험한 문화의 전령이었다. 샤미소 전기 작가인 페터 란슈타인 Peter Lahnstein은 다음과 같이 적었다.

> 그의 작품에서 '민족들의 목소리'가 무수히 울려 퍼진다. 독일과 프랑스를 넘어서 스페인, 바스크, 코카서스의 목소리가, 폴란드 유대인, 헝가리, 북유럽, 러시아의 목소리가 옛 동방에서, 미국에서, 남해에서 온 목소리가 그의 시 속에서 서로 흐른다: 이국적 모티브와 번안 및 번역의 수용과 형상화가 그의 시에 녹아있다.

칼 뢰베와 로베르트 슈만은 샤미소의 『여인의 사랑과 생애』(1830)를 바탕으로 연가곡집을 작곡했다. 그의 시는 민속적 색채를 띠는 한편, 게오르크 헤르베그 Georg Herwegh(1817-1875), 하인리히 라우베 Heinrich Laube (1806- 1884), 호프만 폰 팔러슬레벤 Hoffmann von Fallersleben(1798-1874)

과 함께 시대 비판적인 3월 전기 Vormärz 문예사조로 분류되기도 한다. 그는 나폴레옹에 맞선 스페인 항쟁, 1825년 12월의 러시아 데카브리스트 봉기, 1830년 제정 러시아에 맞선 폴란드 저항운동, 그리고 그리스 독립전쟁을 주제로 삼는 한편, 사랑, 죽음, 신의, 용기 등 시민적 주제 역시 시화하였다. 프랑스 정치시 번역과 민주적 의견 개진을 통한 정치적 영향이 있었음에도 불구하고, 당시 그는 정치적 시인으로 편입되지는 않았다. 칼 아우구스트 바른하겐, 루이 드 라 포예, 율리우스 에두아르드 히치히는 후에 샤미소의 친밀한 친구가 되었다. 이들 베를린 낭만주의자 그룹과의 교제는 샤미소의 문학을 낭만주의 계열로 분류하게 만들었고, 그의 주인공 슐레밀은 이러한 평가에 기여했다. 그림자와 금화를 교환한다는 초기 자본주의 의식이 담긴 『페터 슐레밀』의 시대비판적 요소에도 불구하고, '그림자 상실'과 '마법의 장화'는 여전히 낭만주의적이고 환상적인 주제로 간주된다.

2003년 샤미소 문학상의 수상자는 일마 라쿠자였다. 스위스 작가이자 번역가인 그녀는 슬로베니아와 헝가리 출신의 부모를 둔 슬로바키아 출신으로, 부다페스트, 류블랴냐, 트리에스테를 거쳐 1951년 취리히로 이주했다. 이후 파리, 레닌그라드에서 학업을 이어가며, 이주자으로서의 정체성을 보여주었다. 이러한 여정은 현대사회의 단면을 반영한다. 그녀는 이민 없는 인류를 상상하기란 모든 관점에서 가련한 일일 것이라고 말하며, 인류의 노마드적 특성에 주목하였다. 2000년 샤미소 문학상 수상자였던 페리둔 차이모글루 Feridun Zaimoğlu 역시 1965년 터키에서 독일로 이주한 작가로, 독일사회에서 터키 젊은이들의 언어와 정체성에 대한 묘사로 주목을 받았다. 오타 필립, 일리야 트로야노프, 에민 세프기 외즈다마, 라픽 샤미, 헤르타 뮐러, 드라지카 라이예이 등 이민자 문학의 작가들은 체화된 모국어가 아닌 독일어로 글을 쓰며 독일 현대문학의 특징을 새롭게 추가하였다. 국내에서는 에미네 세브기 외즈다마와 요코 다와다가 특히 주목을 받았다. 터키의 문화와 모계전통을 유럽에 소개한 외즈다마의 문학 텍스트는 상호문화성, 혼종성, 노마디즘, 육체성에 대한 담론을 생산한 반면, 독일문학, 러시아문학 그리고 일본문학을 공부한 다와다 요코는 낯선 언어의 빈 틈을 통해 익숙하지 않은 세계에 주목하였다는 평을 받았다. 이들 작가들은 낯선 언어로 글을 쓰며 독일 현대문학의 지형을 바꾸고 있다.

시민사회에서 그림자가 갖는 의미

> 나는 그가 경탄할만한 솜씨로 머리에서 발에 이르는 내 그림자를 풀밭에서 살짝 거둬 올려 돌돌 말아 접어 몸 안에 집어넣는 것을 보았다. 다시 일어서서 그는 내게 공손히 인사를 건네고는 장미숲을 향해 되돌아갔다. 그가 나직이 내뱉은 웃음소리를 나는 들었다. 그러나 나는 행운의 자루 끈을 꼭 쥐었다(PS 1장).

1813년에 집필되어 이듬해 발표된 소설의 도입부에서 슐레밀은 고된 항해를 마치고 함부르크에 도착한 뒤, 일자리를 얻고자 부유한 상인인 토마스 욘을 방문하였다. 그는 욘의 저택 정원에서 회색 옷의 신사를 만나게 된다. 그는 슐레밀의 그림자를 갖기로 하고, 그에 대한 대가로 화수분과도 같은 금화 주머니를 슐레밀에게 건넨다. 양심을 중시하며 살아온 주인공은 생활고로 인해 형언하기 어려울 만큼 아름다운 자신의 그림자를 회색 남자에게 팔게 된 것이다. 이로 인해 그림자를 상실한 주인공은 예기치 않게 사회적 관계망에서 소외되고 배제되기 시작한다. 슐레밀은 그림자를 판 대가로 얻은 재력으로 많은 사람들을 돕고 호화로운 생활을 하지만 이 거래에 대해 후회하게 된다. 사람들이 그림자가 없는 그를 손가락질하며 조롱했기 때문이다. 사랑하는 미나와의 결혼이 좌절된 후, 회색 옷의 남자가 다시 나타나 이번에는 슐레밀의 영혼을 담보로 그림자를 돌려주겠다고 제안하지만 슐레밀은 회색 남자의 두 번째 제안을 거절하고 주머니를 던져버린다. 그는 몇 푼 남은 돈으로 마법의 낡은 장화를 구입하고 세계여행자와 자연과학자로서 여생을 살아가게 된다. 이 장화는 한 걸음에 7마일을 달리는 신기한 요술 장화로, 주인공이 세계를 탐구하는데 요긴한 이동 수단이 된다. 이것이 11장으로 구성된 작품의 대략적인 줄거리이다.

회색 남자는 신비롭고 마법적인 존재로, 초자연적인 영역과 인간적인 현실 사이를 넘나든다. 그는 조용하고 수척한 큰 키의 노인으로, 호주머니에서 반창고, 텐트 등 다양한 물건을 꺼내는 특수한 능력을 지닌 인물이다. 파티 참석자들이 '터키산 양탄자가 있으면 좋겠다'는 말을 하자, 금테를 두른 터키산 양탄자와 천막, 세 마리 말이 차례로 나온다. 그러나 슐레밀을 제외한 다른 참석자들은 이 광경을 전혀 이상하게 여기지 않는다. 이는 도시 사람들이 회색 남자, 즉 물질사회의 단면에 이미 익숙해져 있다는 것을 시사한다. 회색 남자는 "자본주의 상품세계의 환상적 화신"(Freund 1990, 57)으로 해석할 수 있다. 회색 남자의 이러한 특성을 통해 볼 때, 슐레밀의 그림자 거래 사건은 당시 물질을 가치 증식의 수단으로 조직하는 자본주의 사회상을 의미한다.

> 내가 생각에 잠겨 성문으로 가던 중, 뒤에서 "젊은 양반! 잠시만!"하고 외치는 소리를 들었다. 주변을 둘러보니 나이든 여자가 소리치는 것이었다. "보아하니 당신은 그림자를 잃어버렸군요." 이에 나는 "고맙습니다, 아주머니!"라고 답하며, 선의로 충고를 해준 대가로 금화 한 닢을 그녀에게 던지고, 나무들 아래로 걸어갔다(PS 2장).

슐레밀이 전하는 이 장면을 통해 볼 때 시민들은 그림자에 유독 신경을 쓰고 있다. 『페터 슐레밀』의 불어판 서문에서 샤미소는 '견고한 것'과 그림자의 의미를 진단하며, 그림자가 단지 물리적 존재 이상의, 인간 존재의 중요한 일면을 상징한다는 점을 강조한다. 슐레밀이 자신의 그림자를 무심히 내어주기 전까지, 그는 그림자가 견고한 성질의 것임을 인식하지 못했다. 칼 바르트의 그림자 해석에 따르면, "혈족, 몸의 형태, 조국, 신앙, 가족, 계층"(Bartel 1879, 317) 등은 자연적으로 인간에게 부여된 특성들이며, 평소에는 그 중요성을 의식하지 않지만, 이들에 대한 위협이 가해질 때 그 의미가 뚜렷하게 드러난다고 보았다. 그림자 또한 이 해석에 따르면 태생적으로 부여된 것으로, 존재의 중요한 요소로 작용한다.

더 나아가 페터 슐레밀의 그림자는 주체성과 사회성의 상징이다. 표현주의 화가 에른스트 키르히너는 1915년 페터 슐레밀에게서 친근성을 느꼈고, 자신의 내적 분열을 표현하기 위해 이 작품과 관련된 순환작품집을 완성했다. 키르히너에게 슐레밀의 이야기는 자신이 무의식적으로 품어온 내적 갈등과 끝없는 편협함을 갑자기 의식하게 되는 강박적 광기의 이야기로 다가왔다. 이 작품은 또한 고향, 동성애 상징 등 다양한 해석학적 관점을 제공한다. 회색 남자가 슐레밀의 그림자를 신체에서 분리해 종이처럼 둘둘 말아가는 장면은 1800년대 그림자극과 관련하여 분석되기도 했다.

그림자 상실 후, 그림자의 중요성이 명확히 드러나는 점은 그림자가 시민성과 사회성의 상징이라는 것이다. 그것이 민족이든, 언어든, 성 정체성이든 그림자 상징은 사회적 산물로 취급되어, 그림자를 팔게 된 슐레밀은 이로 인해 타자가 되고, 사회적 소속감을 잃은 개인에 대한 사회적 냉담을 경험한다. 이렇게 볼 때, 페터 슐레밀의 기이한 이야기는 평소 우리가 신경쓰지 않던 사물이 실제로는 '견고한 것'에 해당된다는 것이다. 주인공은 돈의 중요성을 알지만, 그림자의 중요성에 대해선 무관심하였다. 신중치 못한 슐레밀은 돈의 가치를 알고 있었기에 돈 주머니를 탐하였지만 그림자라는 무형의 자산에 대해서는 미처 생각치 못했다. 그는 그에 대해 대가를 치렀고, 그의 경험은 우리에게 '견고한 것에 대해 생각하라!'는 가르침을 준다.

슐레밀이 회색 남자에게 정체를 묻자, 그는 자신을 "가련한 악마"라고 소개한다. 돈을 매개로 인간 사회의 배제와 포섭을 놀이처럼 다루는 회색 남자는 특히 부자들과 좋은 관계를 맺고 있다(PS 9장).

> 나는 가련한 악마야, 일종의 학자나 물리학자이기도 해, 탁월한 기교에 대한 대가로 친구들에게 배은망덕을 당하지만, 지구상에서 자기 자신을 위해서는 약간의 실험 외에 어떤 재미도 없지(PS 5장).

악마의 유혹놀이에 슐레밀이 끌려들어가게 된 것은 그가 신분상승을 원하는 욕망을 갖고 있었기 때문이다. 작품의 전개과정에서 회색 남자는 슐레밀의 삶에 개입하지만, 궁극적인 결정권자는 아니다.

> "당신의 그림자는 오직 한 가지 조건에서만 되찾을 수 있습니다."
> 지난 시절의 형상들이 내 영혼에 떠올랐다. 나는 그에게 재빨리 물었다.
> "혹시 욘 씨의 서명도 갖고 있습니까?"
> 그는 웃으며 대답했다.
> "그렇게 착한 친구와는 아무런 어려움이 없었어요."
> "맹세코, 그는 어디 있죠? 알아야겠소!"
> 그는 주저하며 손을 주머니에 집어넣고, 그곳에서 몇 개의 머리카락을 꺼내자, 토마스 욘의 창백하고 훼손된 얼굴이 나타난다. 그의 창백한 주검의 입술이 힘겹게 움직이며 말을 했다.
> "신의 정의로운 심판으로 나는 처형당했으며, 신의 정의로운 심판으로 나는 저주받았다."
> 나는 너무 무서워서 재빨리 쨍그랑거리는 주머니를 심연 속으로 던지며 그에게 마지막 말을 남겼다.
> "신의 이름으로 맹세컨대, 이 끔찍한 자여, 여기서 떠나 내 눈 앞에 다시는 나타나지 말거라!"
> 그는 움울하게 일어나 풀이 무성하게 자란 곳과 경계를 이루는 암석들 뒤로 즉시 사라졌다.

상기 인용문에서 회색 남자와 슐레밀의 대화 장면은 욘이 자신과 마찬가지로 그림자를 돈 주머니와 교환했음을 암시한다. 하지만 슐레밀과 달리, 욘은 영혼 거래를 통해 그림자를 되돌려 받았을 가능성이 제기된다. 욘에게는 사회적 평판이 중요한 가치였으며, 그의 영혼은 회색 남자의 주머니 속에 저당 잡힌 것이다. 현대인의 삶은 끊임없이 회색남자와 거래하는 욘의 모습을 닮아있다.

초기 자본주의 시대에 회색 남자는 물질을 대가로 그림자와 영혼을 수집한다. 슐레밀의 그림자는 회색 남자에게 '형용할 수 없는 놀라움으로 바라보게 되는 아름답고 아름다운 그림자'로 묘사된다. 회리쉬는 자본주의 시대에 그림자를 수집하는 회색 남자를 "탈형이상학적 시대에 그 불쌍한 악마가 근원적인 형이상학적 요청에 얽매어 있다는 점에서 최후의 형이상학자"(Hörisch

1995, 28)라고 그를 불렀다. 이런 맥락에서 회색 남자는 근원적인 것을 잃어버릴까봐 두려워하는 철학적 존재라 볼 수 있다.

슐레밀의 그림자와 유럽의 자화상

플라톤은 『국가』 제 7권 서두에서 스승인 소크라테스를 등장시켜 인간의 교육과 방법에 대해 논의한다. 플라톤의 "동굴의 비유"는 동굴 속에 갇혀 그림자를 통해 외부 세계를 파악하는 죄수의 이야기로 시작된다. 이 죄수는 몸을 속박하는 사슬이 풀리고 벽에 비친 그림자의 원본이 사실은 모형에 불과하다는 것을 뒤늦게 알게 된다. 이를 통해 그는 실제적인 것이 부재한 가상의 그림자에 대해 인식하게 된다. 벽에 비친 그림자가 모형의 환영에 불과하다는 다는 사실을 깨달은 죄수는 진리라 여겨왔던 관념에 대해 회의하기 시작한다.

그림자의 부재를 딛고, 자연과학자로서 또 다른 세계를 살아가는 슐레밀에게 그림자는 더 이상 견고한 것이 아니다. 동굴 밖에서 태양을 마주한 죄수가 동굴 안의 상황을 진지하게 생각하지 않는 것처럼, 시민사회의 덕목인 그림자의 속박에서 벗어난 슐레밀은 비로소 자유인이 되어 자연 과학과 탐구의 세계로 나아간다. 이런 의미에서 "그림자는 우리가 오로지 자기 자신과 보다 나은 자기 자신만을 위해 살고자 할 때, 단념해도 좋은 것으로 명명된다"(PS 11장; Mann 1960, 56). 이는 토마스만의 예술가로서의 정체성과도 유사하다.

유럽의 그림자는 안녕한가?

정신분석학적 관점에서 그림자의 속성인 어둠은 인간의 무의식과 밀접하게 연결된다. 이때 무의식의 잠재성은 단지 정신분석의 해석적 영역에 머무르지 않고, 존재론적 차원으로 확장되어 자아의 의식에 직접적인 영향을 미친다. 자본주의 사회에서 그림자는 더 이상 무의식의 등가물이 아니다. 그러나 그것이 내면의 욕망을 분출하는 기제로 기능한다는 점에서는 일정한 유사성을 지닌다. 그림자가 거래의 대상이 되는 순간, 그림자는 본래의 상징성을 잃고 의미의 전도화를 거쳐 교환가치로 환원된 기호로 남는다. 이 때의 기호는 아우라가 제거된 표식, 즉 '토큰'이다.

슐레밀은 그림자를 상실한 이후 그것을 단단하고 실체적인 것으로 인식하고 집착했다. 이때 그는 외부적 조건에 의해 규정된 불행한 존재였다. 그러나 그가 그림자를 회복하고자 그토록 찾아 헤맨 두 번 째 거래의 순간이 왔을 때, 슐레밀은 더 이상 과거의 실수를 반복하지 않기로 한다. 그는 영혼을 담보로 그림자를 되찾느니, 그림자 없는 삶을 살기로 결심한 것이다. 궁극적으로 그는 물질보다는 본연의 정체성에 무게를 둔 인물이었다.

> 이전에는 내 양심에 모든 재산을 바쳤지만, 그런데 지금의 나는 단지 돈 때문에 그림자를 바치고 말았구나. 이제 나는 이 지상에서 어떤 사람이 될 수 있고 어떤 사람이 될 것인가!(PS 2장)

주인공의 그림자에 대한 인식의 과정을 보면, 그림자 상실은 단순히 '순수한 그림자' 혹은 원형적 그림자로부터의 분리를 의미하지 않는다. 그림자가 사라진 그는 외부의 시선 및 일그러진 관계 때문에 불행했지만, 점차 그림자가 물화되는 과정을 거부하고 그림자가 중시되는 사회에서 이탈하게 된다. 주체의 욕망을 이용해 그의 영혼을 앗아가려는 회색 남자는 파우스트의 영혼을 담보로 내기 계약을 맺은 메피스토펠레스에 비견된다. 회색 남자가 '죽은 후 이 서류를 가진 자에게 내 영혼을 넘기겠다'는 유언장에 서명할 것을 요구하자 슐레밀은 자신의 그림자를 되찾으려는 목표를 접고, 마침내 악마와의 거래를 끝내게 된다. 그는 공포에 휩싸인 채 문제의 마술 지갑을 깊은 물속에 던져버리며 회색 남자와 절연한다.

> 나는 너무 무서웠고 재빨리 금화소리를 내는 마술 주머니를 깊은 물속으로 내던지면서 그에게 마지막 말을 던졌다. '신의 이름으로 맹세컨대, 이 끔찍한 놈아, 이곳에서 꺼지

고 결코 내 눈 앞에 모습을 드러내지 말거라!'(PS 8장)

이 사건을 계기로 슐레밀은 그림자가 중요한 의미를 갖는 전통적 규범 사회를 벗어나 고독한 학자이자 탐험가로서 길을 걷게 된다. 그림자가 빛의 결과물이라는 점을 상기할 때, 더 이상 그림자에 집착하지 않는 그의 행위는 외부적 조건인 빛과 그로 인한 빛나는 삶에 큰 의미를 부여하지 않겠다는 것이다. 그는 본래 회색 남자가 큰 돈을 주고 사고자 했던 아름다운 그림자의 소유자였기 때문이다. 이렇게 볼 때 모든 존재의 구성 요소인 그림자는 고유한 정체성 내지 삶의 스타일에 대한 문제로 귀결된다. 사실적이고 가시적인 그림자가 철학적이고 미학적인 영역으로 이행하고 있는 것이다.

그림자가 중요한 사회에서 패러다임 전환의 계기가 된 것은 돈 주머니를 손수 버리는 것에서 출발하였다. 슐레밀이 구입한 낡은 장화는 그의 삶에 결정적인 전환점을 가져오는데, 그는 마법의 장화를 신고 숲, 평야, 산맥, 황야, 사막을 순식간에 지나며 유럽을 지나 북아시아, 빙하 지역, 그린랜드, 아메리카 지역을 두루 탐험했다. 슐레밀은 유프라테스 강, 티그리스, 미시시피를 돌아 유럽으로 돌아갔다. 그의 행선지에는 중국, 티벳, 수마트라와 인도네시아도 포함된다. 그의 행적은 1799-1804년까지 중남미를 탐험한 후 근대 자연과학과 생태학, 인류학에 큰 영향을 끼친 알렉산더 폰 훔볼트(1769-1859)를 닮았다. 자연과 문화를 탐험하고 방대한 관찰 일지를 작성한 슐레밀의 후일담은 대항해 시대의 탐험의 역사와 관련이 있지만, 착취 및 행정과는 관계 없이 지식 체계를 수립했다는데 의의가 있다. 위르겐 베르트하이머가 지적했듯, 유럽은 세계를 물질적으로 발견했을 뿐 아니라 탐험을 통해 세계 지도를 제작했다. 그 과정에는 약탈의 역사도 포함된다. 그림자를 버리고 실체를 찾아 떠난 여행이 또 다른 의미에서 제국주의 역사를 초래하였다는 것은 삶의 아이러니다.

『페터 슐레밀의 기이한 이야기』 도입부에서 슐레밀은 힘든 항해를 마치고 항구에 도착한 후, 일자리를 얻기 위해 추천장을 들고 욘 씨의 저택을 찾았다. 그곳에서 그는 자신의 "고귀한 그림자"를 행운의 주머니와 바꾸게 되었다. 회색 남자는 "구걸하는 음성으로" 슐레밀의 그림자를 탐하였다. 이 사건은 개인의 불행한 거래를 넘어서, 현대 사회에 대한 철학적 메시지를 담고 있다. 유럽은 아름다운 대륙의 그림자를 경제적 가치와 맞바꿈으로써 지층처럼 다져온 유럽의 유구한 문화 유산에 손상을 입히고 있다.

또한 슐레밀의 그림자 상실은 그림자라는 실체없는 정체의 기호로 해석될 수 있다. 그림자를 잃어버린 슐레밀이 그림자를 정체성의 일부로 이해할 때, 그림자는 익명성을 벗고 사회적 위치를 가늠하는 행위자가 된다. 슐레밀이 황금을 방 안에 쌓아두고 있었지만, 그림자를 상실한 그는 사회적 공간에서 소속감과 활동이 결여된 존재로 전락하였다. 이는 그림자가 행위자라는 것을 역설한다고 볼 수 있다. 마치 국외자의 처지가 된 듯, 슐레밀은 자신이 이 세계에 속할 수 없음을 알게 되었다. 이러한 구도는 유럽연합의 현 상태와 관련해 생각해 볼 여지가 있다. 유럽연합은 회원국들의 독특한 정체성과 문화적 특수성을 뒤로 한 채, EU라는 통합 단위 안에서 대륙을 효율적으로 관리하고자 하였다. 그 과정에서 각국의 개성은 사라지고, 효율성의 그림자가 대륙을 잠식한다. 이제 유럽은 이 그림자를 격리하고, 스스로의 아름다운 그림자를 보존해야 한다. 유럽연합의 효율적인 관료 시스템은 각국의 문화적 다양성과 역사적 유산을 등한시하고, 경제적 논리를 우선시함으로써 전통과 가치를 해칠 위험이 있는 것이다.

이와 같은 맥락에서, 엔첸스베르거의 유럽연합에 대한 성찰은 괄목할 만하다. 그는 『아, 유럽!』에서 유럽의 문화적 다양성과 정신적 특수성에 주목하였다. 작가는 두 개의 국가 체제였던 1987년에 시선을 유럽으로 돌려, 유럽의 '주변부'라 할 수 있는 7개국을 여행하였다. 동경어린 탄식으로 시작된 이 책은 작가가 방문한 나라의 문화적 다양성과 정신성에 대해 적고 있다. 그럼에도 이러한 논의가 시의적절했는지에 관해서는 독일문단 내부에서 논쟁이 되기도 하였다.

이후 엔첸스베르거의 유럽 담론에서는 관료제의 폐단을 감지하고 '하나된 유럽'에의 기획이 관료제의 총합이자 '개선된' 인간을 목표로 하는 일종의 부드러운 테러라고 날을 세운다. 그는 EU 기관이 합리적이고 온순하지만 실상은 복잡하고 비민주적이며 유럽 시민을 억압한다고 보았다. 슐레밀이 아름다운 그림자를 상실했듯, 유럽 시민의 자율성과 문화적 정체성은 거대 구조에 의해 희생되고 침해될 우려가 있다. 합당하게도 엔첸스베르거는 '우리 자신보다 우리를 더 잘 아는' 유럽연합이 유럽시민을 미숙한 시민으로 취급하여 시민의 삶에 서서히 잠입해 들어갔다고 비판의 날을 세우기도 하였다.

> 콘크리트 덩어리로 도심을 점령한 기관들은 외부인같지만 항상 호의적인 권력을 대표한다. 실제로 바로 이 호의가 그들을 불가침하게 만든다. 이 권력이 저항할 수 없을 정도로 확장되고, 일상의 모든 틈새로 침투하고, 자유 사회에서 인간의 감정과 활동을 유례없이 규제한다는 사실은 놀랍지 않다.

인용문에서 보듯이 점점 더 기능적이고 관료화되어가는 유럽에 대해 엔첸스베르거는 『온순한 괴물 브뤼셀 혹은 유럽의 금치산』(2011)을 통해 유럽연합 수뇌부를 비판하였다. 이는 국민 다수의 직접적 참여 없이 운영되는 EU의 핵심기관이 정치적 미성년 상태라고 본 것이다. 여기서 작가는 일찍이 다국적 기업의 활동지였고 유럽집행위원회의 본부가 있는 벨기에의 수도 브뤼셀을 '온순한 괴물'로 설정하였다. 그림자를 통해 개인의 삶을 조정하는 (비)가시적 힘들은 슐레밀의 의식을 통제하는 권력이었듯, 유럽연합은 위원회 건물의 물성인 유리 파사드와도 같이, 투명한 유리벽 뒤에서 은밀히 작동하는 거대 권력이다. 이 힘은 호의적이고 긍정적으로 포장되어 있어서, 결국 그들의 힘이 교묘히 관철된다는 데 맹점이 있다.

유럽의 자화상, 문화와 경제 사이에서

슐레밀의 그림자는 사회적, 경제적 가치에 대한 논의 외에도 존재론적 문제를 반영하고 있다. 그림자가 없다는 것은 단지 존경이나 명성, 평판을 잃는 것에 그치지 않고, 재정적 견고함을 또한 반영한다. 샤미소가 강조한 '견고한 것에 대해 생각하라'는 외침은 오늘날 유럽에 던지는 중요한 질문일 수 있다. 이는 유럽 사회가 중시하고 있는 것이 무엇인지를 묻는 근본적 문제 제기에 해당한다. 유럽이 자랑하는 유구한 문화적 기반과 대륙의 질서는 급격한 사회변화 속에 끊임없는 도전을 받고 있다.

그리고 마술장화의 역동성에 대한 해석은 또 다른 시각에서 조망될 수 있다. 막시밀리안 베르겐그루엔은 장화를 도덕성과 경제적 행위와 연결하며 다른 시각에서 바라본다(Bergengruen 2016, 187). 한 번에 7마일을 가는 장화는 가속화된 시간과도 관련되어, 마법을 통한 세계 개척의 역사라 할 수 있다. 이는 당시 사회사적 배경에서 신기술을 통한 대륙의 제국주의적 욕망과 관련된 해석으로, 장화의 속도감은 '무한히 창출되는 돈과 파산'이라는 자본주의의 내재적 속성과 관련해 해석되기도 한다(이호성 2025).

베르겐그루엔은 돈주머니와 7마일 장화를 일상에서의 '환상적 출발점과 노동활동을 염두에 두지 않는 사치스러운 행위'와 연결짓는다. 슐레밀의 그림자 거래와 마법의 장화를 프로테스탄트적 직업윤리에 맞선 자본주의 사회의 사치스런 양태라고 비난하는 것이다. 이는 앞서 언급한 장화를 통한 학술 여행과 배치되는 관점이다. 그러나 대항해시대 탐험의 역사가 근대 사회로의 진입을 촉진하였다는 것을 감안할 때 과학 발달의 역사는 일종의 폭력성을 담고 있다는 사실은 자명하다. 이러한 해석은 환상문학에 대한 과격한 해석임에도 도덕성과 생활윤리를 강조하는 한편, 자본주의적 욕망에 대한 유럽의 사회상을 독해하는데 도움을 준다.

"빛나는 태양 아래 고상하고 당당한 마음으로 멋진 그림자를 발밑에 드리우던"(PS 1장) 슐레밀은 독일작가들이 자랑해 마지 않는 유럽의 그림자에 다름 아니다. 그럼에도 유럽이라는 단위체는 어디선가 괴상망측한 그림자 '거래'를 시도하고 있을지 모를 일이다. 이를 유럽인의 시각에서 바라보자. 트로이를 함락시킨 트로이 목마가 될 수 있다는 유럽연합의 우려에도 불구하고, 이탈리아는 슬로베니아 접경지이자 아드리아해 북부 트리에스테 항구와 라벤나 항, 북서부 제노바, 남부 시칠리아의 팔레르모 항구를 중국 자본에 개방한 바 있다. 독일이 중국에 개방의 물꼬를 트던 시점에 중국은 『페터 슐레밀』의 배경인 함부르크에도 터미널 건설을 비롯한 해운산업에 공을 들이고 있었다. 이를 우려하듯 델리우스는 『중국인이 뤼겐을 산다면 나를 생각하라』(2019)는 도발적인 소설을 통해, 그리스 최대항인 피레우스가 중국 자본에 매각되는 내용을 비판적으로 다루었다. 이와 동시에 작가는 유럽에서 중국의 승리행진을 가능케 한 독일정부의 정책을 비관적으로 바라보았다.

델리우스는 전형적인 68세대 작가이자 뷔히너 문학상의 수상자이다. 프리드리히의 회화 <뤼겐 섬의 백악암>(1818)을 소설의 표지로 삼은 데서도 알 수 있듯, 델리우스는 발트해 연안의 아름다운 섬 뤼겐을 외국 자본과 맞바꾸고 싶지 않았다. 이러한 문학 현상은 오늘날 샤미소의 주인공을 소환한다고 볼 수 있는데, 회색 남자는 과거의 시간에 박제되어 있지 않고, 현대에도 여전히 돈주머니를 품에 넣고 거래 대상을 찾아 유령처럼 세계를 떠돌고 있다. 그림자를 유럽이 가꾸어온 문화, 공통된 기억의 상징으로 이해할 경우, EU의 그림자는 회원 상호 간 연대와 소속감을 위해 경외시하고 지켜야 할 가치이다.

현대 유럽의 문학가들은 '유럽'을 주제로 글을 쓰며 자신들이 누구인지, 무엇을 옹호해야할지를 거듭 묻고 있다. 유럽은 어느 대륙 못지않게 역사적 전통이 견고하며 유럽공동체를 통해 국제적 위상을 높여왔다. 경제적 통합과 정치적 통합을 바라는 EU의 염원은 국경, 난민, 전쟁, 사회 갈등 등을 다룬 최근의 독일문학 동향이 증명하듯 장미빛 청사진은 아니다. "유럽은 공중누각도, 환영도, 판타지의 산물도 아니며 구체적이고 고도로 세속적인 현재적 사안"(Wertheimer 2020, 15)인 것이다. 고향을 상실한 샤미소가 문학과 자연 속에서 정신적인 고향을 찾았고, 유럽이라는 일종의 민족주의적 히스테리에서 벗어나 상호문화성의 자유를 누렸듯이 오늘날 가족, 교육, 직업, 행복 등 서로 다른 이유로 고향을 떠나 삶을 영위하는 유럽인들에게 유럽은 에우로페의 "찢어진 드레스"가 아닌, 모든 지역이 긴밀하게 연결된 온전한 유럽 지도를 자화상으로 제시해야 할 것이다.

슐레밀은 자신의 아름다운 그림자를 경제적 가치와 맞바꿈으로써 초기 자본주의 사회의 의식변화과정을 선보였다. 샤미소의 작품은 그림자를 통해 현실적 문제를 다루면서도 그림자 거래와 마법의 장화라는 낭만주의적 모티브로 인간 조건의 문제를 탁월하게 논의하고 있는 셈이다. 슐레밀이 회색 남자에게 가늠할 수 없는 많은 재화를 받고 그림자를 판 사건은 그림자의 높은 가치를 역설한다. 다른 한편 그림자를 잃고도 삶을 새롭게 개척한 주인공의 행적은 물질적 가치관에 대한 경고로 독해된다. 금화 주머니를 기꺼이 포기함으로써 주인공은 역설적이게도 견고한 삶을 살게 되었다. 이는 소설에서 그림자가 지닌 중의적 의미에 해당한다.

7마일장화를 신고 세계를 여행하는 슐레밀은 다니엘 켈만의 주인공 훔볼트가 그러했듯 발품을 팔아 세계를 측정하였다. 슐레밀이 그림자를 팔고 정체성에 위기를 느끼는 과정은 오늘날 유럽이 처한 상황과 비견된다. 이런 점에서 슐레밀의 그림자 사건은 폐쇄적이고 물질화되어가는 유럽연합에 경종이 될 수 있다. 유럽이 견지해온 아름다운 그림자를 자본주의 메커니즘으로 접근할 때 유럽은 그들만의 고유한 문화적 전통을 상실할 수 있다. 한 사회의 경제적 편향성은 문화적 가치를 쉽사리 결정해버릴 수 있기 때문이다. 물론 역도 가능한데 이는 존재와 의식 간의 해묵은 논쟁으로 이어질 수 있다.

그림자는 경제적 측면에서 돈과 등가물이 아님에도 회색남자에게는 물질적 가치 이상의 의미를 지녔다. 이 점은 그림자를 수집하는 이 기이한 남자를 형이상학자로 독해하게 하며, 유럽이라는 오랜 그림자를 끈질기게 부여잡고 있는 인물로 인식시킨다. 또 다른 의미에서 그림자가 '보다 견고한' 것으로 해석되는 이유이다. 이때 견고성은 사회적 조건과는 또 다른 향방에서의 정신성 또는 자연성이라 할 수 있다.

7.

20세기 유럽의 도시와 묵시록적 기록

20세기 유럽의 도시와 묵시록적 기록

아테네의 희극작가 아리스토파네스의 작품 『아카르나이 주민들』(기원전 446-386년)에는 농부 디카이오폴리스가 전쟁에 대한 불만을 토로하는 장면이 나온다. 그는 스파르타인들에 대해 다음과 같은 분노를 터뜨린다.

> 저 스파르타 놈들이 진저리나게 싫어!
> 포세이돈께서 저들의 집을 통째로 흔들어 무너뜨리셨으면 좋겠어.
> 내가 애써 가꾼 포도넝쿨까지 베어버렸으니 말이야.

그러나 이러한 분노는 곧 자기 성찰로 이어진다. 디카이오폴리스는 "왜 우리의 모든 고통을 스파르타인들 탓으로만 돌리는가"라는 질문을 던지며, 전쟁의 책임이 적에게만 있는 것이 아니라 아테네인 자신들에게도 있음을 인정한다. 이 대목은 아카르나이가 아테네 북서부의 요충지로서 스파르타의 공격에 취약했다는 사실과 함께, 전쟁의 반복이 남긴 사회적 피로와 자책을 잘 보여준다. 이와 같은 문제의식은 20세기 초 오스트리아 빈의 상황과도 상응한다. 슈테판 츠바이크가 『어제의 세계』에서 표현했듯, 오스트리아-헝가리 제국이라는 "어제의 세계"에서 평화롭게 성장한 세대는, 제국의 몰락과 더불어 20세기의 대혼돈 속으로 내던져졌다. 1차 세계대전 초기, 그로덱 전투 역시 국토를 유린하고, 병사들과 시민들의 삶을 짓밟았다. 그로덱은 오늘날 우크라이나 영토에 속하며, 당시 동쪽으로는 러시아 제국, 서쪽으로는 독일 제국과 오스트리아-헝가리 제국이 맞닿아 있었고, 남쪽으로는 부코비나와 루마니아가 위치하였다. 이러한 지정학적 위치로 인해 갈리치아 전선에서는 격렬한 충돌이 불가피하였다.

1914년 8월 24일 밤, 오스트리아 군대의 동원령에 따라 게오르크 트라클(1887-1914)은 인스부르크 역에서 군 수송열차에 몸을 실었다. 그는 곧 동부전선으로 향하게 되었다. 이 시기 루드비히 비트겐슈타인, 루드비히 마이드너를 비롯해 당대 여러 지성들이 전쟁에 참여했으며, 제1차 세계대전에서의 경험은 이들의 저작과 사유에 지대한 영향을 미쳤다. 그러나 이 경험은 청년들이 전쟁 이전에 품었던 환상—영웅담에 대한 환호, 남성성의 과장된 이미지, 새로운 세상에 대한 기대—과는 전혀 맞지 않는 것이었다. 전쟁은 곧 파괴와 상실, 그리고 깊은 상흔으로 기억되었다. 슈테판 츠바이크 또한 헤르베스탈 국경지대에서 출발하는 군용열차를 바라보며, 동부전선에 배치될지도 모른다는 불안과 두려움을 기록한 바 있다(데이비스, 1996, p. 1148). 젊은 세대에게 전쟁터는 목숨을 위협받는 극한의 현장이었고, 전후 도시 풍경 또한 부상자들로 가득 차며 일상의 공기가 변질되었다.

1914년 8월 트라클은 제 1차 세계대전의 의무병으로 자원 입대하여 동부전선 갈리치아에 배치되었다. 그는 오스트리아-헝가리 제국과 러시아 제국의 전쟁을 목격하였고, 부상당한 환자를 혼자 돌봐야 했기 때문에 신경쇠약을 앓았다. 트라클의 의료업무는 이전의 이력과 관련된다. 1905년부터 1908년까지 그는 잘츠부르크 린츠가세에 있는 '하얀 천사 zum weißen Engel' 약국에서 약사 견습 과정을 밟았다. 이어 빈 대학에서 1908년부터 1910년까지 약학을 공부하였다. 1910/11년에는 제국군 의무과에서 1년간 복무했고, 1911년 말에는 다시 '하얀 천사'에서 처방전을 다루는 일을 맡았다. 이러한 경력은 그가 군의관으로 복무하게 된 배경을 설명해 준다. 갈리치아 군병원 기록에 따르면, 트라클은 갈리치아 전선에서 의료보조, 즉 '야전약사 Feldapotheker'로 복무하였다. 그러나 전선의 압도적인 현실은 그를 버티기 어려운 상황으로 몰아넣었다. 결국 1914년 11월 3일, 그는 크라쿠프 야전 병원에서 코카인 과다 복용으로 사망하였으며, 향년 27세였다. 트라클은 의학적 소명과 예술가적 감수성이 교차하는 갈리치아 전선에서 전쟁의 참상을 직접 겪었고, 『그로덱』, 『동부전선』과 같은 전쟁시를 남겼다.

그의 직접적 사인으로 기록된 코카인 과다 복용은 개인적 비극을 넘어, 세기말 fin de siècle 유럽 대도시의 약물 중독 문제와도 밀접하게 연결되어 있다. 당시 빈 사회에서 코카인을 비롯한 향정신성 물질은 단순한 치료제를 넘어, 집중력 향상이나 기분 개선을 위한 도구로 사용되었다. 지그문트 프로이트 빈 사립대학교 심리치료학과의 알프레드 슈프링어 Alfred Springer는 세기말 빈을 오늘날과 유사한 "자기최적화와 자기홍보의 시대"로 규정한다. 약물은 학문, 예술, 심지어 사교 생활에서 성과와 효율을 높이려는 목적으로 활용되었으며, 그 사용은 일상화되었다. 현대 사회에서 프로그래머, 의사, 개발자들이 합법적 두뇌 도핑 물질에 의존하거나, 청소년들 사이에서 카페인 음료와 에너지 드링크가 기억력과 동기 강화의 수단으로 소비되는 현상은 그 연속선상에 놓여 있다. 쿠르트 펠뢰커 Kurt Fellöcker(세인트텐 대학 중독 상담·예방 책임자)에 따르면, 이러한 시도는 "학업·직업·일상 속에서 성과 향상 수단으로 과소평가되고 있으며, 청소년 음료 지도가 시급하다"고 지적된다.

약물 사용의 양상은 치료와 신경 강화 사이의 경계를 모호하게 만들었다. 20세기 초 빈 사회 역시 이러한 경계의 유동성을 보여준다. "문제적이고 논쟁적인 세기말 비엔나의 문사"로 불린 칼 크라우스는 날카로운 풍자와 영리한 언어 유희, 그리고 엄격한 언어의식으로 당대의 사회상을 논평했다. 크라우스에 따르면, 형식이 내용을 이해한 곳에서만 영혼은 형식에 답하고, 이 안에 들어와 살고자 한다.

진리의 하얀 대제사장이여,
신의 얼어붙은 숨결이 깃든, 수정같은 음성이여,
진노하는 마술사여,

불타는 망토 아래, 푸른 전사의 갑옷이 울려퍼지는 자여.

이 시는 칼 크라우스라는 인물을 종교적이고 신비로운 상징을 통해 묘사한 일종의 찬가이다. 크라우스는 1899년 <횃불 Die Fackel>을 창간해 30여 년 동안 거의 유일한 저자로 활동하며, 주류 언론이었던 <신자유신문>의 정경 유착을 비판하는 한편, 문학가들에 대한 실명 비판도 서슴치 않았다. 트라클의 시에서 칼 크라우스는 진리의 수호자로, 순수함과 도덕성을 상징한다. 당대 동시대인 트라클은 빈 지성계의 논쟁의 대상이었던 그를 단순한 저널리스트나 시대의 풍운아가 아니라 "진리의 대제사장"으로 호명하고 있다. 시의 2행은 크라우스의 언어적 특징인 서슬퍼런 목소리와 절대적 힘을 나타낸다. 그는 만물을 생동케 하는 신의 부드러운 숨결 대신, 완곡한 풍자와 비판을 통해 세상의 부조리를 고발하였다.

세상을 향해 분노하는 언어의 마법사, 크라우스는 적과 싸우는 푸른 전사처럼 묘사되어 언어적 결투의 치명적 효과를 절대화하였다. 그런 그를 츠바이크는 "악의에 찬 조롱의 대가"라 불렀지만, 세기 전환기 빈 모더니즘 시기에 자본주의적 세태와 젊은 문인들의 주관적 고립 상태는 크라우스 입장에서 인류의 바람직한 방향이 아니었다. 크라우스는 시대를 풍미했던 카페하우스 그리엔슈타이들의 철거를 바라보며, "옛 건물들과 함께 우리의 기억이 담긴 마지막 기둥들"이 쓰러져 내리며 우리의 문학 또한 거처할 곳 없이 추락하고 있다고 논평하였다. 에세이 『철거된 문학』(1899)에서 그는 빈 모더니즘 작가들의 가벼움을 비판하며, 문학이 내부로부터 무너져 사유를 멈추었다고 판단하였다. 문학은 파괴된 것이 아니라 스스로 '철거'함으로써 작가들은 자신들의 집을 무너뜨린 것이다. 트라클은 칼 크라우스의 예리한 언어 사용을 기리며, 그를 "푸른 전사"로 표현하고 있다. 투명한 언어를 무기로 삼은 크라우스는 엄격한 푸른 색 갑옷을 두르고 불의한 세상에 외롭게 맞서고 있다.

20세기 초 빈 사람들의 코카인 중독과 사회의 몰락

오늘날 우리가 마주하는 향정신성 약물 문제는, 1900년대 초중반 유럽 사회가 겪었던 불안과 중독의 그림자를 떠올리게 한다. 진정제, 항우울제, 향정신병제 등 다양한 신경안정제가 개발된 배경에는 의학적 필요를 넘어, 전쟁과 정치적 불안이 큰 영향을 끼쳤다.

제1차, 제2차 세계대전은 물론 전후 핵 위협과 냉전 시기에 이르기까지, 지속적인 긴장 상태는 약물에 대한 수요를 증가시켰다. 예컨대, 제2차 세계대전 당시, 미군은 조종사들의 각성상태를 유지하기 위해 암페타민을 사용했고, 독일군은 병사들의 사기와 활동성을 높이기 위해 메트암페타민 계열의 페르비틴을 배부했다. 이는 약물 사용이 단지 의료 목적을 넘어서, 정치적·군사적 수단으로 활용되었음을 보여준다. 이러한 역사적 사례들은 통증 완화와 정서 안정이라는 명분 아래 이루어진 약물 사용이, 오히려 중독과 사회적 부작용을 초래할 수 있다는 점을 드러낸다. 특히 20세기 초 오스트리아 빈에서는, 코카인이 쉽게 구할 수 있는 약물로 유통되며, 중산층과 예술가들 사이에서 각성 효과 때문에 널리 퍼졌다. 이러한 시대적 분위기를 잘 보여주는 예로 후고 베타우어 Hugo Bettauer(1872-1925)의 통속적 대중소설이 있다. 『빈 쟁탈전』에서는 당시 빈 사람들이 코카인에 얼마나 쉽게 노출되었는지 생생히 묘사되어 있다. 그의 소설은 시대의 병리적 현상을 반영한 정치풍자 소설로 읽을 수 있는데, 다음 장면에서 의사는 코카인을 권하고 있다.

> 바로 다음 날, 랄프는 토이펠스베르거 박사를 다시 만났다. 이번에는 단둘이 은밀한 만남이었다. 최근 랄프는 거리를 배회했고, 거의 잠도 자지 않았으며, 날씨도 견디기 힘들었다. 그 결과 그는 지쳐보였고 밤을 지샌 듯한 얼굴이었다. 그는 의사에게 신경과민과 극심한 긴장을 호소했다.
> “코카인을 흡입해 보시는게 어때요, 박사는 음흉하게 웃으며 말했다.
> “코카인요? 그게 뭐에 좋다는 거죠?”
> “의사에게 좋죠. 코카인 처방을 내리는 의사, 그걸 파는 약사, 중간에서 유통하는 상인에게도요. 그리고 예나 지금이나 누군가를 데려갈 악마도 수혜자구요! 하지만 말이죠,

> 아주 기분이 좋아요. 편안해진답니다! 불편한 부작용도 없고, 아편보다 더 효과적이죠. 죽은 자들, 고통받는 사람들, 걱정에 짓눌린 사람들에게 위로가 될 수 있죠. 게다가 요즘은 빈 사람들 절반이 코카인을 들이마신다니까요. 코카인 클럽도 있고 코카인 술집이라 부를 만한 곳도 있죠!"

1923년에 출간된 후고 베타우어의 소설 『빈 쟁탈전』은 "이제는 빈의 절반이 코카인을 흡입한다"는 문장으로 유명세를 탔다. 랄프와 박사의 대화는 약물 중독이 얼마나 일상적이고 만연한 현상이었는지를 보여주는 동시에, 당시 빈 사회가 겪고 있던 도덕적·심리적 위기를 상징적으로 드러낸다. 토이펠스베르거는 코카인의 불법유통과 암시장과도 관련된 인물로, 중독과 부패가 의료계와 지식인층 전반에까지 뿌리내리고 있었음을 보여준다. 소설은 전후 빈을 무대로 도시를 둘러싼 권력과 이념의 투쟁을 노골적으로 그린다. 베타우어는 오스트리아 사회가 겪고 있던 위기, 즉 전후 사회경제적 시스템의 붕괴와 마약으로 인한 사회적 병폐를 풍자적으로 보여준다.

베타우어는 크라우스와 같은 김나지움에서 수학한 유대계 작가로, 평생 동안 빈을 배경으로 한 소설을 24권이나 출간한 다작 작가였다. 그의 대표작 중 하나인 『유대인 없는 도시』는 오스트리아 사회의 반유대주의를 신랄하게 비판한 작품으로도 잘 알려져 있다. 『빈 쟁탈전』에서는 제1차 세계대전 이후 새롭게 출범한 '젊은' 오스트리아 공화국의 전통적 엘리트 집단이 외부 세력인 미국 자본가 오플라나간을 중심으로 몰락해가는 나라를 구할 수 있는지에 대한 문제가 비판적으로 조명되었다.

세기말 빈에서 카페하우스를 즐기던 유대인 지식인들은 현실적 정치 권력에서 배제되어 있었고, 사회정치적으로 소외된 자신들의 위상을 카페하우스라는 문화공동체를 통해 공고히 하고, 카페하우스를 열린 작업실로 활용하며 빈 모더니즘의 태동을 알렸다. 이 공간에서 그들은 동질감을 느끼며 문학과 예술을 통해 신분을 보장받고자 했다. 이는 베타우어의 작품에 등장하는 인물들과 빈의 반유대주의 정서를 이해하는데 중요한 배경이 된다.

합스부르크 제국이 해체되던 시기에 자유주의 물결은 낡은 가치의 해체를 선언하였고, 이성에 대한 회의는 데카당스와 매너리즘의 경향으로 이어졌다. 그리고 유대인이라는 정체성과 제국의 전통적 시민사회로의 진입이 배제되었다는 모순이 빈 사회의 특징을 규정하였다. 신경을 자극하거나 강화하는 약물에 대한 연구에서 의약품과 향정신성 물질, 그리고 여가나 동기부여를 위한 마약 사용의 경계는 분명하지 않았다. 세기말 빈에서 이들 약물은 치료제이자 소비재로, 일상생활과 의학의 경계를 자유롭게 넘나들었다. 그 대표적인 예가 '빈 마리아니 Vin Mariani'다. 1863년 파리에서 제조된 이 음료는 코카인을 포함하고 있었으며, '기적의 약'으로 여겨졌다. 빈 마리아니는 상류층과 일반 대중에게 인기를 끌었고, 심지어 학교에도 공급되었을 정도였다. 마리아니는 빅토리아 여왕, 에디슨 등 유명 인사들도 애용했으며, 소화제, 감기약, 에너지 보충제 역할까지 했다. 오늘날 중독성 때문에 금지된 코카인, 헤로인, 아편, 마리화나는 19세기 말~20세기 초엔 합법적인 의약품으로 사용되었고, 사람들은 실제로 중독 증상을 겪은 후에야 그 위험성을 인식하게 되었다. 오스트리아에서는 1929년 1월에야 비로소 "독극물법"이 시행되면서 마약성분에 대한 규제가 본격적으로 시작되었다. 그 전까지는 모르핀 같은 약물도 손쉽게 처방받을 수 있었고, 주사기도 일반적으로 교부되었기 때문에 모르핀 중독자들이 생겨나기 쉬운 환경이었다.

이 시기에는 의학과 예술계에서 중독 사례가 특히 많았다. 대표적으로 19세기말 빈의 저명한 생리학자 에른스트 폰 플라이쉴 마르조프 Ernst von Fleisch-Marxow가 있다. 그는 손 부상 후 만성통증에 시달렸고 프로이트는 그에게 코카인을 처방하였다. 프로이트의 치료는 실패하였고 윤리적으로도 큰 논란을 낳았다. 이밖에 정신과 의사 오토 그로스, 시인 게오르크 트라클, 화가 클레멘스 브로쉬 Klemens Brosch, 배우 마리아 오르스카 Maria Orska, 그리고 '미미 쾨트'라는 예명으로 활동한 가수 마르기트 바이스 Margit Weiß도 약물 중독에 시달렸다. 이중에서 린츠 출신의 브로쉬는 1914년 오스트리아-헝가리 제국의 황제 향토방위군에 복무했으며, 트라클과 마찬가지로 갈리치아 전선에서 병역 생활을 했다. 병약했던 그는 “심계항진, 실신, 쇠약 증상”으로 인해 모르핀 처방을 받았으며, 이것이 중독으로 이어졌다.

브로쉬는 불과 16세의 나이에 천부적인 드로잉 실력을 인정받았으며, 16년의 창작 기간 중 천여 점의 드로잉과 수채화, 판화와 유화를 남겼다. 그의 작품은 형식적 완성도에 그치지 않고, 산업 문명이 낳은 기계적 상징물—기차, 선박, 철교—과 전쟁의 폐허, 종말의 공포, 죽음의 환상이라는 주제를 통해 현대 문명의 이면을 날카롭게 조망한다. SF 감성의 <둥근 달 위의 악어>(1912)는 비현실적이고 환상적이며 하이퍼리얼리즘 성격의 드로잉이다. 어린 시절부터 호흡기 질환을 앓았던 병약한 브로쉬는 형제 발터 브로쉬를 갈리치아 전투에서 잃었으며 자신 역시 부상병으로 제대하였다. 그 시절 군의관은 그에게 모르핀을 처방하였고 1915년 빈 미술 아카데미에 재입학한 후 그는 모르핀과 코카인에 중독된다. 브로쉬는 1919년 학업을 중단하고, 프리랜서로 활동하던 중 1920년 7월 20일 유년시절 친구였던 요한나 슈프링어와 혼인하였다. 안타깝게도 그녀는 1918년부터 약물 중독자로 판명되었고, 두 사람은 하루에도 여러 번 모르핀과 코카인을 주입하였는데 주사 자국과 곪은 부위를 가리고자 장갑을 착용하였다. 이렇듯 ‘장갑’은 단순한 신체 보호의 도구를 넘어서, 서로의 상처를 감추고 위장하며 관계를 유지한 기이한 메타포로 기능한다. 감춰야 했던 중독의 흔적 위로 덧씌워진 장갑은, 그들만의 방식으로 ‘사랑’을 증명하고자 한 역설의 상징이었던 셈이다. 초현실주의 화가 조르조 데 키리코의 <사랑의 노래>(1914)에 등장하는 붉은 색 수술용 장갑은 이러한 시대사적 배경에서 논의될 수 있다. 그럼에도 당시 종교적 잣대는 엄격하여 교회에서 둘의 결혼식은 허락되지 않았다. 이 시대 도시 풍경은 전쟁터와도 같이 다분히 초현실적이며 약물중독은 불안정한 사회상과도 직접적인 관련이 있었다. 브로쉬의 대표작 중 하나인 <굶주린 난민>(1916)은 인간 존엄의 붕괴를 가감 없이 포착한다. 수레에서 떨어진 난민과 달리 군용차에 탄 군인은, 전쟁이라는 체제가 어떻게 인간을 계급화하고, 선택적으로 보살피며, 다수를 소외시키는지를 시각적으로 고발하였다.

이런 맥락에서 아방가르드 예술사조인 초현실주의가 무의식의 세계에 관심을 보인 건 우연이 아니다.

세계몰락의 형상화: 반 호디스와 마이드너의 시와 그림

20세기 초, 과학기술의 급격한 발전과 산업문명의 팽창은 인간에게 새로운 가능성을 열어주는 동시에, 그 자체로 거대한 불안을 내포하고 있었다. 빈 뿐 아니라 베를린 역시 이러한 시대적 위기감에서 자유롭지 않았다. 특히 베를린에서 활동한 표현주의 시인 야콥 반 호디스 Jakob van Hoddis는 시 「세계종말」(1911)을 통해 이 종말론적 불안과 기술문명의 파국 가능성을 강렬하게 형상화한다.

> 시민의 뾰족한 머리에서 모자가 날아가고,
> 사방에서 비명 소리가 메아리친다.
> 지붕은 무너져 두 동강이 나고
> 해안가에서는 - 신문에 따르면 - 해일이 밀려온다.
>
> 저기 폭풍우가 온다, 거친 바다가 뛰어서
> 뭍에 이르러 두꺼운 댐을 무너뜨린다.
> 많은 사람들이 코감기에 걸렸다.
> 기차들이 다리에서 추락한다.

잡지 <행동>의 창간호에 수록된 이 시는 제국과 기성세대에 대한 세대적 단절과 세계사적 격변을 예고하는 선언문과도 같다. 쿠르트 핀투스가 1920년에 엮은 표현주의 대표 시집 『인류의 여명 Menschheitsdämmerung』의 권두시에 이 시를 배치한 것은 우연이 아니다.

형식적으로 이 시는 표현주의 초기 시인들이 활용한 병렬양식 Reihungsstil,

즉 내적 연결 고리 없이 이미지들을 나열하는 방식을 따른다. 서로 관련이 없는 이미지의 병치 현상인 병렬양식은 전통시의 특징인 내적 긴밀성을 기대하기 어렵다. "모자가 날아간 시민의 머리, 거리의 비명 소리, 무너져 내리는 지붕, 해일, 댐의 붕괴와 코감기, 열차의 추락"은 특별한 인과 관계 없이도 조각난 몽타주처럼 병치적 이미지로 연결되어 있다. 이러한 사건 이미지들은 "liest man 신문에 따르면"이라는 표현이 제시하듯, 시적 자아가 신문을 통해 세계를 경험하고 있다는 것을 입증한다. 당대 빈이나 베를린, 취리히 등 대도시의 커피하우스는 세계 곳곳의 신문들을 비치하고 있었으며, 예술가들에게 창작활동을 개진하는 창의적 공간이었다. 그러나 슈테판 츠바이크의 『부흐멘델 Buchmendel』(1929)에서 보듯 카페하우스는 20세기 들어 산업화와 도시의 자본화에 밀려 그 문화사적 의미가 소멸되었다.

「세계종말」이 갖는 함의는 제목이 말해주듯 묵시록적 풍경과 관련된다. 모자는 시민 계급의 질서와 체면, 안정된 생활구조를 상징하는 요소로, 머리에 쓰고 있어야 할 모자가 바람에 날아가는 장면은 한 시대가 요동치고 있음을 예고한다. 서양 사람들이 본 조선은 '모자의 나라'였다. 조선 왕조에서는 유교적 이념이 중요한 역할을 했고, 사회 각 계층과 신분에 따라 착용해야 할 모자와 복식 또한 엄격히 구분되어 있었다. 관모와 갓, 복건 등 다양한 모자는 조선 말기 외래 문물이 유입되면서 규제가 느슨해졌고, 갓과 도포가 사라진 것은 1910년 한일합병 이후 일본의 식민지 정책에 따른 전통복식 착용 금지와 관련이 있다. 전통적 복식 미학의 상징물이던 '갓'은 근대화와 일본화 문화 정책으로 인해 점차 사라져갔고 군복과 서양식 양복이 등장하게 되었다. 이런 관점에서 모자가 사라졌다는 것은 자연재해로 인한 피해를 넘어 사회가 격동기였음을 상징한다고 볼 수 있다. 마지막으로 다리에서 열차가 추락하는 시행은 과학기술문명이 자초한 문명파괴를 상징한다. 이 역설적인 광경은 제국들의 몰락과 궤를 같이 한다. 오스트리아-헝가리 제국과 프로이센 제국의 종말은 기술 문명의 축소판인 제1차 세계대전을 기점으로 옛 영광을 버리고 새로운 불안의 시대로 접어들었다.

이처럼 반 호디스는 한 편의 시로 자연과 현대 문명의 위기를 예언하였다. 자연재해와 문명 파괴와 같은 재난 이미지를 통합해 제1, 2차 세계대전으로 인해, 향후 불어닥칠 유럽 도시의 묵시록적 종말을 묘사한 것이었다. 그러나 다른 한편, 전통적인 약강격 운율은 이러한 파국의 이미지를 경쾌하고 음악적인 분위기로 감싼다. 이렇듯 형식과 내용의 불일치는 전통과 새로운 시대에 대한 긴장을 부각시키며, 세계종말이 '가상적' 풍경일 수 있음을 보여준다. 반 호디스의 시 「세계종말」이 표현주의 시문학의 서막을 알리는 경종이었다면, 루트비히 마이드너 Ludwig Meidner의 회화는 그 시적 경고를 시각적으로 전개한 묵시록적 풍경이다. 두 작가는 서로 인접한 예술의 영역에서 작업하였지만, 제1차 세계대전을 전후한 문명 불안과 도시의 파국적 상상력이라는 특성을 공유했다.

「세계종말」은 독일어권에서 여전히 애송되는 시로, 2020년 코비드 19 팬데믹 시대에 다시금 거리에 등장한 시이기도 하다. 1887년 베를린에서 태어난 호디스는 유대인이라는 이유로 1942년 폴란드 남동부의 소비보르 집단수용소에서 비극적인 최후를 맞이했다. 반면, 동시대인 마이드너는 1933년 나치정권의 등장과 함께 '퇴폐미술가'로 낙인찍혀 독일 내 전시 활동이 금지되었고, 1939년 망명지인 런던으로 이주했다. 이후 1953년에야 독일로 귀환했지만, 그 전까지는 하이네처럼 독일어라는 언어 공동체에 대한 깊은 그리움을 안고 궁핍한 삶을 이어갔다. 그는 다음과 같이 독일이란 나라에 대한 복합적 감정을 드러내었다.

> 나는 독일이 여전히 유대인이 다수 존재하며 활동할 수 있는 장소인지 알 수 없다. 하지만 나는 오직 독일어가 말해지고 쓰이는 곳에서만 살아갈 수 있다. 나는 여전히 그것을 사랑한다. 어쩔 수 없는 일이다.

당시 <폭풍>과 <행동>지는 시인, 화가, 사상가들이 서로의 작품을 공유하고 비평하며 창작의 지평을 확장하는 공동체 역할을 했다. 이 두 잡지는 서로 성격은 달랐지만 예술적 실험과 혁신이 활발히 이루어진 예술의 플랫폼이었다. 미학적 문예잡지와 급진적 문예지라는 서로 다른 성격의 표현주의 잡지를 통해 독일어권의 문학과 예술을 재구성하려는 시도들이 이어졌다.

마이드너의 그림 <묵시록적 풍경>(1913)은 격정적인 시대 감정을 회화로 옮겨놓은 대표적 사례이다. 제1차 세계대전을 전후한 독일 예술가들은 언어와 시각 예술의 경계를 넘나들며 암울하고 신경질적인 삶을 강렬한 색채로 표현하였다. 그들은 각기 다른 예술 매체를 통해 언어가 닿지 못하는 시각적 영역, 혹은 형상으로 표현할 수 없는 정념의 차원을 보완하고자 했다.

마이드너의 화면 속에는 갈라진 하늘과 무너지는 도시, 허공을 향해 비명을 지르는 인물들이 강렬하고 거친 붓질로 표현되어, 감정의 폭발을 시각적으로 형상화하였다. 이 작품은 특히 <밀짚모자를 쓴 청년 Junger Mann mit Strohhut>이 뒷면에 그려져 있다는 사실로도 유명하다. 베를린에서 활동한 마이드너는 시인이자 그래픽 디자이너로서 책과 신문의 일러스트레이션 작업을 했으며, 1912년부터 일련의 묵시록적 풍경을 그리기 시작했다. 그의 작품은 호디스의 상기 시, 「세계종말」과 긴밀하게 대응한다. 언어로 그려낸 파멸의 이미지 — 폭발과 화염, 무너지는 건물, 공포에 질린 사람들 — 는 마이드너의 화면 속에서 회화적으로 구현되었다. 균열된 도로와 불타는 지붕, 혜성같이 날아다니는 화염들을 그린 드라마틱한 선과 강렬한 원색은 도시의 종말론적의 참상을 고조시킨다. 화면 속 전경에 배치된 인물은 몰락하는 도시를 빠져나오려는 듯 분주하다.

슐레지엔의 베른슈타트 안 데어 바이데 출신인 마이드너는 1913년 베를린의 한 촛불 아래서 <묵시록적 도시> 연작을 그렸다. 그는 1910년부터 베를린 표현주의 그룹과 교류하며 번화한 거리인 쿠어퓌어스텐담 Kurfürstendamm의 문인 카페 "카페 서방 Café des Westens"을 자주 찾았다. 그곳은 헤르바르트 발덴의 <행동>지 동인들과 프란츠 펨페르트의 <폭풍>지에서 활동한 젊은이들이 모이는 중심지였다. 이들이 활동한 시기는 독일제국의 마지막 황제 빌헬름 2세의 군국주의적 성향이 사회적 분위기를 지배하였고 급속한 공업 근대화가 사회적 변혁을 꾀하던 시대였다. 군사적 사고방식은 민간의 생활양식과 학교교육에까지 침투해 있었고, 이에 저항하는 젊은 예술가들은 전통적 권위와 계급적 질서에 맞서 새로운 예술적 흐름을 만들어 냈다. 아르누보와 분리파, 그리고 표현주의 예술사조가 이에 속한다. 그들은 창작 활동을 통해 배제된 삶을 되찾고자 하였다. 슐레지엔에서 이주한 이방인 마이드너 역시 베를린의 이 카페에서 힐러, 되블린, 하임, 호디스 등과 친교를 맺었다.

표현주의는 고흐, 뭉크, 고갱 등 현대 미술의 미학적 유산과 니체, 쇼펜하우어, 프로이트 등 새로운 세기의 사유를 계승했으나, 그 중심에는 '독일 정신'이 자리한다는 평가를 받는다. 나치 정권인 제3제국 시절, 정치적 박해를 피해 미국으로 망명한 문인, 사상가, 음악가, 그리고 건축가들의 활동은 표현주의의 국제화를 가능하게 하였다. 「세계종말」을 기점으로 표현주의 예술가들은 개인의 내면과 시대의 몰락을 각기 다른 방식으로 형상화했다. 그들의 표현은 결코 하나의 양식으로 수렴되지 않으며, 바로 그 불균등성과 다양성 속에서 독일 표현주의 예술의 고유한 미학이 형성되었다.

칼 크라우스의 『인류 최후의 날들』과 묵시록적 풍경

'세계의 종말', '최후의 심판', '몰락'은 단순한 파괴의 서사가 아니라 공동체의 해체와 가치체계의 붕괴를 의미한다. 묵시록적 장르는 이처럼 무너져 가는 세계의 형상을 통해 숨겨진 진실을 드러내고 인간 존재의 한계와 역사의 불가피한 변화를 그린다.

독일 조형예술사에서 가장 널리 알려진 묵시록적 작품은 단연 알브레히트 뒤러의 목판화 〈묵시록의 네 기사 Die vier apokalyptischen Reiter〉(1511)일 것이다. 16점의 연작 가운데에서도 특히 뛰어난 이 판화는 질풍처럼 지나가는 네 명의 기수 — 전쟁, 기근, 역병, 죽음 — 를 통해 지상의 운명을 압도적 속도와 힘으로 의인화한다. 화면 속 말발굽 아래에 짓밟힌 인간 군상은 기존 질서의 붕괴를 시각적 알레고리로 구현하며, 파국에 대한 원형적 이미지를 창출하였다.

이 작품이 중세의 신학적 세계관을 전제로 생성되었음에도 불구하고, 그 핵심 모티프는 근현대 사회에서 여전히 유효한 비유로 남아 있다. 기후위기, 환경파괴, 기술 자본의 독점 등 21세기의 묵시록적 징후는 뒤러의 판화가 전제한 시대적 불안과 몰락을 향해 돌진하는 현대 사회의 병리적 문제를 되풀이하고 있다. 오늘날 종말을 주제로 한 영화들이 반복적으로 제시한 영상 서사는 대체로 기후 변화, 자원 고갈, 사회적 불평등의 조합이다. 특히 일부 특권층이 기술을 독점하며 자원을 활용하는 설정은, 이자벨라 헤르만 Isabella Hermann이 지적했듯이, "과도한 원자재 채취, 식민주의, 타 민족에 대한 약탈"로 특징지어지는 근대 산업문명의 구조를 반영한다.

'묵시록 Apokalypse'이란 개념은 'enthüllen; entschleiern; aufdecken'이란 뜻의 그리스어 'ἀποκάλυψις'에서 유래했으며 이는 기독교에서 '계시하다 offenbaren'의 의미로 번역된다. 암담한 현실을 서술하고, 다가올 미래의 사건을 예견함으로써 독자로 하여금 앞날에 대비하도록 이끄는 묵시록적 예술은 계시적 속성을 드러낸다. 이러한 점에서, 뒤러에서 마이드너로 이어지는 독일 묵시록적 전통은 무너지는 세계 속에서 새로운 질서의 도래를 모색하는 특징이 있으며, 다른 한편 시대적 위기 앞에서 집단적 불안을 디스토피아적으로 그린 경고의 메시지로 이해할 수 있다. 마이드너가 그려낸 불타는 도시와 절망의 인물들, 그리고 칼 크라우스가 『인류 최후의 날들 Die letzten Tage der Menschheit』(1918)에서 묘사한 현실은 서로 다른 매체를 통해 동일한 종말의 감각을 드러낸다. 두 예술가는 모두 세계의 파국을 '언어'와 '이미지'로 기록한 시대의 증언자였다. 인간과 사회의 하강적 성격으로 인해 자연과 문명 세계의 몰락을 묘사하고, 새로운 질서의 도래를 꿈꾸는 묵시록적 예술관은 위협적인 세계 변화에 대한 진실 공표와 함께 구원론적인 성격을 갖는다.

쉘 쇼크 — 전쟁이 남긴 신경의 기억

문화사에서 제1차 세계대전과 관련된 중요한 어휘 가운데 하나가 바로 "쉘 쇼커 Kriegszitterer"이다. 이는 일종의 전쟁공포증환자로, 전선의 병사들이 극심한 정신적 과부하와 지속적인 공포 상황 속에서 신체의 조절 능력을 상실한 상태를 가리킨다. 당시 영국과 미국의 군의관들은 이러한 증상을 수류탄 shell에서 이름을 따 "쉘 쇼크"라 명명했다.

피해자는 수백만 명에 이르렀으며, 전쟁이 끝난 후에도 대부분의 병사들은 심리적 충격과 신체적 후유증을 안고 귀환했다. 독일어 동사 'zittern 떨다, 전율하다'는 Duden 사전에 따르면 '매우 짧고 빠른 무의지적 움직임이 연속적으로 일어나는 것 unwillkürliche, in ganz kurzen, schnell aufeinanderfolgenden Rucken erfolgende Hin-und-her-Bewegungen machen' 또는 '사람이나 사물에 대해 극도의 불안을 느끼는 것 vor jemandem, etwas große Angst habe'을 의미한다. 군사 용어에서 유래한 쉘 쇼크가 문화적 의미로 발전함으로써, 이 어휘는 당시 병사들의 신체적·정신적 상태를 내포한다. 포격과 진동, 폭음 속에서 시달린 병사들은 감각의 이상, 신경 과민, 전신 떨림, 언어 장애, 불면 등의 증상을 보였다. 전장에서 돌아온 이들은 일상적인 소리나 빛, 움직임에도 과민하게 반응하며, 무의식적인 경련과 움찔거림을 반복했다.

의학적 기록에 따르면, 장교들은 목욕 요법이나 진정제로 치료받은 반면, 일반 병사들은 고강도의 전기충격 요법을 받은 뒤 곧바로 전선에 재배치되는 경우가 많았다. 이러한 전기경련치료의 기원은 당시 빈 대학의 정신의학자 율리우스 바그너-야우레크 Julius Wagner-Jauregg의 실험에서 찾을 수 있다. 그는 말라리아 감염을 통한 발열 요법과 더불어, 전기 자극을 이용한 신경치료를 시도했는데, 이는 훗날 20세기 중반 정신의학의 중요한 치료법으로 발전했다. 결국 "Kriegszitterer"라는 단어는 단순히 한 시대의 의학 용어를 넘어, 전쟁이 인간의 신경계와 정신에 남긴 상흔, 그리고 문명 전체의 트라우마를 상징하는 문화적 기호로 자리 잡았다.

칼 크라우스와 『인류 최후의 날들』 — 전쟁과 언어의 붕괴

반전 反戰 사상을 지녔던 칼 크라우스는 장대한 드라마 『인류 최후의 날들 Die letzten Tage der Menschheit』(1922)에서 '쉘 쇼크' 환자들의 모습과 전쟁이 남긴 인간성의 붕괴를 인상적으로 기록했다. 이 작품은 서곡과 에필로그를 포함한 5막의 비극으로, 제1차 세계대전이 남긴 참혹한 이미지를 통일성이 결여된 파편들의 언어로 구성한다.

총 220개의 장면으로 이루어진 크라우스의 작품은 전쟁의 부조리와 인간의 사물화를 폭로하며, 다수의 장면이 실제 신문 기사와 당대 기록을 바탕으로 조직되었다. 크라우스는 프란츠 요제프 황제와 빌헬름 2세에서부터 이름 없는 병사와 민간인에 이르기까지 현실과 허구의 인물을 폭넓게 등장시켜, 전쟁이라는 거대한 스펙트럼을 연출하였다.

작품은 1914년 여름, 전쟁 발발 직전의 불안한 공기를 담은 전주곡으로 시작하여, 4년 반에 걸친 전쟁의 전개와 파국을 시대순으로 구성하였다. 그러나 크라우스가 포착한 전쟁의 진정한 모습은 전선이 아닌 후방, 즉 일상의 도시 공간에 있었다. 그가 비판의 대상으로 삼은 것은 전쟁으로 부당한 이익을 취하는 사람들과 언론인, 군대의 '명예'를 찬양하며 폭력을 정당화하는 고위 관리들, 그리고 도덕적 마비 상태에 빠진 대중이었다. 이러한 시선은 단지 전쟁의 참상을 묘사하는 것을 넘어, 허위의 애국심이 난무하는 현장과 현대 문명 자체의 타락을 고발하는 데 목적이 있다. 이는 브로쉬의 회화적 구성에서도 이미 감지되었던 것으로, 크라우스의 빈은 우아하고 문화적인 도시이지만, 위선과 허영, 공포와 혼란이 뒤섞여서 도시는 표현주의적 색채를 띤 거대한 몽타주처럼 묘사된다. 특히 링슈트라세는 그가 인식한 전쟁 시대의 허위와 퇴폐를 압축적으로 드러내는 상징적 공간으로 기능한다. 크라우스는 빈의 중심가 링슈트라세 거리를 다음과 같이 묘사하였다.

> 빈. 링슈트라세 행렬. 지르크 에케. 가면과 밤도깨비들. 모든 것이 다섯 씩 팔짱을 끼고 나타난다. 근거없는 즐거움이 숨막히게 부화하는 침묵과 번갈아 나타난다. 무리진 염소가 저기 서 있다. 둘이 이마를 맞대고, 비밀이 서로를 묶은 듯 서로를 응시하고 있다. 군중이 움직일 때면, 그들은 시민, 불구자, 머리와 사지가 끊임없이 경련하는 부상병들을 뚫고 나아간다. 군중은 온갖 종류의 파편과 괴짜들, 모든 연령대의 거지들, 꺼져가는 눈빛으로 다채로운 공허를 응시하는 자들과 맹인들로 가득한 장벽을 뚫고 나아가는 것이다. 그 사이로 담배꽁초를 찾느라 보도를 뒤지는 몸을 구부정한 형상들이 보인다.

문명과 권력의 중심지인 링 슈트라세는 "가면과 밤도깨비"의 도시로, 생의 활력을 잃고 있다. 크라우스의 '빈'은 더 이상 제국의 수도가 아니라, 인간성의 잔해 위에 세워진 묵시록적 무대이다. "가면과 밤도깨비"로 묘사되는 도시의 군중은 생명력을 상실한 흡사 연극인들과도 같은 행렬로, 전쟁 이전에 대중은 이미 정신적 파멸이 시작되었음을 보여준다. 이때 빈은 현대인의 경험방식을 보여주는 몽타주 형식의 '살아 있는 묘지'로 변하며, 전쟁으로 인한 윤리적 붕괴가 가속화되어 나타난다.

지르크 에케는 빈 국립 오페라하우스에서 성 슈테판 성당 광장까지 길게 이어지는 케른트너 슈트라세의 모퉁이로, 세기말 빈의 대표적 거리 중 하나였다. 이곳에서 슈바르첸베르크플라츠로 이어지는 구간은 세기말 산보자들이 즐겨 찾던 장소로, 황실의 정원을 지나며 축제 행렬을 가까이서 목격할 수 있었다.

1857년 프란츠 요제프 1세의 칙령에 따라 도심의 성벽이 철거되고 새로 조성된 링슈트라세 Ringstraße는 오스트리아 제국 시민사회의 상징적 무대가 되었다. 이 도로를 따라 의사당, 빈 대학, 시청, 부르크 극장, 미술관, 호프부르크 궁전, 자연사·미술사 박물관이 차례로 들어서며 '제국의 얼굴'로서의 도시가 형성된 것이다. 그러나 제1차 세계대전 이후, 이 화려한 거리의 주인공은 더 이상 제국의 관료나 귀족, 혹은 중산계급의 교양인이 아니었다. 링

슈트라세를 메운 인파는 "머리와 사지가 끊임없이 경련하는 부상병들"—즉 쉘 쇼크 환자들과 도시의 소외된 이들이었다. 그들의 신체는 전쟁의 트라우마를 그대로 드러내는 하나의 증상적 풍경이 되었다.

프로이트는 이러한 환자들에 대한 관찰을 통해 전쟁신경증 Kriegsneurose에 관한 연구를 발전시켰다. 그는 신체적 외상과 정신적 충격 사이의 연관성을 분석하며, 전쟁신경증의 직접적 원인을 외상적 사건으로부터 자아가 스스로를 보호하려는 무의식적 억압 과정에서 찾았다. 따라서 치료의 핵심은 트라우마를 유발한 외부적 충격을 인식하고, 자아를 강화하여 그 인상을 정신적으로 '구속 Bindung'하는 데 있었다. 하지만 무의식에 대한 발견 이전에 빈의 의학계에서는 트라클이나 브로쉬의 사례에서 보듯, 치료는 종종 약물 의존으로 귀결되었고, 개인의 정서적 균형을 회복시키기보다는 묵시록적 시대정신 속에서 혼란을 가중시켰다. 결국 이러한 도시의 상황은 20세기 초 유럽 대도시를 규정하는 일반적 특성이 되었으며, 무의식과 정신분석에 대한 연구가 도입되는 계기가 되었다. 파리라고 예외는 아니었다. 『초현실주의 선언문』과 『나자』의 저자 앙드레 브르통 또한 제1차 세계대전 발발과 함께 군의관으로 참전하여, 전쟁의 심리적 참상을 기록으로 남겼다.

브르통이 처음으로 프로이트의 '연상 association' 기법을 접한 것은 파리 동부의 소도시 생디지에 Saint-Dizier에서였다. 그는 제2군 신경정신과 센터에 배치되어 '쉘 쇼크'로 불린 전쟁 트라우마 환자들을 돌보았다. 이곳에서 브르통은 프로이트의 이론을 비공식적으로 실험하며, 병사들의 꿈을 기록하고 그들에게 자유로운 연상을 시도하도록 격려하였다. 전선에서 돌아온 병사들이 전쟁의 공포와 환각 속에서 만들어낸 기이하고 강렬한 이미지들은 젊은 브르통에게 깊은 충격을 남겼다. 그는 훗날 이를 "무의식의 언어가 현실의 언어를 압도한 최초의 순간"으로 회고한다. 그 경험은 이후 초현실주의 형성에 결정적 계기가 되었다. 브르통은 시인 필립 수포 Philippe Soupault와 함께 1920년 초현실주의 작품인 『자기장 Le Champs magnétiques』을 발표했다. 이 작품은 자유연상과 자동기술 écriture automatique의 실험을 문학적으로 구현한 시집으로, 다음과 같은 문장으로 시작한다.

> 슬픔의 끝이었다. 기차역은 죽어서, 인동덩굴에 쏘인 벌처럼 흐르고 있었다. 사람들은 몸을 젖혀 바다를 바라보았고, 동물들은 초점을 들락날락 날아다녔다. 때가 왔다.

렌즈의 초점을 오가듯 이미지가 선명해졌다 흐려지는 상황은 생명과 파괴가 오가는 현장이다. 브르통이 1916년 낭트 복무 시절과 이어진 생디지에의 전쟁 경험에서 접한 환자들의 언어는 이미 초현실주의의 원형적 현실이었다. 이 시기 유럽 대도시는 전쟁 트라우마와 환상의 경계가 흐려진 묵시록적 공간으로 변모하였으며, 이 시대 초현실주의는 바로 이 파국적 현실의 심연에서 태동하였다.

게오르크 트라클의 「그로덱」과 오늘의 우크라이나

게오르크 트라클 Georg Trakl의 시는 태생적으로 음악성을 지닌다. 그는 모차르트의 고향이자 바로크 건축의 도시인 잘츠부르크에서 성장하였으며, 이러한 문화적 환경은 그의 시세계에 깊은 영향을 미쳤다. 실제로 트라클의 시는 음악성과 색채에 관한 특징이 짙고, 철학자 루트비히 비트겐슈타인 역시 그의 시적 운율에 대해 깊은 감탄을 표한 바 있다.

트라클은 빈 대학에서 약학을 전공하며 학업을 이어갔고, 그의 누이동생 그레테 트라클은 빈 음악원에서 피아노를 공부하였다. 고요하고 정형화된 잘츠부르크를 떠나 대도시 빈에서의 생활은 트라클에게 새로운 예술적 자극을 주었다. 그는 문인, 예술가, 지식인들과 활발한 교류를 시작했으며, 특히 헤렌가세에 위치한 카페 첸트랄 Café Central은 이러한 만남의 중심지가 되었다. 트라클의 내성적인 성격 탓에, 초창기 교류는 친구 에르하르트 부쉬벡 Erhard Buschbeck이 주도했다. 그리고 인스브루크 시절에는 마리아 테레지아 거리에 있는 막시밀리언 카페가 그의 주요 활동 무대였다. 당시 오스트리아의 카페하우스는 단순한 음료 공간이 아니라 예술과 시대정신이 교차하는 공적 영역에 준하는 공간이었다. 빈은 합스부르크 왕가의 전통과 바로크적 감수성, 비더마이어 양식, 정신분석학, 그리고 사회주의 사상이 혼재하는 문화적 다중성의 집합체였다. 트라클 시가 흔히 '만화경 Kaleidoskop'적이라 불리는 것도 이러한 다채로운 제국적 풍경에서 해석가능하다. 그러나 이 다채로움은 제1차 세계대전의 발발과 함께 종말을 맞이했다. 역사가 윌리엄 존스턴이 "제국의 종말, 지성의 탄생"이라 명명한 세기의 전환점이었다.

트라클이 참전했던 그로덱 전투는 현재의 우크라이나 영토 내에서 벌어진 제1차 세계대전 초기의 참혹한 전투 중 하나였다. 그는 이 전장에서 「그로덱」과 「동부전선에서」라는 대표적 전쟁시를 남겼다. 2014년 8월, 제1차 세계대전 발발 100주년을 기념해 뉴욕 유엔 본부에서 열린 시 낭송 행사에서도 트라클의 「그로덱」은 전쟁의 참상을 대변하는 대표작으로 소개되었다. 그로덱 전투는 오스트리아-헝가리 군대의 대패로 막을 내렸다. 수많은 사상자를 낳으며 '갈리치아의 죽음의 구덩이'라 불릴 만큼 전투는 비극적이었다. 열악한 보급과 전투 환경 속에서 트라클은 90여 명의 부상병을 홀로 간호해야 했으며, 그 과정에서 심각한 정신적 충격을 받았다. 물자는 턱없이 부족했고, 장교들은 무능하거나 오만했으며, 병사들은 제대로 된 훈련도 받지 못한 상태였다. 더욱이 오스트리아-헝가리 제국의 다민족 군대 구조는 현장에서의 언어 소통조차 어렵게 만들었다. 남쪽으로는 세르비아, 북쪽으로는 러시아와 맞서 싸워야 했던 전선에서, 트라클은 혼란과 절망의 실체를 뼈저리게 경험한다. 1914년 9월 갈리치아로 이동하던 중, 트라클은 출판인 루드비히 폰 피커에게 보낸 편지에서 전쟁터로 향하는 길목의 풍경에 대한 소회를 남겼으나, 실제 전장에 발을 디딘 이후 그의 시 세계는 급격히 변화한다. 시인은 더 이상 자연의 서정이나 도시의 감상을 노래하지 않는다. 대신 붕괴하는 인간성과 문명의 몰락을, 처절한 이미지와 죽음의 공포를 양가적 이미지로 증언하였다.

전쟁의 틈새: 1914년 가을, 동부전선에서 크라코프까지

트라클은 1914년 11월 4일, 제1차 세계대전이 한창이던 시기, 크라코프 주둔지 병원에서 생을 마감했다. 동부전선의 열악한 상황과 그의 죽음에 대한 기록은 트라클의 약물 중독, 정신 쇠약, 그리고 동부전선의 열악한 환경을 구체적으로 보여준다. 1914년 10월 7일, 트라클은 오늘날 폴란드 영토에 해당하는 바도비체 Wadowice에 위치한 카르멜회 수도원 내 제1예비병원으로 이송되었다. 그는 자신이 비정상적인 행동을 했는지 여부조차 자각하지 못했고, 과도한 코카인을 복용한 상태였다.

> 그는 10월 7일, 놀랍게도 카르멜회 수도원에 위치한 바도비체의 제1예비병원으로 이송되었다. 병원기록은 다음과 같이 전한다: '그는 자신이 이상하게 행동했는지 알지 못했으며, 술은 마시지 않았으나 코카인을 매우 많이 복용했다.' … 다음 날 그는 정신상태 감시를 위해 크라코프 주둔지 병원으로 옮겨졌다. 이동 중 도주를 시도했으나, 제쇼프로 향하는 열차에서 다시 체포되었다. 제쇼프는 당시 전선 인근에 있었으며, 그는 이미 여러 차례 각급 지휘부에 전선 복귀 의사를 표현한 바 있다. 크라코프 병원에서 마지막 4주를 보내는 동안에도 그는 다시 전장으로 나가길 원한다는 뜻을 거듭 밝혔다 (Weichselbaum, 2014, 169).

트라클이 머물렀던 크라코프는 오늘날 폴란드 남부에 위치한 문화와 학문의 중심 도시로, 오랜 기간 동안 폴란드-리투아니아 연방의 수도였으며, 1846년 오스트리아에 병합된 후에는 크라쿠프 대공국의 수도로 기능하였다. 이후 1867년, 오스트리아-헝가리 제국이 수립되면서 갈리치아-로도메리아 왕국의 일부로 편입되었고, 1918년 제국의 해체 이후에는 1919년 생 제르맹 조약을 통해 폴란드 제2공화국의 영토가 된다. 트라클이 도주를 시도한 제쇼프 Rzeszów는 크라코프 동쪽에 위치하며, 그가 참전했던 그로덱 전투 지역은 제쇼프보다 서쪽에 있었던 것으로 보인다. 이로 미루어보아, 트라클은 동부 전선에서 후방인 크라코프로 이송되는 도중, 다시 전선으로 귀환하려는 시도를 했던 것이다. 트라클이 1914년 가을에 경험한 전장의 참상과 신경쇠

약, 그리고 코카인 중독은 결코 분리된 사건이 아니었다. 크라코프 병원에서 생애 마지막 4주를 보내는 동안 그는 반복해서 전선으로 복귀하고 싶다는 의사를 밝혔으며, 이는 도피가 아닌 죽음을 향한 타나토스적 충동이었을 가능성도 있다. 이처럼 트라클의 말년은 유럽의 몰락과 시인의 몰락이라는 이중적 비극 속에서 전개되었다. 그의 시는 오늘날에도 파급력이 있는 바, 문명과 폭력, 인간성과 광기 사이의 모호한 경계를 가로지르며 인간과 자연에 대한 전쟁의 폭력성을 제기한다.

트라클의 코카인 중독과 전쟁으로 인한 심리적 충격 사이의 상관관계는 오랜 기간 학문적 논의에서 소외되어 있었다. 트라클 연구의 권위자인 한스 게오르크 켐퍼는 저서 『약물과 트라클: 도취적 꿈과 포에지』(2014)에서 마약과 시인의 창작 사이의 긴장 관계를 정면에서 조명했다. 그는 트라클의 코카인 복용이 단순한 도피나 질병의 결과가 아니라, 현대의 문명 붕괴 현상과 예술적 직관 사이의 심연을 통과하려는 시도로 해석하였다.

1914년 11월 3일 저녁, 게오르크 트라클은 크라코프 주둔지 병원에서 코카인 과다복용으로 인한 자살로 생을 마감했다. 이는 병원 측이 공식적으로 남긴 기록에 따른 것으로, 그의 정신적 고통과 약물의존이 극단적인 형태로 표출된 결과였다. 트라클의 장례는 당초 계획보다 하루 늦은 11월 6일, 크라코프의 라코비츠 공동묘지 Cmentarz Rakowicki에서 조용히 거행되었다. 그가 세상을 떠난 후에도, 동부전선에서는 전투가 계속해서 격렬하게 전개되었다. 1914년 12월 중순까지, 독일군과 오스트리아-헝가리 제국군은 합동작전을 전개하며, 오늘날의 폴란드 남부와 구舊 갈리치아 전역을 따라 러시아군과 격돌하고 있었다. 당시 러시아 제국은 약 130만 명에 이르는 방대한 병력을 동부전선에 배치하며, 두터운 참호와 포진지를 형성했다.

트라클의 대표작 「그로덱」은 이러한 극단적 참상 속에서 탄생했다. 시인은 군 약제관으로 참전하여 직접 부상병들을 간호하며, 동료들의 죽음을 목격했고, 사기 저하와 정신적 붕괴로 이어졌다. 보급 부족과 열악한 의료 환경은 큰 스트레스로 작용하였고, 전쟁은 그에게 정신적 붕괴와 언어로 형언

할 수 없는 세계의 붕괴로 인식되었다. 그리고 그 감각은 고통스러울 만큼 치밀한 시적 언어로 변환되었다.

전쟁과 자연, 신화와 제단: 『그로덱』에 나타난 양가성과 추도의 시학

저녁에 가을의 숲에서
치명적인 무기가 울린다, 황금 평야와
푸른 호수들, 그 위로 태양이
암울하게 구른다. 밤이
죽어가는 병사들을 감싸 안으면, 그들의
뭉개진 입에서 나오는 거친 탄식.

그러나 초원에는 붉은 구름이 고요히
모여든다. 그 안에는 분노한 신이 거하고 있다
쏟아진 피, 서늘한 달빛이 흐르면
모든 거리는 검은 부패로 이어진다.

별밤의 황금빛 가지아래
누이의 그림자가 흔들리며 침묵의 숲을 지나간다
영웅들의 혼령, 피 흘리는 머리를 맞이하고자.
갈대 속에서는 가을날의 어두운 피리소리가 나지막이 울린다
오 오만한 슬픔이여! 청동의 제단이여
오늘날 강력한 고통은 정신의 뜨거운 불꽃을 양분으로 삼는다,
태어나지 못한 손자들이여.

트라클의 시 「그로덱」은 자연과 문명, 아름다움과 파괴, 삶과 죽음이라는

양가적 요소들이 전면적으로 병치된 구성을 통해, 20세기 초 유럽 문명의 내적 붕괴와 전쟁의 본질을 시적으로 형상화한 대표작이다. 이 시는 하나의 감정이나 관점에 귀속되지 않으며, 상호 충돌하는 세계들의 언어적 배치를 통해 복합적 정조를 이끌어낸다.

시의 전반부는 "가을의 숲", "황금 평야", "푸른 호수"와 같은 자연의 온화하고 생명력 있는 이미지들로 시작되며, 외형상 고요한 세계의 정경을 보여준다. 그러나 이러한 평온한 자연은 곧바로 "치명적 무기", "뭉개진 입", "분노한 신" 등의 파괴적이고 폭력적인 이미지군과 대조되며, 문명의 파국과 전쟁의 현실을 내면화한 시적 장면으로 급속히 전환된다. 황금색-파랑-검정의 색상 변화가 시적 자아가 처한 전선의 상황 변화와 존재의 궤적을 묘사하고 있다.

아름다운 자연과 참혹한 전쟁이 교차하는 시적 구조는 단지 이미지의 대비를 넘어서, 외적 자연을 읽어내는 시인의 내면 세계, 즉 '내적 자연'이 효과를 발휘하며 긴장감 속에서 트라클 특유의 양가성이 부각된다. 전쟁을 겪은 자연은 더 이상 순수하거나 자율적인 질서가 아니며, 죽음과 파괴를 경험한 인류사의 산 증인으로 기능한다. 시인은 상징적 이미지와 감정의 시어를 통해 자연과 문명이 파괴되는 참극의 현장을 심판에 기반한 종교적 시어로 포착해낸다.

시의 후반부로 갈수록, 전쟁의 구체적 이미지는 보다 신화적이고 보편적인 상징체계로 이행한다. 전쟁의 경험은 "누이"와 "청동의 제단"이라는 신화적 모티프를 통해, 인류사에 반복되어온 폭력과 희생, 죽음의 순환 구조 속에 자리한다. 트라클은 이와 같은 상징을 통해, 전쟁이라는 현실적 참상과 신화적 기억 사이의 다리를 놓으며, 그로덱 전투를 비판하는 지점을 넘어 전쟁을 문명비판적 언어로 전환시킨다. 이처럼 「그로덱」은 자연과 문명이 교차하는 가운데 개인의 체험과 집단의 기억, 서정과 서사, 현실과 신화가 중층적으로 결합된 전쟁 시로서, 고통이 구조화된 병치와 상징을 통해 문명의 몰락을 기록하는 시적 연대기로 자리매김한다.

「그로덱」에서 중심적 위치를 차지하는 구절인 "모든 거리는 부패로 이어진다"는 전쟁의 치명성과 문명에 대한 비판을 응축한 핵심 시어이다. 동사 "흐르다, 이어지다"는 단순한 도달이나 귀결을 넘어서, 자연의 아름다움, 병사들의 고통, 전쟁 무기의 파괴력, 시체와 피의 흔적들이 결국 도시라는 문명의 현장을 부패와 죽음으로 이끈다는 함의를 내포한다. 전반부에서 묘사된 가을날 숲의 정경과 후반부의 전쟁 참상이 대조를 이루며, 자연과 문명, 삶과 죽음의 경계가 사라지는 지점에서 '거리'는 더 이상 인간적 공동체의 상징이 아닌 죽음과 절망이 흐르는 장소로 전이된다. 이 한 줄의 문장은 그로덱 전투에서의 종말론적 풍경을 압축적으로 형상화하며, 시 전체를 인류의 몰락이라는 서사적 전환점으로 만든다. 전통적인 연 구분 없이 작성된 이 시는 내면의 감정 흐름과 이미지 서사의 급진적 전개를 차단하지 않는다. 이로써 시는 독자에게 불안정한 정서를 전달하는 한편, 의미의 반복과 어휘의 대립을 통해 불협화 속의 조화라는 트라클 특유의 미학을 전달한다.

「그로덱」이 단지 전쟁의 고발이나 참상의 기록에 머무르지 않고, 인류 보편의 역사적 기억을 호출하는 시로 확장되는 지점은 후반부에 등장하는 "누이"와 "청동의 제단"이라는 신화적 소재 때문이다. 여기서 "누이"는 단순한 혈연적 존재가 아닌, 게르만 신화에서 전사자를 발할라 Valhalla로 인도하는 존재인 발퀴레 Valkyrie로 변용된다. 트라클 시의 특징인 변용 기법이 여기서도 확인된 셈이다. 그녀는 아직 후손을 남기지 못한 채 죽어간 젊은 병사들, 즉 "태어나지 않은 손자들"을 전쟁 영웅들이 가는 천국으로 이끈다. 이때의 '태어나지 않음'은 생물학적 후손의 부재를 넘어, 역사의 단절, 미래의 부재, 존재의 소멸을 상징한다.

이러한 이미지와 결합된 "청동의 제단"은 고대 종교에서 희생 제의의 장소로 소환되며, 국가라는 신전 앞에 바쳐진 무명의 청년 영웅들을 기리고 있다. 전쟁터의 젊은이들은 조국의 부름 아래 이름도 남기지 못한 채 시대를 넘어 '제물'로 바쳐지며, 이는 신화와 역사적 구조 속에서 반복되는 인류사의 폭력성을 드러낸다. 트라클이 묘사한 그로덱의 풍경은 곧, 이러한 비극의 순환을 목도한 시인의 "오만한 슬픔"을 자아내며, 그 감정은 이름 없이 죽어간 젊은 병사들에게 바치는 만가 형식을 취한다. 트라클의 이와 같은 비극적 감정은 1914년 여름, 동부전선으로 향하던 길에 인스부르크 역에서 친구들과 작별하며 루트비히 폰 피커에게 건넨 쪽지 메모에 이미 예고되어 있었다. 그는 다음과 같이 썼다:

> 죽음과도 같은 존재의 순간 감정: 모든 사람은 사랑할 가치가 있다.
> 깨어나면 세상의 괴로움을 느낀다.
> 그곳에 너의 모든 풀리지 않는 죄가 있다.
> 너의 시는 불완전한 속죄일 뿐.

이 짧은 단상 속에 담긴 절망적 세계 인식과 존재의 죄책감은 트라클의 시 전반에 흐르는 종말론적 정조와 표현주의적 감수성을 압축하고 있다. 이는 시 「아니프 Anif」의 핵심 구절인 "태어난 자의 죄는 크다"와도 깊이 연결된다. '태어난 자'는 시대를 살아가는 존재 일반을 의미하며, 그에게 주어진 삶은 곧 죄의 기원임을 암시한다. 따라서 『그로덱』에서 "태어나지 않은 손자들"이 미래의 부재를 상징한다면, 「아니프」에서의 "태어난 자"는 인간 운명의 숙명론적 상황과 종교적 시학을 열어가는 존재론적 도식이라 할 수 있다.

트라클의 이 두 시구는 표현주의 문학의 핵심 모티프인 존재의 불안과 윤리적 파국, 그리고 언어로서는 결코 완결될 수 없는 구원의 욕망을 압축적으로 드러내며, 그의 시가 표현을 넘어 실존주의적으로 기능함을 보여준다.

게오르크 트라클이 참전했던 그로덱 전투로부터 한 세기가 지났다. 그리고 그의 시 「그로덱」은 러시아-우크라이나 전쟁의 참상을 예감한 듯 격동의 20세기를 담은 시적 기록으로 다시 읽히고 있다. 오늘날 우크라이나는 여전히 분쟁 중이며, 2014년 크림 위기 이후 2022년 본격화된 무력 충돌은 유럽의 아물지 않은 상처를 보여준다. 같은 해, 우크라이나는 유럽연합 가입을 공식 신청하고 후보국 지위를 부여받았으나, 민주적 제도 강화, 부패 척결,

경제 개혁 등 회원국 진입을 위한 여러 과제를 해결해야 한다.. 독일의 두 배에 달하는 영토, 그리고 4천만 인구를 지닌 이 국가는 지정학적으로도, 역사적으로도 유럽의 경계선 위에 있다. 2024년 1월, 눈보라와 한파 속에 고통받는 우크라이나의 모습은 100년 전인 1914년 갈리치아 전선의 혹독한 겨울을 다시 떠올리게 하였다.

트라클 시에서 대도시는 시인의 고향 잘츠부르크와 달리, 문명의 종말을 예고하는 무대였다. 트라클, 호디스, 크라우스, 브로쉬, 베타우어, 마이드너 등 표현주의 작가들과 화가들이 남긴 기록은 몰락해가는 제국과 그 속에서 몰락해가는 개인의 삶을 추적하였다. 제1차 세계대전 당시 빈은 코카인 중독과 전쟁에 대한 의료적·사회적 무지가 만연했던 도시였으며, 크라우스의 『인류 최후의 날들』은 전쟁의 진정한 수혜자가 누구인지를 신랄하게 고발했다. 반면 트라클은 전선에서 죽어가는 존재의 고통을 시로 기록하며, 문명의 그림자를 양가적이고 상징적인 시어로 마감하였다. 「그로덱」은 피와 죽음, 슬픔과 황혼이 뒤섞인 도시를 "검은 부패"로 상징하며, 개인의 파멸이 사회와 국가의 재앙과 맞닿아 있음을 보여준다. 표현주의 예술가들은 제국의 해체와 전쟁의 참상을 묵시록적 도시 풍경으로 형상화함으로써 새로운 시대와 새로운 인간상에 대한 희망을 예술작품에 담았다. 그리고 이제, 그들이 남긴 이 기록은 우리에게 되묻는다. 과연 우리는 그로덱 이후의 세기에서 무엇을 보았고, 무엇을 외면했는가?

8.

얀 바그너와 브욘 쿨릭 시에 나타난 '지금'의 바다와 국경

얀 바그너와 브욘 쿨릭 시에 나타난 '지금'의 바다와 국경

1933년 미국 망명길에 오른 브레히트는 문학 성향이 좌파적이라는 이유로 공산주의 연루 혐의를 받았고, 한때 미정부의 감시 목록에 오른 바 있다. 전후 분위기는 매우 위압적이었고 영어라는 언어 장벽과 미국의 상업적 연극 환경으로 인해 브레히트는 어려움을 겪었다. 1947년 미국을 떠나야 했을 때, 그는 '좋은 독일'에 대한 희망으로 동독으로 돌아온다. 이상적인 사회주의 건설이라는 동독의 방향성은 이상적 문학을 꿈꾸는 그에게 새로운 기회로 다가왔다. 1989년 베를린 장벽 붕괴 후, 통일 독일의 경제적, 사회적, 심리적 격차는 역설적이게도 구동독에 대한 향수와 외부인에 대한 배제의 감정으로 이어졌다. 2013년 창립된 독일 대안당은 유로화 사용이 자국의 경제적 불이익과 재정 리스크를 초래한다며, 독일 통화였던 마르크로 돌아가야 한다는 입장이었다. 이른바 유로화 회의론에 대한 입장은 대중의 지지를 얻게 되고, 2015년 이후 이민자, 난민 문제가 부각되면서 우익 포퓰리즘으로 빠르게 이동하였다. 반이민 정책을 지지하는 우파 정당은 시리아 난민문제와 겹쳐 경제력이 취약한 구동독 지역에서 지지 세력을 결집했다. 2017년 통계에 따르면 독일 국민의 23%가 이민자 출신이다.

브레히트가 암울했던 망명시절과 동베를린으로의 귀향이라는 순탄치않은 궤적 속에서 '좋은 독일'을 꿈꾸었다면, 현대 독일 시인들은 통일 이후 급변한 유럽의 정세와 난민 문제 속에서, 변화된 독일의 정체성을 마주하며 그 복잡한 풍경을 형상화한다. 이들에게 시는 존재의 의미와 본질을 추구하는 단계에 머물지 않고, 경계와 이동, 충돌과 공존을 감각하는 언어적 실천 공간이다. 비판적 지성인을 대변하는 계몽주의 시대의 레싱을 비롯해 하이네 이후의 저항 시인들이 이룩한 비판적 인문 정신은, 동시대 독일 서정시에 이르러 한결 가벼워진 언어 감각으로 개인적 현안과 감정의 복합성, 윤리적 고민을 담아내고 있다.

이러한 흐름 속에서 독일의 난민수용 정책은 21세기 서정시의 풍경 또한 바꾸어 놓았다. 난민 문제에 반응한 독일 서정시는 시가 여전히 살아있는 담론 공간이며, 우리에게는 낯선 이름의 젊은 시인들이 어느 때보다 열심히 시를 쓰고 있다는 것을 확인시켰다. 브레히트 이후 시인들은 일찍이 하이네가 노래했던 "나의 조국"에 동병상련을 느꼈으며, 모든 것이 풍요로운 현대에도, '내 나라' 독일은 죽었다, '시스템이 고장 났다'는 역설적인 시구를 통해 유럽의 현 정책을 비판한다.[26]

한때 바다는 인간에게 경외의 대상이었다. 고대인을 비롯해, 대항해 시대의 모험담이 실린 바다는 현대의 시인에게는 더 이상 낭만과 진취적 기상이 담긴 공간이 아니다. 2016년, 브욘 쿨릭 Björn Kuhligk(1975-)은 난민의 밀입국 항로인 바다를 배경으로 『지브롤터의 언어』(이하, Gi로 표기함)를 출간하였다. 얀 바그너 Jan Wagner(1971~) 역시 『빗물통변주곡』(2014)을 통해

26 이에 관해서는 게랄드 초르쉬 Gerald Zschorsch의 「비상구 Notausstieg」(2002)를 참조: "나의 나라는 완전히 죽었다./ 나의 웃음은 타버린 소리가 난다 mein Land, das ist ganz tot./ Mein Lachen klingt wie angebrannt;" 초르쉬의 또 다른 시 「개같은 상태가 되었다 Auf den Hund gekommen」(2000)에서도 이러한 기조가 보이는데 "어떤 시스템이 고장 났다 Ein System ist kaputt"는 시행을 통해 그는 당국의 난민 정책을 비판했다. 1990년대 후반, 유고슬라비아 내전과 소련 해체 후 많은 난민들이 독일로 유입하였다: "/ [...] 파도 아래 잠수해 가며;/ 열린 바다로 헤엄치라./ 암초에 좌초되지 말라.// 추진력은 해변의 유산이지만/ 야간 해안가 서치라이트 빛에/ 이성을 잃는다.// [...] Tauch unter der Welle durch;/ schwimm in die offene See./ Zerschell nicht am Riff.// Treib ist das Gut der Strände/ und bei Nacht Leuchtfeuerbänke/ zum Irrsein//"(Lentz/Opitz 2010, 585).

인류의 오랜 형식인 시문학이 여전히 정치적일 수 있음을 시사한다. 2018년 수잔네 퓌러 Susanne Führer와의 대담에서 바그너는 '시문학은 고도로 살아있는 어떤 것'이며, 문학이 사소한 것이라 여기면 그건 기만적인 일이라고 시학적 입장을 밝혔다. "아마도 시를 쓰는 사람들이 있다는 사실을 헤아리지 못하는 이들이 있을 것입니다. 그것이 끝난 것이라고 생각하는 겁니다. 진실은 다수의 시인들이 있고, 그것도 걸출한 시를 쓰는 젊은 시인들이 존재한다는 사실입니다. 문학은 살아있는 어떤 것입니다."

20세기 표현주의와 암울했던 전후 서정시, 그리고 분단 시절 두 개의 조국에서 읽혔던 이념적 서정을 지나, 2000년대 독일 문학은 서정시 분야에서 새로운 전개양상을 보이며 의미심장한 평가를 받는다. 토마스 클링(1957-2005), 질케 쇼이어만(1973~), 두어스 그륀바인(1962~), 율야나 볼프(1979~), 얀 바그너, 브욘 쿨릭 등 시인들의 활발한 창작 활동과 시집 출판의 양적 팽창은 20세기 표현주의 서정시의 약진을 연상시킨다는 평가도 제기된다. 특히 쿨릭과 바그너는 개별 시집 외에도, 1965년생을 기준으로 현재 활동 중인 시인들을 아우르는 『지금의 서정시 Lyrik von Jetzt』 시선집을 공동 편찬하며, 동시대 독일 서정시의 흐름을 집약한 바 있다. 2003년과 2008년에 각각 발행된 이 시선집은 21세기 독일 서정시의 경향을 보여주었다. 2003년에 발간된 『지금의 서정시』엔 74인의 젊은 독일어권 시인들의 시를 수록하였다. 그들 중에는 노라 보송, 산드라 부르크하르트, 다니엘라 샤나, 오스발트 에거, 엘케 에르프, 마티나 헤프터, 에스터 킨스키, 톰 슐츠 등이 주목받고 있다. 이들 중에는 『그랜드 투어. 유럽의 젊은 시로 떠나는 여행』에도 겹치는 이름들이 있다.

수많은 시인들의 목록을 정리하고 그 중에서 한 시인의 작품 세계를 연구하는 작업은 그 선별 과정에서부터 녹록치 않다. 현대 서정시의 다양한 주제 의식 중에서 국제적 파장을 불러일으켰던 지중해와 난민을 주제로 시집을 낸 브욘 쿨릭의 시를 중심으로 현재 시인들이 바꾼 독일 시문학의 지형을 들여다보기로 하자. 이를 통해 독일현대사에서 국경과 장벽을 넘던 사람들의 이야기가 지브롤터 해협 및 지중해로 이행되고, 독일문학의 관심이 독일어권을 넘어 유럽의 경계로 확장되고 있음을 확인할 수 있다.

21세기 시문학에 나타난 바다와 새로운 국경

나는 세계 시민이다

Ich bin ein kosmou politès, ein Bürger der Welt

- 디오게네스 Diogenes(B.C. 399-323)

일찍이 디오게네스는 자신을 특정 국가의 시민이 아닌, 인류 전체에 속한 도덕적 존재로 여겼다. 도시국가 중심의 시민 정체성이 강하게 작동하던 고대 그리스 사회에서, 그는 국가 간 경계를 넘어 우주시민임을 자처함으로써 초국가적 정체성을 선보였다. 물론, 자신이 속한 지역을 세계의 중심으로 인식하는 관점이 그 바탕에 있었음을 완전히 배제할 수는 없다. 그러나 이 같은 발언은 훗날 칸트의 세계시민주의 개념의 단초로 이어졌으며, 오늘날 인권 담론과 글로벌 정체성에 대한 인식을 공유하는 데에도 이바지한다. 하지만 계몽주의적 세계시민 담론이 무르익기도 전에, 독일은 제3제국 시절 코스모폴리탄과는 전혀 다른 길을 걷게 된다. 1933년 2월, 제국의사당 방화 사건 직후 전체주의 국가 탄생은 촉발되었다. 외국으로 망명한 브레히트는 프라하, 빈, 취리히, 파리, 암스테르담 등을 거쳐, 1941년 미국에 도착해 체류하다가 1947년 베를린으로 귀환한다. 외적으로는 양호했던 동독의 문화적 지원을 받으며 이상적 사회주의 건설이라는 문학적 혁신에 대한 비전을 품고 동베를린을 선택했지만, 귀환 당시의 독일은 자국의 현실을 똑바로 직시조차 하지 못하는 상태였다.

'해협의 산뜻한 보트와 즐거운 돛단배'를 노래하던 낭만적 전통은 사라졌고, 대신 브레히트는 '마당의 구부러진 나무와 소작인의 굽은 허리'에 주목했다. 암울했던 20세기가 지나갔지만, 오늘날의 독일 시는 여전히 자연을 순수하게 찬미하지 못한다. 현대 시인들의 시선은 중심에서 벗어난 주변인에게로 향하고 있으며, 이들의 절박한 심정은 대도시 벽에 호소문처럼 적어놓은 '비자 Visum'라는 그래피티 속에서도 드러난다. 외국인은 물론 불법밀입국을 시도하는 난민에게 비자는 얻기 어려운 문서다. 그들이 겪는 행정적 절차는, 지중해를 건너는 위험한 여정만큼이나 복잡하고 고통스럽다. 지중해를 건너다 결국 "지중해의 바닥"(Gi 36)이 되어버린 이들과 달리, 간신히 유럽 땅을 밟은 사람들에게조차 비자는 여전히 닿기 어려운 요원한 대상이다. 생존권과 미래에 대한 희망을 품고 국경을 넘는 난민을 시로 형상화할 때, 시인들은 구체적인 지리와 장소, 특히 국경 경비대의 감시가 삼엄한 철의 장막과 그들의 탈출 경로인 바다에 주목한다. 현대의 바다는 경계, 이동, 생존이라는 사회학적 의미를 내포하며, 더 이상 자유의 공간이 아닌 장막으로서의 바다를 이야기한다.

지금의 독일 서정시 동향

2015년 4월, 지중해를 건너던 난민선 5척이 난파되어 1200명 이상이 사망한 사건 이후, 유럽의 난민 사태는 논쟁의 중심에 있었다. 유럽연합통계국 Eurostat에 따르면, 1992년 672,000명이 망명을 신청한 이후, 2014년에는 626,715명의 대규모 망명 신청이 있었다. 유럽에서는 난민 문제에 대해 고통을 분담하자는 입장과 사회적 안전을 우선시하는 입장이 맞서는 가운데, 2019년에는 앤트워프의 성모마리아 성당에서 난민 관련 설치 작업이 기획되는 등 난민 문제는 예술의 영역으로도 깊숙이 침투했다. 존 스타인벡의 『분노의 포도』(1939)가 1920년대 미국 내 이주자들의 주변적 삶을 조명하며 사람들 간의 연대를 강조했다면, 21세기 유럽의 이주자들을 다룬 작품들은 여전히 생성 중이다. 1990년대 유고슬라비아 전쟁과 2014년 이후 북아프리카 난민의 대규모 유입은 독일 문학의 이주자 문학에 새로운 전기를 마련했다. 또한 이민자적 배경을 가진 신세대 작가들은 난민 문제를 문학의 주요한 담론으로 등장시켰다. 그동안 독일 서정시의 동향을 이해하는 데 중요한 참고 자료는 쿠어트 핀투스의 『인류의 황혼. 젊은 문학의 심포니』(1919)와 같은 시선집이었다. 핀투스의 시선집은 23인의 시인을 네 개의 주제로 엮었으며, 이를 통해 20세기 표현주의 서정시의 약진 현상을 반영하였다. 이후, 1900~1950년대의 시를 엮은 『사로잡힌 현존』(1953)이나 100명의 시인들의 작품을 모은 『현대시 박물관』(1960) 등이 서정시 동향의 중요한 문헌으로 자리잡았다. 21세기 들어 쿨릭과 바그너의 『지금의 서정시』(2003)와 『지금의 서정시2』(2008)에 이어 크리스토프 부흐발트와 질케 쇼이어만이 『서정시 연감 2007』을 재출간하며 새로운 서정시의 지형을 재편성했다. 독일 문단에서는 이들 젊은 시인들에 대한 우려와 기대가 공존하며, 젊은 서정시에 대한 문예학적 연구가 수행되고 있다. 이밖에 온라인을 통해 시가 소개되고 있는 현상도 21세기 서정시의 특징에 속한다. 베를린 쿡스 북스 출판사는 다니엘 팔프의 『이 공원의 공간』을 시작으로 50권이 넘는 시집을 출판하였고, 2008년 설립된 럭스북스 출판사는 자사 홈페이지를 통해 서정시의 향연에 참여했다.

2000년대 독일 서정시에서의 바다 이미지

20세기 난민은 제2차 세계대전 시기를 전후해 자의든 타의든 고향을 떠나야 했던 사람들을 가리킨다. 그들은 추방자, 실향민, 난민, 이주자 등 여러 이름으로 불렸다. 1990년대 이후에도 수천 명의 사람들이 전쟁과 기아, 궁핍과 복지 그리고 정치적 혼란을 피해 근동 지역, 아프리카, 아시아에서 유럽으로 향했다. 유럽연합의 국경 및 해안 감시를 담당하는 '프론텍스 Frontex'

의 보고에 따르면, 2013년 한 해에만 10만 명이 넘는 난민이 불법적으로 유럽의 국경을 넘었다. 이 수치는 전년 대비 약 3만 5천 명이 증가한 것이었다.

국경수비대를 피해 지중해를 건너는 이들은 '망명자 조류', '망명자 물결', '망명자 파도', '망명자 뗏목' 등으로 불리며, 유럽 언론의 일상 언어 속에 자리를 잡았다. 2000년대 초반 이후 지중해를 건너다 목숨을 잃은 난민은 공식 집계만으로도 약 2만 3천 명에 이른다. 냉전이 끝나고 베를린 장벽이 무너진 후, 유럽의 국경은 더 이상 이념의 선이 아니라 인간의 생사가 갈리는 치명적인 경계가 되었다. 그리고 2015년, 메르켈 정부가 시리아 난민 100만 명을 수용하겠다고 발표하면서 이 문제는 절정에 달했다.[27]

"인간은 정치적 동물이다"라는 고대의 격언을 굳이 들지 않더라도, 시인은 시대와 사회로부터 결코 자유로울 수 없는 존재다. 그의 언어 속에는 언제나 시대의 그림자가 스며 있다.

2000년대 이후의 독일 서정시에서도 문학의 오랜 주제인 '바다'는 더 이상 낭만적 배경이 아니다. 상징주의와 표현주의 시대에는 색채가 감정의 스펙트럼을 드러내는 중요한 매개였다. 그러나 21세기 시에서는 색이 고전적 의미의 색 감정을 전달하는 수단으로 기능하지 않는다. 그럼에도, '파랑 Blau' 만큼은 여전히 특별한 상징적 힘을 지닌다. 낭만주의 시인 노발리스가 『하인리히 폰 오프터딩엔』에서 제시한 '푸른 꽃'은 도달할 수 없는 이상과 동경의

---

27 마쿠스 임호프 감독은 어린 시절 그의 가족이 돌보았던 이탈리아 난민 소년의 기억을 바탕으로 전쟁 피난민의 경험을 그린 영화 <보트는 만선>(1980)을 제작했다. 이후 그는 <엘도라도>(2018)에서 지중해를 건너온 난민들의 여정과 유럽에서 합법적으로 정착하려는 그들의 절박한 시도를 담았다. 이 작품은 난민의 시선에서 유럽의 정책을 비판적으로 조명하며, 인간의 존엄성과 인권이라는 오래된 문제를 제기하였다. 2015년 여름, 수백만 명의 난민이 발칸 루트를 따라 그리스와 헝가리를 거쳐 독일로 향했다. 상황이 악화되자 헝가리 정부는 국경을 봉쇄했지만, 오스트리아와 독일은 난민 수용을 결정했다. 그해 9월, 메르켈은 "우리는 할 수 있다 Wir schaffen das"라는 말을 남기며 독일 사회의 변화를 선언했다. 이 문장은 곧 정치적 상징이 되었고, 2020년 ARD 방송은 다큐멘터리 〈Angela Merkel: Wir schaffen das - Ein Satz und die Folgen〉을 통해 그 파장을 재조명했다. 메르켈의 발언이 던진 질문—"정치와 인도주의는 어디에서 만나는가"—는 2025년 현재까지도 여전히 유효하다.

상징이었다. 이후 표현주의 시에서도 파랑은 인간 내면의 불안과 욕망을 표현하는 색으로 계승되었다. 오늘날의 '푸른' 바다는 더 이상 자연을 담은 신성한 이상향의 색이 아니다. 난민들에게 바다는 관조의 대상이 아니라 생과 사를 가르는 경계다. 시인은 바다를 더 이상 아름답거나 초월적인 공간으로 그리지 않는다. 그것은 생존의 무대이며, 동시에 절망의 심연이다.

> 지중해 공간에는 지중해의 바닥이 있다
> 그곳에는 익사자들이 몰려든다
> 익사자들은 지중해바닥이 된다.

쿨릭이 그린 지중해는 불안과 공포 속에 고무보트에 몸을 맡기고 거센 파도와 싸우며 노를 젓던 난민들의 "죽음의 수장고"가 되었다. 바다는 이제 오디세우스적 의미에서 고향으로의 '귀향길'이 아닌, 인간의 존엄을 시험하는 경계선이다. 하지만 바다는 속내를 드러내지 않고 너무나 고요한 바다로 묘사된다. 푸른색은 더 이상 무한한 동경의 색이 아니라, 침묵 속에서 인간의 생명이 스러지는 공간의 색이 된다.

2000년대 독일 시단에서 '바다'는 낭만적 배경이 아니라, 난민의 현실을 비추는 정치적 공간으로 변모했다. 바다를 건너 유럽으로 향하는 난민의 뗏목은 독일 시인 크라우스 Crauss(1971-)의 작품 「바다에서 플로팅 믹스」(2003)에 등장한다. 그는 니콜라스 본 Nicolas Born, 롤프 디터 브링크만 Rolf Dieter Brinkmann, 크리스티안 크라흐트 Christian Kracht, 토마스 마이네케 Thomas Meinecke 등과 함께 '팝 문학' 계열에 속한다. 팝 문학은 흔히 '대중문화 속의 문학'으로 정의된다. 작가 디터 다트 Dieter Dath에 따르면 "팝문학이란 문화산업의 조건 아래에서 만들어지고 소비되는 문학이다. 오늘날 부유한 나라에서, 지금 이곳에서 일어나는 일을 진지하게 고민하는 모든 문학은 팝문학이다." 다시 말해, 팝문학은 현실의 문화적 조건을 반영하며, 그 안에서 인간의 경험을 새롭게 포착하려는 시도라 할 수 있다.

슈테펜 포프 Steffen Popp(1978-)의 「콘크리트 계단, 바다들」(2002)은 해안 국경의 풍경을 통해 이러한 현실의 바다를 드러낸다. 시는 초록빛 바다와 인간, 기술, 폭력의 이미지가 뒤섞인 세계를 그린다.

> 움직임 (공기), 바다색 (초록), 고슴도치 (그의 등을
> 뒤집는 코요테의 기술) - 너의 심장인 가까운 항구가
> 그가 자는 구석지로 뻗어있다. 배낭에는 양식, 탄약 상자
> 짠물 속에 갈라진 노새의 발굽 -
>
> 바다가 네게 물가 (경계)를 보여준다, 너 네 나라에서 잠들지니
> 비밀 기호, (바다를 살피는) 탑들, 고사포들이 있다
> 조종사 모자를 쓴 엔지니어들 - 너 해변가에서 그들을 셀지니, 그들은 관절이어서
> 너를 (문자처럼) 모든 사물과 연결한다(Lentz/ Opitz 2010, 437).

시 속의 바다는 '초록색'으로 묘사되지만, 본질적으로는 낯설고 이질적인 풍경이다. 바다는 인간의 이동을 가로막는 콘크리트의 경계이자, 감시의 시선이 도사린 공간이다. 바다를 지나며 짠 물에 퉁퉁 불은 난민의 다리는 노새 발굽처럼 각질층이 되었고, 이들을 막는 해안가의 고사포, 조종사의 그림자가 함께 떠 있다. 표현주의 시인인 고트프리트 벤은 '파랑'을 "전적으로 남쪽의 단어"라 불렀다. 리구리아 해는 이탈리아와 프랑스, 모나코가 맞닿은 푸른 지중해의 색이었다. 릴케, 벤, 엘제 라스커-쉴러, 트라클, 그리고 파울 첼란의 시에서 '파랑'은 오랫동안 동경의 색이자 우울한 현실의 색이었다. 그러나 오늘날 '파랑'은 더 이상 낭만적 색이 아니다. 그것은 정치적이며 사회적이다. 쿨릭의 시집 『지브롤터의 언어』 표지는 에메랄드빛 바다를 배경으로 콘크리트와 철의 장벽이 바닷길을 막고 있는 사진이다.

하늘은
파랗지 않다, 물은 파랑이
아니다(Gi 29).

이 구절에서 시인은 대상과 언어의 관계를 부정한다. 하늘과 물이 '파랗지 않다'는 선언은 단순한 색의 부정이 아니라, 현실의 부정을 드러내는 정치적 진술이다. 하지만 지시대상과 의미의 상위에도 불구하고 파랑은 여전히 하늘과 물을 대표하는 색이다.

문학연구자 엘리자베스 파에프겐은 이렇게 설명한다. "파란 색의 부정은 정치적 선언이다. 장벽 앞에 선 사람들에게 파란 바다와 파란 하늘은 더 이상 아무 의미도 없기 때문이다." 난민에게 하늘이 파랗다는 것은 위로가 되지 않는다. 파랑은 공감각적 성찰을 자극하는 매체도 아니다. 바다는 자유의 길이 아니라 생존의 장벽이다.

쿨릭의 시집 2부 첫 시인 「아무 일도 일어나지 않아」에서는 "부드럽고 흠 없는" 하늘이 "번개치는 파랑 donnernd-blau"으로 변한다. 이 강렬한 색채의 전환 아래, 시인은 난민, 바다, 화물선의 이미지를 병치한다. 번개치는 파랑은 폭력과 불안을 내포한 시대의 색으로, 하늘은 여전히 눈부시지만 그 푸름 속에는 폭풍우의 기운이 스며있다. 파랑은 이제 감각의 색을 넘어, 시대의 현실을 비추는 거울이 되었다.

나는 똑바로 서 있었다, 간신히 손가락 하나
움직일 수 있을만큼 그리고 방풍자켓 차림으로, 눈은
보지만 늘 너무 느리다, 나는 누워있었다, 내가
수평선 위에 화물선을 보고 번개가
물을 밝히는 걸 본 후, 이 부드러운 하늘 아래에서.

바람이 불고, 번개가 치는 날이었다. 난민을 태운 화물선이 수평선 위에 잠시 모습을 드러내지만, 곧 다시 "부드러운 하늘 아래"로 사라진다. 시의 마지막 구절 "이 부드러운 하늘 아래"는 아이러니하게도 평온의 이미지가 아니라, 무력한 정지 상태를 상징한다. '아무 일도 일어나지 않는다'는 것은 곧, 누군가의 고통이 목격되지 않는다는 것, 즉 존재가 드러나지 않는 부정의 언어가 된다는 뜻이다. 파란 하늘은 이제 아름다움의 표상이 아니라, 무관심과 침묵의 배경으로 변한다. 이처럼 21세기 독일 시에서 바다는 단순한 자연의 풍경이 아니라, 정치적이고 인간의 윤리를 실험하는 공간으로 전환된다. 파랑은 더 이상 낭만적 감정의 색이 아니라, 기억되지 못한 생명들의 색, 부정된 하늘의 색이다. 바다는 타자의 시학으로 구현되었다고 볼 수 있다.

브욘 쿨릭과 얀 바그너의 바다와 국경

"배는 이미 만원이다, 아니 곧 그렇게 될 것이다.
오늘 우리가 마주한 의제는 구명조끼와 구명보트의 자리를 두고벌이는 전쟁이다.
이 구명보트들이 어디에 닿을 수 있을지 아무도 모른다, 식인 食人의 해안 말고는."
– 하이너 뮐러

정치적 지평의 파랑: 『지브롤터의 언어』

2015년 10월, 난민 논쟁이 절정에 달했을 때 베를린 시인 브욘 쿨릭은 유럽의 가장 외진 땅 멜리야 Melilla를 방문했다. 작품 발생사적으로 보면, 『지브롤터의 언어』는 이미 10여 년 전부터 형성된 관심의 결실이다. 어느 날 슈퍼마켓 계산대에서 신문을 넘기던 그는 난민 관련 기사를 읽고 이 복잡하고 거대한 문제에 사로잡혔다. 그로부터 시간이 흘러, 2015년 10월 "사과 같은 가슴을 한 스튜어디스"(Gi 12)가 음료를 권하는 비행기 안에서 그는 유럽 대륙을 건넌다. 유럽의 풍요와 난민의 고통을 교차적으로 직조한 『지브롤터의 언어』는 이후 브렉시트 논의가 본격화되면서 다시금 주목을 받았다. 지브롤터가 영국령이라는 점, 그리고 브렉시트 이후 새로운 '경계'의 상징으로 부상한 이유 때문이었다.

지브롤터에 도착한 시인은 "세계의 고통"(Gi 9)을 온몸으로 체감한다. 쿨릭은 다니엘 베스코스와의 대담에서, 하나의 짧은 시로는 이 거대하고 복합적인 주제를 담기엔 부족했다고 말한다. 그래서 그는 이 곳에서의 음향적·시각적 경험을 4부로 구성된 장시 長詩에 담았다.

1부에 수록된 「원숭이의 프롤로그」는 월요일부터 일요일까지의 '지브롤터 일주일'을 그린다. 시는 다음과 같은 서정적 이미지로 시작된다.

> 백합 첫 꽃잎이
> 거실 탁자 위로 떨어진 날
> 불안한 어느 월요일에
> 나는 유럽의 국경으로 날아간다
> 4000미터 상공을 시속 520km로
> 17시 15분에 나는 파악할 수 없는 상태로
> 불안한 감기에 걸려
> 36번째 위도를 넘는다, 태양이 내리쬔다

시적 자아가 날아간 곳은 모로코와 맞닿은 스페인의 고립영토, 멜리야이다. 그곳은 유럽의 끝이자 아프리카가 시작되는 곳이다. 스페인의 자치 도시 멜리야는 지리적으로 북아프리카에 위치한 유럽의 국경 중 한 곳인 셈이다. 멜리야는 세우타와 함께 북아프리카에서 유럽으로 가는 주요 경로에 위치하며, 국경은 첨단 감시망으로 둘러싸여 있다. 이곳은"세계에서 가장 안전한 경계지역"(Gi 37)인 동시에, 유럽 영토로의 입국을 시도하는 난민들에게는 '가장 치명적인 장벽'이다. 멜리야는 모로코 북부, 지브롤터 해협과 지척

거리이며 지중해와 접해 있다. 따라서 유럽으로 가고자 하는 난민과 이주자들이 가장 많이 도달하는 지점 중 한 곳이다. 스페인과 아랍 문화가 혼재하는 멜리야는 15세기 이후 스페인의 영토로 존재하지만 사회 정치적 맥락에서 많은 논쟁거리를 안고 있다. 순결의 상징이자 수태고지의 상징인 백합꽃잎이 지던 날 시인은 불안한 마음으로 “내 피부색의 역사”가 있는 아프리카의 시작 지점인 모로코로 날아왔다.

> 3.5 퍼센트의 소금함량을 지닌
> 4백만3천 세제곱킬로미터의 어둠과
> 새들이 휘파람을 분다
> 너 어디서 잠들었니
> 너 어디로 갔니
> 물, 잠도 자지않고
> 요새의 벽을
> 철썩거리는 물이 끝없이
> 해안을 씻는다(Gi 23).

쿨릭의 시에서 대륙 사이를 흐르는 바다는 소외와 배제의 지형물이다. 비행기에서 시인은 바다를 본다. 바다는 국경을 넘는 지점이다. 모로코 북부에 위치한 몬테 그루그 Monte Gourougou 산을 넘어 멜리야에 도착한 사람들은 또 한 번 요새같은 바다를 마주한다. 어둠 속에서 파도는 국경의 벽을 끝없이 철퍽이고, ‘지저귀는 나무’의 새들만이 불법적인 이동을 시도하고 있는 난민의 안부를 묻는다. 그들이 통과할 경계의 풍경은 냉혹하다. 20 미터마다 감시등이 비치고, 20 미터마다 감시 카메라가 있다. 지브롤터 해협과 나토군의 철조망은 더 이상 국경선이 아니다. 그것은 인간을 분리하고, 바다를 정치적 경계선으로 변모시키는 현대의 메타포적 장벽이다.

멜리야는 모로코와 지중해를 경계로 자리한 13,4 ㎢에 이르는 스페인의 고립지대로, 약 8만5천 명의 주민이 거주하고 있다. 이 지역 근처, 특히 그루그 산 일대에는 사하라에서 온 약 3만 명의 난민들이 임시 거주하고 있다. 멜리야를 아프리카 대륙과 분리하는 장벽은 세계에서 가장 안전한 경계지대이자, 유럽의 국경관리 모델로 여겨진다. 2014년에는 거의 2만 명의 사람들이 이 길을 통해 유럽 진입을 시도했으며, 2015년에는 약 3천명이 장벽을 넘는데 성공했다(Gi 37).

난민이 수비대의 감시망을 피해 가장 험준한 루트를 통해 국경을 넘는다 해도, 그들은 곧바로 임시수용소로 보내져 난민 신청 허가가 날 때까지 대기해야 한다. 이와 같은 현실은 독일 공영방송에서 방영된 6부작 드라마 <에덴 Eden>을 통해 대중적으로 조명된 바 있다. 브욘 쿨릭은 동일한 주제를 시집을 통해 다루면서, 난민의 실존적 현실을 담담하게 그려낸다. 그러나 그는 난민이 경제적 이주자인지, 전쟁 난민인지에 대한 정치적 입장을 드러내기보다, 바다의 수심을 재거나 유럽 중산층의 일상을 병치시키는 시적 장치를 통해 인권에 대한 윤리적 성찰을 유도한다. 이러한 맥락에서 『지브롤터의 언어』에 등장하는 "너희 포스트모더니즘"이란 표현은 멜리야를 은유로 삼아 복지국가 유럽의 불편한 내면을 폭로한다. 이는 『지금의 서정시』가 공유하는 미학적 특징이기도 하다. 지금의 서정시는 "포스트모더니즘의 건조한 울림"이 팝문화의 다언어성과 구조적으로 긴밀히 연결되어 있다. 랄프 마이어 Ralf Meyer(1970-)는 「지브롤터의 거리」에서 이 같은 문제의식을 한층 모던한 감각으로 변주한다. "아프리카의 검은 구릉"과 "죽음의 무도"는 "무관세 위스키"의 이미지와 대립하며, 국경을 넘나드는 여행자들의 냉담하고 무심한 시선을 드러낸다. 이 시의 비유적 풍경은 유럽인의 소비적 자유와 타자의 고통이 맞닿는 경계선, 즉 '유럽의 무의식'을 드러낸다.

이와 유사한 문제의식을 알제리 출신 작가 하미드 스키프 Hamid Skif (1951-2011)도 소설 속에서 제기한다. 그는 다음과 같이 쓴다: "냉담은 일상이 되었다; 사람들은 그것을 변호하거나 화제를 바꾼다. 그것이 이 시대의 분위기이다. 울트라자유주의는 잠행성 인종주의와 재식민화를 뜻하기도 한다.

인권이란 이제 사브르와 고압청소기를 덮은 미니슬립에 불과하다."

쿨릭의 경우 화려한 호텔 수영장의 장면과 난민이 숨죽여 바라보는 바다의 이미지를 교차 배치함으로써, 복지국가 유럽의 이면을 차갑게 응시한다.

> 나는 오팔색 파란 포장으로 덮인
> 호텔 수영장을 본다
> 섭씨 30도의 온도
> 울부짖는 태양 아래
> 잘못 신은 세계챔피언 운동화, 트리코트,
> 바다를 굽어보는 노인들
> 유겐트슈틸 건물의 그늘 아래
> 중유럽의 만족스런 이마를 지닌 채
> 오랜 태양, 오랜 달, 오랜 소유
> 별들이여, 그대들은 충분히 높이 있다(Gi 23).

이러한 특징은 시의 구성 방식에서도 드러난다. 화려한 호텔 수영장의 장면과 난민이 숨죽여 바라보는 바다의 장면이 이중적으로 배치되면서, 복지국가 유럽은 자기 만족과 회의의 시선 속에 동시에 그려진다. 시 속에서 태양과 달은 바닷가 유겐트슈틸 스타일의 건축 호텔에서 휴양을 즐기는 중유럽 노인들에게는 온화하고 호의적인 존재다. 그러나 그 부드러운 빛 아래에서 바다는 오팔색 포장으로 덮인 듯 무심히 펼쳐져 있으며, 최신형 운동화와 트리코트 차림으로 걷는 이들의 몸은 과잉된 안락함의 기호로 읽힌다. 한낮의 열기 속에서 불편한 발로 모래 위를 걷고, 달빛 아래에서 신분이 드러날까 두려워하는 난민에게는 오직 별들만이 유일한 편이다. 쿨릭의 『지브롤터의 언어』는 이러한 대비를 통해 난민의 바다를 이야기하며, 동시에 바다를 앞에 두고 조깅을 즐기는 '안전한 대륙'의 일상—즉 유럽 시민의 안온한 생활상을 병치한다. 이 과정에서 지브롤터 해협이라는 지리적 장애물은 단순한 공간적 경계가 아니라, 정치적·윤리적 경계로 전환된다. 쿨릭에게 시는 신체를 통해 이루어진다고 볼 수 있다. 그리고 그 시는 결코 유쾌하거나 안락한 언어로 구사되지 않는다. 그렇기에 그는 단호하게 말한다.

> 나는 너희의 자연서정시-수프를 먹지 않겠어,
> 너희의 자연서정시-수프를 나는 먹지 않아.

쿨릭의 시적 진술은 현대인의 소비적 언어와 감정의 소비를 거부하는 선언이다. '서정시 수프'는 간편히 들이키는 일상의 감상과 포스트모던한 안일함을 상징하며, 안온한 바다의 풍경과 함께 배제와 무관심의 미학을 의미한다. 이는 앤디 워홀의 <캠벨 수프 캔>(1962)처럼 문화비평적 패러디로 읽을 수 있는 대목이다. 전통시 전통에서 중요한 자리를 차지하던 자연이 안전한 대륙의 '자연서정시-수프'처럼 감정의 소비재가 되어버린 것이다.

얀 바그너 「울타리에 대한 단상」

2015년 얀 바그너는 시집 『빗물통변주곡』으로 라이프치히 도서박람회 상을 수상했다. 이 상은 통상 소설 중심의 작품에 주어지는 경우가 많았기 때문에, 시인이 이 상을 받은 일은 이례적이었다. 독일 문학재단 대표 홀거 필스 Holger Pils는 이를 '다윗과 골리앗의 싸움'에 비유했다. 시가 독일 문학 시장에서 "가장 인기 없는 장르"로 간주되는 점을 감안할 때, 이는 더욱 의미 있는 성과다. 시상 기준이 "무엇보다 책이 출판 시장에 기여해야 한다"는 점을 고려하면, 바그너의 작품이 갖는 동시대적 가치를 짐작할 수 있다.

이미 안나 제거스 상(2004), 횔덜린 상(2011), 그리고 독일 문학의 최고 권위인 게오르크 뷔히너 상(2017)을 수상한 바 있는 바그너는, 어린 시절 부모님의 서재에서 책 읽는 즐거움을 배웠고, 열네 살 무렵에는 놀이 삼아 시를 쓰기 시작했다. 그의 시적 특징 중 하나는 일상에서 특별한 의미를 끌어내는 능력이다. 독일 라디오 인터뷰(2018년 12월 24일) 중 그는 이렇게 말했다.

> 시는 모든 것에서 시작된다. 하나의 단어, 풀 한 포기, 톱, 매트리스, 사소한 대상에서 시작되는 것이다. 이 사소한 대상에 모든 것이 담겨 있을 수 있기 때문이다. 산미나리 안에는 단순히 탐욕만 있는 것이 아니라 전복과 저항, 그리고 그 이상의 것에 대한 사유가 담겨 있다.[28]

일상의 평범한 사물에서 세계를 읽어내는 바그너는 언뜻 모든 사물 속에 잠들어 있는 노래를 깨어나게 하는 낭만주의 문학관을 보는 듯 하다. 『빗물통변주곡』은 다섯 번째 시집으로, '산미나리 giersch'라는 흔한 식물에 대한 관찰에서 출발한다. 이 식물은 뿌리줄기로 뻗어나가 한 번 자리잡으면 제거가 어려워 정원사에게는 골칫거리다. 유럽에서 흔한 산미나리는 강한 생명력과 번식력을 가진 식물이다. 표면적으로 식물에 대한 관찰로 보이지만 「산미나리」는 사회적, 정치적 알레고리가 강하게 내포된 시이다. 시인은 산미나리에 대한 사유를 시작으로, 자연과 시대를 풍자하는 57편의 시를 다섯 개의 장에 나누어 배치했다. 이 시집은 형식 면에서도 실험적이다. 비주얼 포엠에서 보듯, 대문자로 시작하는 명사와 문장 첫 글자 등 모든 단어를 소문자로 표기한 점도 특징적이다. 시인은 독일 방송과의 인터뷰에서 "모든 단어에 동등한 무게를 부여하고자 했다"고 밝힌 바 있다. 자유로운 운율을 쓰고 단어에 위계를 두지 않는 것은 함부르크와 베를린에서 영문학을 전공한 시인의 자전적 배경과도 무관하지 않지만, 젊은 시인들이 소문자를 쓰는 경향은 현대 시에서 예외적인 상황은 아니다. 『빗물통변주곡』 4부에 수록된 「울타리에 대한 단상 versuch über zäune」은 정원 울타리라는 주변 사물을 통해 울타리 그 이상의 것을 사유하는 지적 실험이다.

---

28 2018년 12월 24일 바그너가 시를 쓰는 즐거움에 대해 독일 라디오 방송과 나눈 대담 내용이다.

때때로 철망에 구멍이 나 있었다,
마치 위성 하나가
너무 가까이 지구에 다가든 것처럼
풀밭에 대한 동경, 붉은 튜울립 전파에 대한 그리움에서,

혹은 하얀 널판지가 느슨하게 걸려 있어서
누군가 그것을 끌어당길 수도 있었다,
방랑자의 웃음 사이로
말끔히 정돈된 정원으로 솟아올랐다.

사실 모든 것은 그 뒤에서 시작되었다,
우리는 그것을 예감했다, 그들이 소리 없이 우리를 따를 때면,
귀뚜라미로 가득한 여름으로 인해 전기가 흐른듯한 초원을 지나,
울타리친 목초지를 지나, 출렁이는 곡식 곁을 지나;

그들의 따뜻한 등에 대고 앉아있기,
발치에는 참제비고깔꽃과 그 뒤를 따르는
쐐기풀 무리, 여기에는
노란 천이 삼각 깃발, 저기에는

농경지 말의 찬란한 이중 달이
나무에 걸렸다 그리고 가끔씩
어떤 힘에도 굴복하지 않는 자 – 오직 민들레의
유령만이 아무런 수고없이 통과해갔다.

큰 길이 굽어진 곳에서,
우리는 헤어졌다. 누군가는 도둑이 되었고,
누군가는 벚나무가 되었다. 오, 지빠귀가 붉게 빛났다,

저녁 우리가 잠자리에 누울 무렵.

시의 제 1연은 정원 울타리에 생긴 작은 틈을 단서로 시작된다. 울타리 역할을 하는 철망에 구멍이 나고, 그 너머로 일상의 풍경인 잔디와 붉은 튤립이 펼쳐진다. 그러나 '하얀 널판지'와 '방랑자'라는 시어가 등장하면서 이 구멍은 단순히 정원 울타리에 난 구멍이 아니라, 뭔가 석연치 않은 사건으로 확장된다. 바그너의 시에서 일상적 자연물들이 서사적 도약을 통해 서정성과 현실 인식이 교차하는 상징적 장치로 기능한다는 것을 고려할 때, 정원에 침입한 흔적은 당시 유럽을 시끄럽게 만든 난민일 수 있다. 예를 들어 '시도', '장벽', '철사', '전기' 등과 같은 표현들은 난민 문제를 떠올리게 하는 사회정치적 맥락을 암시하며, 이와 동시에 '동경', '풀밭', '정원', '이중 달', '민들레', '지빠귀' 등 자연물을 지칭하는 시어들과 결합되어 구멍이란 개념에는 저항과 생존의 의미가 자리하게 된다. 이러한 결합은 단순히 울타리에 대한 관찰을 넘어, 그것을 넘으려는 시도로 이어지며, 궁극적으로 시적 화자는 일련의 증거물을 '장벽을 넘는 시도'라 본 것이다. 이렇게 볼 때 시 제목에 쓰인 전치사 über는 '~에 관하여'라는 의미 외에도 '~을 넘어' 라는 방향성을 함축한다. 따라서 이 시는 단순한 경계 인식에서 그치지 않고, 경계를 넘어서려는 시도 자체를 문제삼게 된다.

시의 1-2연은 전형적인 가정집의 정원을 배경으로 한다. 시적 자아는 철망 울타리에 난 틈을 관찰하며, 그것을 '위성'의 이미지로 치환한다. 위성이 '지구로의 진입'을 감행하듯, 울타리에 난 구멍은 경계를 침범한 존재의 흔적으로 읽힌다. 2연에서 동사 '솟아올랐다'의 주어는 명시되지 않지만, '구멍', '느슨한 널빤지', '동경'이라는 주변 단서를 고려할 때, 이 동작의 주체는 다름 아닌 울타리 바깥에서 넘어온 존재, 즉, 난민 또는 경계 바깥의 타자로 해석될 수 있다. 3연은 이러한 해석을 보다 분명하게 뒷받침한다. '울타리 너머에서 모든 것이 시작되었다'는 진술은, 자아와 타자의 위치가 바뀌는 시점을 가리킨다. 이제 울타리의 안과 밖은 고정된 구획이 아니라, 이동과 재배치가 가능한 정치적, 존재론적 공간으로 드러난다. '귀뚜라미 소리에 전기가 흐르는 듯한 여름', '목초지와 출렁이는 곡식을 지나'와 같은 묘사는 경계를 넘은 후 펼쳐지는 풍경이다. 난민은 불타는 듯 뜨거운 여름을 통과해, 결국 목초지와 곡식 사이, 낯선 땅에 도달한 것이다.

이러한 연상은 3연 2행의 "우리가 예감했던 모든 것"이라는 문장을 통해 더욱 강화된다. 이때 '예감'은 단순한 직감이 아니라, 경계 너머에 도사린 운명과 타자성에 대한 불확실한 인식이다. 하지만 이 '예감'은 뒤따르는 5연에서 반전된다.

"굴복하지 않는 자"와 대조되는 "민들레의 유령"은 유럽이라는 땅에 닿고자 장벽을 넘으려 했던 이들의 흔적이자 좌절의 표상이다. 노란 꽃이 진 뒤 줄기에 아슬하게 남은 하얀 민들레 홀씨는 장벽 넘기에 실패한 자들의 영혼처럼 읽히며, 바람에 흩날리는 모습은 생명과 죽음, 도전과 좌절 사이에서 사라진 존재를 애도하는 상징으로 작용한다. 시인은 이를 통해 끝내 장벽을 넘지 못한 이들을 추모한다. 사라진 이들의 유령은 오히려 하얀 홀씨가 되어 "아무 수고 없이" 경계를 넘는다. 5연 2행의 '어떤 자'는 '굴복을 모르던'이라는 독일어 표현과 함께, 국경을 넘기 위해 싸운 난민의 고통을 암시한다. 홀씨가 되어서라도 경계를 넘고자 하는 민들레의 심상은 죽은 자만이 국경을 넘는다는 비극적 인식을 반영한다. 이 시는 밀입국의 현실, 바다에 수장된 난민들의 비극을 환기하며, 그의 시가 자연주의적 또는 복고적이라는 비판과 함께 '삼엄한 현실을 다루는 특징을 보인다. 이 시기 유럽은 가정집에서도 매트리스를 내어주는 등 일상의 공간에서 난민들과 마주하였다.

바그너는 시 형식과 시적 유희 사이의 긴장에 주목한다. 그는 '연 갈이'라 일컬어지는 구조적 기법, 명사의 소문자화, 소네트 형식의 변형을 통해 리듬과 변화를 만들어낸다. 이는 전통적 형식에 자유로운 운율을 개입시킴으로써, 형식을 해체하기보다는 재구성하는 방식이다. 얀 바그너에게 시 형식은 독특한 방식으로 잘 호흡할 수 있는 해주는 일종의 "코르셋"이다. 그는 형식을 통해 시의 이미지와 사상이 예상치 못한 궤도로 전개될 수 있다고 본다.

이처럼 형식을 제약이 아닌 가능성의 조건으로 보는 시인의 태도는, 전통적인 서정시의 소재인 벚꽃이나 지빠귀 등을 암울한 현실을 감싸는 섬세한 장치로 작동하게 만든다. 이러한 맥락에서 그의 시를 자연에 대한 탐닉이라 평하는 것은 지나치게 단선적인 비평에 해당한다.

「울타리에 대한 단상」 6연에서 시대적 풍경은 '우리'의 이별을 통해 그려진다. 고향을 떠나 낯선 도로에서 헤어진 이들 중 몇몇은 도둑이 되었고, 몇몇은 '벚꽃나무' 아래 묻힌다. 마지막 6연에서 정원의 주인이자 추념자인 시적 자아는 국경을 넘은 난민들과 동일시된다. 이들은 벚꽃과 지빠귀 같은 서정적 자연물로 전환되며, 시는 난민의 현실을 특유의 자연시 형식 속에 환기시키고 있다.

독일 서정시 전통에서 '지빠귀'는 주로 죽음을 상징해 왔다. 예컨대 1956년 5월 베를린의 자선병원 입원 당시, 브레히트가 쓴 시에서 검은 지빠귀는 흰 병실과 대조를 이루며 자신의 죽음을 암시했다.

> 내가 샤리테 병원의 하얀 병실에서
> 새벽무렵 깨어나
> 지빠귀 소리를 들었을 때, 나는 더 잘
> 알게 되었다. 이미 오래전부터
> 죽음에 대한 공포가 사라졌음을. 아무것도
> 내게 결핍될 수 없으므로, 내가 존재하지 않는 한. 이제
> 나는 즐길 수 있게 되었다
> 내가 떠난 이후에도 계속될 지빠귀의 모든 노래를.

죽음을 앞둔 병상에서 시인은 이제 다시는 깨어나지 못할 가능성이 있음에도 불구하고 담담한 심정이다. 그가 떠난 후에도 지빠귀는 영원히 노래할 것이기 때문이다. 혁명적이고 사회비판적이었던 브레히트의 언어 현실은 인간 존재의 근원적 조건인 죽음으로 향하고 있지만, 지빠귀의 노래는 계속된다는 사실에 평온함을 누린다. 20세기 초 오스트리아의 시인, 트라클 역시

지빠귀를 하강과 죽음의 매개로 그렸다. 그의 시에서 지빠귀는 Amsel 또는 Drossel이란 시어로 등장한다.

> 오 얼마나 고요한가 푸른 강을 따라 내려가는 걸음.
> 잊혀진 것을 사유하며, 초록 가지 사이에서
> 지빠귀가 낯선 이를 하강으로 불러들였다.

지빠귀는 초록 가지에 앉아 낯선 이를 부르는데, 이 새는 그를 하강하는 공간으로 초대한다. '하강 Untergang'은 '몰락 Verfall'과 달리, 존재의 근원과 맞닿은 하이데거적 의미의 '장소성 Ortschaft'으로 해석된다. 반면 바그너의 지빠귀는 철학적이지도, 미래에의 비전을 담고 있지도 않다. 「빗물통변주곡」에서 지빠귀는 소리를 멈추었다.

> 나는 뚜껑을 열었다,
> 화들짝 뒤로 물러섰다. 지빠귀의
> 노랫소리가 어두워졌다.

얀 바그너의 지빠귀는 존재와 죽음, 자연을 노래하던 시적 전통에서 어두운 시대를 은유한다. 여기서 지빠귀는 더 이상 자연의 지속성에 대한 희망과 존재를 노래하지 않는다. 새의 침묵은 오히려 시대의 어둠, 죽음과 경계의 비극성을 은유한다. 이는 바그너가 서정적 시 문학 전통을 계승하면서도 이를 전복하는 방식을 택했다는 것을 알 수 있다.

이처럼 브욘 쿨릭과 얀 바그너를 비롯해 1965년 이후에 태어난 시인들은 전후 독일문학의 주제였던 이주와 추방의 서사를 난민 문제로 연결하였다. 2차 세계대전 이후 변경된 국경선으로 인해 구독일제국의 영토에서 추방당한 독일인, 동유럽 출신의 이주자, 구동독민 등 이주의 역사는 오늘날 유럽 대륙으로 진입하고자 하는 낯선 대륙의 발걸음으로 분주하다. 이들 시인은 복지국가 유럽의 이면과 국경의 경직성을 비판하며, 시를 통해 지리적·정치적 풍경을 서정적으로 재현한다. 브레히트의 서정시를 쓰기 힘든 시대 이후, 독일 현대 시문학은 역사의 문제에서 국경에 관한 사유로 이행하고 있다.

바다와 인간

브욘 쿨릭의 『지브롤터의 언어』는 지브롤터 해협과 지중해의 의미를 재발견함으로써, 21세기 서정시가 여전히 정치적 가능성을 지니고 있음을 보여주었다. 국경, 바다, 이주라는 주제를 시 언어와 접목함으로써, 오늘날의 시가 한편에선 현실 인식에 더 면밀히 다가가는 비판적 성찰의 언어가 되고 있다. 얀 바그너의 시에서도 이러한 정치성은 일상적 공간인 정원 속에 은밀하게 침투하였다. 그의 시에서 정원은 단순한 자연의 공간이 아니라 '하나의 세계이자 삶의 변주곡'이다. 작은 공간에 놓인 빗물통 하나조차 세계를 바라보는 관점을 전복하는 기능을 하는 것이다. 바그너에 따르면, 시는 "익숙한 지각을 지속적으로 어긋나게 하고, 지각의 혼돈에 이르게 하는 것"이다.

21세기 서정시에서 색은 자연의 색을 있는 그대로 묘사하거나, 감정 및 정서를 전달하는 직접적 요소는 아닌 것으로 보인다. 색이 독자적인 조형언어로서 위상을 갖춘 시기는 중세의 종교적 상징성과 르네상스의 균형 미학을 거쳐, 인상주의와 표현주의 예술에서 비로소 확연해졌다. 이는 물감의 발견과도 때를 같이 한다. 그럼에도 난민과 국경, 바다를 배경으로 한 시적 공간에서 파랑은 여전히 예외적인 위상을 지닌다. '지금'의 서정시에서 파랑은 자연 대상인 하늘과 바다를 표상하지만 그 내용은 다분히 반어적이다. 난민의 시선에서 바라본 바다는 색채미학의 대상도 감상의 대상도 아니며, 지치고 두려운 마음을 더 무겁게 만드는 장애물이다. 이렇듯 자연물을 통한 현실의 인식은 오늘날 젊은 시인들의 작품에 투영되어, 유럽의 자연은 소외된 지대를 표현하거나 포스트모던한 경계로 묘사된다. 21세기 서정시에 나타난 바다가 대항해시대와 낭만주의 시대의 고독과 모험, 초월과 낭만의 공간이 아니라, 배타적이고 독점적인 공간으로 인식되는 이유이다. 결국 바다는 경계이며, 이편과 저편을 나누는 자연 지리적 정치 공간으로 변모하였다. 2015년 가을 쿨릭은 바다 위 기내에서 아프리카 국경을 통과한다. 몬테구루구 산의 혼합림이 보이고, 대형 스페인 깃발을 본다. 활주로를 지나 여권을 내밀고, 시인은 호텔에 투숙하며 식사를 고른다. 그러나 정작 지중해의 주인은 아프리카의 몫이 아니다.

마레 노스트럼 Mare Nostrum은 '우리의 바다'란 뜻의 라틴어로 지중해를 가리킨다. 역사적으로 이탈리아가 자기네 바다로 자부했던 사회문화적 의미를 담고 있는 어휘이다. 국제이주기구에 따르면 2012년 한 해에만 지중해를 건너다 익사한 난민은 3,072명이었다. 이는 난민 위기의 심각성을 보여주는 수치다. 2013년 이탈리아의 마레 노스트럼 작전은 아프리카와 중동에서 유럽으로 오는 이주민 및 난민들을 구조하기 위해 시작된 대규모 해상 구조작전이었다. 이 작전은 해군과 항공을 동원하여 최소 15만 명의 이주민을 구출했다. 그러나 2003년 미국의 이라크 침략 이후, 북아프리카와 중동 지역의 질서는 와해되었고, 유럽의 난민 구조 작업은 이주민의 급증으로 인해 사회경제적 부담이 커지자 점차 국경 통제와 해안 경비 강화로 대체되었다. 프론텍스와 같은 유럽 연합의 국경 및 해안 경비대가 운용한 트리톤 작전과 테미스 작전은 난민의 유입을 감시하고 제한하려는 목적을 가지고 있다. 테미스 작전은 알제리, 튀니지, 리비아, 이집트의 해안 지역을 모니터링하여 EU의 국경을 보호하고 유럽에 불법으로 입국하려는 이주민의 유입을 감시, 보호하고자 하는 중부 지중해 작전이다.

문학에서 국외자, 이방인, 이주자는 손님, 포용, 새로운 소식과 결합하거나 소외, 단절, 혐오, 배제, 차별 등의 단어와 결부되어 배척의 대상이 되기도 하고 환대의 대상이 되기도 하였다. 이방인은 익숙한 세계와 낯선 세계가 교차하는 존재로, 경계를 넘나드는 존재의 특성상 다층적 존재로서의 성격 규정을 피할 수 없다. 철학적으로 말하자면, 죽음 또한 인간에게 낯선 존재로 다가오며 결국 이방인은 모든 인간 존재가 마주할 수 밖에 없는 죽음과도 같은 타자의 경험을 상징한다고 할 수 있다.

현대독일 시인들이 다룬 지중해는 세계에서 가장 치명적인 뱃길이었다. 2018년 한 해 동안 만 명이 넘는 사람들이 유럽에 닿고자 고향을 떠났다. 그들 중 2,260명은 도피 중 조류에 밀려 목숨을 잃었다. 그해 대부분의 난민 및 이주자들은 북아프리카 출신이었으며, 가장 많은 수가 스페인에 도달했다. 몇 년 전까지만 해도 주요 도착지는 이탈리아와 그리스였다. 2018년 난민 및 이주자들의 출신국을 보면, 기니아가 13,068명으로 가장 많았고, 그 뒤를 모로코, 말리, 시리아, 아프가니스탄, 이라크가 이었다. 2018년에는 포퓰리즘과 외국인 혐오 단체들의 연대로 인해 난민의 수가 명백히 감소했다. 이 단체들 중에는 2014년 창설된 독일 극우 민족주의 단체인 '페기다 PEGIDA'가 논란의 중심에 있었다. 이들은 유럽에서 문화적 위협이 된다는 이유로, 외국인, 이민자, 난민에 반대하는 목소리를 냄으로써 유럽 전역에서 정치적 논쟁을 불러 일으켰다.

2015년 12월 "차이트" 지는 철학자들을 초청해 칸트 철학이 오늘날 우리에게 어떤 의미를 갖는지 논의하였다. 그에 따르면, 칸트의 유산은 인간 존엄과 도덕적 자율성을 기반으로 보편적 윤리의 토대가 된다. 특히, 칸트의 세계시민주의와 영구평화론은 난민, 국제 정의, 그리고 평화에 관한 논의에서 중요한 지침을 제공한다. 칸트의 유명한 명언인 "네 자신의 이성을 사용할 용기를 지니라"는 오늘날 시민 윤리의 핵심 원칙으로 적용될 수 있다. 칸트는 자신의 철학을 다음의 네 가지 질문으로 요약한 바 있다. 이 문구는 2000년 당시 네안데르탈 박물관의 바닥에 적혀 있었다. 철학자의 질문이 이 곳을 찾는 학생들과 방문객에게 윤리적 요청을 하고 있는 셈이다.

1. "나는 무엇을 알 수 있는가? Was kann ich wissen?"
2. "나는 무엇을 해야 하는가? Was soll ich tun?"
3. "나는 무엇을 희망해야 하는가? Was darf ich hoffen?"
4. "인간이란 무엇인가? Was ist der Mensch?"

칸트는 쾨니히스베르크, 오늘날 러시아의 칼리닌그라드에서 태어나 이곳에서 평생을 살았다. 그는 인간을 이성을 가진 자유로운 존재이자 '세계시민 Kosmopolit'으로 이해했다. 오늘날 난민 문제는 외교적이고 국가적인 사안이지만, 국경과 국민의 안위 문제를 넘어서 "인간이란 무엇인가?"라는 근본적인 질문을 제기한다. 사적 인간은 공적인 세계에서 말하고 행동하며 공동체적 삶을 형성한다. 인간이 인간다움을 실현하고 인간의 기본권을 확보하는 행위는 개인의 각성을 넘어 이를 보장하는 제도적 장치를 필요로 한다. 독일현대문학은 바로 이 지점에서 동시대적 자화상을 제시하며, 환대와 배제 사이의 긴박한 줄다리기를 통해 현대 독일문학이 칸트의 후예임을 입증하고 있다. 칸트가 강조한 세계시민으로서 인간은 국적이나 지리적 경계에 의해 정의되지 않는 보편적 존재이다. 이 지난한 생명철학적 여정은 정체성과 소속, 타자와 정주민, 환대와 배제라는 양극의 개념을 끊임없이 오가며 시대 정신과 문학의 정신을 비판적으로 대면하도록 한다.

출처: Tagesspiegel (2021.05.17)

9.

게오르크 트라클의 「인류」에 관한 소고

게오르크 트라클의 「인류」에 관한 소고

가을과 겨울, 소멸과 몰락, 침묵과 어둠은 트라클 시의 핵심 배경일 뿐 아니라, 그가 '인류'를 사유하는 방식이기도 하다. 예를 들어 「론도 Rondel」의 첫 구절, "황금빛 날은 지나갔으며 Verflossen ist das Gold der Tage"에서 보듯, 세계는 더 이상 황금시대가 아니라 끝을 향해 가는 듯 푸르고 어두운 저녁의 색을 띤다. 낮과 밤을 잇는 흐릿한 경계의 저녁은 '파란 영혼'이 어두운 '방랑'을 통해 타자와 멀어지는 고독한 시간이다. 존재의 철학적 죽음과도 같은 저녁은 트라클 시문학의 주된 시간대이자, 사랑하는 이들과 헤어지고 "정신의 나라로 하강"하는 고독한 시간이다.

「소멸 Verfall」에서 어두운 저녁의 우물가에 홀로 놓인 "파란 아스터 꽃"은 빛나다가 명멸하는 인간 존재의 고독을 상징한다. 사회학적 관점에서 독일문학사를 술회한 볼프강 보이틴은 트라클을 논하며, 시인이 경험한 위협적인 몰락의 현실이 전쟁이라는 역사적 사건을 통해 입증되었고, 그가 예감한 세계대전의 참상과 혼돈이 그의 서정시에 이미 선취되어 있다고 평가하였다. 보이틴은 이를 트라클 시의 "리얼리즘적 요소"라 규정한다. 트라클이 예감한 몰락의 기운은 1914년에 쓴 최후의 시 「그로덱」에서 극명하게 드러난다. "치명적 무기", "죽어가는 병사들", "일그러진 입"이라는 이미지 시어는 전쟁의 실상에 대한 직관적 표현이자, 그가 목격한 역사적 현실의 응축이다. 특히 마지막 행에 등장하는 "태어나지 않은 손자들"은 전쟁에서 죽어간 젊은 병사들을 가리키며, 단절된 시간성, 즉 미래가 지워진 인류의 운명을 암시한다. 이와 같은 묘사는 트라클이 전쟁의 잔혹함을 직접적으로 인식하고 그 속에서 인간 사회의 모순을 예감했음을 보여준다.

보이틴이 지적한 트라클의 리얼리즘적 요소는 전통적 의미의 재현적 리얼리즘과는 다르다. 19세기 리얼리즘이 현실을 모사하려는 시도라면, 트라클의 리얼리즘은 문학의 형식적 기획이라기보다는 현실이 시 내부로 개입하여 가공된 결과물이다. 트라클은 정치적 선언이나 명시적 고발 없이도, 비정치적이고 상징적인 시어를 통해 역사적 현실과 은밀히 접속하는 방식으로 리얼리즘의 새로운 차원을 형성한 셈이다. 이러한 시적 현실은 「그로덱」에서만 드러나는 것이 아니다. 개인이 위치한 역사적 시공간에 대한 인식은 「인류 Menschheit」(1913)에서도 탁월하게 기록되었다. 트라클의 시 세계는 개인의 고통을 넘어, 역사적 현실 앞에서 인류가 처한 몰락과 실존적 질문을 초월적 감각을 통해 다룬다. 이렇게 볼 때 그의 시를 비의시라 규정한 발터 킬리의 논지는 해석 가능성의 방향으로 나아간다.

트라클은 시 「인류」에서 단 10행의 압축적 언어로 인류의 역사적 여정을 구조화하고 이를 서사적 차원으로 환원한다. 이러한 시적 압축은 시인의 언어적 역량만으로 이루어진 것이 아니다. 그는 인접 예술인 회화와 음악에서 깊은 영향을 받았다. 표현주의 시대 회화와 시의 긴밀한 협업은 트라클의 시 「밤」과 코코슈카의 <바람의 신부> 창작 과정을 통해 확인된다.

> 우리는 지금은 바젤 미술관에 있는 <바람의 신부>를 함께 그렸어요. 나는 그의 초상화를 본 적이 있죠. 하지만 제가 <바람의 신부>를 그리던 당시, 트라클은 매일 제 주변에 있었습니다. 제 작업실은 원시적일만큼 초라했는데 그는 제 뒤 맥주 통 위에 묵묵히 앉아 있었습니다. 가끔 그는 우렁찬 목소리로 쉬지 않고 말을 하기도 했습니다. 그리고는 몇 시간 동안 침묵했습니다. 우리는 그때 시민적 삶을 등진 사람들이었죠. 저는 부모님 집을 떠나있었어요. 빈에서 열린 제 전시와 작품들로 인해 폭풍이 몰아쳤습니다. 그런데 그는 자신의 시 한 편에서 <바람의 신부>를 그대로 인용했어요.

이 글은 코코슈카가 1950년대에 회상한 글이다. <바람의 신부>는 1913년 봄 알마 말러와 코코슈카의 이탈리아 여행과 관련이 있다. 이들은 나폴리 만에서 폭풍우를 만났고 이때의 경험담을 <바람의 신부> 창작에 반영하였다. 당시 알마는 코코슈카의 아틀리에를 자주 방문했기 때문에 트라클은 그녀를 만났을 가능성이 크다. 구스타프 말러가 1911년 사망한 후 알마는 코코슈카와 깊은 관계였다. 하지만 코코슈카는 그녀에게 너무 집착을 하였고, 알마와 헤어진 후 코코슈카는 큰 정신적 고통을 겪었다. 이후 알마는 프란츠 베르펠과 결혼하여 빈 예술계의 중심 역할을 하였다. 이 시기는 오스트리아 문화사의 전성기라 할 수 있다.

시와 회화의 대비를 통한 「인류」 읽기

트라클의 「인류」는 그가 선택한 몇 개의 상징적 사건을 통해 인류의 역사를 압축적으로 묘사했다. 그는 전쟁과 욕망, 기독교 역사를 주제로 인류가 지나온 길을 밀도있게 표현하고 있다. 이런 점에서 「인류」는 운문이면서 산문 성격을 띤다. 트라클은 인류를 대변할 만한 굵직한 장면을 선별해 '인류'에 관한 보고서를 작성한다. 이는 트라클 문학에서 예외적인 경우라 할 수 있는 객관적인 진술에 해당하며, 독자가 그 의미를 직관적으로 파악할 수 있다는 점에서 트라클의 시 세계에서 독특한 위치를 차지하게 된다.

「인류」는 1912년 11월 "전쟁"을 주제로 엮은 『외침 Ruf』 지 제3집에 실린 1연으로 된 시이다. 트라클의 시는 흔히 '비의적'이라 불릴 만큼 난해하며, 특정 시공간에 대한 선호를 통해 존재의 세계를 회화적 경향으로 구축하는 경향을 보인다. 그러나 이 시는 비교적 명료하고 구체적인 시어가 사용되어, 시인의 의도가 상대적으로 쉽게 전달된다. 이 시는 종교사적 메시지와 회화라는 상호매체성을 통해 직관적으로 이해된다. 아리아네 빌트 Ariane Wild는 트라클이 『시집 Gedichte』을 쓰던 시기에 사용했던 병렬 양식을 통사적으로 연관이 없는 이미지를 배열해 묵시록적 세계를 통일감있게 전달하고 있다고 분석하였다.

트라클은 1912년 10월 말과 11월 초, 에르하르트 부쉬벡에게 보내는 편지에서 전쟁에 대한 자신의 감흥을 직접적으로 표현하며, 그가 느끼는 고통과 광기의 절망적 본질을 강조한다. "오! 세상은 얼마나 아픈가, 고통은 얼마나 광적인가, 광기는 얼마나 세속적인가 O! Wie weh ist die Welt, wie wahnnig das Weh, wie weltlich der Wahn."라고 썼다. 이 문장은 날카롭기 보다는 유연하고 자연적인 리듬을 지닌 'w'의 반복적 사용(weh-wahnnig-weltlich-Wahn)을 통해 인간 사회의 절망적인 상태를 리듬감있게 표현하고 있다. 내용과 형식의 부조화라 할 수 있다.

또 다른 편지에서 트라클은 "나는 근무 중이다. 일, 일 – 시간이 없다 – 시간이 없다 – 전쟁 만세!"라는 구절을 적으며, 일상의 고단함과 시간 부족을 강조한 뒤, 역설적으로 '전쟁 만세!'라는 외침을 삽입한다. 이 문장은 일상의 단조롭고 고통스러운 흐름에서 벗어나고 싶은 충동을 표현하는 동시에, 전쟁이라는 해방감을 통해 존재의 고통에서 탈출하려는 역설적 감정을 드러낸다. 이는 전쟁을 냉소적이고 비극적인 사건으로 인식하며, 결국 일상과 전쟁이 모두 인간을 소모시킨다는 비판적 시각을 내포하고 있다. 다음은 「인류」 시 전문이다.

포구 앞에 선 인류,
휘몰아치는 북소리, 어두운 병사들의 이마,
핏빛 안개를 뚫는 행진. 검은 무기의 울림,
절망, 슬픈 두개골 속의 밤:
여기 이브의 그림자, 사냥과 붉은 돈.
구름을 뚫고 나온 빛, 최후의 만찬.
빵과 포도주에 부드러운 침묵이 거하고
저 열두 사도가 모여있도다.

> 밤중에 잠속에서 감람나무 가지아래 그들이 외친다;
> 성 도마가 성흔에 손을 넣는다.

10행 1연으로 구성된 「인류」 시는 전쟁과 종교사라는 두 차원을 대비하고 있다. 전반부인 다섯 행은 전쟁과 욕망을, 6행부터 10행은 성찬과 도마이 의심을 다룬다. 후반부는 다시 두 개의 장면으로 나뉘는데, 성찬 장면과 도마의 의심 장면으로 구분할 수 있다.

시의 전반부는 전쟁의 고통과 인류의 왜곡된 욕망을 드러낸다. 이는 트라클의 시대적 배경과도 맞물린다. 이 시가 쓰인 1912년은 제1차 세계대전의 전조로 여겨지는 제1차 발칸전쟁이 발발한 해였다. 그리스·불가리아·알바니아 등 발칸 동맹은 오스만 제국의 민족주의에 맞서 전쟁에서 승리한다. 당시 유럽의 지식인들은 새로운 시대와 새로운 인간의 도래를 꿈꾸며 전쟁을 일종의 혁명적 사건으로 환호했다. 이들은 전쟁이 기존의 사회질서와 가치를 무너뜨리고, 새로운 인간상이 태어날 것이라고 기대했다. 예를 들어, 마리네티는 '미래주의 선언문'에서 전쟁을 통해 새로운 힘과 에너지가 창출될 것이라고 주장했다. 그러나 이 시에서 트라클은 이러한 낙관적 시각을 비판하며, 전쟁의 공포와 비극을 어둡고 붉은 색으로 강조하고 있다.

후반부 6-10행에서는 성찬과 도마의 의심을 주제로 두 개의 장면이 대비된다. 만찬 장면은 예수 그리스도가 십자가에 희생되기 전날, 열두 제자와 마지막 식사를 하는 장면이다. 만찬 당시 예수는 '너희 중에 한 사람이 나를 팔 것이다'라고 하자, 제자들은 '주여, 나이니까?'하며 묻고, 예수님은 '나와 함께 그릇에 손을 넣는 그가 나를 팔리라'한다. 그리스도와 함께 동고동락한 제자들은 배신이라는 초유의 사태에 뒤숭숭한 분위기이지만 트라클은 이를 '부드러운 침묵'으로 표현한다. 이후 시행은 그리스도의 부활 후, 예수의 못 박힌 자국을 확인하려는 도마의 행위로 마무리된다. 도마는 예수의 사도로서, 직접 성흔을 만져보고 믿음을 확인하려는 인간적 실존을 상징한다. 도마는 인류의 불완전한 믿음과 영적인 불안을 대표하는 존재로 묘사된다. 그러나 또한 도마는 예수의 상처를 대면함으로써 믿음을 강화하려는 실증주의적 입장을 취하고 있다. 트라클은 도마가 성흔에 손을 가져다 대는 것으로 시를 마무리함으로써 도마의 의심을 해결하고 믿음에의 회복 가능성을 열어둔다. 하지만, 시의 전반부에서 표현한 대로 인류는 포구 앞에 서 있고, 인류는 돈의 유혹에서 자유롭지 못하다. 이브의 그림자와 사냥 그리고 붉은 돈은 인간의 탐욕과 타락을 집약한 모티브로, 붉은 돈이 함축하는 원죄와 인간 본성의 어두운 면을 은유한다. 교회의 부패와 세속화에 맞서 종교개혁을 주장한 얀 후스 Jan Hus(1372-1415)와 마르틴 루터(1483-1546)의 음성은 사라지고, 인류는 전쟁터의 포구 앞에 서 있다. 핏빛 안개 속에서 인류의 향방은 결국 불확실하게 남아 있는 것이다. 이 시의 열린 결말은 트라클의 시 「하강」에서 시계 바늘이 자정을 가리키는 가운데, 시간이 끝없는 어둠 속에 머무를지, 아니면 아침을 맞이할지 끝을 알 수 없는 미결정의 상태와 유사하다. 즉, 도마는 예수의 상처를 만져보고 믿음을 회복한다는 가능성을 시사함으로써, 인류는 여전히 구원의 가능성을 확보한다.

이 시는 세 점의 회화로 압축된다. 프란츠 마르크의 <늑대들>, 다 빈치의 <최후의 만찬> 그리고 카라바조의 <의심하는 도마>가 그것이다. 이 세 작품은 각기 다른 방식으로 인류의 고통, 구원, 그리고 믿음의 문제를 탐구하는데, 작품발생사적, 예술사적 관점에서 시 감상에 상호보완적 관계를 확보한다. 특히, 카라바조의 회화는 시의 마지막 구절과 완벽하게 일치하는 작품으로, 성 도마가 예수의 상처에 손을 대는 순간에 주목하였다. 이 작품에서 도마는 예수의 못자국를 만지며 믿음으로의 전환을 경험하는 순간을 맞이한다. 이 회화적 장면은 트라클이 바라본 인류의 속죄와 구원을 주제로 도마의 의심과 신앙의 점화가능성을 상징적으로 제시한다.

「인류」 시 초반부와 전쟁화

전쟁과 인류의 어두운 이면을 그린 「인류」 초반부는 트라클이 표현주의 대열에 속해있다는 사실을 주지시킨다. 전쟁이라는 시적 소재와 인류의 고통, 그리고 강렬한 색상어가 이를 방증한다. 트라클은 1차 세계대전의 총구 앞에서 있었고, 전쟁에서 살아남지 못했다. 전쟁의 총구 앞에 선 인류는 당대 유럽에서 만든 최고의 엔진 기관들에 의해 무참히 쓰러져 갔다. 인류 역사에서 단계적으로 발전해온 도시는 인간 정신이 이룩한 복합적 문화 공간이지만, 다른 한편 욕망과 폭력이 난무하는 전쟁과도 같은 속성을 보인다. 대도시의 광기 앞에서 인류는 포구 앞의 병사들처럼 피를 흘리고 있다. 대도시의 광기를 노래한 트라클의 또 다른 시, 「입다문 자들에게 An die Verstummten」에서 검은 성벽의 나무들은 기형의 형태로 서 있고, 인간의 가면 뒤에는 악의 정신이 도사린다. 그리고 “견고한 금속으로 주조된 구원의 머리”는 무기 및 전철을 비롯한 과학기술의 이미지로 “어두운 동굴” 속 불완전한 인류는 말없이 피를 흘리고 있다.

「인류」는 전쟁과 종교를 축으로 크게 두 부분으로 구성된다. 전반부는 전쟁의 참상과 인류의 자본주의적 욕망이 점철되어 있고, 후반부는 종교의 역사가 인류의 역사를 반추하고 있다. 과학기술 및 이성의 발달에 따라 종교적 가치관은 세속화되었고, 과학 혁명과 경험적 사고는 신학적 세계관을 위태롭게 하였다. 시에서 희망이 보이지 않는 전반부와 달리, 종교적 영역의 시행에서는 색과 질감이 차이를 보인다. 전쟁터의 포효는 부드러운 침묵으로, 어둡고 검붉은 세계는 구름을 뚫고 나온 밝은 빛의 세계로 전환된 것이다. 강하고 딱딱하던 물성 역시 부드럽고 경건한 질감으로 바뀌었다. 이러한 전환은 구체적 인과 관계 없이 이미지 언어를 통해 상징적으로 전달되며, 전쟁과 종교라는 서로 다른 영역이 한 편의 시에 병렬적으로 구조화된다. 리듬, 언어, 정신, 영혼 등 관념적 세계를 중시하던 고전적 인류는 장전된 총이라는 차가운 물질 앞에 무방비 상태로 내몰린 것이다. 이런 상황에서 종교적 장면을 소환한 것은 인류에 대한 성찰과 함께, 내적 평화를 염원하는 트라클 시문학의 구원론적 특성을 의미한다.

시의 중반부와 〈최후의 만찬〉

'빵과 포도주'는 기독교 제의의 상징이자 고대 그리스 전통에서는 대지의 여신 데메테르와 도취의 신 디오니소스의 산물이다. 트라클 시에서 인류의 성찬인 빵과 포도주는 열두 사도가 모인 성찬식 장면을 상징하는 가운데 이 땅에 전쟁이 끊이지 않는 이유를 알고자 하는 본질적 질문이 담긴 장면이다. 이 모티브는 예수의 육신과 피라는 성체성사를 부각시키지 않는다. 또한 횔덜린의 시에 나타난 시적, 철학적 담론으로 나아가지도 않는다. 신과 인간의 화해와 공동체적 연대를 의미하는 빵과 포도주는 죄의 용서와 구원의 약속이 아닌, 참혹한 전쟁터와 대비되는 조형적 요소로 인식된다. 이 음식에 "부드러운 침묵"이 흐름으로써 전쟁의 광기를 묻는 구도자의 긴장어린 고요가 탐지된다. 따라서 이 시에 삽입된 빵과 포도주는 인류의 절망스런 현실을 강조한다.

열두 사도는 예수의 상처에 손가락을 가져다대는 도마의 행위에 집중한다. 카라바조의 <의심하는 도마>는 회화사에서 성스러운 빛인 후광이 사라지고 그 자리에 의심하는 사도의 근대적 정신이 대두되었듯, 트라클 시의 성찬 모티브에는 전쟁을 촉발한 인류의 내면이 타자화된 제자들과 함께 병렬적으로 나타나고 있다.

구름 사이로 빛이 비치고, 그 빛은 제자들의 저녁 만찬을 향한다. 시 전반부의 핏빛 역사와는 사뭇 다른 풍경이다. 그들은 "부드러운 침묵"[29] 가운데 거하며 "이브의 그림자"와 대조되는 빵과 포도주를 응시한다. 여기서 포도주는 디오니소스적 의미의 영적 환희나 부활이 아니라, 인간의 욕망이 신적 의지와 얼마나 부합하기 힘든지를 성찰케 하는 매체로 나타난다. 빵과 포

29 트라클 시에서 "침묵"은 신의 또 다른 속성으로 표현된다: "나는 신의 침묵을/ 숲의 우물에서 마셨다." "골고다언덕 위로 침묵하며 신의 금빛 눈이 열린다." 침묵은 "분노하는 신"과 또 다른 차원의 성품으로 트라클 시어에서 부정적 특성으로 나타나는가 하면, 인간과 신의 단절된 관계를 넘어서서 인간 이성이나 언어로는 해석 불가능한 무한하고 신비로운 변용된 세계를 지시하기도 한다.

도주에는 종교성과 생존에 필요한 음식 이상의 욕망이 투영되어, 어둠과 붉은 피라는 광기의 역사로 이행하고 있다. 하지만 트라클의 또 다른 시, 「산책 Der Spaziergang」에 나오는 "빵과 포도주" 모티브는 거친 노동의 산물을 의미하기도 한다. 즉, 빵과 포도주는 삶과 노동, 자연에서 오는 산물로 그 맛은 달콤하다("Und Brot und Wein sind süß von harten Mühn"). 그러나 인류는 이러한 자연적 섭취에 만족을 모른지 오래다. 빵과 포도주는 전쟁을 부른 욕망의 기제로 변질되며 이러한 비극은 본래적 의미의 감사와 제의성을 망각한 인류의 모습이다. 즉, 빵과 포도주를 제자들에게 돌리며 "그들이 먹을 때에 예수께서 빵을 가지사 축복하고 떼어 제자들에게 주며 이르시되 받아서 먹으라 이것은 내 몸이니라 하시고 또 잔을 가지사 감사 기도하고 그들에게 주며 이르되 너희가 다 이것을 마시라 이것은 죄사함을 얻게 하려고 많은 사람을 위해 흘릴 내 피 곧 언약의 피라"(마태 26:26-29)는 기독교의 형식내용적 의미에서 탈피해 있다.

시적 자아는 성찬식의 당사자가 아니며, 한 때 성찬식이 행해졌던 역사적 순간에 시선을 고정한다. 이러한 해석을 뒷받침하는 것은 관찰자적 지시어인 저 곳, 즉 "거기"서 성찬식이 이루어지고 있다는 점이다. 구름을 뚫고 쏟아지는 "빛"은 성찬장을 "부드럽게" 물들이지만 저 자리에 모인 사도들 역시 최후의 만찬에서 멀어져 제 3자적 지위에 있기는 마찬가지이다. 이로써 빵과 포도주는 믿음과 구원을 위한 성찬이 아니다. 7행의 "침묵"과 "거기"라는 지시대명사가 강조하듯 인류의 운명은 다시 "포구 앞에 선" 신세가 될 수 있다. 그럼에도 의심하는 도마의 믿음 회복과정에서 보듯, 빵과 포도주는 여전히 "총구"와 전쟁의 광기를 환기시키는 "소용돌이치는 북소리"를 불식시킬 사랑과 화해의 상징이다. 트라클은 성 도마를 통해 무조건적인 신앙이 아닌, 합리적 이성을 통해 재무장한 기독교적 회복력을 암시함으로써, 인류의 구원 가능성에 대한 희망을 열어두고 있다. 그 결과 「인류」는 의심하는 도마의 주목한 카라바조의 바로크 회화를 연상시킬 만큼 강렬한 회화성을 지닌다.

시의 후반부와 〈의심하는 도마〉

시의 중반부에 해당하는 6-8행이 만찬의 자리라면, 9-10행은 카라바조의 <의심하는 도마>(1602)와 상호 매체적 관련이 있다. 십자가 상징을 통해 인류의 죄와 고통, 구원의 가능성을 묵상하는 대신, 카라바조는 이를 자연주의 시각으로 표현함으로써 당대 회화에 혁신을 가져왔다. 예수의 제자 토마스는 성인이기 이전에 손가락을 못 자국에 넣어보고 예수의 부활을 믿겠다고 말하는 실증형 인간인 것이다. 서정 추상의 대명사 에밀 놀데(1867~1956)의 <최후의 만찬>(1909)과 <십자가에 못박힘>(1912) 역시 카라바조의 회화 양식을 계승한 자연주의적 표현 양식을 보인다. 놀데가 표현한 제자들은 성스러운 사도이기 이전에 인간적 실존을 드러낸다. 이러한 자연주의적 특징은 트라클의 시에 나오는 성 도마의 모습과 닮아 있다. 사도들이 보는 가운데 도마는 예수의 상처를 찔러봄으로써 그가 죽음과 부활의 신인지를 감각기관을 통해 확인하고자 한다. 이는 인간이 자초한 전쟁과 고통을 극복하고 새로운 세계를 열 수 있는지를 묻는 종교적 메시지와 결부된다. 예수의 성흔에 손을 가져다대는 도마의 행동은 안타깝게도, 잠 속에서 이루어지고 도마의 손길 역시 상처에 직접 손을 넣었다기보다는 손을 가져다 댄다고 주변의 사도들이 소리침으로써 결과를 알 수 없는 개방된 시 해석을 창출한다.

> 밤에 잠속에서 그들은 감람나무 가지아래 외친다;
> 성 도마가 상처에 손을 넣는다.

성 도마가 예수의 상흔에 손을 가져다대는 마지막 장면은 "인류"와 관련하여 어떠한 해석이 가능한가? 이 장면은 요한복음 20장의 25절 혹은 27절과 관계가 있다. 그러나 트라클이 어느 구절을 염두에 두었는지에 따라 도마의 의심이 해갈되는 방향은 다를 것이다. 트라클 연구자 테오 북 Theo Buck은 의심하는 도마의 손길을 "글을 쓰는 트라클의 손"과 대비하는 탁월함을 보였다. 도마의 손길에는 번민하는 인간적 내면과 신성의 내용을 체험하고자 하는 인간의 감정이 상호 유기적으로 연관되어 있다. 이는 도마의 손길과 트라클의 글쓰기, 그리고 카라바조의 필치가 관련이 있음을 시사한다. 트라클이 특정 작품을 염두에 두고 성서의 장면을 차용했는지는 알 수 없으나 "손"에 감정과 행위가 담겨 있는 것만은 확실하다. 괴테 역시 다빈치의 작품을 해석한 글에서 이탈리아 민족에게 "손의 움직임은 독특한 내적 표현"이라고 평한 바 있다. 이는 비단 한 민족에게만 해당하는 사안은 아니며 의심하는 도마의 손길에 인류가 확인하고자 하는 무언의 의지가 실려있다.

「인류」시의 10행은 믿음이 확인된 성경구절 27절이 아닌 과정으로서의 25절에 주목한다.[30] 트라클은 더 이상 27-28절을 시에 적용하지 않고 도마가 겪는 구원의 과정, 즉 손가락을 예수의 못자국에 담그는 바로 그 순간에 시선을 고정하며 마침표를 찍음으로써 믿음의 과정을 부정의 공간으로 채색한다. 예수가 도마에게 상처를 직접 만지게 하여 그를 믿는 자로 만든 것과 달리, 트라클은 의심하는 도마의 내면에 머물러 이 성서적 사건을 카라바조의 회화적 장면에 가둠과 동시에 이를 전반부의 인류적 참상과 관련짓는다. 이렇게 볼 때 「인류」의 영혼 속에서 기대되는 십자가의 부활은 좌초되고 어두운 영혼이 부르는 어두운 노래만이 울려퍼지게 된다. "심장 아래 상처에서 보랏빛 피가 흘러내렸다. 오 얼마나 나직이 십자가가 어두운 영혼 속에 솟았던가 Aus der Wunde unter dem Herzen purpurn das Blut rann. O wie leise stand in dunkler Seele das Kreuz auf." 「꿈속의 제바스찬」 시에는 십자가에 대한 열망, 그럼에도 높이 솟지 못하고 가슴 속에서 좌초되고 마는 구원의 이야기가 있다. 구원받는 대신 낮은 곳에서 어두운 영혼이 부르는 노래는 「인류」시 전반부, "어두운 병사"가 부르는, 혹은 어두운 병사에

30 다른 제자들이 그에게 이르되 우리가 주를 보았노라 하니 도마가 이르되 내가 그의 손의 못자국을 보며 내 손가락을 그 못자국에 넣으며 내 손을 그 옆구리에 넣어보지 않고는 믿지 아니하겠노라 하니라(25절)./ 도마에게 이르시되 네 손가락을 이리 내밀어 내 손을 보고 네 손을 내밀어 내 옆구리에 넣어 보라 그리하여 믿음없는 자가 되지 말고 믿는 자가 되라(27절).

게 들려주는 진혼곡과 같다.

곰브리치가 지적하듯, 카라바조는 화폭의 빛을 예수의 몸과 도마의 손에 배치하고, 이를 확인하고자 하는 인물의 주름진 얼굴에 이 빛을 투사함으로써 고전주의 예술의 이상적 재현보다는 구원이라는 절박한 사건과 도마의 내면에 더욱 집중했다. 도마가 상처에 손을 대는 행위는 성 도마가 예수의 상처에 손을 가져다댄다는 사도들의 보고와 함께 트라클의 마지막 시행이 인류의 구원을 향해 나갈지 아니면 소용돌이치는 전쟁의 북소리로 되돌아갈지는 아직 판결이 나지 않는다. 이로써 인류가 믿는 방향으로 나아갈지 그렇지 않을지에 대한 하나의 중요한 갈림길이 된다. 아리아네 빌트는 트라클이 "감람산의 성서적 장면"을 고통과 불안으로 바꿈으로써 인류의 희망을 내려놓고 있다고 분석한 바 있다. 그러나 그 가능성을 열어둔 채 시가 끝나는 것을 볼 때, 이 시는 여전히 구원의 가능성을 내포한다.

인류의 역사를 논한 전반부의 4행 "절망, 슬픈 두개골 속의 밤"은 의심하는 도마의 내면과 대구를 이룬다. 트라클은 4행의 첫 시어를 "절망"이라는 단어로 시작하여 "밤"을 열두 사도의 에피소드로 끝맺는다. 도마와 관련한 후반부의 장면 또한 시간적 배경은 밤이며, 8행 또한 "밤에"로 시작해 "잠속에서"라는 부사구가 연이어 사용됨으로써 병사들의 두개골에 드러난 절망감과 "잠속" 사도들의 외침이 긍정의 시어가 아님을 암묵적으로 드러낸다. 사도들의 외침소리는 다음 행의 성 도마의 행동에 대한 외침 외에도 전반부, 병사들의 "절망"에 대한 화답일 수 있다. 이에 대한 해석적 가능성을 세미콜론(;)이 대신한다. 즉, 사도들의 외침을 묘사한 9행의 말미에 놓인 세미콜론 기호는 1-5행의 상황에 대한 반응인 동시에 마지막 10행, 성 도마의 "손짓"에 대한 반응일 수 있다는 것이다. 이는 트라클 문학의 순환성과 관계된다.

신의 존재 방식과 신을 이해하는 방식 간에는 간극이 있으며, 부정 또한 이해의 한 방식이라고 본다면 트라클의 시에 나타난 신은 세계를 이해하는 또 하나의 형식에 해당한다. 이러한 맥락에서 빌트는 신이 "어디에 있으며, 어떤 형식 뒤에 그의 얼굴을 숨기는가?" 질문하였다. 신은 얼굴을 드러내지 않고 완전히 시선에서 사라져 트라클 시에서 금빛 찬란함으로 등장해 모든 시야를 가리거나[31], 「인류」 시 7행에서 보듯 “침묵”으로 표현된다. 자연물의 특성을 이용한 신적 현현은 문학의 오랜 전통에 속하며 트라클 역시 신의 속성을 자연의 요소로서 다루기도 하였다.

> 금빛 구름이
> 석화된 황무지 위로 피어난다.-「뇌우」

석화된 황무지 위로 짙게 드리운 “금빛 구름”은 「인류」의 “부드러운 침묵”과 같이 신의 속성을 표현한다. 황금빛이라는 색상과 부드럽다는 촉감이 신의 특징을 대신하고 있다. 금빛은 「시편」 속, 신의 금빛 눈과 관계하고 바로 「뇌우」의 금빛 구름 또한 “석화된 황무지” 위에 자욱이 피어남으로써 신적 영역이 지상적 영역과 변별됨을 드러낸다. 이렇게 볼 때 총구 앞에 선 인류, 북소리, 핏빛 안개, 이브의 그림자 등은 「인류」 시 후반의 시어들과 구분된다. 그리고 이 이원화된 언어를 연결하는 매개체는 앞서 분석하였듯, 도마의 의심하는 손길에 있다.

그렇다면 이 시에서 시적 자아는 어떤 인물인가? 그는 역사를 돌아보는 후대의 인물로서 전체 시공간을 관망하는 파노라마적 관점에 있다. 그는 전쟁의 참상을 지켜본 자이며 인류의 구원사를 아는 자이다. 그리고 성 도마라는 인물을 통해 미래의 인류가 구원받을 수 있는지를 묻는다. 과연 의심하는 도마는 ‘물리적’ 확인 과정 후에 믿음을 회복하고 인류의 시계바퀴를 거꾸로 돌릴 수 있을 것인가?

시의 전반부에서 보여준 전쟁 장면이 시계 방향으로 돈 역사의 시간이었다면 믿음의 회복 과정 내지 인류의 회복 과정은 운명의 시계바늘을 거꾸로 돌리는 것과도 같다. 거슬러 오름으로써 힘에 부치는 이러한 상황은 앞

31 “골고다 언덕 위로 신의 황금빛 눈이 침묵하며 열린다 Schweigsam über der Schädelstätte öffnen sich Gottes goldene Augen”, 「시편 Psalm」.

으로 나아가려 하나 앞에서 밀려오는 세찬 바람 때문에 시간이 흐르는 방향으로 떠밀려갈 수 밖에 없는 클레의 <새로운 천사>(1920)를 상기시킨다. "그러나 천국에서 폭풍이 불어오고 있고 이 폭풍은 그의 날개를 꼼짝달싹 못하게 할 정도로 세차게 불어오기 때문에 천사는 날개를 접을 수도 없다" 트라클이 보는 인류의 모습은 발터 벤야민이 논평한 '폭풍 앞에 선 천사'의 모습과도 같이, 앞에서 불어오는 세찬 바람 때문에 안식을 취하지 못하고 '전망없는' 북소리를 들을 뿐이다.

이렇게 볼 때 시인과 화가의 역사에 대한 인식의 지평은 동일한 과정을 거치는 것으로 보인다. 왜냐하면 화가 역시 세계에 대한 이해를 통해 화폭의 내용을 결정하고, 화가의 시선이 결과물로서의 회화작품이 되기 때문이다. 이러한 방식으로 각각의 예술 매체는 성찬식과 의심하는 도마라는 인류사적 핵심 내용을 구성하게 된다. 「인류」 시의 독서 과정에서 관련 회화의 연상작용에는 인류가 지나온 기록을 들여다보는 시인과 화가의 선지식이 자리한다. 따라서 미술과 문학의 관계에 대해 형식적 차이를 논증한 레싱의 예술장르에 대한 혜안과 달리, 적어도 이 작품에서는 시와 회화가 동일한 역사를 설명함으로써 문학과 회화의 경계가 사라지고 있음을 확인할 수 있다.

카라바조 <의심하는 도마>(1602), 포츠담 상수시 화랑

10.

두어스 그륀바인의 『도자기. 나의 몰락한 도시에 대한 시』

두어스 그륀바인의 『도자기. 나의 몰락한 도시에 대한 시』

두어스 그륀바인 Durs Grünbein(1962~)은 동독 시절 드레스덴에서 태어나 성장기를 보내고 독일 통일 이후 사회적 혼란과 지적 성찰이 담긴 작품을 썼다. 양자물리학과 신경학, 문학과 철학이 결합한 그륀바인의 글은 유럽 문학의 깊이와 다양성을 보여주며 현대 독일문학의 핵심 작가로 자리매김하였다. 그의 첫 시집 『회색지대 아침』(1988)과 『두개골기초학습』(1991)은 고전 문학작품의 현대적 수용을 통해 고전적 모더니즘이라는 문학비평의 요청에 화답했다. 40여권이 넘는 작품과 정치 활동 그리고 17개에 이르는 문학상 수상 등으로 꾸준히 주목을 받아온 이 '박식한 시인 poeta doctus'은 츠빙거 궁전과 도자기박물관, 성모교회와 오페라 하우스 등으로 잘 알려진 드레스덴 출신이다. 이 도시는 '바로크의 진주', '엘베 강의 피렌체'라 불리는 작센의 주도이기도 하다. 『카프리 섬의 인간혐오자 Der Misanthrop auf Capri』(2005)[32]와 『도자기. 나의 몰락한 도시에 대한 시 Porzellan. Poem vom Untergang meiner Stadt』(2005)[33]에서 그는 안티케 전통을 계승함으로써 그륀바인 특유의 시학적 전통을 수립하였다.[34] 문학사적으로 그륀바인의 로마 안티케에

32 이 시집은 『인간혐오자』 또는 MC라 표기하고 인용문은 "MC 쪽수"로 표기.

33 이 시집을 『도자기』 또는 P라 표기하고 인용문은 "P 쪽수"로 표기.

34 『아틀란티스의 바 Die Bars von Atlantis』(2009), 『첫 해: 베를린 스케치 Das erste Jahr: Berliner Aufzeichnung』(2001) 등을 통해 폭넓은 시학적 반경을 보여준 그답게,

대한 인식 지평은 하이너 뮐러의 영향을 받았다고도 할 수 있다.

동독은 사회주의 유토피아 건설을 목표로 했고, 뮐러, 폴커 브라운, 페터 학스, 크리스타 볼프, 귄터 쿤너르트 등 동독의 작가들은 이러한 목표에서 멀어져만 가는 국내 정치상황에 저항해야 했다. 동독의 문화정책에 대한 뮐러의 비판적 연극 활동은 서독 비평계에서 이목을 끌었고, 동독사회의 모순과 억압을 그린 그의 작품은 당국과 갈등을 빚기도 했지만, 문학적 중요성을 인정받아 1986년엔 동독국가상을 받기도 하였다. 하지만 그륀바인의 문학적 전통은 이들과 달랐고, 그는 일찍이 냉전시대에도 살아남은 세대라는 다소 이례적인 평가를 받았다. 뮐러 생존 당시 그의 작품에는 로마 안티케의 흔적은 미미했다. 그륀바인의 작품에 드러난 안티케, 즉 고대적 특성은 학창시절 이후 꾸준히 공부해온 라틴어와 번역 활동, 2009년 로마 빌라 모시모에서의 체류 덕이다. 그리고 분단과 통일이라는 역사적 상황 속에서 비동시성의 동시성을 체감할 수밖에 없었던, 특별한 역사 공간으로서 드레스덴이 갖는 함의도 있다. 그는 동독에서의 경험과 신체에 대한 발생학적 사유를 시학의

그륀바인은 시간을 해체하여 정교한 방식으로 고대 로마를 드나들며, 씨줄과 날실이 정교하게 얽히도록 여러 세대의 역사를 '이야기—시'로 구성해냈다. 『갈릴레이는 단테의 지옥을 측정하고 그 수치에 얽매여 있다 Galilei vermißt Dantes Hölle und bleibt an den Maßen hängen』(1996, 이하 『갈릴레이』), 『풍자시 이후 Nach der Satiren』(1999), 『세네카에게. 첨서 An Seneca. Postskriptum』(2004), 『안티케 구성. 에세이들 Antike Dispositionen. Aufsätze』(2005, 이하 AD라 약칭하고 "AD 쪽수"로 표기), 『로마라는 기호책 Ein römisches Zeichenbuch』(2010)에서 안티케 정신이 관찰된다. 『갈릴레이』는 1587년 물리학자 갈릴레이가 집필한 『단테 알리기에리의 지옥측정 Vermessung der Hölle nach Dante Alighieri』을 토대로 근대과학의 맹점을 겨냥하였다. 단테는 중세문학의 대표작인 『신곡』에서 금융업자들을 지옥에 추방시킴으로써 좌초된 사랑에 복수한다. 연옥을 여행한 이 서사는 로마 시인 베르길리우스의 『아이네이스』에서 그 연원을 찾을 수 있다. 그륀바인은 단테가 그린 '지옥'의 온도를 근대과학이 정밀하게 측정할 수 있을 거라는 갈릴레이의 헛된 소망을 유머러스하게 표현함으로써 근대과학을 "정밀성의 바보"라 비난하고 있다. 『눈에 대하여 또는 독일의 데카르트』(2003) 역시 문학으로 유입된 철학적 사유로, 그륀바인이 안티케 및 인문주의 전통의 현대적 수용에 관심이 있음을 증명한다. 1990년대 이래 독일문학에 나타난 안티케 문학을 연구한 크노프리히가 지적하듯, 「선존재」(MC 9) 1연의 배경은 일명 하드리아누스 왕의 '방벽 건조'의 역사와 그륀바인이 유년시절을 보낸 동독의 장벽 건설과 관련성을 찾을 수 있다.

주요 지점으로 삼으며 통일 이후의 문학 모델을 구축하였다.

유럽언어의 척추기관인 라틴어

안티케는 고대라는 뜻의 독일어 단어로 그리스어 'antik'에서 유래했다. 안티케는 고전적 유산이나 고대 문명을 일컬으며, 특히 B.C. 800년부터 A.D. 600년까지 고대 그리스와 로마 시대를 가리킨다. 물론 그보다 앞선 메소포타미아 수메르 문화나 고대 후기 아라비아 문학 또한 안티케의 권역이다. 『인간혐오자』에서 안티케는 주로 고대 로마를 향해 있다. 고대 로마가 다국적 문화의 유입지라는 점을 감안할 때 안티케란 개념의 내용은 더욱 확장된다고 할 수 있다. 『인간혐오자』는 그륀바인의 안티케에 관한 시를 모은 시집으로, 일부 시는 『풍자시 이후』(1999)와 『해명된 밤』(2002)에 이미 발표되었다. 고대 로마 문명의 핵심언어인 라틴어는 유럽언어에 깊이 영향을 미친 인간학적 언어이다. 그륀바인은 라틴어와 유럽인이라는 정체성을 통해 고대 작가들과 느슨하게 연결되어 있다. 그에게 라틴어는 "우리 언어 내부의 척추기관"인 것이다(AD 385).

로마인 세네카와 인도게르만어를 사용하는 독자들을 하나로 묶는 것은 직립보행을 가능케 하는 공통된 골격인 바, 라틴어는 유럽어의 중추적 역할을 하는 언어라 할 수 있다. 이런 맥락에서 그의 안티케 시학은 여전히 인간학적이고, 전 前 세대를 아우른다. 그륀바인에게 라틴어와 로마, 신화와 안티케는 문학의 토대로서, 역사의 단선성을 피하고 고대인과 현대인을 동시에 읽는 자유로운 장치이다. 아이스킬로스와 세네카 번역, 안티케와 관련된 논문 및 에세이, 시집과 산문 등 광범위하게 분포된 그의 작품군에서 안티케 주제와 모티브를 포괄적으로 연구하기엔 물리적 한계가 있다. 이에 시집 『인간혐오자』에 나타난 고대적 특성을 찾아보도록 한다.

그륀바인은 구 동독체제의 이념적 경향성과 달리, 초기 시에서 고트프리트 벤의 시적 특징을 보였다. 미학적 측면에서 조망가능한 그의 시는 최고의 언어 능력이 있지만 독자에게 어떤 감동도 주지 못한다고 혹평을 받기도 하였다. 통일된 독일사회에서 크리스타 볼프의 슈타지 논쟁과 달리, 그륀바인은 프랑크푸르트 알게마이네 신문인 FAZ 문예 면에 시적 재능이 있는 시인으로 수용되었다. 그는 통일된 독일문학의 간극을 메운 시인이자 '새로운 공화국'의 진실한 첫 목소리라는 평가를 받으며, 크리스타 볼프 논쟁과는 다른 길을 걸었다. 2007년 5월 24일 『디 차이트 Die Zeit』지 역시, 그를 오늘날 독일 서정시가 제공한 가장 고귀한 예시라 추켜세웠다. 이러한 평가는 그륀바인 시가 갖는 문학성이 어떠한 성질의 것인지를 점검케 한다. 그는 고전적인 주제를 현대적인 방식으로 풀어내어 이념적 편향성에 기여하기보다는 사회적, 철학적 논의를 촉발하는 역할을 한다. 2018년 3월 8일 드레스 문화궁전에서 열린 우베 텔캄프와 두어스 그륀바인의 토론은 난민 정책과 극우 담론에 대한 논점이 정면으로 충돌한 현장이었다.

그륀바인 시학과 안티케 전통

오디세우스의 여정과 로마의 문명사는 "세계의 박물관"을 꿈꾼 그륀바인의 시적 사유를 잇는 두 축이라 할 수 있다. 그는 2006년 11월 9일, 취리히 신문 NZZ과의 인터뷰에서 자신의 시적 출발을 "다른 별에서 시작된 것처럼 느껴진다"고 회상하며, 과거의 텍스트들이 이제는 "흑백의 아카이브 필름처럼 바스락거린다"고 논평했다. "그 시절의 형식과 창작 배경은 이제 나에게 낯설다. 사회주의는 나에게 하나의 악몽이었고, 이를 나는 고향 드레스덴을 통해 『회색지대 아침』에서 묘사했다. 나는 그곳을 떠나고 싶었다. 나는 단 한 번도 동독을 그리워한 적이 없으며, '오스탈기 Ostalgie'를 이해한 적도 없다." 토마스 브루시히를 비롯한 동독의 작가들이 통일 후에 직면한 것은 상상했던 것과 너무 다른 낯선 서독 사회의 모습이었다. 그륀바인의 소회는 전환기 작가들이 동독에 대한 향수를 다룬 것과는 상당히 이례적인 현상이었다.

그륀바인의 상기 진술은 제2차 세계대전 이후 폐쇄된 동독의 구역에서 자란 세대가 품었던 자유로운 이동과 세계 체험에 대한 열망을 반영한다. 베를린 장벽이라는 차단된 국경 안에 갇혀있던 그륀바인에게 외부 세계는 여행의 꿈을 자극하고 자기성찰을 지시하는 일종의 메타문학의 지평이 되었다.

그륀바인은 구동독에 대한 향수나, 통일 이후 젊은 세대의 가벼운 글쓰기 전략에서 일찌감치 벗어나 있었다. 1989년 통일의 환호가 잦아든 뒤, 일명 '포스트-동독문학'은 민주적 사회주의 국가 건설의 좌초라는 상실의 지점에서 출발하여, 통일 독일의 경제적·정서적 불균형을 견뎌야 했다. 이러한 의미에서 구동독 작가들은 서독의 지식인들과 달리 '이중의 짐'을 짊어진 셈이었다. 그럼에도 이들은 문학과 예술을 통해 과거 극복을 시도하며, 분단된 독일의 내적 통합에 기여하였다.

그륀바인은 같은 동독 출신 동세대 작가들인 토마스 브루시히(1964 베를린), 잉고 슐체(1962 드레스덴), 우베 텔캄프(1968 드레스덴)와는 다른 궤적을 그렸다. 그는 '오스트노스탈기 Ostnostalgie'를 도난당한 감정으로 규정하며, 자신의 고향 드레스덴의 파괴를 부서진 도자기와 트로이의 몰락에 비유했다. 이처럼 그의 문학적 시선은 정치적 비판을 넘어 미학적·서사적 차원으로 이행하며, 잿더미 속에서 인간의 존엄과 문명의 기억을 복원하려는 지식인의 책임에 무게를 실었다. 장벽 붕괴 이후 그는 획일적인 문화정책으로부터 해방되었고, 정치와 문학의 밀착에서 벗어나 보다 넓은 미학적 지평을 탐구하게 되었다. 이러한 전환은 그에게 "창작의 봇물"과도 같은 계기가 되었으며, 그륀바인 시학이 안티케 전통과 결합하여 인간 실존과 문명의 파편들을 사유하는 근원적 여정으로 나아가는 출발점이 되었다.

그륀바인은 『두개골기초학습』을 비롯하여 데카르트와 파블로프스키 개에 대한 기억을 모티브로 삼은 작품들에서 몸과 신경생리학을 토대로 문학과 자연과학을 접목하였다. 그는 인간의 신체를 사유의 근원으로 삼아 추상적 사유와 물질적 감각의 경계를 탐색했고, 이를 통해 문학적 지형을 개성

있게 구축했다. 이는 서구의 관념론적 전통에서 벗어난 유물론적이고 인간학적인 사유에 속한다. 신체를 환기시키는 그륀바인의 문학적 특징은 '두개골기초학습, 항해로서의 문학, 세계시민, 잠수시학' 등의 개념어에서 지속적으로 전개되었다.

신체에 기반한 추상적 환기 작업이 꾸준한 가운데 그륀바인은 안티케 전통의 현재적 직조 방식을 모색했다. 그가 『풍자시 이후』에서 주목한 시인 유베날리우스는 신들과 영웅들 자리에 대도시의 불량배, 속물, 보헤미안 등 비영웅적 인물들을 등장시킴으로써 프랑수아 빌롱, 보들레르에 앞서 문학적 모더니즘을 일찌감치 구현했다는 평을 받는다. 고대와 현재, 자연과학과 시문학의 경계에서 도시와 도시의 인상을 기하학적으로 구성해낸 그륀바인은 고대의 거리를 가로질러 가상적으로 거니는 "산책자 Flaneur"라 할 수 있다.

사이렌의 노래

로마 문학은 그륀바인에게 "특정한 단어 조합이 지닌 주관적 요소(아름다움)와 객관적 요소(이해 가능성)에 대한 자각"(AD 393)을 뜻하며, 이로써 "표현근육의 유희 das Spiel der Ausdrucksmuskeln"가 가능해진다. 현대시인인 그륀바인에게 라틴어 시구는"로마의 표현예술이라는 견고한 핵"(AD 393)으로서 사이렌이 부르는 유혹의 노래인 셈이다.

> 고대와 그 광범위한 영향력을 제대로 이해하기 위해서는, 우선 오디세우스의 동료들이 그러했듯 두 귀를 단단히 막아야 한다. [...] 고대문학에 대해 말한다는 것은, 니체가 보여주었듯, 억압된 것에 대해 말하는 것이다. 복음서에 맹종하거나, 미묘한 검열을 따르거나 또는 계몽주의적 담화를 따르게 되면, 모든 것이 한줌의 (짤랑거리는, 역주) 동전으로 전락하고 만다. 계몽주의적 담화에선 수수께끼로 가득한 밀림이 아폴론의 이야기로 정리되어 버린다(AD 395).

트로이 전쟁에서 귀향길에 오른 오디세우스는 사이렌의 치명적인 노랫가락에 파멸할 것을 우려해 선원들의 귀를 밀랍으로 막음으로써 신화적 자연에서 살아남는다. 지략을 통한 자연정복은 계몽 정신의 원형을 제시하지만, 뱃사람들은 아름다운 노래 소리를 듣지 못함으로써 예술을 포기한 대가로 목숨을 구한다. 그륀바인은 『안티케 구성. 에세이들』(이하, AD)이란 작품집에서 고대의 광범위한 영향력을 사이렌의 노래, 니체의 음악의 정신, 그리고 억압된 것의 분출로 이해한다. 그러나 다른 한편, 고대의 안티케적 대상으로부터 두 귀를 막는다는 것은 외부로 향한 자아의 욕구를 억제하는 것이다. 그 대신 자아는 "고유한 메아리공간"(AD 395)에서 오는 마음의 진정을 누리게 된다.

안티케적 요소의 현대적 수용과 관련하여, 그륀바인은 복음을 "기독교적 사이렌"(Ebd.)에 견주며 기독교적 복음에 귀를 기울인 중세 시대는 고전 텍스트로부터 귀를 닫은 시기로, 고대의 문학에 대해 말한다는 것은 억압된 것에 대해 말하는 것이다. 인간은 특정한 방식으로 정향된 자가 아니라 자유의지를 가진 존재로 "철학의 여신"(보에티우스)과의 대화를 통해 인간존재의 의미를 물을 수 있다. 그의 시에 나타난 고대적 요소들은 억압된 목소리를 사유하기 위한 매체라 할 수 있다. 찬란했던 문명도, 영웅도 시간의 변화 속에 폐허나 돌무덤으로 변하고 만다. 「포르투나의 성소 Fanum Fortuna」(MC 99)에서 이를 확인할 수 있다.

> 너는 고고학 박물관의 관리인이었다, 그는 모든 것이
> 결코 존재하지 않았던 것처럼 될 것이란 걸 알았다. 그리고 남는 것은,
> 단지 돌들일 뿐이다, 행복을 예고하는, 파노의 돌들(MC 99).

"파노의 돌들"은 고대 로마제국의 영광을 담은 유적이다. 아드리아 해안에 면한 이탈리아의 작은 도시 파노는 율리우스 카이사르 시대에 '파눔 포르투나'로 불렸다. 괴테가 로마 캄파냐 들판에서 폐허지와 폐허 조각들을 통해 고전문학의 이상에 대한 원대한 꿈을 키웠다면, 파노의 돌들은 그

륀바인에게 모든 것은 사라져 흔적으로 남게 된다는 일종의 바로크적 바니타스 감정을 야기한다. 17세기 바로크 정물은 인생의 화양연화와도 같이 삶과 죽음에 대한 철학적 사유를 담고 있다. 흥망성쇠, 행복과 고통, 세상의 모든 것은 결국 존재하지 않았던 것처럼 우리 곁에서 사라질 것이기에 유적지의 돌들은 시적 자아에게 초조하지 않은 감정과 행복한 감정을 환기시킨다. 포르투나는 '운명, 행운'을 뜻하는 라틴어로, 행운을 이기는 것은 결국 남아 있는 돌들, 시간성이다.

필립 드 상파뉴 <해골이 있는 정물>(1646), 프랑스 테세 미술관

안티케 전통과 그륀바인 시학

『인간혐오자』와 『도자기』에서 고대와 현대의 시간형식은 다성음악의 화음과도 같이 얽혀있다. 이러한 구성방식은 여러 성부에 대한 수평적 선율 진행과 이들의 짜임새 있는 결합을 존중하는 폴리포니를 연상시킨다. 18세기 예술의 황금률과도 같았던 고대성은 그륀바인 시학에서 현재에 대한 거울상으로 반사된다. 그의 경우 안티케에 대한 관심은 라틴어에서 출발하였다. 라틴어는 유럽어를 쓰는 사람들의 뼈에 각인된 언어이다. 동독 시절 그륀바인은 드레스덴의 확장형고등학교 Erweiterte Oberschule에 개설된 라틴어 수업에 관심이 있었지만 의대생과 예술사가를 지망하는 학생들에게 우선권

이 있었기에 본격적인 공부는 고등학교 맞은편에 위치한 폴크스호흐슐레와 훔볼트 대학교 재학 시절에 가능했다. 라틴어에 대한 관심은 작품 속 안티케 주제로 이어져 『갈릴레이』(1996), 『세네카에게. 첨서』(2004), 『안티케 구상』, 『로마라는 기호책』(2010), 『점화플러그』(2017) 등에서 꾸준히 나타난다. 고대 로마제국의 세네카(B.C. 4 - A.D. 65)는 그륀바인의 시, 「율리아 리빌라 Julia Livilla」, 「이집트에서 In Ägypten」, 「모래 혹은 석회 Sand oder Kalk」 등에 연이어 등장한다. 「세네카에게. 첨서」에서 세네카는 격정의 노예가 되기 전에 "짧은 인생이 우리에게 외치노니 엄격하라"고 경고한다. 노장의 말에 그륀바인은 미래는 결코 너의 것이 아니며 현재만이 있다고 응수한다. 그리고 오지 않은 시간을 위해 삶을 유예하고 자신과 불화하며 분할된 삶을 사는 대신, 호라티우스의 "카르페 디엠 Carpe diem"을 새기며 "가장 사소한 순간일지라도 명료한 머리로" 살 것을 권한다.

1929년생 크리스타 볼프가 카산드라와 메데아를 고대 그리스의 가부장제와 문명세계 비판에 활용하고 이를 동독사회에 대한 저항과 통일독일 내부의 문학적 주도권을 둘러싼 논쟁으로 확대했다면, 그륀바인이 주목한 고대는 대도시의 반사경과도 같이 안티케와 현대 사이에서 간섭작용을 하며 "시간이 용해되는" 가운데 성찰적 방향을 제시한다. 이 과정에서 그는 로마의 인물들을 침투시켜 동시대적 현안 문제를 전면화한다. 고대의 서사적 맥락은 시학적 방향설정의 방향타가 되어 유럽의 도시와 인간 군상에 초점을 맞추고, 독일문학의 새로운 흐름을 지시하는 것이다.

고대적 요소와 과거 그리고 현재의 얽힘 현상은 「선존재 Präexistenz」 (MC 9)에서 괴테와의 가상적 만남을 통해 확인된다. 그륀바인의 괴테에 대한 관심은 시, 에세이 등 작품 곳곳에서 드러나며, 드레스덴을 방문한 괴테 역시 이 문화적 도시에 각별한 애정을 피력했다. 안티케 모티브를 통한 세계상과 인간상 탐구는 현안에 갇힌 제한된 시선을 벗어나게 하는 장점이 있다. 그륀바인은 1999년 괴테 탄생 250주년 연설에서 세계문학은 괴테에게, 독일문학에 그리고 자신에게 결정적인 역할을 했다고 고백하였다. 하지만 오늘날 안티케 문학을 포함한 '세계문학' 개념은 안개 속에서와 같이 오리무중이며, 불확실성이 증대되는 상황에서 안티케에 대한 후대 작가들의 도전과제 또한 의문시된다. 시 「선존재」에서 '나'는 여행자 신분으로 카페 그레코에 앉아 괴테를 그리워한다.

> 내가 그를 본 그 날을 아직도 기억한다
> 서커스 막시무스가 있는 어느 길 모퉁이에
> 여행외투를 입고 있었다. 요한 볼프강 괴테.
> 나는 그의 코를 보고 알아봤다, 턱의 형상으로도.
>
> 그는 아직 세계적 천재는 아니었지만 그와 진배없었다.
> 군중은, 무심히 스쳐 지나갔다. 오직 그만 그 자리에 서서
> 주위를 둘러보았다, 익명으로, 멈춤을 주는
> 어떤 기호를 찾아, 공간과 시간을 가로지르는 여정 중에.

이 시는 1부와 2부로 나뉘며, 1부는 4연으로 구성되었다. 1부에는 2세기 초 하드리아누스 치하의 로마제국을 배경으로, 아직 명성을 얻기 전의 젊은 괴테가 등장한다. 반면 2부에서는 이미 박물관화된 로마가 무대로 제시된다. 여기서 그륀바인은 젊은 괴테를 고대와 현대의 시공간 속에 교차적으로 배치함으로써 일종의 시간여행을 시도한다. 고대 로마의 괴테, 이탈리아 여행기의 괴테, 악간골을 발견한 자연과학자로서의 괴테 등을 불러냄으로써, 그는 초월과 단절을 통해 선존재의 의미를 사유한다. 라틴어 '시간'의 어원이 '나누다'에 있다는 점을 떠올릴 때, 시간은 필연적으로 비연속적 재단이 가능하며, 그 단절의 틈 사이로 시대와 사건이 유입될 수 있다. 이러한 맥락에서 "안티케 기억공간"은 시적 서사의 밀도를 높이는 동시에 존재에 대한 반성적 사유의 장을 제공한다.

“카프리 섬의 인간혐오자”, 어느 예술가의 초상

『안티케 구성. 에세이들』 서언은 셰익스피어의 『햄릿』, 1막 5장의 대사로 시작된다. 여기서 ‘안티케 구성’은 고대적인 것의 배치들이라고 이해할 수 있다. 햄릿은 아버지의 유령을 만난 후, 복수 계획을 세우면서 자신이 “희극적 기질 antic disposition”을 보이더라도 그 진위를 드러내지 말 것을 호레이쇼에게 당부한다. 이러한 복수의 결심은 덴마크 왕국의 부패를 바로잡고 왕국의 명예를 회복하고자 하는 그의 비장함과 관련이 있다. 그륀바인에게 셰익스피어는 인간 심리를 발견한 작가이자, 고대 비극을 계승하면서도 분열된 근대의 자아를 연구한 선구자이다. 음모와 배신으로 독살된 왕의 자리를 찬탈한 클라우디우스는 로마 황제 티베리우스와 유사점이 있다. 티베리우스는 아우수스투스의 후계자로서 황제로 즉위하기까지 정치적 암투와 정적 제거의 역사가 있었으며, 통치 기간 동안 점차 잔혹하고 독재적인 성향을 보였다. 다음은 「메타포」(MC 74)의 5—7연이다.

> 트로이 영웅들의 무덤 —
> “크다고는 할 수 없지요”, 이쪽 강가의 뱃사공이 조롱하듯 말한다
> 무기와 말과 함께 묻혔건만
> 남은 것은 녹색 언덕 하나 뿐.
>
> 니네베, 바빌론, 일리오스, 미케네. 이 도시들을 내게 보여줘,
> 그가 헤르메스에게 외친다. 다 사라졌지,
> 남은 것은 부끄러울 지경이야, 신들의 동반자가 답한다.
>
> 그래도 그의 여정은 헛되지 않았다. 삶이란
> 얼마나 기구한가, 불운에 상처입은 그 가련한 자들이.
> “아무도 카론을 생각하지 않아”, 혼란스런 표정으로 그가 말을 맺는다.

이 시는 2세기 풍자 작가 루키아노스의 『카론』에 대한 인용으로 시작하여, 시적 화자 루키아노스/카론의 언술로 끝을 맺는다. 카론은 죽은 자를 스틱스강을 건너 하데스로 인도하는 뱃사공이다. 루키아노스는 배삯을 내지 못하면 영원히 스틱스 강가를 떠돌게 하는 카론을 통해 허무한 욕망을 풍자했다. 이는 마사초의 회화 <성 삼위일체> 석관에 새겨진 문구와 결을 같이 한다. '해골인 나는 원래 살아있는 당신과 같았다'는 엄중한 경고는 찬란했던 폴리스 도시국가의 몰락과 인간의 운명을 예고한다. 시의 1연과 2연에서는 인간의 삶을 폭포 아래 떨어지는 거품에 비유하며, 삶의 무상함을 드러낸다. 거품은 잠시 존재했다가 사라지듯, 사람들 또한 "지상에 온 손님"에 불과하다. 영웅도, 찬연했던 도시도 자취를 감추었고, 오늘날 그 누구도 카론을 기억하지 않는다. 그륀바인은 상징적 과거 체험을 통해 고대 문명에 대한 안티케 시학을 제시한다. 그 시학은 존재의 무상함, 욕망의 덧없음, 죽음에 대한 성찰을 통해 인간의 조건을 상기시킨다. 그륀바인에게 고대의 위대한 존재들과 문명은 한낱 거품이 되었지만, 그럼에도 불구하고 현실에서 찾아보기 힘든 진지한 대화상대들로 남아 있다.[35]

『인간혐오자』는 총 5부로 구성되어 있으며, 로마 시대의 장소와 인물, 예를 들어 엘베 강의 게르마니쿠스, 크리시포스 등을 다루고 있지만, 때때로 로마제국의 권역을 벗어나는 경우도 있다. 그 예로 B.C. 33년 이집트의 파피루스나 오디세우스 시 등이 포함된다. 그륀바인은 시 「유언장」(MC 63)에서 로마제국의 첫 번째 왕조인 율리우스 - 클라우디스 시대(B.C. 27-A.D. 68)에 주목하며, 아우구스투스(B.C. 63 - A.D. 14)와 그의 후계자인 티베리우스

35 그륀바인이 천착한 역사 속 고인들은 현실에서는 기대하기 힘든 진중한 대화상대들이다. 그의 산문 『첫 해: 베를린 스케치』(2001)에는 이러한 의중이 피력되어 있다: "어떤 밤에는 고독이 수의와도 같이 우리를 덮는다. 나는 여기서 무엇을 해야 하나, 그토록 무심한 동시대인들 사이에서, 나 역시 그들에게 그러하다. 우리는 서로 말이 없고 날을 샐 일도 없다. 그리고 시간 여행을 위해서는 책이, 사자 死者와의 대화가 존재한다. 화자는 동시대인 사이에서 '수의와도 같은 고독'을 느끼는 반면, 책 속의 인물들은 밤새 이야기할 수 있는 대상들이다.

(B.C. 42 - A.D. 37)로 이어지는 권력 이행기에 주목한다. 티베리우스의 은둔 생활을 다룬 이 시는, 서기 26년 로마를 떠나 카프리 섬에 은둔한 티베리우스를 형상화한 몰리에르의 희곡 『인간혐오자』를 연상시킨다. 서기 23년, 아들 드루수스가 암살된 후, 티베리우스는 카프리 섬으로 이주해 국가적 책무를 뒤로 한 채, 사실상 야만적인 칩거 생활을 시작하였다. 이 섬은 뒤렌마트의 주인공 클라라가 알프레드의 시신을 들고 귀환하는 장소이기도 하다.

혐오의 정서는 인간 실존의 부조리를 자각하는 방식이자, "현상의 아름다운 형식"을 부정하는 철학적 은신처로서, 모든 인간적인 것에 대한 의식적이고 증오 가득한 거리두기를 의미한다(Sorg 1989, 3). 그륀바인의 표현대로 "모든 불평꾼들의 운명은 비옥하지 못한 섬으로의 유배"이며, 그것은 곧 "철학자의 도착지"이기도 하다. 그륀바인의 시 「율리아 리빌라」(MC 52)는 티베리우스의 조카 율리아 리빌라를 주제로 삼지만, 시가 응시하는 대상은 추방된 철학자 세네카이다. 세네카는 율리아 리빌라와의 연정으로 인해 클라우디우스 황제 치하에서 코르시카로 8년간 유배되었다. 시적 화자는 로마제국의 정치권력에 희생당한 세네카의 감정에 이입하여, 스토아철학의 내적 위기와 사랑으로 인한 위험을 시화하였다.

그륀바인은 세네카를 야누스적 얼굴을 가진 인물로 평가한다. 세네카는 로마제국의 부패한 사회에서 여러 오류를 저지른 사람이었음에도, 탁월한 문학적 재능과 철학적 영향력을 발휘한 인물이었다. 세네카는 "아우구스투스의 대리석 도시"인 로마라는 덫에 갇힌 포로였다(AD 372). 그는 문명에 지친 로마인들에게 스포츠 행사와 서커스, 검투경기, 화려한 연회, 성적인 모험을 피하라고 권고하였다. 그 대신 그는 모든 것에 대한 해독제로서 책을 추천했다. 오직 시인들과 사상가들의 학문을 삶의 중심에 두는 것만이 유일한 해결책이라 보았던 것이다. 동명의 시집 2부에 실린 그륀바인의 시 「카프리 섬의 인간혐오자」는 카프리 섬에서 은둔 중인 로마 황제에 대한 분노로 시작된다.

그렇지 않은가, 내 손가락들이 그대들을 두렵게 한다,

그토록 길고 앙상하며, 휘고 메마른 열 개의 가지들이.
뭐라고들 하는가? 내가 왼손으로 사과를 뚫을 수 있다던가?
그것만이 아니지, 사랑하는 친구들이여, 부릅뜬 눈 하나도.
깜빡이는 작은 말로 내게 아부하는 편지도 관통할 수 있어.
난 격투링이 필요없소, 내 손가락이면 충분하지 —
게를 먹으며 아이들을 괴롭힌 내 손가락 말이오.
테이블에서 파리를 톡 치면, 빙글빙글 돌다가
바닥에서 죽듯이, 나는 놀란 사람의 얼굴을 향해 달려간다.
쓰다듬는 듯 보이는, 그 부드러운 몸짓은,
나의 가장 치명적인 타격. 그렇지 않은가, 그 몸짓이 불타고,
핏빛 멍을 남기지. 일단 내가 적을 표시하면,
누군가 나타나 그를 제거할 것임을 확신하오.
그러나 나는 슬픔을 안고, 물러난다. 학살이 나를 역겹게 한다(MC 22).

시적 자아는 고대 로마로 시간적, 공간적 도약을 한다. 폭군의 이미지와 시적 자아의 관점이 혼재하는 가운데, 카프리에서 폭정을 펼친 티베리우스의 사생활과 분노가 느껴진다. 티베리우스(재위 A.D. 14 - 37)는 나폴리만 카프리 섬의 절벽 끝에 별장을 짓고, 27년부터 10년간 카프리에서 로마를 통치했다. 그가 처음부터 인간을 혐오한 건 아니었다. 서기 4년 아우구스투스의 양자가 된 티베리우스는 명문가 클라우디우스의 혈통을 벗고 아우구스투스의 요청에 따라 게르마니쿠스를 양자로 입적하였다. 아들 게르마니쿠스를 왕권에 앉히려는 아우구스투스의 셈법에서 출발한 티베리우스였지만, 도나우와 라인강 전선을 완비했던 그답게 공화정치의 전통을 존중하며 로마제국을 안정적으로 통치하였다. 당시 궁정은 정치적 음모가 심했음을 타키투스의 기록을 통해서도 알 수 있다. 티베리우스는 사랑의 좌절, 주변 사람들의 죽음, 정치적 운명으로 인해 점차 인간혐오자로 변해갔다. 티베리우스는 빕사니아와 강제로 이혼하고 아우구스투스의 딸 율리아와 정략결혼을 하나

그녀의 잦은 외도와 불화로 결혼생활은 오래가지 못했다. 드루수스의 죽음, 아우구스투스와의 불화, 권력의 암투 등 가혹한 운명과의 대결은 말년의 그를 은둔형 광폭정치로 내모는 계기가 되었다.

이 시는 고대 로마의 사건을 현대적 맥락으로 변형하여 '인간혐오자' 티베리우스를 혐오하는 시적 자아를 창출한다. 이로써 인간혐오자는 새로운 예술가에 대한 알레고리가 된다. 고전문학의 토포스에 기댄 현대 예술가의 초상은 티베리우스, 또는 세네카처럼 스스로를 또 다른 지형의 고립 지대로 추방한다. 그륀바인에게는 동독시절의 통치자들이 로마황제와 중첩되기 때문이다. 「티투스는 자신의 통치직에 불평한다」(MC 67)라는 시에서는 통치자의 입장에서 민중의 궐기를 바라보고 있다. 다음은 전문이다.

> 보이는가, 사랑하는 퀸투스여, 저 아래의 소동이?
> 우리는 여기 창가에 서서 몇 시간씩 서성이며 궁금해하곤 하지,
> 무엇이 그들을 움직이는지, 이 사람들을. 아무도 위를 보지 않고,
> 아무도 멈춰서지 않으며, 대화도, 장사도 중단하지 않는다.
> 그게 우리 로마인들의 장점이지, 각자 스스로 족하니까.
> 하지만 담장에서 돌 하나만 떨어져도,
> 불평하는 소릴 들을걸세. 그들은 아이들 같지,
> 뜨거운 머리로 다투고, 놀이에 몰두한 아이들말야.
> 생채기 하나에도 근심에 빠지지. 한 군데만 아퍼도
> 시선은 위를 향하지. 그래, 온 도시가
> 더 나을 것도 없이 카이사르를 향해 외치지,
> 지붕이 불탔다든가, 경기장이 잿더미가 되었다든가,
> 그곳에서 그들은 난동을 부리고 학살에 박수갈채를 보냈지.
> 참수는 그들을 그토록 행복하게 만들어, 자신들이 얼마나 깨지기 쉬운지를
> 잊게 하지. 타인의 죽음을 관람하는 자는,
> 스스로를 불멸이라 느끼는 법, 신들의 은총을 입은 듯.

하지만 지붕이 새고, 곡물창고에
지난 해 수확물이 상하면, 곧바로 국가를 저주하지.
죄인은 총독이다. 그는 로마를 대표하지, 어머니로서.
제일 좋은 건, 손이 텅 비어있을 때,
그 늘어진 팔을 즉시 자르는 것이다, 쓰다듬는 건 오직 가득 찬 손.
군주가 온화할수록, 불평은 더 요란해져서,
온 지방에서 나는 악담에 네 귀가 울릴 지경이다.
테베에서 소금 자루 하나만 쓰러져도, 누미디아에서는
밀가루 값이 오르고, 곧 민란이 일어나지.
아무도 양심 따윈 아랑곳 하지 않아. 망설임 없이, 누구나
자기 가족을 여신 세스테르치아의 제단에 바칠 것이다.
그러나 포세이돈이 광포하여 그들의 배들을
바다 밑으로 끌어내리면, 상소문이 빗발친다:
카이사르, 전능하신 자가 바다에서 그들을 버렸다고.
그때는 배상금을 요구하지. 오 로마여, 파도가 빼앗은 것을
우리에게 다시 다오, 네레이드들의 장난어린 유희가 빚은 것을.
그들은 값싼 창부가 몸에 남긴 나병과 얼룩에 분개하는
고객같다. 매일밤 그들은
매음굴로 돌진하여 돈으로 산 넓적다리 사이로
탐욕스럽게 뛰어들지만, 아, 열병이
그들을 감싸면, 너는 그들이, 숫양들과 염소들처럼, 투덜대는 소리를
듣게 되지.
건강은 망가지고, 주머니는 비고, 우울한 동물…
그 모든 죄는 국가 탓이고, 모든 것이 로마 탓이다.
그대 정글이 보이는가, 퀸투스여? 온갖 동물들로 가득찬 정글은,
분노하는 여신들에 쫓기듯 눈이 멀었고 스스로를 알지 못한다.
그들은 무관심하다. 그들 중 누구도 이웃을 돌보지 않다가,
재난이 닥쳐서야 신경을 쓰지, 바로 얼마 전까진 먼 일이었던 재난을.

> 보라! 알겠는가, 그들 모두가 스스로를 인간이라 여기고 있음을.
> 그리고 내 임무는 그들이 그런 믿음 속에 안주하도록 하는 것이다, 그들이 인간이다.

시적 화자가 부르는 퀸투스는 시적 청자이자, 고대 로마 시인 퀸투스 호라티우스 플라쿠스를 말한다. 냉소적인 입장의 시적 화자는 대화 상대인 퀸투스에게 로마 시민을 빗대 불평이 끊이지 않는 인간사를 풍자한다. 인간은 유한하기에 이 시간을 즐기라는 퀸투스의 권고는 잊힌지 오래다. 로마 공화정 말기의 카이사르는 정치인 개인이 아니라, 권력과 제국을 대유함으로써 냉소적 철학자이기도 한 시적 화자는 로마제국을 배경으로 현대인의 탐욕과 무관심, 그리고 자기기만을 고찰한다. "보이는가, 사랑하는 퀸투스여, 저 아래의 소동이?"라고 묻는 지점에서 시적 화자는 퀸투스보다 21년 앞서 살다간 카이사르의 로마를 구분해 소환하고 있다. 시적 화자는 티투스의 입장이 되어 어리석은 로마인들이 우리 자신임을 역설적으로 말하고 있다. 제목에 등장하는 티투스는 로마 황제 티투스 플라비우스 베스파시아누스 Titus Flavius Vespasianus (39-81)로 플라비우스 왕조의 두 번째 황제로 알려져 있다. 재위 기간 중에 콜로세움을 완공했으며, 79년 베수비오 화산의 폭발과 로마 대화재 때 구제 활동을 하였다. 당시 기록에 따르면 온화하고, 관대한 통치자였지만 역설적이게도 예루살렘 함락과 수많은 학살의 지휘자였다. 따라서 티투스는 '자비로운 폭군'이자 '문명과 폭력의 양면성'을 상징하는 인물로 등장하였다. 이 시는 로마 황제 티투스의 시선에서 제국 시민들의 이기심과 위선을 냉소적으로 묘사하고 있다. 그륀바인은 로마를 불러내어 현대 사회의 집단적 무책임과 권력 의존을 풍자하며, 사람들이 스스로를 위대한 로마인이라 믿는 착각 속에 살아간다는 비판 의식을 드러낸다. 그륀바인의 시에서 안티케는 지나간 시대와 현재를 오가는 통행의 가교로서, 인식의 거울 역할을 한다.

기억과 물성. "도자기. 나의 몰락한 도시"

『도자기. 나의 몰락한 도시에 대한 시』는 개별 시가 10행 1연으로 구성된 49연의 장시로, 동독의 몰락을 주제로 한다. 시집 제목인 '도자기. 나의 몰락한 도시'에서 도자기는 그륀바인의 고향 드레스덴 근처 마이센 도자기를 상징한다. 도자기가 지닌 미적 감성과 부서지기 쉬운 연약함은 역사적 사건과 맞물려 시집의 미학적 특징을 형성한다. 1717년 작센의 강건왕 아우구스투스는 중국 청화백자 169점을 프로이센의 프리드리히 빌헬름 1세로부터 받고, 그 대가로 정예군 6백 명을 넘겨주었다. 이 흥미로운 거래 덕분에 오늘날 드레스덴 도자기 박물관에 소장된 도자기 컬렉션은 특별히 '용기병 항아리 Dragoon Vases'라 불린다. 600명의 정예기병과 도자기를 맞바꾼 사건에서도 알 수 있듯, 당시 도자기는 "마이센의 하얀 금"(P 4)으로 불렸고, 도자기에 대한 아우구스투스의 집요한 애정은, 프로이센에서 망명한 요한 뵈트거로 하여금 도자기 제조에 착수하도록 하였다. 마이센 도자기는 강건왕에게 외교적 수단이자, 동독 시절에는 주요한 수출품이었다. 괴테가 사랑한 드레스덴은 1760년 프로이센의 작센 침공과 제2차 세계대전 당시 공중전으로 파괴되었으며, 동독 시기에는 성모교회를 비롯한 문화재들이 당의 문화정책에 의해 방치되었다. 연구에 따르면, 사회주의 체제에서 건축물과 역사적 기억에 대한 상징물을 경시하는 풍조는 인간성에 대한 훼손을 드러내며, 이는 국민의 기본적 권리에 대한 침해와 병행되어 나타났다.

> 매년 2월이면 멀리서 나지막이
> 신경을 거스르는 로렐라이의 소리가 들려온다 드레스덴, 드레스덴 ...

공중폭격으로 파괴된 도시를 애도하는 로렐라이의 메아리는 시집 제목에 등장하는 소유대명사 '나의'에서 드러나듯, 고향에 대한 시인의 각별한 애정을 담고 있다. 물론 1962년생인 시인은 도시의 몰락을 직접 목격하지는 못했다. 그러나 도시에 서린 역사적 기억물은 "침묵하는 증인"으로 남아 전승된 "비자발적 기억 mémoire involontaire"(P 20)을 환기한다.

그륀바인은 작품 속에서 괴테, 횔덜린, 아이헨도르프, 첼란, 루벤스, 램브란트, 라파엘 등 드레스덴과 관련된 수많은 이름을 호명하며, 이 도시를 폼페이, 트로이 등 인류 문명의 파괴사와 나란히 놓는다. 이러한 서사적 방식 때문에 그는 현대사 속의 드레스덴을 지나치게 신화화하거나 과장한다는 세간의 평을 받기도 했다.

> 중앙으로 오라. 그것은 어디에 있는가? 걸림돌 아래
> 네 발 밑, 땅 속 깊은 곳에. — 거기 머물라, 더 이상 나아가지 마라.
> 먼지가 아직도 속삭이는 곳에서, 회전한다: 하나의 작은 세계가.
> 그곳에는 매사냥꾼과 포도재배자, 소라나팔을 든 님프들이 있고
> 개구리얼굴의 천사들, 백조와 해마를 탄 기사들도 있다.
> 양치기무리, 아름다운 정원사, 상상의 동물들 …
> 도자기는 - 가장 깨지기 쉽다. 그것들을 너무 일찍 잃었다고 말하지 말라,
> 이 섬세한 형태들을. 이것은 무엇에 관한 것인가? — 한 사람이 듣고 있다,
> 므네모시네의 딸들이 그에게 받아쓰게 한 것을.
> 그리고 그는 시간, 공간, 치수를 바꾼다, 바꾸고 바꾼다(P 49).

"그"는 므네모시네, 즉 기억의 여신이 들려주는 이야기를 받아적고 있다. 그 이야기는 땅 속 깊이 잠들어있는 이야기로 므네모시네의 딸들이 전해준 이야기들을 시대와 공간을 넘어 자유자재로 적고 있다. 시적 화자이자 시인은 기억의 저편에서 들려오는 목소리에 귀를 기울여, 치수를 바꾸며 기억을 재구성한다. 깨어진 도자기, 동독의 몰락을 슬퍼하며, 드레스덴의 섬세했던 형태들을 재건하고 있다. 1행의 "걸림돌"은 제2차 세계대전에 수용소로 끌려가 생을 마감한 유대인을 기리는 침묵의 돌이다. 군터 뎀니히 Gunter Demnig(1947-)는 나치 희생자의 생몰연도를 청동판에 새겨 생존 당시 그들

이 살던 집 앞 보도블럭에 설치하는 프로젝트를 수행하였다. 독일 현대사와 아우구스투스 시절의 문화유산이 몽타주처럼 얽힌 가운데 므네모시네의 신화적 기억이 사건들을 연결한다. 문자 이전의 기억이 현대의 시인에게 옛 이야기를 들려주는 동안, 시인은 이제는 사라져버린 땅 속, 시간과 공간에 귀를 기울이고 있다. 이 한 사람은 드레스덴을 기리는 그륀바인이라 할 수 있다.

므네모시네는 기억의 여신으로, 시간의 신 크로노스의 누나이자 제우스의 고모에 해당한다. 제우스는 므네모시네와 아홉 밤을 함께 보내고 아홉 뮤즈를 낳았다. 이 뮤즈들은 어머니로부터 물려받은 완전한 기억력 덕분에 신들의 승리를 후대에 전하며, 서사시, 역사, 천문학, 서정시, 희극, 비극, 연애시, 찬가, 합창 등 여러 예술을 관장한다. 기억은 신체적으로 파악되는 현상이다. 지난 것에 대한 기억은 순수한 정신활동이라기보다는 신체라는 물리적 영역에서 관장된다. 그리고 이 기억은 풍화작용에도 무너지지 않는 언어의 힘에 기대고 있다.

> 대개, 기억이란 뇌 영역에서 연유하여
> 그곳으로 돌아간다. 출신, 고향은
> 뉴런으로 이루어진 떠도는 모래언덕의 작은 모래더미이다(P 20).

기억을 관장하는 뇌처럼, 기억을 환기하는 고향 역시 모래더미와 같은 물리적 영역으로 환원된다. 그럼에도 불구하고 물성에 대한 미적 취향은 신체 내지 물리적 구조물에 깊이 배어있다. 가깝게는 드레스덴의 성모교회에 대한 인상이 대표적 사례이다. 성모교회는 1945년 2월 13일과 14일 밤 사이 무차별 공중폭격으로 15일 오전 전소되었다. 이 건축물은 동독 시절에 폐허로 방치되었으나, 일명 '월요시위'로 통하는 평화혁명 이후 잔해 제거가 시작되었고, 2005년 10월 30일에 봉헌예배가 열리며 복원되었다. 그륀바인은 슈피겔지를 통해 시인이 된 출발점을 드레스덴의 특수한 조건에서 성장한 것이라고 밝힌 바 있다. 동독 시절 폭격으로 파괴된 도시는 시인의 언어감각을 깨어나게 했다. 그에게 드레스덴의 폐허는 당시 베를린 중앙정부의 주택 건설정책에 사용된 밋밋한 콘크리트 큐브들보다 인상 깊었다. 2차 세계대전이 끝나갈 무렵 18세기 바로크 문화가 꽃핀 드레스덴의 90%가 파괴되면서, 문화적 기억이 내재된 도시의 폐허는 콘크리트 벽돌에 비할 바가 아니었다. 11세기에 설립된 성모교회는 본래 카톨릭 교회였다가 종교개혁 당시 루터교 교회가 되었다. 교회의 잔해는 독일 통일 후, 재건 승인을 받았고, '폐허부인들 Trümmerfrauen"을 비롯한 드레스덴 시민들과 세계 20여 개국의 단체가 기금을 모아 2005년 10월 30일 완공되어 봉헌 예배를 드렸다. 그뤼바인은 이 도시를 아름다운 여성에 비유하였다.

그녀는 아름다웠다, 수다스럽고 풍만하며 촌스러웠다.
허리에는, 은빛으로, 강이 띠처럼 둘러 있었다,
보름달이 뜰 때 강은 유혹했다. 그리고 사람들은 어떻게 그녀를 망가뜨려 놓았는가,
가련한 갈라테이아여. 여인을 그렇게 부당하게 다루는가?
백조들이 그의 식기들을 장식했지 - 곡선으로 빚어진 그녀는
브륄 백작의 식기처럼, 곡선으로 매끄럽게 주조되었다,
자랑스러운, 초콜릿소녀는 공포로 말문이 막혔다.
조개가 터지고 달팽이들과 돌고래들이
산산이 부서져 심연으로 가라앉을 때, 그곳에는 어떤 말도 닿지 않는다.
누가 도자기-사발에 탄약을 숨겨놓았단 말인가?(P 45)

고대 그리스의 키프로스 섬에는 피그말리온이라는 왕이 살았다. 그는 아름다운 조각상을 만들어서 거품의 여신이란 뜻의 갈라테이아란 이름을 붙였다. 그런데 그는 자신이 만든 조각상에 반해 아프로디테에게 갈라테이아를 사람으로 만들어 달라고 기도했다. 그의 신실한 기도가 받아들여져, 차갑기만 했던 조각상이 온기를 내기 시작했다. 그뤼바인의 시에서 갈라테이아는

장인들과 예술가들이 만든 드레스덴을 의미한다고 볼 수 있다. 또 다른 의미에서 갈라테이아는 그리스 신화의 바다의 님프로 부서지기 쉬운 아름다움과 순수를 상징한다. 서도호가 비단으로 만든 건축물을 통해 그가 살아온 집의 감정적 흔적을 드러내듯, 그륀바인의 시에 등장한 드레스덴은 집단적 역사가 묻어있는 도시와 그 안에서 생활한 시인의 개인적 체험을 반영하고 있다.

45번째 시에서, 도심을 흐르는 엘베 강은 달이 뜨는 날이면 은빛 띠처럼 드레스덴을 감싸 안는다. 츠빙거 궁전, 브륄의 테라스, 성모 교회 등 드레스덴의 주요 문화유산들은 엘베 강 주변에 자리잡고 있다. 그러나 폭격으로 파괴된 아침의 도시는 "청천벽력"과도 같았으며, 마치 폼페이의 폐허를 연상시켰다. '초콜릿소녀'는 전쟁과 폭격으로 무참히 무너진 드레스덴의 현실과 대비되며, 18세기 작센의 브륄 백작은 마이센 도자기의 후원자로서 드레스덴의 문화유산과 예술적 완성도를 상징한다. 이 모든 아름다움과 역사는 전쟁의 은유인 "탄약"에 의해 산산히 부서져 심연 속으로 가라앉았다. 전후 세대인 그륀바인은 "늦게 태어난 자 Spätgeborner"(P 1)로서 도시의 몰락에 대한 깊은 탄식을 시집 곳곳에 담아내고 있다.

두어스 그륀바인은 라틴문학과 현실 생활공간의 관계 속에서 시학을 구축해왔다. 이로 인해 과거와 현재 그리고 미래가 동시적으로 공존하는 시간성의 특징을 보인다. 그륀바인 시의 시적 배경인 이탈리아 남부 카프리 섬과 구동독의 드레스덴은 이질적 시공간이지만, 『카프리 섬의 인간혐오자』와 『도자기. 나의 몰락한 도시에 대한 시』는 엄밀한 의미의 '섬'이란 점에서 병렬적 사유가 가능해진다. 그륀바인은 『카프리 섬의 인간혐오자』와 『도자기. 나의 몰락한 도시에 대한 시』를 통해 세네카적, 스토아적 태도를 환기하며, 안티케와 그륀바인 시학 간의 함수 관계를 드러낸다. 그륀바인은 세네카의 도덕적 시학에 감정적 공명을 느꼈다. 그륀바인이 『안티케 구상』에서 주장한 대로, 라틴어는 유럽인의 내적 중추기관으로 언어/골격은 유럽인의 문화적 골격을 형성했다. 이러한 측면은 그의 시학은 인간학적이라는 평가를 받았다. 그륀바인은 역사비평적 관점에서 현대사회와 대등하게 추이를 맞추는 작가가 아니라 억압받고 죽음을 피할 길 없는 인간의 조건을 성찰한다.

그륀바인 시학은 안티케 문학의 현재성을 제기하는 한편, 공간에 깃든 지식과 기억을 환기한다. 고대인들의 문학은 그에게 고유한 존재를 해석하는 지침서다. 이러한 점은 하인츠 노베르트 욕스 Heinz-Norbert Jocks와의 대담에서 확인된다. "전시간성은 시의 본질이다. 내게 문학은 시간적으로 단절된 동시성을 일깨우는 예술로 여겨진다. 문학이 시간적으로 단절된 것들을 동시적으로 일깨우는 예술이라 할 때, 전시간성, 즉 모든 시간의 공존 현상은 그의 시학을 설명하는 주요 개념이 된다. 그에게 시는 시간의 구분을 무너뜨리고 단절된 시간을 하나의 지점으로 공존시키는 힘이다."

11.

델리우스의 소설 『중국인들이 뤼겐을 사면 나를 생각해』

델리우스의 소설
『중국인들이 뤼겐을 사면 나를 생각해』

사람이 해안가에 서 있을 때, 바다에서 육지를 바라보는 것이 아니라
자연스레 육지에서 바다를 보는 것은 주목할 만하다.
- 칼 슈미트

반권위적 68세대 작가라 평가받는 프리드리히 크리스티안 델리우스 F. C. Delius(1943-2022)는 소설 『중국인들이 뤼겐을 사면 나를 생각해 Wenn die Chinesen Rügen kaufen, dann denkt an mich』(2019)에서 독일 정부의 대내외 정책을 비판적으로 묘사한다. 작품은 중국인들이 북독의 뤼겐섬을 구입할지도 모른다는 가정을 통해 현실정치의 위선을 유머러스하고 풍자적인 어조로 드러낸다. 델리우스는 1964년, 21세의 나이로 스웨덴 시그투나 Sigtuna에서 열린 '47그룹' 회의에 처음 참석하였고, 1967년 마지막 회의가 열릴 때까지 매년 이 문학 모임에 참여하였다. 시그투나는 스톡홀름에서 북서쪽으로 약 50km 떨어진 도시로, 바이킹 시대 말기 스웨덴 왕권이 세워지던 시기에 건립되었다. 이곳은 고대 북유럽 신화에서 기독교로 이행하는 종교전환기의 흔적이 남아있으며, 룬 문자비 또한 다수 보존되어 있다.

1943년 로마에서 독일 개신교 목사의 아들로 태어난 델리우스는 전후 독문학의 모든 시대를 몸소 체험한 작가였다. 서베를린과 런던에서 문예학을 전

공하고, 1970년 「영웅과 날씨. 시민적 리얼리즘 소설에서 예술수단과 이데올로기 사용」으로 박사학위를 받았다. 이후 베를린과 로마를 오가며 집필활동을 이어간 그는, 정치적·역사적 현실과 대면하며 기억문화, 일상의 파시즘, 독일인의 자기기만과 죄책감 등을 주요 주제로 다루었다. 그는 나치시대에서 분단독일을 거쳐 현재에 이르는 독일인의 의식구조를 예리하게 파헤친 비판적 관찰자로 평가된다. 시적 모놀로그 형식의 소설 『젊은 시절 어머니의 초상』(2006)은 그의 대표작으로, 2011년 게오르크 뷔히너상 수상의 근거가 되었다.

『중국인들이 뤼겐을 사면 나를 생각해』의 정치적 맥락

이 작품은 2017년 9월, 메르켈 총리의 4선 임기 시작과 함께, 급부상하던 독일을 위한 대안당(AfD)[36]이 연방의회 첫 진입 시점에서 시작된다. 독일 방송은 급진파가 어쩌다 이토록 약진하게 되었는지를 논평 중이고, 이민자가 없다면 누가 쓰레기를 치우고, 환자를 돌보며 슈퍼마켓에 물건을 넣을지 되물으며 이주민 수용에 힘을 싣고 있다. 소설의 1인칭 화자는 회사에서 "카산드라"[37]라 불리며, 극우 정당이 약진한 배경에는 그 누구도 귀를 기울이지 않았다고 논평한다. 이 작품이 출간된 후, 난민정책을 둘러싼 독일 사회의 균열은 카산드라의 '예언'을 돌아보게 한다. 언론은 '매년 30만 명의 이민자가 필요하다'는 수치를 반복했지만, 실질적 사회 조사나 정책적 질문은 결여되어 있었다. 메르켈 정부의 난민 수용정책은 인권의식과 사회적 필요라는 측

36 2013년 소수우파정당으로 출발한 독일대안당은 정부정책에 불만을 품은 유권자층과 이민자·이슬람 반대 세력의 결집을 통해 포퓰리즘적 영향력을 확장했다. 창당 당시 4.7%의 득표율을 기록했던 이들은 2017년 총선에서 12.6%를 얻어 의석 94석을 차지했으며, 2021년 총선에서도 10.3%를 확보해 83석을 유지했다. 이들의 이념은 국가보수주의, 우익 포퓰리즘, 반反 유럽연합주의, 경제자유주의로 요약되며, 이민 통제·국경 강화·복지 축소 등을 주장한다. 2023년 창당된 '자라 바겐크네히트 동맹 Bündnis Sahra Wagenknecht' 역시 "이민자보다 독일 서민을 지원하라"는 노선을 취하며 델리우스의 문제의식과 맞닿아 있다.

37 소설 텍스트 인용 시 약어 'Rü'와 쪽수로 표기하고 소설을 지칭할 때는 『뤼겐』이라 적는다.

면에서 긍정성을 지니지만, 동시에 내부적 갈등과 경제적 부담의 원인이 되었다. 2024년 9월 지방선거에서 튀링엔주 32.8%, 작센주 30.6%의 득표율을 기록한 독일대안당의 약진은 제3제국 이후 금기시된 민족 개념의 재등장을 보여준다. 독일의 포용적 이민정책은 인구 위기에 직면한 독일사회에서 필요한 정책이었다. 독일은 다문화 사회로 가고 있고 사회 시스템과 노동시장의 변화를 고려할 때 카산드라의 메르켈 비판은 당시 사회상에서 과도한 측면이 있었다. 그러나 이후 변화된 사회상을 고려할 때 카산드라의 지적은 유의미한 진단이었다. 과도한 난민 수용은 사회적 비용을 감당하기 어려운 수준으로 만들었고, 델리우스는 이 문제를 북독일의 '뤄겐' 담론으로 제시하였다.

물론 제3제국 시기의 인종주의와 오늘날의 극우 정서 사이에는 본질적인 차이가 존재한다. 히틀러 정권이 아리안 우월주의와 혈통적 순수성을 강조했다면, 구동독 지역의 민족의식은 일자리와 삶의 터전 확보 등 생존과 안전의 문제 속에서 형성된 정체성의식에 가깝다.

소설의 화자 카산드라는 2017년 9월 마지막 금요일에 해고통지를 받는다. 그는 친정부 성향 언론사의 경제부 편집자로서 사회적 시장경제에는 동의하지만, 반사회적 금융자본주의에는 비판적인 저널리스트이다. 은퇴 후에도 어떤 식으로든 글쓰기를 지속하고자 하는 그는 직장 동료 베른트와 위르겐으로부터 블로그 개설을 권유받는다. 그러나 "아름다운 가상으로 무한 혹은 클라우드 공간" 속에서 자기확증적으로 확산되는 블로그 매체의 나르시스적 편협성과 새로운 미디어 환경에서 책 출간의 어려움을 잘 알고있는 그는 조카 레나를 수신인으로 하는 일기 형식의 소설을 쓰기로 결심한다.

이 일기는 2017년 9월 19일 총선이 끝난 후 9월 30일부터 시작되며, 픽션과 논픽션이 결합된 형태로 구성된다. 하지만 카산드라가 글을 쓰는 시점의 레나는 김나지움 졸업반에 재학 중인 18세 소녀이고, 실제 이 글을 읽을 시점의 레나는 40세 또는 50세의 미래의 레나이다. 이 작품은 삼촌이 조카에게 보내는 일종의 "병 편지" 형식을 취함으로써, 개인적 서한의 틀 안에서 사회적 진단과 세대 간 대화를 시도한다.

소설 제목이 접속사 '만약에 wenn'로 시작하는 것은 우연이 아니다. 그것은 뤼겐섬이 중국의 소유가 되는 것은 시간문제라는 화자의 현실적 진단을 암시한다. 『뤼겐』은 델리우스 특유의 문체적 특징인 논쟁적이고 정치적으로 각성된 태도, 시대정신에의 비판적 거리, 독일인의 의식 상태에 대한 직설적 서술을 잘 보여준다. 델리우스는 상업이 번성했던 발트해 연안의 역사적 질서 속에서 뤼겐을 바라보며, 독일정신을 표상한 카스파 다비드 프리드리히(1774-1840)의 회화와 고전·낭만주의 시문학을 새로운 시각에서 재해석한다. 그는 전통을 긍정하거나 찬미하기보다는, 의도적으로 비판적 거리를 취함으로써 '독일적인 것'과 '경계'에 대한 자신의 입장을 밝혔다. 이로써 발트해와 뤼겐이라는 문학적 토포스에 독일현대문학 시각에서 새로운 의미가 더해지게 된다.

발트해 뤼겐섬, 경계 넘기와 경계 짓기의 지형

소설 『뤼겐』은 유럽 내에서 중국의 팽창을 가능케 한 메르켈 정부의 경제정책을 정면으로 비판한 정치적 함의가 뚜렷한 소설이다. 2010년 이후 독일의 정치상황은 유럽 내에서 비교적 안정적이었지만 몇 차례 전환점이 있었다. 그리스·스페인·이탈리아 등 남유럽의 재정위기가 유로존을 위태롭게 하던 시절, 메르켈 정부는 긴축정책을 통해 EU 내 '채권국' 내지 경제 리더로서 주도권을 확립하였다. 이후 난민 위기와 정당체계의 재편을 통해 메르켈 체제는 내부적으로 균열이 발생하였고, 2021년 숄츠 정부가 출범하면서 16년간의 메르켈 시대가 종료되었다. 2022년 러시아의 우크라이나 침공 이후 독일의 외교 안보 정책은 근본적인 변화를 겪었고, 국내적으로는 물가 상승, 에너지 위기, 안보 불안 등으로 독일의 우파 정당은 다시 급부상하였다. 2025년 5월 기독민주당 프리드리히 메르츠가 총리에 선출되면서, 독일의 정치적 상황은 메나세의 소설이 출간된 시기와 근본적으로 차이를 보인다. 그럼에도 메르켈의 정책이 독일사회에 미친 영향을 평가하기엔 판단 시점이 이르다. 시간적 여유를 두고서 메나세의 소설에서 레나가 삼촌의 병 편지를 읽게 되는 2057년 또는 2067년, '카산드라'의 예언을 진단하는 것이 적절해 보인다. 극우 정당의 이례적인 의회 진입과 그들의 인기가 언제까지 지속될지에 대한 답변과 메르켈 시대에 대한 역사적 평가는 결국 레나 세대가 내리게 될 것이다. 그 시점에 이르면 카산드라의 나이는 여든에서 아흔 사이의 노년기이고, 언젠가 묻게 될 레나의 질문, "유럽이 무너지고 있던 메르켈 집권 말기, 21세기 초는 어땠어요?"에 대한 답을 2017년 시점에서 기록하고 있는 셈이다. 이러한 구조적 설정 속에서 소설은 하나의 기록 문학이자 시대에 대한 경고의 메시지로 기능한다.

물론 이른바 신자유주의 시대를 배경으로 한 '뤼겐'에 대한 지나친 위기의식은 다소 과장된 측면이 없지 않다. 그러나 프랑스의 와인 산지, 밀라노의 수공업 지대, 그리고 제3국 및 남유럽 해안선을 점유하고 있는 중국의 경제적 파급력을 고려할 때, 북독일의 해안이 상대적 안전지대일 것이라는 믿음은 허상에 불과하다고 진단한 것이다. 작가는 이러한 현실 인식을 바탕으로 유럽의 북단, 발트해의 뤼겐섬을 경계와 침투의 지대로 제시하며, 중국과의 새로운 '경계 짓기'와 '경계 넘기'의 현장을 탐색한다.

독일의 휴양지인 뤼겐의 문화지리적 상징성을 살펴보고, "시인과 사상가의 나라"로 불리는 독일이 어떻게 '신실크로드'를 위한 교두보로 변모하게 되었는지를 살펴보는 일은 국가 간 경계의 문제가 첨예하게 대두되는 현재, 흥미로운 작업에 속한다.

흔들리는 경계와 유럽의 위기

독일현대문학에서 경계에 대한 논의는 전후 분단과 냉전 체제, 베를린 장벽과 경계의 일상화, 그리고 물리적 장벽 붕괴 이후 역설적으로 대두된 내면의 경계 형성이라 할 수 있다. 2000년대 초 EU가 동구권으로 확장되면서 유럽 내부의 국경은 느슨해졌지만, 문화적 정체성이라는 유동적 경계는 국가 간 경계를 넘어서지 않았다. 2015년 난민 및 기후 위기, 2020년 코로나 팬데믹, 그리고 전쟁은 유럽의 경계를 다시 강화하는 계기가 되었다. 이러한 역사적 맥락은 독일문학의 풍경을 바꿔놓았고, 독일 통일 이후의 경계의 문제는 오히려 더욱 복잡한 양상을 띠게 되었다.

통일 이후의 독일문학은 이주민, 여행자, 정치·경제·생태적 난민, 그리고 비즈니스, 학업 등 다양한 요인으로 인해 국경을 넘나드는 인물들의 서사를 풍부하게 담아내며, 경계의 해체와 재설정이라는 주제를 심화시켜왔다.

이러한 문학적 흐름에 앞서 1970년대의 문화학과 역사학은 경계와 국경의 문제를 포괄적으로 탐구하기 시작했다. 상징적, 은유적 차원을 넘어, 물리적, 제도적 의미의 경계 개념은 국가 간의 법적·정치적 구획에서 출발한다. 이 점에서 제르멘 드 스탈 Germaine de Staël(1766-1917)은 일찍이 국경과 국가 정체성의 문제를 감각적으로 포착하였다. 스탈 부인의 『독일론』(1810)은 정치적으로 분열된 독일을 문화적으로 풍요로운 지역으로 묘사함으로써 나폴레옹의 심기를 건드렸고, 결국 프랑스 당국의 검열로 폐기된 바 있다. 프랑스혁명을 이끈 계몽주의자들의 무릎에서 자랐고, 정치적 감각과 예술적 소양을 두루 갖춘 스탈 부인은 타문화에 열려 있었다. 그녀는 독일 여행 중 다음과 같이 소회를 밝혔다.

> 라인강을 건너자 이제 프랑스 바깥이란 끔찍한 말을 듣는 것이 두렵다. 애써 모국에서 지녀온 편견을 털어버리고자 하나 그럴 수 없다. 부득이 모국을 떠나면 사람은 뿌리를 잃고 스스로 이방인이라고 느끼게 된다(Stäel 1992, 89).

국경을 넘는 순간, 모국어는 그 효력을 상실하고, 여행자는 낯선 문화의 유동성 속에서 불안을 경험한다. 동시에 그는 문화의 확산과 전이에 은연중에 참여하게 된다. 스탈 부인이 국경을 넘었던 18세기 초와 델리우스가 발트해의 경계를 논하는 21세기 사이에는 실로 많은 변화가 있었다. 유럽에서 중국은 오랜 기간 '이국적'이고 '신비로운' 공간으로 묘사되어 왔으나, 현대에 이르러 '중국 문화의 역습'이라는 비판적 담론 속에서 재해석되었다. 현대의 문화는 더 이상 순수한 교류의 결과물이 아니라, 경제정책과 긴밀히 결합된 정치경제적 힘의 대결구도 속에서 작동한다. 이러한 현실 속에서 델리우스가 『뤼겐』에서 드러낸 중국에 대한 절박한 위기감은, 문학이 사회적 현안을 코드화할 만큼 '독일적인 것'이 위협받고 있음을 상징적으로 드러낸다. 2세기 전 레싱의 『현자 나탄』(1779)이 기독교, 유대교, 이슬람교 간의 관용과 대화를 통해 계몽주의적 세계관을 제시했다면, 이 시대 레싱의 기획은 유토피아적 실험에 불과하다. 레싱의 작품은 제3제국 시기에 금지되었으나 전후 독일의 주요 연극 무대에 올랐다. 그러나 지역적, 종교적 전쟁이 지속되는 이 시대 그의 작품은 여전히 교과서적인 답을 제시할 뿐 국가 간 담론은 더 이상 세계 평화를 거론하지 않는다. 델리우스의 소설이 제기하는 문제의식 또한 경제 문화적 경계에 대한 불안을 반영한다고 볼 수 있다.

델리우스가 뤼겐을 중국과 연계한 배경에는 양국의 경제, 무역 정책과 더불어 독일 사회가 중국화될 것이라는 우려가 자리한다. 이로 인해 북독의 섬 뤼겐이 중국 정부의 거대 자본과 결탁되면서 섬의 상징성이 위협받고 있다는 위기의식이 제기된 것이다. 델리우스의 중국 인식은 한때 "중국이 인구가 가장 많고 잠재력이 큰 나라지만 실제로는 가장 힘을 발휘하지 못하는 나라"라는 버트란트 러셀의 평가를 무색하게 만든다. 실크로드를 개척한 한나라 무제 이래 비단길은 페르시아까지 이어져 동서 교류의 통로가 되었으며, 십자군전쟁 이후에도 선교사들은 이 길을 꾸준히 오갔다. 13세기 베네치아의 상인이자 탐험가였던 마르코 폴로 역시 『동방견문록』을 통해 중국과 아시아를 유럽에 알리는데 기여하였다.

1949년 마오쩌둥이 초대 주석으로 중화인민공화국을 수립한 이후, 집권당인 중국공산당은 소련의 영향을 받아 사회주의 국가 체제를 공고히 하려 하였으나 실패하였고, 덩 샤오핑 체제에 이르러 개혁 개방정책의 일환으로 자본주의적 요소를 도입하였다. 1989년 6월 5일 천안문 광장에서 반정부시위대가 부패 척결과 민주적 개혁을 요구했으나, 공산정권의 유혈 진압으로 수많은 민간인이 희생되었다. 그럼에도 불구하고 거대 중국은 이후 자유화 물결 속에서 새로운 변화를 맞이하게 된다. 덩 샤오핑이 1979년에 제시한 중국 개혁개방의 '4대 기본원칙'은 이후 시진핑 체제에서 조정 보완되었다. 이 원칙들은 공산당 주도의 중국식 사회주의를 천명함으로써 중국 건설의 주춧돌이 되었고, 오늘날에도 정책 기조의 핵심으로 작용하고 있다. 『뤼겐』 속 카산드라의 10월 26일자 일기에는 중국이 유럽사회를 얼마나 깊이 잠식하고 있는지가 기록되어 있다.

> 귀가길에, 베를린 동물원역에서 환승하고 9번 지하철을 기다리며 분명한 생각 - 그래, 이것이 내 프로젝트가 될 거야: 유럽이 어떻게 중국이 되어 가는가! 중국 앨범, 폴더를 만들어, 우표 모으기처럼 유럽에 흩어져 있는 중국의 지분, 인수, 재산과 점유율, 주요 직책에 대한 정보들을 모을 것이다. 포르투갈, 이탈리아, 스페인, 키프로스에 있는 항구, 철도, 고속도로, 에너지기업, 은행들도 마찬가지다. 고갈될 줄 모르는 공산주의 자본과 수천 명의 슈퍼리치들이 정착한 곳(3억 달러 이상 보유자 2130명, 그 중 억만장자는 650명). 실크로드가 어떻게 우리 집 문 앞까지 왔는지. 그리고 이 나라에서 그것이 무엇을 바꾸어 놓을지를 생각한다. 이것은 동시에 문학앨범이기도 하다(Rü34f).

카산드라는 언론인으로서 예리한 촉을 가동해 중국화되어가는 유럽의 현실을 세심히 관찰한다. 북키프로스는 튀르키예의 침공 이후 남키프로스와 분단된 상태에서, 경제적으로 튀르키예, 중국, 러시아의 지원에 의존하고 있다. 델리우스가 볼 때 중국의 부상은 유럽의 남단에서부터 시작되었다.

2017년 몰타의 언론인이자 블로거였던 다프네 카루아나 갈리치아는 조세회피처 자료인 '파나마 페이퍼스'에 연루된 현지 정치인들의 부패를 추적하던 중, 의문의 자동차폭탄 테러로 사망하였다. 델리우스는 이 사건을 "몰타의 집 앞에서 벌어진 배신"으로 규정하며, 정부가 시민을 보호하기는커녕 러시아, 중국, 중동에서 온 기업가들에게 EU 비자를 판매하는 마피아적 구조를 드러냈다고 비판한다. EU는 이러한 몰타 정부의 언론 탄압과 법치주의 훼손을 규제해야 했음에도 방관함으로써, 결국 자국민이 억압받는 사태를 초래하였다. 이 사건은 유럽 정체성의 근본에 의문을 제기하며, EU 회원국이 과연 누구를 위한 국가인가라는 물음을 던진다.

'경계'와 '국경'은 본질적으로 이동을 전제한 구획의 설정이자, 친숙한 문화와 이질적 문화가 혼종적으로 결합하거나 상호 배타적으로 분리되는 지점을 의미한다. 델리우스가 뤼겐을 중국과 연계할 때, 그것은 뤼겐의 고유한 정체성과 지역적 특수성을 수호하려는 의지의 표현이다. 뤼겐이라는 지명은 본래 의도성이 없는, 즉 인간의 의식에 종속되지 않는 사물의 영역에 속하지만, 그것이 개인적·사회적·국가적 의도와 결부될 때, 촉각적이고 감정적인 수행능력을 획득한다. 육체를 통해 경험되는 의식 세계 안에서, 뤼겐이라는 중립적인 지형은 경제 사회적 힘이 교차하는 입체적 구조로 재편된다. 델리우스는 뤼겐을 비롯한 독일의 영토가 자본의 점유와 사회적 긴장이 응축된 신자유주의적 공간으로 변모하는 것을 우려하고 있다. 로마나 베네치아, 피레우스 항처럼 중국 자본이 머지않아 북유럽까지 확장될 것이라는 불안이 엄습하는 순간, 뤼겐은 손바닥에 퍼지는 촉각적 감각이 되어 생생히 되살아난다. 그리고 그 순간, 뤼겐은 특수한 지역성을 발현하게 된다.

독일 겨울동화

카산드라는 대다수의 동료들과 달리 공공연한 메르켈 비판자였다. 그는 정부 정책을 끊임없이 공격했고, 결국 선거 직후 은퇴자로 분류되어 해직 절차를 밟게 된다. 이러한 해고 사태와 "중국인이 뤼겐을 산다면 나를 생각하라"는 문구는 병렬적으로 전개되며, 애국자인 자신이 배제되었다는 현실이 정부 정책의 방향성 때문이라 생각한다. 이는 친구 위르겐과의 대화에서도 드러난다. 카산드라가 언급한 고대 로마의 "타르페이아 절벽"은 범법자와 반역자를 처단하던 장소였다. 하지만 이 절벽은 또한 '충성심 있는 노인조차 버려지는 곳'이기도 했다. 카산드라는 고층 빌딩에서 몸을 던지는 대신, '무너져가는 유럽'의 현실을 취재하는 기자로 남음으로써 국가에 대한 충성을 택하기로 한다. 당시 여론은 4선에 성공한 메르켈을 지지했지만, 레나는 삼촌이 왜 메르켈을 비판하는지 의아해한다. 그는 총리의 난민 수용 정책을 긍정적으로 평가하지만, 그 결정이 "비참한" 결과를 초래할 것이라 진단한다. 실제로 그의 예견대로, 국제 언론은 독일의 인도주의적 결정을 찬양했고, 독일 내부에서는 난민 정책에 반대하는 시위가 이어졌다.

친구 위르겐과 화자인 '나'는, '길드' 조직에 속하는 회사 동료의 3분의 2가 거의 무릎을 꿇다시피 따르는 여성을 'MÜK', 즉 '지나치게 과대평가된 총리 maßlos überschätzte Kanzlerin'라 부른다. 중세 시대 길드는 특정 직업군의 기술과 지식을 보호하고 경제적 협력과 사회적 연대를 통해 서로의 권리를 보호하였다. 델리우스가 언급한 길드는 언론이라는 특정 집단이 특정한 이익을 위해 결속하고, 사회적 책임을 다하지 않는 것에 대한 비판을 함의한다.

선거를 앞둔 마지막 순간, 카산드라는 마크롱의 지혜와 개혁 의지를 MÜK보다 높게 평가했다. 아테네에서 프랑스 대통령 마크롱은 열정적인 연설로 EU의 민주주의 개혁을 위한 구체적 제안을 내놓았고, 이탈리아와 스페인은 그러한 변화를 갈망했다. 그러나 그가 두 팔을 벌려 호소하는 동안, 독일의 숲에서는 침묵만이 흘렀고, 흰 안개가 고요히 감돌 뿐이었다. 낭만주의의 주된 배경으로 등장하는 숲과 「방랑자의 밤의 노래」를 연상시키는 이 단락은 정부의 비현실적 정치 감각을 바판하는 동시에 『독일. 어느 겨울동화』(1844)가 지적한 독일의 정치적 낙후성을 환기시킨다. 시인 하이네는 망명지 파리에서 13년을 보낸 뒤 함부르크로 향하는 여정에서 독일을 "겨울동화"에 비유했다. 그의 신화에 등장하는 "바르바로사 Barbarossa; Rotbart"는 12세기 호엔슈타우펜 왕가의 프리드리히 1세를 가리킨다. 그는 제3차 십자군 원정 중 신비로운 죽음을 맞으며 게르만 전설의 상징이 되었다. 바르바로사는 산속 깊은 곳에서 전사들과 함께 잠들어 있다가, 민족이 위기에 처하면 깨어나 독일을 구원할 것이라는 전설을 지닌 존재이다.

그러나 제2차 세계대전 이후 독일은 민족이라는 개념을 함부로 말할 수 없게 되었다. 민족신화가 전체주의 신화 이데올로기를 정당화하는 도구로 악용되었기 때문이다. 전후 독일은 민족이라는 정치신화와 단절을 하였으나, 최근 난민과 이주자의 대거 유입으로 인해 거주비 상승, 복지기금의 분산 등 새로운 사회경제적 불안이 발생하면서 민족이라는 어휘가 다시 자국민 보호의 언어로 소환되고 있다. 하이네의 시에서 바르바로사, 즉 붉은 수염은 시대착오적 정치신화를 상징하며, 이는 프로이센 왕정의 보수성과 권위주의를 풍자한다. 전설대로라면 붉은 수염은 독일이 위기에 처할 때 영웅으로 부활해야 하지만, 델리우스의 주인공이 묘사한 메르켈 시대에 그러한 게르만의 정체성은 보이지 않는다. 독일의 숲에는 침묵과 안개만이 감돌며, 현실을 분별하지 못하고 있다. 헤세의 시적 정경처럼, 안개가 자욱하면 누구도 더 이상 외부 사물을 보지 못하며 존재가 본래의 자리로 돌아감으로써 온전히 혼자가 된다. 작가는 이러한 상황을 경계한다. 하이네에게 바르바로사 신화는 이미 "케케묵은 우화"에 불과하였고, 델리우스는 이 신화를 현대 정치인의 초상에 빗대어 활용한다. 그는 바르바로사의 부활을 기다리는 대신, 메르켈의 유럽이 '영웅 없는 숲' 속에서 방향을 잃어가고 있음을 비판한다.

숲은 독일 정신의 원형적 상징이다. 그림 형제가 민담 채취를 배경으로 엮은 『어린이와 가정을 위한 동화』(1812)에서, 민족의 정서를 담은 이야기들 대부분이 숲을 배경으로 하며, 로마 제국의 확장을 저지한 토이토부르크 숲 전투 역시 숲을 배경으로 한다. 로마의 동맹군이던 게르만족 지휘관 아르미니우스는 총독 바루스의 침략에 맞서 반란을 일으켰고, 게르만군은 토이토부르크의 숲과 늪지대에서 대승을 거두었다.[38] 벨레이우스의 기록에 따르면

38 서기 9년 로마군은 정복전쟁에 의해 거대 제국을 건설해 가던 중 토이토부르크 원시림에서 게르만 연합군에 패함으로써 독일 정복에 실패한다. 로마군의 게르만족 동맹군 지휘관이었던 아르미니우스는 로마 총독 바루스가 케루스키족의 영토를 침략하려하자 봉기를 일으켰다. 타키투스의 기록에 따르면 로마인들의 태도는 오만하였고, 로마의 동맹군으로 가장한 아르미니우스는 게르만군이 매복한 토이토부르크 숲으로 로마군을 유인

로마군은 포위되어 궤멸했고, 이는 독일 정신사에서 해방과 자유의 숲으로 자리하는 배경이 되었다. 이 전투의 현장은 오늘날 니더작센 주 오스나브뤼크 북쪽 칼크리제 Kalkriese로 밝혀졌으며, 현재는 야외박물관으로 보존되고 있다. 괴테의 『겨울 하르츠 여행』 또한 이러한 '독일 숲'의 정신을 계승한다. 그는 1777년 11월 29일부터 12월 14일까지 하르츠 지방을 여행하며, 폭풍과 눈보라 속에서 브로켄 산을 오르며 자연과 인간 정신의 경계를 탐색했다. 괴테가 슈타인 부인에게 쓴 편지에서 산에는 폭풍이 몰아치고 눈보라가 휘날리며 비까지 내려 북쪽 산등성이가 2마일 가량 흠뻑 젖었다고 적었다. 겨울철 악천후를 무릎 쓰고 브로켄 산을 오르는 것은 18세기 인식으론 불가능한 것이었다. 결국 카산드라가 진단한 독일은 이상주의적이고 낭만적인 역사적 장소의 반영물이 되었고, 영웅 없는 시대의 정치적 공허와 정체성의 상실을 보여준다. 소설에서 "신실크로드"라는 이름 아래 진행되고 있는 세계화의 자본 흐름 속에서, 숲은 더 이상 독일 정신의 상징이 아니라, 정체성을 잃어가고 있는 독일이라는 나라의 내면 풍경이 되어버린 것이다.

정치적 침묵과 유럽 정신의 균열

하르츠 산맥, 특히 그 지역에서 가장 높은 봉우리인 브로켄 산은 '독일의 원풍경 deutsche Urlandschaften'으로, 독일 민족의 성스러운 울림을 지닌 장소로 여겨진다. 괴테가 슈타인 부인에게 보낸 편지에는 이 산에 대한 감동적인 묘사가 전해진다. "문을 열면 브로켄 산이 가문비나무 위로 떠 있는 달빛을 받고 멋지게 우뚝 서 있습니다. 오늘, 저는 그 산 꼭대기에서 악마의 제단 위에 나의 신에게 감사의 제사를 드렸습니다." 이 묘사는 독일 낭만주의 회화의 풍경에 등장하는 모티브와도 일치한다.

델리우스는 이러한 독일 낭만주의의 상징적 공간과 감수성을 부정하는

해 대승을 거두었다.

것이 아니라, 오히려 현 정치의 실패로 인한 불안을 표현하는 방식으로 그것을 활용한다. 그는 독일 정신의 깨어남을 기대하며, 동시에 침묵의 숲과 안개를 통해 그 정신의 부재를 풍자하고 있다. 그는 현 정치의 실패로 인해 그들이 자랑해 마지않는 독일 정신이 영원히 잠들어있을지 모른다는 불안감에 부정의 부정을 통해 독일적인 것을 강조하고 있는 셈이다. 델리우스의 문체는 풍자적이고 반어적이지만, 때로는 직설적으로 전개된다. 예를 들어 10월 31일자 일기에서는 "유럽은 잠자고 있고, 멍청한 독일인들, 특히 자동차 바보들은 중국인들에게 덩치 큰 자동차를 팔고 있다는 자부심에 눈이 멀어 있다"는 강력한 발언을 통해 독일 사회의 자만과 정치적 무기력을 비판한다. 델리우스는 침묵의 문화가 독일 사회를 지배하고 있으며, "내가 신경쓸게 ich kümmere mich"라는 문구가 독일 사회의 무관심과 무기력을 나타낸다고 지적한다. 표면적으로는 '내가 신경쓰고 돌볼게'라고 말하지만, 중요한 문제에 대해 실질적으로 행동하거나 변화를 이끌어내지 않는다고 비판하고 있는 것이다. 그 결과 독일이라는 "나라엔 너무 많은 침묵이 지배하게 되는 것이다"(Rü194).

카산드라는 관점을 더욱 확장하며, 메르켈을 포함한 독일 정치 지도자들에 대한 비판을 이어간다. 그는 메르켈 시대의 부패와 비효율성을 비판하며, 언론과 외국 자본의 협력을 지적한다. 이는 정부의 정책 결정이 국민의 이익보다 외국 자본과 이익 집단에 돌아가고 있음을 경고하는 것이다. 카산드라는 "유럽 애국자"로서 자신을 정의하며, 반민주적 독재주의와 스탈린식 자본주의에 대한 강한 반대를 표명한다. 그는 유럽이 단지 경제적 이익에 의해 좌우되는 것이 아니라, 기본권, 계몽, 자유, 행복을 중심으로 한 유럽의 가치를 지켜야 한다고 주장하고 있다.

카산드라는 EU 회원국의 경제적 회생보다는 은행의 이익을 우선시하는 정책을 비판한다. 이는 그리스의 구제금융을 비판한 메나세의 견해와 일치한다. 메나세는 『수도』에서 구제금융 Rettungsschirm을 "낙하산 Fallschirm"에 비유하며, 이는 실질적 구조기금 또는 회생에 대한 부정적 의미를 내포하고 있다고 지적하였다. 그리스의 재정위기 해결책은 유럽연합의 진지하지 않은 대응을 보여주었으며, 경제적 위기 속에서도 은행의 이익이 우선시되는 모습을 드러냈다. 메나세는 이와 같은 현실을 비판하며, 유럽연합의 엘리트주의적 성향을 지적한 바 있다. 그에 따르면, 문화는 경제의 알리바이에 불과하며, 유럽연합의 경제 정책은 중국과의 거래를 고려한 국가적 경제 정책에 우선하였다.

델리우스 역시, EU의 경제적 회복에 대한 비판적 시각을 유지하며, 정치적 자주성과 경제적 독립을 중요시하며 유럽 시민의 입장을 견지한다. 그는 EU 정책의 엘리트주의적 성향과 외국 자본의 지나친 영향력에 대해 경고하며, 유럽이 본래의 가치와 정신을 지킬 수 있어야 한다고 주장한다.

찬란한 유산, 신실크로드의 교두보가 된다면?

카산드라가 뤼겐을 위협받는 지형으로 인식한 배경은 유럽 지도자들의 정책 실수와 중국의 경제적 확장이 결합된 결과로 이해할 수 있다. 유럽은 그리스 피레우스 항을 중국에 "선사"하였고, 그 결과 중국인들을 공공연히 초대하였다. 그리스 정부는 경제적 위기를 해결하기 위해 피레우스 항구를 중국에 매각했으며, 이는 중국이 유럽으로 가는 "관문"을 확보한 중요한 사건이 되었다. 카산드라는 이를 선물에 비유하면서, 중국이 유럽으로 들어오는 길을 터주었다고 본 것이다.

> 산토리니 섬에는 좁은 골목을 밀치고 다니는 중국인들로 가득하다. 모든 것이 비싸고 모든 종류의 아시아 점포와 식당이 있다. 베니스, 로마, 비테르보 같은 소도시만 그런 것이 아니다. 피레우스 항구는 중국이 "유럽으로 가는 관문"이다. 지금은 20만이지만 머지않아 100만명이 항구에 도착해 기차를 갈아탈 것이다(Rü34).

카산드라의 표현에 의하자면, "입에서 녹는 말 - 실크로드, 마법 같은 동양의 약속"이 대륙을 통과해 네트워크를 형성하였고, 유럽의 거리는 중국관광객들로 넘쳐나고 중국기업의 정착으로 유럽은 "신실크로드의 교두보" 역할을 하게 되었다. 이러한 현상은 유럽 고유의 문화와 경제를 위협하는 요소로, 그는 사르코지, 메르켈, 쇼이블레, 데이셀블룸을 비판한다. 이들이 그리스에 시장경제를 강의하는 동안 수혜국은 중국이었고 21세기 초 유럽인들은 그 대가를 치르고 있다. 카산드라는 이를 21세기 초 유럽인들의 바보 같은 결정으로 표현하며, 유럽의 쇠퇴와 중국의 부상은 결국 유럽 지도자들의 잘못된 결정에 기인한다고 보았다. 이러한 현상은 작가로 하여금 북독일의 뤼겐을 성찰하는 계기가 된다. 뤼겐은 유럽의 문화적 자존심을 상징하는 장소로, 중국 자본의 침투가 그 지역의 문화적 독립성과 경제적 자유를 위협한다고 보는 것이다. 중국 자본의 확장은 단순히 경제적 영역을 넘어서 문화적 정체성의 침해로까지 이어질 수 있기에, 카산드라는 독일적인 것을 풍자 삼아 예언의 어조로 이를 경고하고 있다. 이는 소설이 인용하고 있는 2011년 울리히 벡 Ulrich Beck의 연설과 연결된다.

> 1970년대 분단독일에서 행해졌던 동방정책이 오늘날 금융위기 속에서 유럽정책이 되어야 하는 이유는, 국경을 넘어선 통합이라는 점에서 동일하다. 끝없는 비용을 초래한 동독과의 통일은 당연시하면서, 오늘날 그리스나 포르투갈 같은 부채 국가들의 정치경제적 통합에 눈살을 찌푸리는 이유는 무엇인가? 세계에서 유럽의 미래와 지위를 새롭게 생각하고 형성하는 것이 중요하다. 그 이상의 유럽을!(Rü21)

"위험사회" 개념으로 잘 알려진 울리히 벡은 현대사회가 직면한 위험이 산업혁명 이후의 근대화 과정과 전통적인 국가와 사회의 경계를 넘어서는 방식에서 나타난다고 진단하였다. 그는 유럽의 통합이 경제적 연대가 아니라, 글로벌 차원에서 위험과 불확실성에 대한 공동의 대응을 만들어가는 과정으로 이해했다. 서독과 동독과의 통합처럼 큰 비용이 들 수 있는 일이었지만 당시에는 통일이 필수적이라 여겨졌던 것처럼, 오늘날 유럽연합 내의 경제적 격차를 해소하려는 노력도 꼭 필요하다는 관점이 점철되어야 한다는 것이다. 이 인용은 경제적 관점을 넘어 유럽 회원국의 정치 문화적 통합을 통해 '하나의' 유럽을 만들어가자는 의미로 받아들여진다.

독일의 경제적 기회주의와 EU 내 책임

카산드라는 그리스에 보내진 수천억 유로의 구제금융이 실제로 그리스 경제를 돕기보다는, 이자와 상환금이라는 명목으로 대부분 프랑크푸르트와 파리의 은행들로 유출되었다고 비판한다. 구제금융이 사실상 은행 구제에 불과했던 점을 지적하며, 그리스 경제가 어려움을 겪는 동안 금리 상승으로 회복 불가능한 상태에 이르렀다는 것이다. 이는 유럽연합이 그리스의 경제를 돕기 위한 진지한 노력을 기울이지 않았음을 보여주는 사례로, 경제적 책임을 져야 할 독일이 유럽 연합 내 다른 국가들과의 협력을 소홀히 했다는 비판으로 해석될 수 있다. 카산드라는 독일이 유로존내에서 중요한 역할을 맡고 있음에도 불구하고, 그리스 부채 탕감에 대한 EU 집행위원회의 조언을 유보한 결정을 강한 어조로 비판하였다. 이는 독일이 NRW(노르트라인-베스트팔렌) 주의 선거를 의식해 경제적 현실을 외면했다는 비판으로, 그리스 경제 위기에 대한 독일의 책임 회피로 이어졌다.[39]

카산드라는 독일이 유럽연합의 손실을 셈하지 않고 각국을 돕는 대신, 경제적 이익을 우선시한 점이 유감이었다. 1953년 런던 채무회담에서 독일은 막대한 전쟁 부채를 탕감받고 경제 기적을 일으킨 경험이 있지만, 그리스의 경제 문제에 대해서는 당시의 책임을 외면한 채 경제적 이익을 추구했다고 지적하였다. 이는 일찍이 계몽의 정신을 설파한 칸트의 후예답지 않은 선택

39 1999년부터 5년간 유럽연합 집행위원장을 역임한 로마노 프로디는 그리스가 부채를 갚지 못하리라는 걸 누구나 안다며 독일의 책임 있는 역할을 강조하였다. "경제는 추동력이 필요하다. 유럽에서 선도적 역할을 하는 독일이 필요한 이유이다. 선도적 역할이라 함은 책임을 의미한다. 그러나 독일은 가능한 낮은 인플레이션과 종교적 관계를 맺고 있다"(Rü48).

으로, 독일이 과거의 계몽적 이상을 잊고 경제적 이익만을 좇는 '미성숙한' 자세를 취한 셈이다. 중국은 권위주의적 경제정책으로 유럽 내 경제 질서를 위협하며, 이러한 경제적 팽창은 상호주의적 협력을 존중하는 유럽의 전통과는 다른 방식으로 이루어지고 있다는 점을 지적한다. 실제로 중국 자본과 값싼 노동력은 유럽 대륙에서 점차 중요한 역할을 하였고, 유럽 경제의 질서와 가치에 대한 위협이 제기되고 있는 실정이다.

카산드라는 한자동맹의 사례를 들어, 호혜적 상업 문화와 상호 협력의 정신에 대한 향수를 표현한다. 유럽에서 200개 이상의 도시가 참여한 한자동맹이 5세기 동안 존속하였고, 제도적 협력이 가능했던 것은 상호주의에 입각한 국제협력 덕분이었다. 그러나 델리우스의 눈에 중국은 권위주의적 경제정책으로 국제협력과 상호무역 원칙을 거스른 채 파렴치한 방식으로 팽창추진력을 보이는 유일한 나라로 비친다. 카산드라는 이 점에서 중국의 경제적 모델을 부정적인 시각으로 보고 있다. 유럽은 중국의 권위주의적 확장에 대응하기 위해 상호주의적 협력과 호혜적 상업 문화의 전통을 되살려야 한다고 본 것이다. 결국 작가는 한자동맹 당시 해상로였던 뤼겐에서 "구세계의 질서"[40]를 회복하고자 하는 옛 시절에 대한 회한을 표현하고 있다.

> 기후변화, 정서의 변화: 최근 <차이트> 지에는 "시대의 전환"을, 오늘 자 SZ 신문엔 "새로운 세계질서" 기사가 실렸다. "우리는 새로운 세계질서로 나아가고 있다"고 말한 사람은 요슈카 피셔였다. "그렇게 되면 유럽은 거대한 베니스가 될 것이다. 한때 베니스는 강력했다, 이제 관광객들이 앞다퉈 그곳으로 간다." 그렇게 되면 유럽은 "더 이상 실질적으로" 발언권을 갖지 못하게 될 것이다. 대신 우리는 중국과 미국 기업들에 의해 지배될 것이다(Rü201).

베니스는 13억 중국인이 선호하는 도시로, 관광객과 지구온난화가 매일 "수위 Wasserstand(smeldung)"를 갱신하고 있다. 20년간 녹색당을 이끈 지

40 "Morgen Wandern auf Rügen, wir laufen noch einmal auf die alte Weltordnung zu"(Rü201).

도자이자 독일연방공화국의 부총리 겸 외무장관(1998-2005)인 요슈카 피셔의 발언은 카산드라의 중국 경계론에 힘을 실어준다. 실제로 시진핑은 중국을 "가장 민주적인 나라"로 만들겠다고 선언하며, 국내에서 "시장순응민주주의"를 공식화했지만, 카산드라의 시각에서 중국은 유럽 질서를 재편 중에 있다. 바로 "일방통행 Einbahnstraßen"(Rü122)의 신실크로드 구축이 그 증거이다. 중국의 부상은 오스발트 슈펭글러의 『서구의 몰락』에서 다룬 서구문명의 운명을 다시 한 번 떠올리게 한다. 제1차 세계대전 당시, 시대의 징후를 감지했던 슈펭글러의 역사적 통찰은 "사물의 최종적 깊이로 파고드는 역사적 시각"을 통해 이루어졌고, 이는 매우 섬세하며 정신적 깊이를 지닌 접근이었다. 칸트의 영구평화론은 이미 오래전에 현실에서 사라졌고, 새로운 세계질서가 재편된 현대에 카산드라는 또 다른 의미에서 "서구의 몰락"을 겪지 않으려는 강한 의지를 보이고 있다. 카산드라는 유럽의 "형체와 현실"에 대한 새로운 진단을 내리고, 독일에 다가오는 위협 요소들을 강하게 비판하고 있다.

"중국인들이 뤼겐을 사면 나를 생각해"

10월 27일 글에서 카산드라는 "중국인들이 뤼겐을 사면 나를 생각해"라는 문장과 함께 잠에서 깨어난다. 카프카의 단편에서 그레고르 잠자의 육체가 밤새 변한 이유는 끝내 해명되지 않는다. 환상적인 서사 구조 안에서 진행되는 지극히 현실적인 조건이 그의 변신을 설명하고 있을 뿐이다. '뒤숭숭한 꿈에서 깨어나 보니 한 마리 거대한 벌레로 변해 있는 자신을 발견했다'는 이 절대적 문장은 실존의 고통을 선명히 드러내는 동시에, 카프카 특유의 예술가적 정체성을 강렬하게 발산한다.[41] 포폼메른 주의 뤼겐 섬이 중국 소

41 원고를 불태우라는 저자의 뜻을 거슬러 유고를 출간한 막스 브로트는 카프카의 작품이 지나치게 어두운 색조로 편향되어 읽히는 경향을 못마땅하게 여겼다. 브로트와 그의 친구들은 카프카에게서 생명력과 활기, 그리고 민감하면서도 놀랍도록 공정한 정신의 신선한 기운을 발견하고 이를 찬미했다. 자신의 죽음에 대해선 만족스럽게 바라본 카프카

유가 될지도 모른다는 카산드라의 꿈은 밤새 카프카의 주인공이 벌레로 변한 사건만큼이나 허무맹랑하고 환상적으로 들린다.

그러나 그레고르의 업무환경, 가족 관계 그리고 잠자의 일상의 삶을 고려하면, 그의 변신에는 일정한 사유가 있었다. 메나세의 소설에서 카산드라가 반복하여 제시한 중국 관련 기사들은 뤼겐의 중국 소유가 결코 허황된 상상이 아님을 암시한다. 예컨대 유럽 남단에서 추진된 해양 실크로드 건설은 카산드라로 하여금 중국이 유럽의 내륙부를 위협하고 있다는 위기의식을 느끼게 했으며, 밀라노의 수공업 전통을 이어온 가죽 장인의 일을 오늘날 중국 노동력이 대체한 현상은 가격 경쟁에서 밀려난 이탈리아의 민낯을 드러낸다.

소설의 제목에 등장하는 카산드라의 이 '꿈같은' 문장이 단순한 잠꼬대에 그치기를 바라지만, 작품이 집필되던 당시 유럽의 정세는 결코 낙관적이지 않았다. 고유명사 뤼겐 Rügen이 동사 'rügen 질책하다, 비난하다'과 동음이의어라는 점을 감안하면, 중국의 뤼겐 매입은 비난받을 행위로 해석될 수 있다. 만약 독일 정부가 이를 묵인한다면, 그것은 잠자 가족이 홀로 외롭게 죽어간 그레고르를 버리고 홀가분히 소풍을 떠난 장면처럼, 독일이 자국의 달라진 해안 풍경에서 떠나간 그림자를 붙잡는 형국과 다르지 않을 것이다.

카산드라가 뤼겐에서 "하이킹을 하며 구질서 속으로" 나아간다는 문장은 이러한 가능성을 거부하고자 하는 그의 내적 의지를 드러낸다. 발트해 연안 도시들이 한자동맹 시대의 번영을 상징한다는 점을 고려하면, 델리우스가 북독일의 뤼겐을 라이트모티프로 삼은 이유 또한 충분히 설명이 가는 대목이다.

가 정작 문학 속 주인공에게는 비사실적이고 잔혹한 운명을 부여하였다. 이와 관련해 모리스 블랑쇼는 다음과 같은 질문을 던진다. "왜 자신은 만족스럽게 받아들일 수 있다고 느끼는 것을 부당한 사건으로 묘사하는가? 왜 자신에게는 만족스러운 죽음을 우리에게는 끔찍하게 보이게 하는가?" 바로 그 지점에서 글은 가혹하면서도 경쾌한 울림을 얻는다.

베이징을 지나 다시 "사상가의 나라"로

델리우스는 소설에서 유럽 내 중국 투자 현황을 서술하고 있다. 중국은 크로이츠베르크, 리스본 할 것 없이 유럽의 전기, 은행, 항공, 미디어 산업에 관여하고 있다. 또한 50만 유로 이상의 부동산을 구입하면 유럽연합 어디든 자유롭게 이동 가능한 "EU 황금비자"를 손에 넣을 수 있다. '공산당이라는 끈에 달린' 수많은 억만장자와 백만장자들은 세계 어디서든 목적을 달성할 수 있는 경제적·정치적 영향력을 행사한다. 그 결과 독일의 부유층은 낮은 세율을 찾아 해외로 이주하고, 반대로 정치적·사회적 자유를 찾아 부유한 중국인들이 독일로 이주하는 현상이 빚어지고 있다. 카산드라의 시야는 점점 뤼겐섬으로 향한다.

뤼겐섬 일대에서 빈츠 Binz와 무크란 Mukran 항구는 지정학적으로 중요한 지점이다. 실제로 2021년 말 뤼겐섬 자스니츠-무크란 Sassnitz-Mukran 항구에는 독일과 러시아를 잇는 해저 가스관 "노르트 스트림 2 Nord Stream 2"가 완공되었다. 러시아 서부 나르바에서 발트해를 거쳐 독일 북부 그라이프스발트에 이르는 총 1,230km 규모의 이 프로젝트는 유럽의 대러시아 에너지 의존도를 심화시켰으며, 이는 곧 정치적 영향력의 문제로 직결되었다. 러시아산 천연가스 의존도가 높았던 독일은 2022년 러시아·우크라이나 전쟁 이후 1차 에너지원으로서 천연가스 공급을 2021년 대비 14.8% 줄이고, 석유 비중을 3% 늘렸다. 그 결과 2022년 기준 독일의 에너지 구조는 석유(35.2%), 천연가스(23.8%), 재생에너지(17.2%), 갈탄(10%), 석탄(9.8%), 원자력(3.2%) 으로 구성되었다(AG Energiebilanzen e.V.). 카산드라는 이러한 에너지 의존의 틈을 중국이 차지할 것이라 우려한다(Rü 108). 아이슬란드와 그린란드가 이미 중국의 주요 투자처가 되었음을 감안할 때, 이곳에서 지리적으로 멀지 않은 뤼겐 역시 예외가 아니라는 판단인 것이다.

<벨트 Welt>지 보도에 따르면 중국은 얼음이 녹은 북서항로를 따라 "극지 실크로드"를 구축하며, 전 지구적 인프라 확장 전략을 추진하고 있다. 이

런 상황에서 카산드라가 중국의 팽창을 공개적으로 비판하자, 회사에서 돌아온 것은 해직이라는 "빙하기"였다. 그렇다면 중국의 투자는 독일과 그 문화적 정체성을 위협할 만큼 치명적인가?

카산드라의 10월 30일자 일기에는 뤼겐에 대한 청사진과 델리우스의 집필의도가 명확히 드러나 있다.

> 중국인들이 뤼겐을 산다면, 50년이나 100년 후에 - 누가 그들에게 길을 닦아주고, 전제조건들을 마련하며, 분명 고의는 아니었겠지만 순전한 어리석음으로 그들을 초대한 이는 누구인가? 뤼겐-포어폼메른-그라이프스발트 선거구에서 직접 선출된 연방하원 의원들과 21세기 초의 여성 총리. 유럽의 마지막 섬이자 고귀한 부동산인 뤼겐이 점차 중국 소유가 된다면, 이 핵심은 아마 잊혀질 것이다. 오늘 내가 이 일에 몰두하고 있는 이유이다.

결국 뤼겐이 중국의 손에 들어간다면 그 책임은 외부 자본의 진입을 허용한 지역 정치인들과 메르켈 정권에 있다. 카산드라의 시각에서 중국의 영향력은 유럽을 이슬람 이민자에게 내주었다고 비난하는 극우적 담론보다 더 심각한 위협으로 비친다. 왜냐하면 뤼겐은 독일의 '고귀한' 재산, 즉 문화적 상징이기 때문이다. 피레우스의 사례에서 보듯, 발트해 연안의 국제 여객항이자 어업 기지인 자스니츠나 무크란 또한 예외일 수 없다. 소설의 화자는 중국의 지정학적 점유가 남유럽에서 이미 시작되었으며, 그 여파가 머지않아 북독일까지 확장될 것이라고 경고한다.

> 부자들이 당의 독재를 지지한다해도, 그들도 독재에서 벗어나길 원한다, 독일식으로 말하자면 그렇다. 그리고 그들을 내보내면, 그들은 몰타, 키프러스 또는 헝가리로 가서 유럽 여권을 살 것이다. 그러고 나면 모든 일이 쉬워지지. 남유럽 다음으로 중부유럽이 매력적인 것은 기후변화 때문만은 아니다. 먼저 독일 와이너리가 넘어가고, 그 다음엔 라인강변의 성들이 될 것이다, 어쩌면 뮌헨이 될 수도 있다. 그리고 나면 스위스 자산 관리자의 조언을 받은 중국 백만장자들 사이에서도, 독일에서 햇살이 가장 많이 비치는 곳은 뤼겐이라는 소문이 퍼질 것이다. 나머진 네가 상상해 봐도 좋아(Rü120f).

부유층은 중국공산당의 수혜자면서도 체제의 구속에서 벗어나고자 한다. 이념보다 자본이 세계질서를 바꾸고 있는 것이다. 돈으로 유럽 비자를 사는 모습을 통해 델리우스는 유럽의 민주주의가 시장논리에 잠식되고 있음을 풍자적으로 드러낸다. 과연 이런 경로를 거쳐 뤼겐마저 중국 차지가 될 것인가? 인용문에 따르면 이는 시간문제다. 뤼겐은 천혜의 자연환경을 지닌 섬이자 독일 낭만주의 회화에 등장하는 내적 사색의 장소이다. 이 공간이 부동산 투자처로 전락하는 순간, 독일의 자연 문화적 유산은 자본의 논리에 귀속되고 카산드라는 이에 강한 위기의식을 느낀다.

> 장기적 안목, 사회적 결속, 대부분의 경영자들은 철학, 도덕, 문화적 뿌리에 관심이 있다. 이것이 세계 최대의 컨설팅회사 대표가 중국에 감탄하는 이유이다. 19세기 말과 20세기 초의 위대한, 대개 유대계 기업들과 개척자들이 지니고 있던 그 정신 말이다. 그것은 헤르만 요제프 압스가 구현하고 있던 것이다. 그러나 그러한 정신은 신자유주의 이데올로기와 함께 지워졌다. 여기에 또 하나의 강점이 더해진다. 바로 『주역(易經, I Ging)』과 공자의 가르침이다. [...] 여기서 배울 수 있는 것은, 집단이 개인보다 중요하고 안정성보다 유연성이, 원칙보다 변화가 더 중요하다는 것이다. 먼 미래까지 내다보면, 바이에른에서 뤼겐에 이르기까지 전망은 좋다. 공자 도핑, 아주 합법적이고 지속적이며 부작용도 없다. 베이징을 경유하는 우회로를 거쳐 독일은 "시인과 사상가의 나라"에서 언젠가 (다시) 사상가의 나라가 될 것이다. 그리고 숲속에서 삼림욕을 즐긴 후 그 숲길은 다시 철학자의 길이 될 것이다(Rü138).

델리우스의 풍자적인 어조의 이 문장은 중국을 매우 강도높게 비판하고 있다. 집단주의, 유연성, 변화를 중시한 중국의 가치를 받아들인 독일이 '공자 도핑'을 통해 '시인과 사상가의 나라'에서 중국식 철학자의 나라가 될지도 모른다는 역설적 전망을 표현하고 있다.

16세기와 17세기 근대 유럽에서 중국이 본격적으로 알려지게 된 계기는 초기 박물관 형태인 예술방 Kunstkammer 또는 경이로운 방 Wunderkammer에 수집된 극동의 진귀하고 신기한 극동지방의 물품들이었다. 작센 선제후 아우구스투스 1세의 도자기 수집과 마이센 자기 공장 서립은 중국 자기의 위상을 유럽에 확립하는데 결정적이었다. 18세기 독일 각지에서 외교적 위신을 드러내는 중요한 선물이었던 중국 도자기는 아우구스투스 강건왕이 "하얀 금"이라 부를 만큼 사랑을 받았다. 튀빙엔 대학에서 신학을 공부하고 칭다오에서 선교사로 활동한 리하르트 빌헬름(1873-1930)은 『주역』 번역을 통해 공자와 중국철학을 서양에 알리고, 중국을 덕의 나라로 인식하게 만드는데 기여했다. 델리우스의 소설에 언급된 "공자학원 Konfuzius-Institute"(Rü115)은 이러한 긍정적 문화에 대한 반어적 표현이 된다. 베이징에 본사를 둔 "유럽의 싱크탱크"같은 이 기관은 중국 정부의 재정 지원을 받아 2004년 서울에 문을 연 후 세계의 여러 대학과 교류하였다.[42]

한편 독일이 "시인과 사상가의 나라"로 자리매김하게 된 데에는 독일어의 위상이 결정적이었다. 괴테의 『젊은 베르테르의 슬픔』(1774)을 전후로 변방의 언어였던 독일어는 보편 언어로 자리 잡았고, 19세기 말에는 종교, 철학, 문학, 자연과학 등 독일어 집필진이 두터워지면서 독일은 명실공히 시인과 사상가의 나라로 공인되었다. 한자와 한자문화를 매개로 소개된 중국은 산수화와 서예같은 예술적 형식으로 "부작용 없는" 문화적 인상을 남겼지만 21세기의 카산드라에게 춘추시대의 공자는 문화적 재침투, 즉 중국문화의 역습을 상징한다. 카산드라가 염려한 것은 중국의 부동산 매입에 이어, 중국에 의해 위협받는 유럽의 문화적 지형과 독일의 정신적 유산이다. 그는 시인과 사상가의 나라라 불린 독일이 공자 철학에 의해 지배되는 역설적 의미의 "사상가의 나라"(Rü138)로 부활할 것을 경고한다.

---

42 서구에서의 중국 수용은 일찍이 동아시아 학문 전통이 서양으로 이식되는 하나의 문화사적 사건이었다. <한성순보> 창간호에 실린 "각국근사"에는 "한학이 서양으로 가다"라는 제호 아래, 한학이 서양으로 나간 사례에 대해 언급하고 있다: "수년 전부터 영국 아불다(옥스퍼드)대학교에서 한학과를 특설·교수하고 있다. 근래 서보를 보면, 영국 수도 부근에 위치한 대학교에서도 장차 한학과를 설치하려 한다고 한다. [...] 하늘이 장차 우리 사문斯文으로 써온 온 세계의 문운 文運을 계발하려는 것인지도 모른다"(참고: 김미지 같은 책, 87)고 보도함으로써 동양 학문의 세계적 확산을 긍정적으로 보고 있다.

독일적인 것의 복권 - 프리드리히 회화 감상을 위한 조건

비즈니스 스쿨에선 역사를 가르치지 않는다(Rü251).

『중국인들이 뤼겐을 사면 나를 생각해』의 표지는 카스파 다비드 프리드리히의 회화 <뤼겐의 백악절벽>(1818)이다. 참나무와 함께 독일 정신을 표상하는 이 화가의 작품세계는 델리우스 논증을 강화하기 위한 부정의 부정의 장치로 활용된다.

델리우스는 독일인을 계몽하기보다 예술 속에 고립시켜 현실 인식을 마비시킨 낭만주의적 예술 색채를 비판하였다. 프리드리히는 1774년 중세 한자 무역항 그라이프스발트에서 태어나 엄격한 루터교 집안에서 성장하였다. 1801년 뤼겐섬을 방문한 그는 그라이프스발트 대학 미술 강사 크비스토르프 Quistorp와 함께 이 섬을 자주 찾았다. 프리드리히의 회화는 현장 답사를 토대로 자전적 체험과 종교적 감성이 결합된 것이 많으며, 바다는 그의 회화 세계를 관통하는 핵심 모티브였다.

<뤼겐의 백악절벽>엔 하얀 기암절벽이 양옆으로 솟아있고, 그 사이로 푸른 바다와 요트, 나무, 그리고 등을 돌린 인물들이 배치되어 있다. 당시 신혼여행 중이던 화가의 감정이 이상적 풍경 속에 표현되었다.

뤼겐섬은 성직자이자 시인이었던 루드비히 고트하르트 코제가르텐 Ludwig Gotthard Kosegarten(1758-1818)에게도 영감을 주었으며, 그는 1806년 프리드리히를 초대해 뤼겐의 서쪽 비테 예배당 Vitter Kapelle 제단 뒤편에서 그림을 그리도록 권유하였다. 뤼겐을 비롯해 로슈토크, 그라이프스발트, 트라베뮌데, 비스마어, 슈트랄준트, 뤼벡 등 발트해 연안의 도시들은 13세기 한자동맹 시대에 플랑드르의 천, 영국의 모직물, 루스 지역의 목재와 타르, 뤼네부르크의 소금, 라인 지방의 포도주, 스칸디나비아의 생선 등 다양한 물품의 중계무역을 담당하며 번성했다. 특히 비스마어와 슈트랄준트는 벽돌고딕 건축양식의 발전과 함께 정교한 도시문화를 형성하였으며, 이 두

도시는 뤼벡법의 법적 체제를 공유했다.

뤼겐은 슈트랄준트 해협에 의해 본토와 분리된 독일 최대의 섬으로, 하얀 백악 절벽과 고운 모래 해변으로 유명한 휴양지다. 트라베뮌데는 뤼벡 출신의 토마스 만이 유년시절 즐겨 찾던 곳이다. 그는 1952년 미국 망명생활을 정리하고 유럽으로 돌아온 후 발트해의 공기를 다시 들이켰다. 그의 소설 『토니오 크뢰거』의 주인공 토니오는 북독 여행을 통해 생의 활력을 되찾고, 시민성에 기반한 예술성을 회복한다. 이는 만의 고향인 북독일의 상공업 정신과 깊은 관련이 있다. 이 점에서 델리우스가 뤼겐을 상징적 공간으로 택한 것은 소설의 서두에서 제시된 정치적 이유 외에도, 문화사적·문학사적 함의를 지닌다.

토마스 만의 문학에서 '시민성과 예술성'은 단순한 미학적 대립이 아니라 남부와 북부, 예술과 현실의 경계를 드러내는 중요한 구조다. 『베니스에서의 죽음』에서 아셴바흐의 몰락은 유미주의적, 디오니소스적 예술충동을 넘어 유럽인의 정체성과 타자의 문제를 제시하기도 한다. 토마스 만 소설에서 "(서)유럽인의 정체성과 그것을 위협하는 타자의 문제"는 델리우스 소설에서 타자의 대상이 바뀐 채 논구되고 있다.

> 독일 숲에서는 침묵만이 흐르고 흰 안개가 멋지게 감돌 뿐이다(Rü17).

독일의 정치 현실을 풍자한 이 구절은 독일 정치의 현실을 풍자함과 동시에, 프리드리히 풍경화의 서정적 정조를 소환한다. 오늘날 함부르크 쿤스트할레 미술관의 프리드리히 회화는 이 소설에서 타자를 경계하는 역설적 해석의 지점이다. 전통적으로 프리드리히 회화를 감상하는 사람은 자연의 무한성 앞에서 종교적 경외감을 느끼지만, 오늘의 독일인은 그러한 감상의 지점을 비판적으로 돌아봐야 한다. 델리우스의 소설에서 카산드라와 수잔 그리고 룬이 <뤼겐의 백악절벽>의 배경을 찾아 그곳에서 그림 속 등장인물의 포즈를 취하는 장면은 프리드리히 회화의 영속성과 예술이 현실에서 소비되는 지점을 중의적으로 보여준다. 델리우스는 여행객들이 이 곳을 찾아 사진을 찍고 가능한 가까이 원풍경에 다가가도 이 낭만주의 회화의 정신에는 다가갈 수 없다고 말한다. 수잔은 화가가 결혼식 직후에 이 그림을 그렸다는 사실에 착안해, 뤼겐의 백악을 그린 회화작품을 매우 에로틱하게 해석하기도 하였다(Rü220).

> 카스파 다비드 프리드리히의 낭만주의 풍경은 발터 폰 데어 보겔바이데부터 하이네의 『하르츠기행』까지, 어두운 계곡, 푸른 창공, 깊은 숲, 안개 낀 들판 등 독일인의 사고와 감정을 결정하였다. 이러한 풍경은 괴테와 아이헨도르프의 시문학에 스며든 구도이기도 하다.[43]

델리우스의 뤼겐은 독일 낭만주의의 문화적 전통을 재해석하고, 정치·사회적 시각에서 '독일적인 것'의 자기비판적 성찰을 요청한다. 그에 따르면 오늘의 독일인은 그들의 사고와 감정을 결정한 시문학과 예술 지형에 매몰되어 현실을 무비판적으로 바라볼 때가 아니다. 작가는 유머와 풍자, 역설을 통해 이를 논구하며 역설적인 독일문화론을 제시하였다. 문학비평가 지그리트 뢰플러 Sigrid Löffler는 델리우스를 수십 년 동안 일정한 자세를 견지해온 조용한 사람이라 평했다. 그는 예리한 관찰자로서 시대정신에 타협하지 않았으며, 독일의 정치 현안을 비판적으로 분석해온 정직하고 완고한 깨어있는 작가였다. 이런 특성이 그를 68세대와 구분한다.

델리우스는 메르켈 정부의 정책과 중국 정부의 공격적 투자를 비판하고 독일적인 것의 특성을 역설적이고 풍자적으로 강조함으로써 독일의 지형에 대한 수호의 감정을 환기하였다. "나르시스적 독일"(Rü49)은 이제 글로벌

---

43 "Die romantischen Landschaften Caspar David Friedrichs sind es, die von Walther von der Vogelweide bis zur Hartreise Heines das Fühlen und Denken der Deutschen bestimmten - dunkle Täler, blaue Fernen, unergründliche Wälder und neblichte Schwaden. Dies sind die Formationen, die in die Dichtung Goethes und Eichendorffs eingingen"(Boockmann 1984, 425).

경제에 눈을 뜨고 이를 통해 대륙에 무슨 일이 벌어지고 있는지를 자각해야 한다. 그는 한자동맹 당시 발트해 연안의 옛 질서와 고전·낭만주의 문학의 특징을 주요 모티브로, 뤼겐이라는 상징적 문화 지형을 정치사회적 측면에서 새롭게 해석하였다. 델리우스의 『중국인들이 뤼겐을 사면 나를 생각해』는 달라진 유럽의 사회정치적 풍토 속에서 카산드라라는 언론인을 통해 독일의 암울한 미래를 예언하였다. 이 소설은 독일현대문학의 달라진 문학 환경을 제시하였다.

12.

라오울 슈로트의 소설 『바람의 이야기』와 기술의 본질에 대한 고찰

라오울 슈로트의 소설 『바람의 이야기』와 기술의 본질에 대한 고찰

"미네르바의 부엉이는 황혼이 깃들 무렵에야 비로소 날갯짓을 시작한다."

오스트리아 작가 라오울 슈로트 Raoul Schrott (1964~)는 과학기술문명이 바다에서 하늘로 이행한 시대에, 완결된 시기인 대항해시대를 배경으로 사물과 기술을 새롭게 주목하였다. 인공지능이 사유의 일부를 대신하고, 알고리즘이 욕망의 방향을 결정하는 오늘날, 인간과 비인간, 정신과 기계의 경계는 흐려지고 있다. 인간과 기계가 공진화하는 시대에 슈로트는 역사적 인물 마젤란을 새롭게 인식하였다.

슈로트의 소설 『바람의 이야기 또는 처음으로 세계를 일주하고 나서 두 번 그리고 세 번 세계를 일주한 독일 포병에 대해 Eine Geschichte des Windes oder von dem deutschen Kanonier der erstmals die Welt umrundete und dann ein zweites und ein drittes Mal』(2019)[44]는 인간이 육체와 감

44 이 소설을 칭할 때 『바람의 이야기』라 적고 이를 인용시 "W 장"으로 표기하기로 한다(W 5-2로 표기한 경우 5장의 두 번 째 페이지를 뜻한다). 이례적으로 이 작품은 쪽수 대신 장을 책 상단에 표기하였다. 소설은 Ⅰ장부터 Ⅶ장으로 구분되고, 각 장은 다시 1-11, 12-49, 50-57, 58-99, 100-107, 108-115, 116-120으로 세분된다. 페이지 대신 장을 상단에 명기한 것은 근대적 시간 규율 이전의 수공업적 세계를 환기시키는 장치로 읽을 수 있다. '항해일지 Logbuch'처럼 제본된 304쪽 분량의 이 소설은 한지 질감의 종이에 인쇄되어, 오래된 탐험기의 정취를 자아낸다.

각, 그리고 경험을 통해 세계의 경계를 확장하던 시대를 배경으로 한다. 이 시기는 서구 열강이 바다로 진출하던 15-16세기로, 슈로트는 세계일주에 최초로 성공한 페르디난드 마젤란(1480~1521)의 항로개척에 주목하였다. 이 시기는 지동설이 입증되고 둥근 세계지도가 완성되어가던 실증주의적 세기로의 전환기이기도 했다.

슈테판 츠바이크는 슈로트보다 81년 앞선 1938년, 같은 사건을 다룬 전기소설 『마젤란. 대장부와 그의 업적 Magellan. Der Mann und seine Tat』(이하 Zweig)을 발표하였다. 두 작가는 동일한 역사적 인물을 다루지만, 탐험의 의미와 기술에 대한 태도에서 뚜렷이 다른 시각을 보인다. 츠바이크가 근대적 이성의 승리를 찬양했다면, 슈로트는 기술문명이 인간과 세계의 관계를 어떻게 변형시키는지를 비판적으로 사유한다. 이에 하이데거의 「기술에 대한 물음」[45]을 참고하여, 그의 "닦아세움"과 "탈은폐"라는 기술 개념을 살펴보고자 한다. 기술의 본질과 그 의미를 성찰하는 것은 첨단과학 시대에 인문학이 수행해야 할 핵심 과제이기도 하다.

슈로트는 시인이자 소설가로서, 티롤주 예술상을 비롯해 다수의 문학상을 수상하였다. 그는 자연과학, 신경언어학, 양자물리학 등 현대 과학에 깊은 관심을 보였으며, 파리 시절에는 생존해 있던 마지막 초현실주의자 필립 수포 Philippe Soupault(1897-1990)의 비서로 활동하기도 했다. 1988년에는 다다이즘 작가들의 창작 기록을 편집한 뒤, 1996년 『그리스 고전문학과 다다이즘에 이르는 시적 구조』로 인스브루크 대학에서 교수자격을 취득하였다.

전통적 미학 규범에 도전한 그의 전위적 예술 실험은 다다이즘 연구와 작품 창작을 거쳐 고전문학 번역으로 확장되었다. 헤시오도스의 『신통기』(2014) 번역을 비롯해, 『길가메시 서사시』, 『일리아드』, 그리고 데렉 월컷,

45 하이데거의 「기술에 대한 물음 Die Frage nach der Technik」은 1954년 『강연과 논문 Vorträge und Aufsätze』에 실린 글이다. 이 글을 인용할 때는 FT라 약칭하고 쪽수를 병기하기로 한다. 철학용어와 인용은 번역본을 따르되 필요시 사소한 수정을 가하기도 하였다.

셰이머스 히니, 조지프 브로드스키, 오스카 밀로스 등 노벨문학상 수상 작가들의 시를 개별 또는 공동 번역하였다. 그는 문학 번역을 "문화적 교환화폐"로 간주하며, 인류 보편문학의 가치와 이문화 간 소통에 깊은 관심을 기울였다. 슈로트는 웨일스, 시칠리아, 아라비아 등의 시편이 지역을 초월한 시적 보편성을 보이며 이들 시가 여전히 애송되는 이유를 찾고자 하였다. 그가 보기에 영미시 전통은 현대 실험시보다 사물의 깊이에 더 가까이 다가가 있으며, 여전히 일정한 예술적 수준을 유지하고 있었다. 이러한 평가 속에서 슈로트의 문학 세계는 과학과 시, 고전과 현대, 기술과 인간 사이의 경계를 사유하는 인문학적 탐사로 이해된다.

대항해시대는 인간이 바람과 물의 힘을 빌려 세계를 확장하던 시기로, 물과 증기를 기반으로 한 산업혁명이 도래하기 약 3세기 이전의 시대였다. 이후 18세기의 증기기관, 20세기의 전기와 자동화 시스템, 그리고 21세기의 클라우드 기반 사물인터넷에 이르기까지, 인간과 기술의 관계는 지속적으로 변형되며 그 의미를 다각도로 드러내왔다.

슈로트는 포스트휴머니즘과 신유물론이 인문학의 사유 지평을 확장한 오늘날, 직선적 시간 구조를 거슬러 과거의 바다 시대를 재조명하였다. 그는 기술문명의 근원을 탐색하며, 인간이 기술을 매개로 세계와 맺어온 관계의 변화를 문학적으로 사유한다. 하이데거에 의하면 기술은 단순한 수단이 아니라, "기술이 맺고 있는 본질의 총합"이다. 따라서 인간과 기술의 관계 변화에 따라 기술의 속성 또한 달라진다. 하이데거가 기술 문제를 본격적으로 탐구하기 시작한 것은 제2차 세계대전 이후이며, 그 사유는 『기술에 대한 물음 Die Frage nach der Technik』(1954, 이하 FT)에서 본격화되었다. 인간은 기술을 자유롭게 활용하고자 하지만, 기술이 인간의 통제를 벗어날수록 인간은 기술체계 속 객체로 전환되고, 인간의 기술지배 의지 역시 절박해진다.

그렇다면 수공업 시대의 기술은 오늘날의 기술과 어떤 점에서 달랐을까? 슈로트와 츠바이크가 각각의 소설에서 다룬 '기술적 장인 시대'의 특징을 검토함으로써, 하이데거가 말한 "시원적으로 anfänglich 존재하던 것"이 기술의 변천 속에서 어떻게 다른 결과로 드러나는지를 살펴보고자 한다. 결국 인간이 기술로부터 소외되지 않고, 기술과 자유로운 관계를 맺기 위해서는 기술의 본질에 대한 지속적인 탐구와 질문이 필수적이다. 그것은 철학적 사유를 넘어, 인간 존재를 다시 사유하기 위한 인문학의 긴박한 과제이기도 하다.

대항해시대의 인간 — 기술, 노동, 그리고 지식의 지평

마젤란이 세계일주 항로개척에 나섰던 16세기 초는 여전히 전통적 도제제도에 기반한 수공업 기술단계에 머물던 시기였다.[46] 이 시기의 지식과 기술은 경험과 전승을 통해 축적되었으며, 육체 노동과 장인의 기술력이 그 핵심을 이루었다. 슈로트의 『바람의 이야기』의 주인공 한네스 또한 이러한 수공업 체계에 속한 인물이다. 그가 아헨의 주물 제작소에서 일하던 시기는 마인츠의 구텐베르크가 인쇄기를 발명하여 기술 매체의 혁신을 이루고, 지식의 생산과 확산이 급속히 진행되던 시기였다. 마젤란의 세계 일주가 완성된

46 마젤란(스페인어, 에르난도 데 마가야에스)은 지금의 필리핀에 첫 발을 디딘 최초의 유럽인으로 인도에서 7년간 전방근무를 수행하고 모로코 전쟁에도 참전한 경험이 있다. 이후 리스본으로 귀국한 그는 대서양에서 태평양에 이르는 항로 개척을 국왕 마누엘 1세에게 요청했으나 거절당하자, 세비아로 이주하여 스페인 깃발을 꽂고 항해길에 올랐다. 이러한 여정은 츠바이크의 『마젤란 — 대장부와 그의 업적』에 상세히 기록되어 있다. 향신료만큼 동쪽과 서쪽을, 남쪽과 북쪽을 연결한 상품은 역사상 드물다. 계피, 정향, 후추를 비롯한 향신료를 찾아 숱한 배들이 바다를 오갔으며, 이는 세계 무역 질서와 경제 구조에 깊은 흔적을 남겼다. 당시 유럽의 주요 무역항이자 플랑드르 미술의 중심지였던 앤트워프에서는 아헨에 구리를 공급할 때, 포르투갈 상인들이 대양 너머에서 조달한 귀한 향신료를 함께 동봉하기도 했다(W 6-1). 향신료의 가치는 고대까지 거슬러 올라간다. 파라오 람세스 2세의 미이라 코에는 후추 열매가 꽂혀있을 정도로, 후추는 사후 세계에서도 꼭 필요한 물품으로 간주되었다. 로마인들 역시 인도의 말라바르 해안으로 건너가 금으로 가득 찬 상자와 후추를 교환했으며, 410년 고트족 알라리크 왕의 로마 약탈 당시 가장 값진 전리품은 5천 파운드의 후추였다. 후추 무역은 유럽의 부의 지도를 새로 그렸다. 야콥 벨저는 이를 통해 신성로마제국에서 가장 부유한 시민이 되었고, 북유럽 르네상스의 중심지 암스테르담은 후추 무역을 기반으로 네덜란드의 가장 아름다운 도시로 발전했다.

시기는 독일어권 45개 도시에서 인쇄혁명이 전개되고 있던 시기와 맞물린다.

대항해시대와 인큐내뷸러 시대는 이론과 실천의 결합을 통해 지동설이 천동설을 대체하였고, 새로운 항로 개척이라는 역사적 성취로 귀결되었다. '인큐내뷸러 incunabula'란 구텐베르크 인쇄술이 발명된 이후 약 반세기 동안 제작된 인쇄물을 지칭하는 용어로, '요람', '갓난아기'를 의미하는 라틴어 incunabula에서 유래하였다. 즉, 인큐내뷸러는 인쇄문화의 요람기에 탄생한 책들을 뜻한다. 구텐베르크 성서와 뉘른베르크 연대기 등이 이에 속한다.

이처럼 인간의 노동과 기술력에 기반한 항해와 탐험은 미지의 대륙을 드러내는 계기가 되었으며, 슈테판 츠바이크가 주목한 마젤란의 리더십은 궁극적으로 제국주의적 욕망과 결합함으로써 근대 세계 체제의 형성에 결정적인 역할을 하였다.

대항해시대는 르네상스 시기인 15세기부터 17세기 초로, 유럽국가들이 세계로 뻗어나간 시기이다. 중세가 끝나고 르네상스가 시작되며 인류의 문화는 근대화되었고, 산업혁명이 진행되면서 삶의 내용과 예술의 성격도 변화하였다. 이 시기는 장인이 재료의 성질을 탐구하고 그 안에 잠재된 형상을 구현해내는 '포이에시스적 기술론'의 시대였다. 즉, 예술과 기술이 분리되지 않고 통합되었던 시대였다. 또한 이 시대는 유럽 각국이 아시아, 아프리카, 아메리카 간에 무역 교역망을 형성해 나간 시기이기도 하다. 특히 스페인과 포르투갈을 중심으로 항해 기술이 축적되었고, 식민지 건설이 본격화되었다. 츠바이크가 묘사한 마젤란은 불굴의 의지와 고독 속에서 남들이 가지 않던 서쪽으로 배를 몰아 태평양 항로를 개척한 입지전적 인물로, 근대적 주체성의 전형이라 할 수 있다.

수공업의 '수 手'는 숙련된 장인을 설명하는 핵심 어휘로, 이들의 길드는 품질 관리와 기술 전승 뿐 아니라 상업적 교류에도 중요한 역할을 했다. 최초의 근대적 유럽 화가이자 북유럽 르네상스를 이룬 알브레히트 뒤러는 목판과 청동판에 새긴 정밀한 작품을 통해 장인의 역량을 예술의 경지로 끌어올렸다. 종교화와 역사화에 등장한 인물이 아닌, 예술가의 초상이 회화의 전면에 드러난 것은 이례적이라 할만하다. 알브레히트 뒤러가 표현한 자신의 손[47]은 단순한 신체 기관이 아니다. 손은 예술가의 인식능력과 창조적 한계를 동시에 상징한다. 동판화 <멜랑콜리아 I>(1514)라는 작품에서도 알 수 있듯, 뒤러는 자신의 뛰어난 기량에도 불구하고, 신학이나 시원의 영역에 닿지 못하는 예술가의 한계를 천사의 망연자실한 태도로 표현한 바 있다. <멜랑콜리아 I>에 등장한 천사는 뛰어난 기량으로 인해 생존 당시 유럽에서 제왕과도 같은 대접을 받았던 뒤러를 의인화한 알레고리 작품이다. 견고한 건물을 등지고 왼손으로 턱을 괸 채, 오른 손에 콤파스를 쥔 천사는 멍하니 먼 곳을 응시하며 무언가를 깊이 사유하고 있다. 그 주변에는 공예도구, 사다리, 저울, 모래시계, 종 등 자연과학적 도구들이 흩어져 있으며, 이는 당시 과학기술과 예술이 분리되기 전의 학문적 단계를 흥미롭게 제시한다. 특히, 모래시계는 중세가 끝나고, 이성의 빛이 새로운 시대를 이끌게 될 것임을 상징하는 알레고리이다. 뒤러의 또 다른 작품인 <모피코트를 입은 자화상>(1500)에그려진 손에는 우울과 자긍심이라는 상반된 감정이 묻어나며, 손은 뇌라는 인지 영역이 포착한 사물의 본질을 감각적 차원으로 끌어올린다. 뒤러는 미완의 원고 「일반회화작품에 대한 구상」에서 "사물을 탐구하라"고 강조하며, 형상화 이전 단계의 사물인식과 탐구의 중요성을 강조한다.

> 아름다운 사물을 탐구하라는 말은 좋은 조언에 해당한다. 하지만 그 조언은 손에 능숙한 장인들로부터 들어야 한다. 다른 비숙련자들에게 그것은 낯선 언어와도 같이 숨겨져 있다. 그러나 작품을 만든 개인은 그것을 사람들에게 보여주고, 그들이 판단하도록 할 수 있다. 그러면 그들은 좋은 작품을 못 알아봐도 분명 가장 미숙한 부분을 알아볼 것이다. 그러니 진실된 비판을리 들으면, 그 말을 바탕으로 당신의 작품을 개선할 수 있다.

---

47 뮌헨 알테 피나코텍 국립회화컬렉션에 소장된 <자화상>(1500)은 일명 "모피코트를 입은 알브레히트 뒤러"로 그리스도 초기 묘사와 유사하다. 28세의 그는 화가로서의 자의식을 공공연히 표명하며, 자신의 재능이 신성한 근원으로부터 오며, 그 재능은 곧은 눈과 경건한 손에서 실현된다는 것을 보여주었다. 뒤러는 그림에 라틴어로 자신의 소재를 분명히 함으로써("나, 뉘른베르크의 알브레히트 뒤러는 28세의 나이에 이 색채들로 나를 그렸다"), 자의식을 공공연히 드러내기도 하였다.

뒤러는 작품 형성과정에서 탐구의 필수성을 강조하며, 작품의 현시에 앞서 작용하는 정신적 활동에 주목하였다. 장인의 눈과 손은 비숙련자와 달리, 현실 너머의 세계를 파악할 수 있는 능력이 있다. 사물의 본질을 파악하고, 은폐된 사물성의 진실을 드러내는 일은 제작에 앞서 선행되어야 할 과정이다.[48] 전성기 르네상스 이탈리아 화가들의 인정을 받았던 뒤러의 예술론에 이어, 당시 유럽에는 또 다른 유형의 '손'이 존재했다. 그것은 대항해시대 산업현장에서 실천적 지식을 바탕으로 작동하는 손이었다. 이를 슈로트의 소설 초반부에서 확인하게 된다.

> 모든 것이 준비되면, 그들은 성부께 기도하고 교회탑에서 불어오는 바람을 기다린다. 바람의 힘이 금속에 전달될 것이다. 그런 다음 장인이 용광로를 뒤적이면, 하얗게 달아오른 청동이 천천히 아래로부터 점토외피 속으로 기어오른다. 뜨겁지만 불꽃이 없는 덩어리가 철막대를 감싸며 굼뜨게 지나가면, 온갖 불순물, 슬래그, 기포가 밀려나간다. 이 일은 매우 위험한 작업으로, 장인은 왼팔을 뼈까지 태운 적이 있다. 그 다음은 오랜 기다림의 시간으로, 청동이 식으며 아무도 제대로 설명할 수 없는 기적이 일어난다. 부드러운 구리와 주석이 서로 합금되어 굳어가며, 종소리의 묵직한 울림이 될지 대포의 폭음이 될지, 철을 두드리는 공명의 시간을 갖게 되는 것이다(W 5-2).

직공 한네스는 용광로에서 동, 주석, 아연, 납을 혼합하여 종이나 무기를 제작하였다. 당시 인쇄기의 재료 또한 납과 구리의 합금 형태로, 이러한 금속은 종이나 무기 제작에 사용되는 재료와 겹쳤다.[49] 검, 창, 활, 갑옷 등 무

48 시대를 막론하고 기술에 대한 물음은 곧 "탈은폐와 은닉이, 즉 진리의 본질적 존재가 일어나고 있는 바로 그 형세에 대한 물음"(FT 170)이다. 이는 예술의 작동방식과도 유사한데, 기술의 본질은 단순히 기술적인 것이 아니기에, "기술에 대한 본질적인 자각과 기술과의 결정적 대결"(FT 172)을 통해 기술의 형세, 즉 국면이 드러난다. 드러낸다는 것은 열린 인식의 지평을 형성하는 것이며, "기술의 본질이 무엇인지 생각하면 할수록 예술의 본질은 더욱 신비롭게 다가온다 "(FT 173). 이 문장에서 기술과 예술은 어원이 분리되기 전의 통합적 의미 단계로, 성장의 한계를 실감한 현대사회에서 기술과 인간의 관계를 보여주는 명문장이라 하겠다.

49 겉보기에 이질적으로 보이는 무기와 종의 관련성은 한국문학에서도 발견된다. 김훈은 종을 "철제 무기 위에 올라앉은 구조물"로 묘사한 바 있다. "우륵의 고향인 그곳은 거대

기와 보호구는 수공업적 제작을 통해 생산되었으며, 그 작업환경은 극도로 위험하였다. 한네스의 스승 역시 왼팔에 심각한 화상을 입고 뼈까지 타들어 가는 고통을 겪었다. 용광로에 구리와 주석을 투입하는 적절한 시점, 그리고 아연과 납을 섞는 순서와 비율의 조정은 고도의 기술적 감각을 요구하였다. 온도 측정과 재료 배합의 미묘한 차이는 결과물의 음향과 강도를 결정했기에, 이러한 지식은 숙련된 장인 집단 내부에서만 전수되는 비밀스러운 기술 체계로 유지되었다(W 5-1). 즉, 금속 제작 과정에서 사용된 기술은 "낯선 언어"처럼 은폐된 지식이었다. 그러나 그 은폐 속에서도 유럽 사회는 실무적 감각과 경험적 사고를 중시하는 기술자들에 의해 지식이 전파되고 기술이 정교해지는 등 변화를 겪고 있었다. 츠바이크 소설에서도 이 시대에 대한 보고가 있다.

> 최초의 해로 발견에 대한 하나의 단서는 형편없는 재질의 종이에 인쇄된 독일어 전단지였다. 이 종이엔 "프레실리히 지방에서 온 신문의 사본"(이것은 "신문"이라는 이름을 처음 사용했다)이라 적혀 있었다. 이 신문은 세기 초 포르투갈의 어떤 관리가 아우구스부르크의 대상인 벨저 가문에 보낸 보고서로 밝혀졌다. 그 안에는 서투른 독일어로 다음과 같은 내용이 적혀 있었다. 포르투갈의 배 한 척이 북위 40도 부근에서 희망봉에 해당하는 곶을 발견하고 그곳을 돌아나갔다. 그 뒤편에는 동쪽에서 서쪽으로 지브롤터 해협과 비슷하게 다른 바다로 통하는 넓은 해로가 뻗어있어, 이 길을 통하면 향신료 섬인 몰루카 군도에 쉽게 도달할 수 있다고 적혀 있었다. 따라서 이 보고서는 대서양과 태평양이 서로 연결되어 있다고 명백히 주장한다 - 이 일은 증명되어야 마땅하다(Zweig 77).

인쇄술의 발달은 콜럼버스의 아메리카 발견(1492), 바스코 다 가마의 인

한 철의 산지였지요. 지금도 그 유적들이 남아 있습니다. 거기서 대가야는 신라에 맞서기 위해서 철제 무기를 만들었습니다. 대가야의 철은 매우 강도가 높았습니다. 일본에까지 수출을 했습니다. 고령은 거대한 무기공장이었는데, 우륵은 거기서 악기를 만들었어요. 그때 무기 공장은 대장간이었어요. 거대한 철의 산지와 대장간이 깔려 있는 마을에서 우륵은 악기를 만들었어요. 그러니까 악기와 무기가 동시에 같은 마을에서 만들어진 것입니다"(김훈 2008, 165).

도항로 개척(1498), 마젤란의 세계일주(1519-22) 등의 성과가 유럽 전역으로 확산되는 계기를 마련했다. 아프리카, 아메리카, 아시아를 탐험한 여행자들의 지식은 지도 제작과 지리서 편찬에 반영되었고, 이는 상업 네트워크 구축에 핵심 토대가 되었다. 츠바이크가 인용한 전단지는 이러한 지식 전파의 한 단면을 보여준다. 인용문에 따르면, 피레실리히, 즉 브라질에서 제작된 '신문'의 유럽 복사본이 포르투갈의 직공 장을 거쳐 독일 아우크스부르크 상인에게 전달되었다. 이 독일어 전단은 모국어 화자가 아닌 외국인이 서툴게 번역한 것으로, 그 안에는 희망봉과 (후일 '태평양'으로 명명된) 바다에 대한 보고가 포함되어 있었다.

탐험의 결과는 상인들에게 신속히 전달되어, 무역망의 확대와 함께 유럽 근대화의 경제적 기반을 형성하였다. 츠바이크가 집필한 마젤란의 세계일주는 순수한 의미의 모험담이 아니라, 향신료섬을 독점하여 스페인 국왕과 관련 귀족들에게 이윤을 제공한다는 분명한 목적을 지니고 있었다. 인류 역사상 가장 오랜 향신료인 후추는 세계화 시대의 첫 글로벌 상품으로 세계지도를 완전히 바꿔놓았다. 크리스토프 콜럼버스와 바스쿠 다 가마의 항해는 중세의 종언이자 근대의 개막을 알리는 사건이었다.

동인도 제도에서 북동쪽에 위치한 인도네시아 몰루카 제도는 정향, 육두구, 메이스 등 고급 향신료가 자생하고 집결하는 지역으로, 16세기 세계 향신료 무역의 중심지였다. 마젤란이 필리핀에서 전사한 뒤, 스페인 탐험가 후안 세바스티안 엘카노 Juan Sebastián Elcano(1476-1526)는 남은 선원들을 이끌고 '빅토리아'호를 지휘하여 세계일주를 완수하였다. 마젤란과 엘카노의 항해 이후 몰루카 제도는 스페인령으로 지도에 표기되었고, 마젤란이 통과한 좁고 긴 해협은 태평양과 대서양을 잇는 전략적 통로로 인식되었다.

그 결과 수공업 시대의 생산자와 소비자 간 공간적 거리는 대륙을 넘어 전지구적으로 확장되었다. 이 시기를 전후하여 대서양, 인도양, 태평양의 실제 범위와 규모가 명확히 제시되었으며, 세계지도 개정의 주도권도 포르투갈에서 스페인으로 이동하였다. 이처럼 인간의 탐험 활동은 기술 발전을 자극하여 과학혁명의 기초를 다졌고, 세계를 파악하는 계기가 되었다.

세계를 잇는 항로, 기술 축적과 대항해시대의 이면

슈로트의 주인공 한네스는 1519년 마젤란 함대의 빅토리아호에 포병으로 승선하였으며, 1525년 경에는 로아이사 Loaísa 탐험대의 급여명단에 포병대 함장으로 다시 등장한다. 이후 1542년에는 빌라로보스 Villalobos가 이끄는 탐험대에 다시 참여하였다. 역사적으로 확인되는 그의 존재는 스페인 고문서 속 출신지와 이름, 그리고 회계 장부에 기록된 직급 및 급여 내역에 한정되어 있다. 따라서 슈로트가 재구성한 한네스의 서사는 역사적 사실의 복원이 아니라, 역사적 배후에 잠재된 진실을 탐색하는 '사유의 여정'으로 이해될 수 있다.

한네스는 마젤란이 세비야를 출항하여 다섯 척의 범선으로 대항해를 시작할 때 265명의 선원 중 한 명으로 참여하였고, 결국 귀환에 성공한 18명에 포함된 인물이다. 그가 첫 항해를 떠난 1519년은 르네상스의 세 거장이 예술가적 전성기를 구가하던 시대였다. 이 시기는 레오나르도 다 빈치(1452-1519), 미켈란젤로 부오나로티(1475-1564), 라파엘로 산치오(1483-1520)가 천재성을 발휘한 때였다. 특히 미켈란젤로는 이미 1499년에 <피에타> 조각상과 1512년 <시스티나 성당 천장화>를 완성한 후였으며, 알브레히트 뒤러 역시 <아담과 이브>를 통해 자신의 능력을 입증한 후였다. 이 시기는 수공업과 길드 체제를 기반으로 한 장인적 기술의 시대이자, 동시에 목판 인쇄와 활자술 등 기술 혁신을 매개로 합리주의적 세계관이 형성되기 시작한 과도기였다. 루터의 종교개혁을 상징하는 「95개조 반박문」(1517)은 인쇄술의 발달 덕분에 불과 2주 만에 전 유럽으로 확산되었으며, 이를 계기로 시민들은 교회의 성서 독점 해석에서 벗어나 자율적 신앙 주체로 자리하게 되었다. 이로써 인쇄매체를 기반으로 한 새로운 지식 환경이라 할 수 있는 맥루한 McLuhan

이 명명한 "구텐베르크 은하계 Gutenberg Galaxy"로의 이행이 이루어졌다. 맥루한은 저서 『구텐베르크 은하계』(1962)에서 근대성을 문자 매체에 의해 형성된 '구텐베르크 인간'이라는 개념으로 규정한 바 있다.

소설에서 한네스가 거주하였던 아헨의 대성당은 당시 순례자들로 붐비는 유럽 종교문화의 중심지였다. 이 시기는 화약, 인쇄술, 그리고 개신교의 등장이 근대 문명의 변화를 주도하던 격동의 시기로, 과학기술이 인간의 삶과 문화에 근본적 변혁을 가져오던 때였다. 하지만 이러한 변화에도 불구하고, 과학과 기술은 아직 유기적으로 결합되지 못한 채 '과학 이전의 기술 technology-before-science' 단계에 머물러 있었다. 마젤란이 콜럼버스, 베스푸치, 코르테스, 카보트 등과 달랐던 점은 인도로 향하는 서쪽 항로의 존재를 확신했다는 데 있다. 마젤란 함대에 동승한 안토니오 피가페타 Antonio Pigafetta의 기록에 따르면, 선원들 중 다수는 태평양으로 통하는 해협의 입구를 발견하고도 여전히 두 대양을 잇는 항로의 존재를 믿지 않았다고 전해진다. 1519년 8월 10일, 마젤란의 제안에 "장차 두 세계의 군주가 될 카를 5세가 서명한 지 "1년 5개월"(Zweig 118; 109) 만에 세비야를 떠난 함대는 포르투갈보다 먼저 향신료 군도에 도달하였다. 마젤란은 못 하나, 기름 한 방울, 종이 한 장까지 세밀하게 준비한 인물이었으나, 원주민을 위해 마련한 선물 목록은 실질적으로 도움이 될 만한 물품들과는 거리가 멀었다.[50]

---

50 "인도 항해를 통해 원주민들의 소박한 취향을 접해왔던 마젤란은 두 가지 물건이 특히 효과적일 것임을 알고 있었다. 하나는 거울이었는데, 까만 피부건 갈색이건, 노란 피부건 간에 원주민들은 자신의 얼굴을 처음으로 대하고 깜짝 놀랄 터였다. 다른 하나는 크고 작은 종인데 이것만 보면 원주민들은 어린애같이 좋아했다. 종은 2만개 이상이나 준비했고, 9백 개의 크고 작은 거울도 준비했다. 대부분은 도착했을 때 이미 깨졌지만. 그리고 4백 개의 독일제 칼, 50 타스나 되는 가위, 색깔이 화려한 손수건, 빨간 두건, 구리 팔찌, 가짜 보석과 알록달록한 유리구슬 등이 있었다"(Zweig 124). 이 물건들은 솜씨 좋은 수선공들을 고용해 낡은 고물을 개조하여 2년 치 생필품을 선적한 다섯 척의 함대에 실린 물품 중 일부였다. 원주민들을 감화시킬 것이라 기대한 거울들은 항해 도중 대부분 파손되었으며, 유럽인들의 선물은 본질적으로 이방인의 환심을 사기 위한 수단이었다. 으며, 기독교적 상징물은 원주민들의 독립적 권리와 문화에 반하는 것이었다. 이러한 물질적 교류는 원주민들의 삶에 실질적 도움을 주기보다는, 그들의 문화와 종교적

항해는 경제적 목적과 함께 가톨릭 세력의 확장이 중요했기에, 세부섬 부족장은 마젤란의 계획대로 스페인 왕의 동맹자이자 기독교 형제가 되었다(Zweig 231). 츠바이크의 소설에서 기술적 우위는 정치 사회적 지배력으로 전이되어, 독실한 가톨릭 신자였던 마젤란은 필리핀 제도의 작은 섬 마사바의 거주민들을 “자연의 아이들”이라 부르며, 그들의 영혼이 세례를 통해 “가톨릭교회와 성스러운 땅”으로 인도되었다고 확신하였다. 그는 부족 간의 갈등을 전략적으로 이용해 세력권을 확장하였고, 마사바를 떠나 세부 섬에 이르러서는 현지 추장들과 동맹을 맺기 위해 오른팔의 피를 나누며 의례적 결속을 다졌다. 이 장면은 슈로트의 소설에도 등장한다. 세부에서 거행된 최초의 미사는 “십자가상의 강철못들”과 함께 로마 가톨릭 신앙이 현지에 정착하는 상징적 계기가 되었다. 그러나 슈로트의 관점에서 볼 때, 유럽인과 원주민 간 동맹이 남긴 결과는 찬란한 ‘문명화’의 상징적 과정과는 거리가 멀었다. 이는 착취와 폭력의 그림자를 드리운 불균형적 관계의 표징이었다. 이러한 해석은 유럽 중심주의적 위계 질서를 해체하고, 비유럽을 하위문화의 타자로 대상화하지 않는 하이브리드적 인식의 지평을 드러낸다. 이런 관점에서 『바람의 이야기』는 문자 이전의 정산에 입각해 다음과 같이 적고 있다. “당연하게도 우리의 믿음은 고문과 고통의 신앙이다.”

마젤란 함대를 맞이한 막탄 섬의 추장은 이미 “인식의 나무”의 지혜를 경험한 인물이었다. 그는 포르투갈 함선과 아랍 상선들이 통행세를 납부한 전례를 들어, 스페인 역시 마찬가지로 통행세를 내야 한다고 요구하였다. 그러나 조공 납부는 곧 현지 부족에게 종속된다는 것을 의미했으므로, 마젤란은 스페인 왕의 권위를 내세워 이를 거부하였다. 선진화된 무기와 외부 세력과의 동맹을 무기로 적대감을 표출한 마젤란의 태도는 결국 막탄 섬의 라푸라푸 족장과의 충돌로 이어졌다. “사과가 홍옥빛이면 그 안에는 종종 벌레가 있기 마련”이다. 오만을 경고한 슈로트의 이 표현은 마젤란이 먹음직스러워

전통을 잠식하는 서구 기독교의 침투로 기능하였다.

보이는 홍옥을 베어 물었을 때 현실화되었다. 그 속에는 미미한 벌레들이 있었고, 그는 이 존재들로 인해 역풍을 맞게 된다.

마젤란이 동맹 관계의 세부 추장을 카스틸리아 영주로 추대하고, 이 섬의 스페인 본토 편입을 축하하는 동안, 막탄족의 전사들이 결집하였고 마젤란은 1521년 이름 없는 섬에서 최후를 맞이하게 된다. 지식은 인간을 자연 상태에서 벗어나 문명으로 이끌었고, 마젤란의 항로개척의 역사는 이러한 앎의 실천적 내용을 체계화하였다. 앎이란 지식 체계를 세분화하고 생활 및 기술을 발전시킨다. 대항해시대에 진보의 선봉에 섰던 영웅적 인물 마젤란의 "인생은 바람 속의 연기처럼 흩어져 사라졌다." 이는 대항해시대를 정리하는 슈로트의 인식이 반영된 표현이라 할 수 있다.

마젤란을 대하는 두 가지 관점

대항해시대는 기술이 인간의 경험과 직관을 보조하며 인간과 긴밀히 협력하던 시기였다. 16세기 마젤란 함대가 몰루카 제도에 도착했을 당시, 항해에 사용된 주요 기술은 선박 설계, 항해술, 천문항법, 기상 예측, 조타 기술 등이었다. 당시 가장 혁신적인 선박 형태는 카락선과 너겔선으로, 광활한 해양을 항해하는데 최적화되어 있었다. 이 선박들은 복잡한 돛대 구조와 정교한 조타 장치, 그리고 방어와 공격을 위한 무기를 갖추고 있었다. 선원들은 자이로컴퍼스와 해도를 이용해 위치를 파악하고, 태양의 고도와 별자리의 위치를 토대로 항로를 계산하였다. 풍향과 해류의 변화를 예측하는 능력은 일종의 '소프트웨어적 기술'로, 이는 경험적 지식과 직관에 기반한 고도의 정보처리 행위였다. 이러한 조타 기술과 항로 예측 능력을 통해 선원들은 바람과 해류를 효과적으로 활용하여 향신료 제도인 몰루카에 도달할 수 있었다.

아랍상인들이 공급했던 인도산 향료의 무역로가 이슬람 국가들에 의해 차단된 후, 유럽인들은 새로운 공급로를 찾아야 했다. 이에 변방의 해양국가 포르투갈은 스페인과의 국경적 제약을 넘고자 바다로 눈을 돌렸으며, 콜럼버스는 기존의 인도항로 대신 대서양을 횡단함으로써 인도로 향하고자 하였다. 그 결과 1492년 라틴아메리카 대륙이 발견되었다. 그러나 이후 원정대들은 비유럽적 세계를 왜곡하고 은폐함으로써 식민지 지배와 경제적 착취를 정당화하였고, 이를 통해 근대화의 기틀을 마련하였다. 하지만 이러한 타자화 과정은 역으로 마젤란과 서구 주체의 죽음을 초래하기도 했다. 이른바 오늘날의 '유사-대상들'이 주체의 폭력성에 도전장을 내민 셈이다.

슈로트의 소설이 츠바이크 소설과 차별성을 보이는 이유는 바로 이러한 인식론적 전환과 관련된다. 츠바이크가 『어제의 세계』(1942)에서 제국의 몰락과 세기전환기의 변화를 회고적으로 서술했다면, 이보다 앞에 집필된 『마젤란』에서는 역사 속 인물을 영웅적이고 극적인 서사로 형상화하였다. 그러나 두 차례의 세계대전이라는 거대한 격변은 사물을 바라보는 관점을 바꾸어 놓았고, 츠바이크는 '정서적 고향'인 유럽이 몰락하는 현실 속에서 절망하며 부인과 함께 생을 마감하였다. 이후 디지털 과학기술 시대에 들어서서 슈로트는 마젤란과 대항해시대를 바라보는 우리의 시선을 또 한 차례 근본적으로 전환시킨다.

항해 시대 기술의 존재양식. '닦아세움'과 '탈은폐' 사이에서

「기술에 대한 물음」에 논구된 하이데거의 개념인 "닦아세움 Gestell"의 어원적 기본형은 '닦아세우다'로, 이는 '닦다'와 '세우다'의 합성어이다. 여기서 '닦다'는 '몰아세우다'라는 강박성을 내포한다. 두 동사의 의미망에서 공통적으로 발견되는 "세움 Stell"은 '세우다 stellen'의 어근으로, 대상을 "이쪽에 her-, 눈앞에 dar-, "마주보게 gegen" 놓아 "표상 Vorstellen"한다는 주체의 지향성을 담고 있다.

한국어에도 이와 유사한 표현이 존재하는데, 바로 "닦달하다"이다. 닦달하다는 '어떤 일이나 사람을 윽박질러 다그치거나 몰아세울 때' 사용된다. 이 동사는 '대상을 윽박질러 혼을 낸다'(닦다)는 부정적 의미 외에도, '물건을 손질하고 매만진다'(다듬질하다)는 긍정적인 의미를 함께 지닌다. 이러한 양가적 의미망 속에서 '닦아세움'은 강제와 형성, 폭력성과 창조성이 공존하는 중층적 개념으로 이해될 수 있다.

주체에 의한 닦아세움이 당대 과학기술과 결합할 때, 그로부터 발생하는 힘의 표상은 중의적 의미에서 가히 폭발적이다. 하이데거의 '닦아세움'이 근대 기술 문명에 대한 반성적 사유에서 출발한다는 점을 감안할 때, 이는 아도르노가 주장한 '객체의 우위' 및 사물성의 복권과 비교하여 흥미로운 사유의 장을 제공한다. '닦아세운다'는 행위는 사물이나 대상을 주체의 목적을 위해 복무하도록 만들고, 그 본래적 속성을 변형시킨다는 점에서 기술의 도구적 성격을 극명히 드러낸다. 즉, 기술은 주체의 의도에 따라 대상을 제어하고 조직화하는 방식으로 작동한다.

그러나 타자화된 대상 역시 그 자체의 활동성을 지닌 자율적 존재로서, 주체에 대한 역동적 응전을 준비하고 있다. 주체는 사물의 사물성이 돌연히 엄습할 때 느끼게 되는 놀람과 당혹감을 예견해야 한다. 사물이 정지된 객체로 머무르지 않고, 자체적으로 고유한 힘과 작용성을 발휘한다는 인식은 '닦아세움'의 강압적 성격에 대한 저항으로 나타난다. 결국 '닦아세움'은 현대 기술사회의 구조를 드러내는 개념으로, 주체의 도발적 요청과 사물의 반응이라는 폭력적 긴장감을 표현한 핵심 개념이다.

"닦아세움"에 이어 하이데거가 제시한 또 하나의 핵심 개념은 "탈은폐 Entbergen"이다. 이 개념은 기술의 본질을 규정짓는 한편, 인간이 사물과 세계를 어떻게 드러내는가를 묻는 철학적 사유라 할 수 있다. 하이데거에 따르면 탈은폐는 "완성된 사물의 형상을 미리 상상하고, 그에 맞추어 배나 집의 외형과 재료를 조정하며, 이 과정을 통해 제조의 방식을 규정하는 것"을 뜻한다. 즉, 인간은 어떤 것을 만들기 전에 그것이 완성될 모습을 머릿속에 미리 그려보고, 이 이미지상에 따라 재료를 선택하고 형태를 구성한다. 이러한 사유의 과정은 제작의 과정이기도 한 바, 사물은 이 과정을 거쳐 스스로 모습을 드러내는 탈은폐의 과정을 거친다. 이때 탈은폐는 일종의 "해명하는 인식"이라 할 수 있다.

하이데거의 이러한 논리는 우리에게 그리 낯설지 않다. 그 근본 생각이 이미 아리스토텔레스의 포이에시스 개념과 연결되기 때문이다. 그의 철학에서 모든 사물은 네 가지 원인, 즉 질료인 ὕλη, hylē, 형상인 εἶδος, eidos, 목적인 τέλος, telos, 능동인 λόγος, logos에 의해 설명된다.[51] 하이데거는 이를 "사물이 존재하게 되는 데 공속적으로 함께 작용하는 방식들"로 해석하며, 이 네 가지 원인이 단순히 인과적 순서를 따르는 것이 아니라 서로에게 '앞서서 빚지고 있는 관계' 속에서 하나의 전체를 이룬다고 말한다. 이러한 해석은 4원인설을 수직적 위계로 보지 않고, 상호관계적 작용의 네트워크로 파악한다는 점에서 흥미롭다. 이러한 해석은 훗날 행위자네트워크이론이 제시한 '사물의 행위자적 지위'에 대한 사유를 선취하고 있기 때문이다. 일이 작동되기 전부터 서로에게 빚지고 있다는 표현은 '서로 영향을 미친다'는 의미로, 이는 로마인들이 사용한 인과성 causa과 결이 다르다. 사물이나 현상이 다른 무엇에 '빚지고 있다 verschulden'(아이티온αἴτιον)는 사물이 존재하게 되는 데 함께 책임지는 방식으로, 관계성과 상호의존성을 유념한 개념이다. 이런 맥락에서 텔로스는 흔히 말하는 '목표'나 '목적'이 아니라, '완성의 방식', 즉 사물이 자기 본성을 실현해가는 내적 성취의 과정을 뜻한다. 이처럼 하이데거의 기술에 대한 사유에서 '닦아세움'과 '탈은폐'개념은 기술의 개발과 작용 전반을 설명하는 철학적 열쇠가 된다.

---

51 질료인, 형상인, 목적인, 능동인은 "책임짐의 공속적 共屬的 방식들 die unter sich zusammengehörigen Weisen des Verschuldens"(FT141)이다. 하이데거는 이를 재료(휠레ὕλη) , 재료가 취하는 형태로서 보임새(에이도스 εἶδos), 재료와 형태가 특정 목적으로 완결되는 것(텔로스τέλos) 그리고 앞선 책임짐의 세 가지 방식을 '숙고'하여 한데 모아 드러내는 레게인λέγειν, 즉 로고스λογos로 설명한다(FT 141f).

바다를 건너온 향 - 일상 속 사물의 드러남

츠바이크가 소설 『마젤란』에서 묘사한 마젤란은 확신과 신념을 바탕으로, 고난–위기–극복–성취의 성장 서사를 향해 나아가는 근대적 주체의 전형이다. 그의 모험은 인간 의지의 표상을 넘어, 제국주의 추동의 속성인 닦아세움의 표상에 속한다. 향신료 제도를 향한 제국의 야욕은 사물 간의 관계망, 즉 아이티온의 상호 '빚짐' 속에서 행해지는 자연스러운 질서를 무시한 기술적 행위였다. 도처에 도사린 위험을 감수하고 향신료 섬의 최대 가치를 창출하려는 제국주의적 야욕은 아이티온의 관계망이 아닌 것이다. 유럽에 향료가 소개된 것은 로마인들의 이집트 원정 이후였다. 중세 유럽의 식탁에서 주된 향신료는 허브, 양파, 마늘, 소금, 식초 정도였고, 동양에서 수입된 향료는 상류층의 전유물이었다. 13세기 실크로드를 통해 유럽에 등장한 후추는 스프나 고기 요리에 신비로운 풍미를 더했고, 아랍 상인들이 전파한 계피는 유럽 요리 전통에 혁신을 가져왔다. 13세기경 프랑스에 등장한 팽 데피스, 14세기 독일 뉘른베르크에서 시작된 렙쿠헨 그리고 영국의 진저브레드 등은 중세의 기술, 무역, 신앙이 교차하는 문화적 탈은폐의 산물이었다.

향신료의 문화적 확산은 곧 근대자본주의의 논리, 즉 대상을 몰아세워 생산과 이윤을 극대화하려는 충동으로 이어졌다. 이렇듯 닦아세움이라는 인류의 도발적 요청은 인류를 문화 시민으로 개화하는 한편, 역설적이게도 세계가 바닷길로 연결되어있다는 진실을 드러내는 계기가 되었다.

기술은 제약없이 나아가고자 하는 자기동력적 성격을 지니는 동시에, 그것을 설계하고 사용하는 인간의 논리를 따르는 이중적 존재 방식을 드러낸다. 고대 철학자들이 설한 질료, 형상, 목적, 능동인의 공속적 관계는 원래 주체와 비주체의 상호 존중 속에서 성립했으나, 그 균형이 깨지고 '서로에게 빚지고 있다'는 윤리적 인식이 망각될 때 기술은 폭력적 닦아세움으로 기울게 된다. 하이데거는 이러한 현상을 라인강의 변모에 빗대 설명하였다. 횔덜린의 「라인강 송가」에서 라인은 신성한 존재의 흐름이지만, 근대 기술사회에서 그것은 전력 발전소로 전환된 ‘자원화된 자연’이다. 기술의 탈은폐 과정에서 드러난 라인 강의 두 얼굴은 오늘날 기술 문명 속에서 여전히 병존한다. 기술의 탈은폐 과정에서 서로 빗지고 있다는 윤리적 인식과 강력한 힘의 행사라는 애초의 의지가 서로 다른 초래하는 것이다.

하이데거 기술 개념의 문학적 적용

1518년 3월 22일, 스페인 국왕 카를로스 1세(신성로마제국 카를 5세)는 마젤란의 출정 계약서를 체결하며, 그에게 미지의 바다에 대한 우선권과 독점적 개척권을 부여했다. 계약서에 따르면 마젤란과 천문학자 팔레이루는 그들이 발견한 지역에서 발생하는 수익의 20분의 1을 취득할 수 있었고, 여섯 개 이상의 섬을 발견할 경우 그 중 두 개에 대한 특별 소유권을 인정받았다. 또한, 콜럼버스가 체결한 계약과 마찬가지로, 새로 획득한 영토의 귀족 또는 총독 지위가 그들의 후손에게 세습되는 권리로 명문화되었다(Zweig 97f). 이 문서는 근대적 ‘기술-권력 복합체’의 제도적 기원을 드러내는 상징적 사건이었다. 이후 1571년부터 1898년까지 327년에 걸친 필리핀의 식민지화 과정은 하이데거가 말한 기술의 본질, 곧 닦아세움이 실질적으로 작동한 현장이기도 하다.

이 시기 탐험가들은 국가적 야망과 개인적 명예를 위해 항로 정보를 철저히 비밀에 부쳤고, 개척 과정에서 타자를 도구화하며 자연을 지배의 대상으로 닦아세웠다. 마젤란 함대가 태평양을 횡단하여 세계일주에 성공한 것은 인류사의 위대한 사건으로 기록되었지만, 이는 스스로 드러난 방식이 아니라, 기술의 “도발적 요청 Herausforderung”(FT 149)에 해당한다. 유럽인들은 태평양 일대에서 지배적 위치를 강화하며 자연의 내적 생장력을 뒤로하고, 자국의 문화를 이식하였다. 이 과정에서 원주민의 목가적 세계나 느린 삶의 방식은 미개하고 열등한 것으로 폄하되기도 하였다.

이러한 기술적 세계관은 16세기 테오도르 드 브리 Theodor de Bry의 동판화 〈마젤란의 알레고리화〉에서도 선명히 드러난다. 그림 속 마젤란은 함대의 중심에 위치하며, 주변에는 나침반, 해도, 측량기, 무기 등 서구 문명의 기술 장비들이 정교하게 배열되어 있다. 이는 곧 서구의 지식과 기술이 미지의 세계를 합리적으로 정복한다는 이념을 시각적으로 정당화한 장치라고 할 수 있다. 흥미로운 점은, 이 장비들 중 나침반이 1세기경 중국에서 만들어져 아라비아 상인들을 통해 유럽에 전파된 도구라는 사실이다. 즉, 서구의 기술적 우위조차 이미 타자의 지식과 경험에 빚지고 있었음에도, 드 브리의 시각 체계 속에서는 그것이 철저히 서구의 발명품으로 재현되고 있다. 초기 항해 시대에 천체, 바람, 해류, 새의 이동이 항로 결정의 주요한 기준이었다는 점을 떠올리면, 기술은 언제나 인간과 자연의 협력 속에서 발전해왔던 셈이다. 그러나 근대 이후의 기술은 이 협력적 관계를 망각하고, 자연을 통제와 착취의 대상으로 전락시켰다.

드 브리의 동판화에 새겨진 원주민, 이국적 생명체, 자연물들은 신화적이고 원초적인 형상으로 묘사되어 있다. 이는 비유럽 세계를 타자화함으로써 서구중심의 문명 담론을 부각시키는 도상적 반영이다. 마젤란의 항해가 의미하는 바를 여러 도상을 통해 알레고리적으로 시각화하고 있는 셈이다. 이러한 해석은 기술을 통해 자연을 극복하고 진보를 이룬다는 서구 근대의 신화적 내러티브를 재생산한다. 하이데거의 시선에서 본다면, 이 진보의 서사는 기술의 본질을 오해한 결과다. 기술은 단순히 수단이 아니라, 세계를 드러내는 하나의 방식이며, 그 드러남이 폭력적 닦아세움의 형태를 띨 때, 존재는 은폐되고 세계는 건조한 불모지로 축소된다. 하이데거가 횔덜린의 「라인강 송가」를 통해 기술을 논한 것은 그에게 기술의 물음이 곧 존재의 물음이기 때문이다. 그는 기술적 세계 속에서 은폐된 존재를 다시 드러내고, 도상에 머무르는 존재를 구원하려는 사유의 과제를 일관되게 이어간다.

하이데거는 닦아세움에 대한 태도를 성찰하게 하는 고전적 개념으로 "운명 Geschick"을 제시하였다. 그는 이 개념을 "앞에 놓여 있음, 마련되어 있음

Vorliegen und Bereitliegen"이라는 그리스어 휘포케이스타이ὑποκεῖσθαι로 설명한다. '휘포케이스타이 hypokeisthai'는 '밑에 놓이다 hypokeimai'의 미완료형으로, 존재와 인간 사이에 열려 있는 가능성의 지평을 함축한다. 즉, 인간이 사물을 지배하거나 조작하는 대신, 그것이 '자기 자리'에서 스스로 드러날 수 있도록 열어두는 태도를 가리킨다. 이러한 사유는 권위나 신의 뜻, 혹은 자연법칙에 귀 기울임으로써 인간의 오만함을 경계하는 고대 그리스적 세계관에 뿌리를 둔다. 그들에게 존재란 인간의 손에 의해 구성되는 대상이 아니라, 스스로를 드러내는 근원적인 기초 hypokeimenon였다. 존재는 언제나 우리보다 앞서 '놓여 있는 것'이며, 인간은 그 드러남에 참여하는 존재로 이해한 것이다. 이 관점에서 본다면, 마젤란이 타자를 섣불리 해석하고 자신의 기준으로 타자를 판단했던 행위는 존재의 운명에 대한 무지를 드러낸다. 그는 세계를 그들이 닦아세운 기술적 안목으로 이해하려 했고, 그 결과 낯선 땅에서 죽음이라는 비극을 맞게 된다. 그리스적 사고로 표현하자면, 이는 자연과 타자의 복수로 이해되는 '정의로운' 죽음이었다. 하이데거가 경고한 바와 같이, 인간이 존재의 부름을 듣지 않고 세계를 강제로 드러내려 할 때, 그 강제성이 결국은 인간 자신에게 되돌아온다는 사실을 슈로트는 바람의 이야기를 통해 드러낸다.

마젤란의 오만한 죽음 그리고 산호초

라오울 슈로트는 마젤란의 죽음을 그의 오만이 부른 숙명이라 표현하였다. 다음 단락에는 그리스 비극을 연상시키는 심미적 비극미와 인간의 오만이 드러난다.

> 날이 밝아오자, 족히 이천 명의 병사들이 창을 휘두르며 해변을 가득 메웠다. 그와 거의 같은 수의 세부섬 주민들도 작은 배를 타고 우리를 따라왔으나, 이는 싸움에 가담하려는 것이 아니라 마젤란이 행할 또 하나의 구경거리 공연을 보려는 호기심 때문이었다.

> 그러나 이제 그의 절망적인 오만이 화근이 되었다. 그는 모든 것이 사전에 계산된 대로 되지 않는다는 사실을 끝내 인정하지 않으려는 완고함 속에서 스스로 파멸을 불러왔다. 완고함이 그의 실패를 불러온 것이었다(W38-2).

마젤란은 계산과 계획을 통해 상대를 제어할 수 있다고 믿었지만, 바로 그 확신이 그의 발목을 잡았다. 슈로트가 언급하지 않은 공연의 세부 내용은 츠바이크 『마젤란』에서 확인할 수 있다. 츠바이크의 서사에 따르면, 마젤란은 배 위에서 스페인 병사를 갑옷으로 무장시킨 뒤, 세부의 투사 20명으로 하여금 창과 검을 들고 덤비게 하였다. 그러나 강철 갑옷을 입은 스페인 병사는 어떠한 부상도 입지 않았고, 이 연극적 시연을 통해 마젤란은 스페인의 기술적 우위와 무기의 탁월성을 과시하였다. 이 경험은 그로 하여금 다시 한 번 기술의 힘에 대한 확신을 굳히게 만들었다. 그는 무장된 60명의 유럽인만으로 세부와 앙숙 관계에 있던 막탄 섬 부족을 제압할 수 있다고 판단하고 이를 실행에 옮겼다. 츠바이크는 마젤란이 원래 신중하고 선견지명이 있는 인물이었지만, 지저분한 오두막에 사는 갈색 피부의 무례한 자들과 싸우기 위해 군대를 총동원하는 것은, '두 세계'를 다스리는 황제의 사령관으로서 체면을 손상시키는 일이라 여겼다고 기록했다. 하지만 그런 그가 간과한 것이 있었다. "보잘 것 없는 추장에게 동맹군이 있었으니 그것은 특이하게 생긴 섬의 해안"이었다는 사실이다. 빽빽하게 솟은 산호초가 병사들의 진격을 가로막자, 마젤란은 해안가에서 속수무책으로 당하고 만다. 이 장면은 기술적 확신이 자연의 반격, 즉 사물의 응전에 부딪히는 결정적 순간을 상징한다. 산호초라는 '밑에 놓여 있던 hypokeisthai' 존재가 주체를 향해 반응한 것이다. 마젤란은 사물이 자체적으로 행위하는 산호초라는 자연의 구조물을 경시한 채, 자신이 닦아세운 계산된 세계 안에서만 판단했다. 그러나 바로 그 은폐된 사물이 그의 운명을 결정지은 것이다. 하이데거는 헤겔의 기술에 대한 사유("부품이라는 견지에서 볼 때, 기계는 전적으로 의존적이다. 기계는 자신의 지위를 수행 가능한 임무의 요청에 의해서만 부여받기 때문이다”, FT 150)를 비판하며, 활주로에 놓인 비행기는 하나의 대상을 넘어 운송의 가능성을 보장하는 방식으로 존재함으로써, 그 자체의 존재 가치를 은닉하고 있다고 보았다. 이 맥락에서 산호초 또한 바다 속에 은닉된 존재로서의 가치를 지니고 있었다. 마젤란 일행은 산호초의 속성을 이해하지 못한 채 진격하다 실패하였다. 라투르의 행위자네트워크이론에서 말하는 “결절”은 인간과 비인간 행위자 간의 관계망이 교착된 상태를 의미한다. 마젤란의 몰락은 바로 이 ‘결절’의 순간, 즉 인간의 계산과 사물의 자율적 작용이 충돌하면서 발생한 존재론적 문제의 발생지점이었다. 이 장면에서 산호초는 행위자로 부상한다. 슈로트의 서술 속에 숨어 있는 이 장면은, 하이데거가 경고한 닦아세움의 오만이 사물의 응전 앞에서 붕괴되는 순간을 극적으로 보여준다.

작가 라오울 슈로트는 비주체적인 것들의 활동성, 즉 행위성을 인정하며 마젤란 사후 새 지휘부의 항해를 마젤란의 방식과는 다르게 묘사한다. 새 선장이 된 엘카노는 “마젤란이라면 결코 하지 않았을” 방식을 택해 선원들의 의견을 경청하였고, 마침내 1522년 9월 8일 세비야 항에 도착하였다. 빅토리아 호의 귀환은 “바람의 호의” 덕분이었다. 생존자들은 그 어느 때보다 훨씬 약해진 심정으로 귀향에 대한 희망과 도착 후 스스로 몫을 정할 수 있다는 “낯선 자유”에 대한 희망 속에서 험난한 뱃길을 견뎠다.

슈로트에게 기술은 도구적, 기계론적 개념이 아니라, 생성과정에서 나타나는 “위상”과 연계된다. “하나의 위상은 하나의 다른 위상이나 여러 다른 위상들과 관련해서만 인식된다”는 시몽동의 사유는 포이에시스의 고전적 사고방식과 같은 맥락에 있다. 이러한 기술론은 이질적 국면이나 존재들의 연합을 인정하며, 닦아세움과 같은 강압적 특성을 인정하지 않는다. 하이데거가 기술의 본질을 “신비한 별 운행”에 비유한 대목도 기술이 단순한 도구적 성격을 넘어 존재론적 성격을 갖는다는 것을 강조한 것이다. 이러한 사유는 현대 문명의 폐단을 경험한 철학자들이 기술성을 본원적이고 시적인 영역과 결부함으로써, 기술의 인문학적 특징과 결합할 수 있음을 드러낸다.

한네스의 항해: 바람의 이야기와 시원적 탈은폐

"기술은 드러냄의 한 방식이다. 기술은 탈은폐와 비은폐성인 알레테이아, 즉 진리가 일어나는 곳에 본질적으로 존재한다."

- 마르틴 하이데거

슈로트의 소설 『바람의 이야기』는 다음과 같이 시작된다.

> 이것은 바람의 이야기다. 나는 항상, 주풍과 보조풍의 모든 이름을 알고 있는 자가 이 이야기를 다뤄야 한다고 생각했다. 선원들이 '바다의 별'이라 부르는 저 종이 장미 위에서 모든 바람의 방향을 아는 자 말이다. 하지만 이제 이야기는 그 모든 것을 알지못하는 사람이 들려줄 것이다. 그리고 그는 곧 낮바람이 어떻게 그를 에덴동산으로 이끄는지를 알게 된다.[52]

대항해시대 항해담은 숙련된 항해사가 전할 법한 이야기이지만, 21세기 오스트리아 작가의 재서술을 통해 마젤란 함대의 세계일주는 항해의 재현에서 항해에 대한 성찰이라는 '메타항해'로 변모한다. 항해의 주체는 항해사에서 서술자로, 이야기가 대항해시대를 재구성하고 있는 셈이다.

소설의 주인공 한네스는 무기 주조공방 Geschützgießerei에서 일했던 기능공으로, 1519년 한스, 게오르게와 함께 마젤란 함대에 승선했다. 16세기는 대포가 주요 병기로 자리하며 유럽의 군사기술혁명이 본격화된 시기였다. 당시 사회는 "견고하고 잘 조직된" 전근대적 질서 속에서 기술자와 군인이 수학·기계학을 연구하던 수공업의 시대였다.

---

52 "Dies ist eine Geschichte des Windes. Ich dachte immer, sie müsse von jemandem handeln, der bereits all die Namen der Haupt= und Nebenwinde kennt, ihre Richtungen auf jener papiernen Rose, die Seefahrer den 'Stern des Meeres' nennen. Doch wird sie nun erzählt werden von einem, welcher noch nichts davon weiss. Und der sodann erfährt, wie ihn der Tagwind in den Garten Eden weht"(W 1).

한네스의 성은 “자유제국도시 아헨에서 도보로 이틀 거리에 있는 마을”에서 유래하였다. 그는 빈번한 홍수로 농사가 어려워지자 부친을 따라 광산 근처로 이주했고, 직물공장에서 주물공장으로 일터를 옮겼다. 자연재해로 인한 아헨으로의 이동과 생계의 변화가 그를 함대에 오르게 한 결정적 계기가 되었다. 홍수는 자연이 스스로를 드러낸 방식으로, 인간의 운명에 개입한 비인간적 행위자로 기능한 것이다. 이는 아리스토텔레스가 말한 ‘책임짐 αἴτιον’의 개념, 즉 ‘운명’ 또는 ‘몫’으로 해석될 수 있다. 마젤란이 막탄에서 생을 마감한 것과 달리, 한네스는 세 차례 세계 일주를 완수한 인물로 묘사된다. 이는 바람의 이야기에 순응한 그의 ‘몫’으로, 세계의 작동이 상호의존적 관계에 놓여 있음을 보여준다.

한네스는 자연현상을 열린 마음으로 대하며, 외부 세계를 생태학적 감수성으로 바라본다. 한네스의 세계관은 이탈리아 출신 군의관 부스만테의 사례에서도 확인되었다. 악천후 속에서 절벽을 기어올라 태평양을 최초로 목격한 부스만테는 귀국 후, 4500 마라베디의 보상을 받았지만, 한네스는 물질이 아닌, 그의 용기와 대범함을 본받고자 하였다. 이러한 자세는 하이데거의 “시원 Anfängnis” 개념과 맞닿아 있다. ‘시원’은 단순한 시작이 아니라, 존재가 발현되는 진리의 근원적 계기를 의미한다. 이는 창세기의 “태초”와 상응하며, 진리의 본질이 결정되는 단계로 이해된다. 『바람의 이야기』에서 한네스의 항해는 이러한 시원적 사유와 조우하며, 닦아세움과 탈은폐라는 항해기술의 발현 과정에서 인간과 자연, 그리고 기술의 관계를 새롭게 조명한다.

시원적 자연과 포이에시스: 한네스의 항해와 바람의 사유

한네스가 대면한 세계는 끊임없는 운동 속에서 작동하며, 그 운동 안에는 시원에 대한 향수가 내재되어 있다. 형체 없는 바람은 현재화된 ‘시원’으로 기능하며, 그 속에 간직된 진리를 경험한 한네스의 세계는 끊임없는 운동 속에서 작동하며, 그 운동 안에는 시원에 대한 향수가 내재되어 있다. 형체 없이 존재하는 바람은 현재화된 '시원'으로 기능하며, 그 속에 간직된 진리를 전달한다. 이를 사유하는 존재는 사물이 스스로 드러나도록 시간성을 부여한다. 이 느긋한 시간 속에서 세계의 축소판이라 부를만한 직군들이 함께 항해의 길을 형성해 나갔다. 이들 직군에는 함장, 조선공, 무기 주조공 및 포병, 갑판원, 요리사, 목사, 연구자, 의사, 시인 등 다양한 사람들이 포함되었고, 이들은 각자의 위치에서 저마다의 제작행위, 즉 포이에시스를 구현하였다. 배를 만드는 도선사, 언어의 기술자들, 그리고 항해 길에 오른 모든 구성원들의 작업은 "미래의 변수"에 기대고 있다. 바닷길을 여는 이들의 활동은 미래에 대해 열린 형식이란 점에서 제국주의적 출항 목적과 분리해 생각할 수 있다. 앞서 살펴본 마젤란의 행위와 달리, 한네스의 바닷길은 세계의 비밀을 여는 것과도 같다. 하이데거의 표현에 따르면, 시원적 태초가 마지막에 이르러서야 인간에게 드러나는 것이다. 이 문장은 기술의 열린 성격을 규명한다. 이는 세계가 존재하는 방식으로, 마지막의 현상을 가능하게 한 것은 시원적인 것이다. 이는 기술이 시적인 특성을 갖는 이유가 되는데, 하이데거가 "시의 본질은 역사라는 시간을 앞질러 간다"고 말한 이유도 여기에 있다. 아직 드러나지 않은 사유는 상상과 은유의 차원에 해당한다. 작가가 한네스의 항해담을 "바람의 이야기"에 빗댄 중요한 근거가 된다.

바람의 이야기는 "밖으로 끌어내어 앞에 내어놓음의 방식인 포이에시스"(FT 147)로서, 단순한 기술적 닦아세움과 구별된다. 슈로트가 디지털 기술이 지배하는 '하늘'의 시대 대신 바다의 시대로 시선을 돌린 것은 인류의 오랜 개념인 포이에시스를 기술의 본질적 특징으로 재고하기 위함이다. 그는 소설 5장에서 이를 다음과 같이 암시한다. "처음에 이것은 불과 흙의 이야기이다. 물은 아직 대기 중이며 공기는 더욱 규명할 수 없이 남아있다."

제목에 등장하는 바람과 불, 흙, 물은 우주생성의 네 가지 원소를 가리키며, 여기에 공기가 더해진다. 공기, 즉 공중은 항공우주시대의 상징으로 치환될 수 있는데, '물이 아직 기다린다'는 표현은 대항해시대가 아직 열려있어 화자의 입장에서 바람의 이야기를 적고있다는 의미로 읽힌다. 그에 반해 공기, 즉 하늘은 바다의 이야기가 끝난 후에야 가시화되는 과학기술발전의 단계이기에, 16세기 시점에서 아직 미지의 세계로 남아 있다.

한네스가 스페인어나 포르투갈어를 구사하지 못한 독일인이었다는 사실은 그가 함대의 중심인물이 아니었음을 말해준다. 마젤란은 스페인인, 아프리카인, 바스크족, 포르투갈인, 독일인, 영국인, 사이프러스인, 코르푸인, 이탈리아인 등 다양한 출신의 비정예 인력을 모집했다. 이러한 다민족 구성은 언어 장벽을 만들어 소통을 어렵게 했고, 항해 도중 갈등과 긴장, 불신과 반란으로 이어졌다. 마젤란은 1520년 파타고니아 반란 관련자들을 섬에 유기하거나 처형하는 등 강경 진압하였다. 예측 불가능한 기후와 질병, 배고픔과 결핍은 합리적 통제를 무색하게 만들었다. 명령과 기술만으로는 성공적 항해가 불가능했고, 언어적 소통이 원활하지 못한 상황에서 은유적 소통만이 가능했다. 그들이 의지할 수 있었던 것은 변화무쌍한 바람 앞에서의 기도였으며, 결국 그들을 목적지로 인도한 것도 바람이었다. 슈로트가 대항해시대 세계일주를 영웅의 관점이 아닌, '바람의 이야기'로 재구성한 이유다.

더욱이 이 소설은 뱃사람들의 바람을 모르는 현대의 화자가 시공의 벽을 뚫고 들어가 서술한다는 점에서 츠바이크의 서술 입장과 본질적으로 차이가 있다. 바람이 전하는 이야기는 구술문학의 성격을 띤다. 옛 세대가 후손에게 옛이야기를 전하는 방식과 다르게, 현존 작가가 현대적 시점에서 옛시대의 이야기를 전하다보니 소설작품 곳곳엔 현대적 풍경이 삽입되어 몽타주적 특성을 보이기도 한다. 플라톤은 『파이드로스』에서 문자 사용이 기억을 무디게 하여 영혼에 망각을 불러온다고 경고했다. 글은 "바깥에서 오는 낯선 흔적들에 의존"하기 때문에, 안으로부터 오는 자기 자신의 힘을 약화시킨다고 본 것이다. 이런 의미에서 『바람의 이야기』는 기억과 감각을 단련하며, 인간이 스스로 자연과 세계를 경험하고 사유해가는 정신적 항해로 이해할 수 있다.

한네스의 항해 지도 위의 바람

닦아세움의 지위에서 비교적 자유로운 한네스는 대상을 지배하기보다, 주변의 현상을 관찰하며 바다의 리듬과 재난의 장면을 세밀하게 묘사하는 인물로 등장한다. 슈로트의 시학에서 거칠고 적대적인 시원의 기억을 간직한 자연은 '숭고한 풍경'으로 자리한다. 『은유. 숭고에 대하여』에서 슈로트는 "자연을 적대적이고 접근 불가능하다고 부르는 것은 이미 인간의 시각에서 판단한 것"이라고 보았다. 자연이 하나의 자연으로 존재한다면 그것은 "무심"하다. '무관심한' 자연은 무심한 존재로서 인간의 목적과 무관하다. 한네스의 자연도 무심함을 특징으로 하며 인간의 지향성에 관심이 없다.

> 바람이 우리를 들이받았고, 사방에서 몰아쳤으며 고함치고 울부짖었다. 바람은 더 이상 불거나 휘몰아치는 것이 아니라, 우리 위로 덮쳐왔다. 그래서 우리는 바람에 맞서 항해할 수도 없었고, 다만 바람이 잠시 숨을 고르는 짧은 틈을 이용해 암초에 부딪혀 난파되지 않으려고 피난처를 찾을 수밖에 없었다.

바람은 인간의 통제를 벗어난 거대한 힘으로, 인간 존재를 무력하게 만들었다. 한네스 눈에 포착된 이 거칠고 폭력적인 자연은 역설적으로 "고도의 유토피아적 가능성"을 내재한다. 기술이 자연 지배를 멈추고, 세계의 리듬에 귀를 기울일 때 인류는 환경파괴와 기후위기를 비롯한 재난으로부터 해방될 수 있다. 그럼에도 프레드릭 제임슨의 지적처럼 오늘의 인류는 자본주의 종식보다는 세상의 종말을 상상하는 것이 훨씬 쉬워 보인다.

슈로트가 눈여겨 본 한네스의 매력은 그가 선장실에서 지도를 마주한 장면에서 구체화된다. 선장의 선실에 펼쳐진 세계지도에는 황금빛 태양과 은빛 달이 좌우에 배치되어 있고, 네 귀퉁이에는 바람을 의인화한 얼굴들이 장식되어 있었다. 이들은 피렌체 화가 보티첼리의 <비너스의 탄생>(1485) 좌측에 등장하는 제피로스처럼 두 뺨 가득 바람을 머금은 채, 바람을 내뿜고 있다.

> 그러나 나를 사로잡은 것은, 모서리에 그려져있던 네 개의 주요 바람(風)들의 얼굴이었다. 키잡이는 내게 이 이름들을 알려주었는데 북서쪽에서 온 그리스풍, 뤼벡풍, 프랑켄족의 장인풍, 그리고 남동쪽의 아라비아 시로코풍이었다. 그들은 장난기 많은 건달의 찡그린 얼굴들로, 눈엔 힘이 잔뜩 들어갔고 뺨은 부풀어 올랐으며 기름지게 두툼한 입술을 한 채 구름구멍 속에서 서로에게 바람을 불어대고 있었다. 그래서 그들의 귀 뒤로는 불같이 붉은 머리카락이 곱슬거리며 하늘로 치솟고 있었다. 그들 네 쌍둥이 중 하나인 뤼벡풍은 경련하듯 세게 찌푸린 눈썹 때문에 메브리츠 출신의 한스와 헷갈릴 정도로 닮아 있었다. 왜냐하면 우리 한스가 자신이 발명한 대포 꼬리 받침대를 한 번 발사한 후 다시 밀어넣으려 온 힘을 다할 때 바로 그런 표정을 짓곤 했기 때문이다.

여기서 바람은 배의 흐름을 돕는 매체로 기능하며, 그 중 하나는 아헨 주물공방의 동료이자 마젤란 함대에 승선한 한스의 얼굴로 형상화된다. 이 시대는 신학적 세계관에서 경험적 세계관으로 이행하던 시기로, 자연은 여전히 신의 창조물로서 '읽혀야 할 책'으로 간주되었다. 이후 자연은 탐사의 대상으로 전환되었고, 세기를 거치며 20세기에는 진보라는 폭풍에 휘말려, 벤야민이 예리하게 분석한 바와 같이 '역사의 천사'조차 날개를 펼칠 수 없는 시대가 도래했다. 슈로트가 이 시대를 회고하며 옛 시절에 대한 향수를 담아 작품을 쓴 것도 이와 무관하지 않다.

한네스가 마주한 지도는 전근대성과 근대성이 교차하는 시대의 산물이었다. 하지만 아름답고 장식적인 도상 뒤에는 지정학적·외교적 의도가 숨겨져 있었다. 일찍이 해양 패권을 장악한 포르투갈은 세계 일주가 불가능하다는 인식을 퍼뜨리기 위해 의도적으로 왜곡된 지도를 제작했다. 마젤란의 항해를 저지하기 위한 이 전략적 아틀라스는 3년에 걸쳐 완성되었으며, 르네상스 시기에 제작된 지도 중 가장 아름다운 작품으로 평가받는다.

보다 정확한 세계지도는 마젤란과 엘카노의 세계일주 이후인 1525년, 세비야의 지도제작자 디오고 리베이로의 카스틸리오니 지구본 Castiglioni Planisphere에 반영되었다. 스페인 왕실의 지도 제작을 담당했던 발다사레 카스틸리오니 Baldassare Castiglione(1478-1529)는 헨리 8세의 우르비노

대사로도 활동한 인물이다. 이 지도는 아메리카와 몰루카 제도 사이의 해양 공간이 이전 지도들보다 실제 거리에 근접하게 그려져 있다. 그러나 한네스는 정치지리학적 지리 정보에는 무심하다. 대신, 수작업으로 정교하게 그려진 세계지도의 도상에서 친구의 얼굴을 발견하며, 항해 여행을 친밀한 자연의 이야기로 수놓는다.

"다른 모든 것은 역사에 반하는 이야기의 진실이다"

츠바이크의 『마젤란』이 인간의 도전과 성취에 주목한 역사적 영웅소설이라면, 라오울의 『바람의 이야기』는 스페인 고문서에 짧게 언급된 아헨 출신 포수 한네스의 이야기에 착안하여 대항해시대를 전혀 다른 관점에서 성찰한 현대적 모험소설이다. 1881년생 츠바이크와 1964년생 슈로트 사이에는 기술 환경의 격차가 압도적이다. 하이데거가 기술에 대한 사유를 수행하며 제시한 '닦아세움'과 '탈은폐'는 기술의 존재론적 성격을 규명하는 동시에, 시대와 역사를 규명하는데도 유효한 개념이 되었다.

츠바이크는 마젤란의 결단과 불굴의 의지를 근대적 이성의 관점에서 서술하였지만, 인간중심적 사유의 한계를 인식하고 있는 신유물론 관점에서, 그의 내러티브는 한계를 드러낸다. 마젤란은 자신이 건넌 '마젤란 해협'을 통해 대륙이 이어져있음을 입증했음에도, 귀향하지 못하고 아시아의 낯선 섬에서 전사한 것은 그러한 사유의 한계를 드러내는 상징적 사건이다. 그의 죽음은 서사적 차원에서 세 번의 항해를 완수한 한네스의 귀환과 뚜렷이 대조된다. 마젤란의 항해가 '역사'의 차원에서 인간 의지의 극복과 정복의 서사로 읽힌다면, 한네스의 항해는 자연이 전한 '바람의 이야기'이다. 그가 목격한 바람의 움직임과 변화, 그리고 유동성은 세계를 움직이는 근본적 동력으로 제시된다. 슈로트의 주인공 한네스 역시 종국에는 "공기"가 되어 자연의 힘 속으로 흡수되었다.

과학기술이 고도화될수록 인간은 기술을 지배할 수 있다는 환상을 품는다. 그러나 하이데거가 말한 기술의 “성함”, 즉 기술의 자체적 구동가능성은 오히려 인류를 위협할 수 있다. 이러한 이유로, 기술 없이 살아갈 수 없는 현대인에게는 기술의 존재론적 성격에 대한 규명과 성찰이 시급하다. 오늘날 AI는 더 이상 도구가 아니며, 스스로 의견을 결정하는 행위주체로 부상하였다. 미지의 세계에서 항해기술과 불굴의 의지를 통해 새로운 힘을 장악하고자 했던 마젤란의 정신은 오늘날 인공지능의 시대에 이르러 또 다른 형태로 되살아난 셈이다. 이러한 기술환경 속에서 10대 중세 기능공 한네스를 통해 대항해시대를 다시 바라보는 일은, 인간과 기술의 문제를 탐색하기에 매우 유효하다. 슈로트는 기술에 관한 담론을 “역사에 반하는 이야기”로 기록함으로써, 기술 권력에 가려있던 소외된 존재들의 위상을 복원시켰다. 그러나 그의 입장을 반기술주의적이라 규정할 수는 없다. 슈로트는 마젤란과 한네스의 위계적 관계를 재구성함으로써 ‘닦아세움’과 ‘탈은폐’에 대한 철학적 사유를 심화시켰다. 기술과 세계에 대한 관계를 문학 작품으로 재구성함으로써 기술의 본질에 대한 근원적 성찰을 가능케 한 것이다. 기술은 ‘완성된 사물을 미리 그려보는 순간’ 이미 작동을 시작한다. 따라서 기술에 대한 논의는 필연적으로 인문학적 연구 영역과 불가분의 관계에 있다.

참고문헌

고위공(2004): 문학과 미술의 만남. 미술문화.

김미지(2019): 우리 안의 유럽, 기원과 시작. 생각의 힘.

김연신(2024): 잉에보르크 바흐만의 시 「유예된 시간」 한국어 번역본 비평, 독일어문학 107, 87-108.

김연신(2012): 문화적 자기진술자로서의 18세기 지식인 여행기 연구 - 헤르더와 레씽의 여행기를 중심으로. 독일언어문학 57, 369-394.

김영술(2012): 발트해 지역의 글로컬라이제이션에 대한 연구: 한자동맹을 중심으로. EU연구 30, 203-247.

김용민(1994): 독일 생태시의 시작 - 에리히 프리트의 「새로운 자연시」. 독어독문학 54, 209-231.

김형래(2019): 얀 바그너의 시에 나타난 자연과 인간- 시집 『빗물통 변주곡』을 중심으로, 독일언어문학 83, 97-119.

김훈(2008): 바다의 기별. 생각의 나무.

노영돈 외(2013): 독일 신세대문학. 민음사.

두셀, 엔리케(2011): 1492년 타자의 은폐. '근대성 신화'의 기원을 찾아서(박병규 옮김). 그린비.

두행숙(2015): 독일작가 한스 마그누스 엔첸스베르거의 작품 『온순한 괴물 브뤼셀 혹은 유럽의 금치산』에 나타난 유로존의 실체 및 위기에 대한 비판 연구. 독일어문학 68, 143-166.

데이비스, 노먼(1996; 2023): 유럽. 하나의 역사(왕수민 역). 예경.

라투르, 브루노(2010;2018): 인간 사물 동맹. 행위자네트워크이론과 테크노사이언스. 이음.

레싱, 고트홀트 에프라임(2008): 라오콘. 미술과 문학의 경계에 관하여. 윤도중 옮김. 나남.

류신(2024): 사색의 미술관. 미술문화.
릴케, 라이너 마리아((2005): 말테의 수기(김용민 역). 책세상.
맥그리거, 닐(2014): 독일사산책(김희주 역). 옥당.
뮌스터베르크, 후고(2024): 영화극-심리학적 연구(유현주 역). 문학동네.
박은주(2022): 살아있고 움직이고 반항적이고 고집센 : 카프카의 단편 「블룸펠트」에 나타난 사물성 연구. 인문학연구 37, 3-29.
박정희(2021): Von der DDR-Literatur zur Post-DDR-Literatur. 브레히트와 현대연 44, 133-148.
박정희(2004): 최근 독일어권 문학에서 이주자문학의 현황, 독일문학 91권, 187-206.
배기정(2015): 주변부의 중심화, 집단적 기억의 주변화-한스 마그누스 엔첸스베르거의 『아 유럽!』을 되돌아보며. 독어독문학 136, 43-62.
베버, 막스(2017): 프로테스탄티즘의 윤리와 자본주의 정신(김덕영 역). 길.
벡, 울리히(2014): 위험사회. 새로운 근대성을 향하여(홍성태 역). 새물결.
볼프강 보이틴(1988): 독일문학사. 사회사적 관점에서 본 문학적 술화. 허창운/윤세훈/홍승룡 옮김. 삼영사.
벤야민, 발터(2009): 역사의 개념에 관하여. 최성만 역. 길.
배기정(2015): 주변부의 중심화, 집단적 기억의 주변화-한스 마그누스 엔첸스베르거의 『아 유럽!』을 되돌아보며. 독어독문학 136, 43-62.
블랑쇼, 모리스(2013): 카프카에서 카프카로(이달승 역). 그린비.
설혜심(2013): 그랜드 투어. 엘리트 교육의 최종 단계. 웅진지식하우스.
슈나이더, 헬무트 J.(2008): 고대 그리스와 현대 괴테의 형식실험 『헤르만과 도로테』. 독일어문화권연구 17(0), 7-35.
서용좌(2008): 도이칠란트. 도이치문학. 전남대학교 출판부.
신성엽(2023): 독일현대문학에 나타난 유럽의 자화상(1) - 로베르트 메나세의 『수도』와 브뤼셀. 독어독문학 165, 179-202.
신성엽(2021): 『페터 슐레밀의 기이한 이야기』와 유럽의 그림자. 독어교육 81, 215-237.
신성엽(2019): 얀 바그너와 브욘 쿨릭 시에 나타난 '지금'의 바다와 국경. 독어교육 75, 289-314.
시몽동, 질베르(1958;2024): 기술적 대상들의 존재 양식에 대하여(김재희 옮김).

그린비.
안스가 뉘닝 외(2018): 서사론의 새로운 연구 방향(조경식 외 역). 한국문화사.
염승섭(2022): 두이노의 비가. 오르페우스에게 바치는 소네트. 부북스.
이영기(2022): 자연사의 알레고리적 초상-W.G.제발트의 산문시『자연을 따라. 기초시』를 중심으로. 독어독문학 63(4), 143-167.
이영기(2009): 횔덜린의 뮈토포에지. 독일문학. 제 109집.
이호성(2025):『페터 슐레밀의 기이한 이야기』의 신발모티브 분석. 독일언어문학 109, 227-255.
이홍경(2019): 보스니아에서 온 이야기꾼과 이야기꾼 정체성. 독일어문학 27(3), 145-164.
인성기(2003): 독일의 표현주의적 미술에 대한 문화학적 고찰. 독어교육 26집. 547-576.
임우영(2008): "불행한 사람의 노래": 괴테의 찬가「겨울 하르츠여행」(1777). 외국문학연구 31, 211-233.
임홍배(2025): 독일 비평사 읽기. 길.
장진길(2005): "최후의 만찬" 소재 해석 - 레오나르도 다 빈치 및 르네상스 화가를 중심으로. 괴테연구. vol.17. 279-303.
제발트, W. G.(2018): 공중전과 문학(이경진 역). 문학동네.
조두환(2007): 장미 너 순수한 모순. 자연사랑.
조현천(2011): 사랑과 죽음의 바다 - 토마스 만의『부덴브로크 일가』에 묘사된 발트해 휴양도시 트라베뮌데. 세계문학비교연구 34, 193-214.
주일선(2024): 괴테. 삶을 쓰다. 아르테.
최경은(2011): 유럽 인쇄문화의 기원, 인큐내뷸러에 관한 고찰 - 신성로마제국 독일을 중심으로. 독일어문학 53, 307-333.
최문규(2018): 근대, 가상, '견고한 것'의 형이상학 - 샤미소의『페터 슐레밀의 놀라운 이야기』. 뷔히너와 현대문학 51, 53-78.
최문규(2017): 감정의 인문학적 해부학. 북코리아.
최문규(2005): 독일낭만주의. 연세대출판원.
최윤영 외(2015): 독일, 민족, 그리고 신화. 서울대학교 출판부
최윤영(2006): 독일 이민문학의 현주소, 독어교육 35집, 425-444.

츠바이크, 슈테판(2014): 어제의 세계(곽복록 역). 지식공작소.
탁선미(2015): 사라진 자와 남겨진 자: 이민자들을 통해 본 제발트의 애도의 시학. 카프카연구 34, 75-103.
하이데거, 마틴(2008): 강연과 논문(이기상, 신상화, 박찬국 옮김). 이학사.
하이데거, 마틴(1981): 하이데거의 시론과 시문(전광진 옮김). 탐구당.
홍길표(2019): 비정치적 '예술가 소설'의 사회정치적 독해 - 토마스 만의 『토니오 크뢰거』와 『베니스에서의 죽음』 그리고 서구중심주의. 독일현대문학 52, 103-127.
홍순희(2002): 안네테 폰 드로스테-휠스호프: 뤼쉬하우스와 메르스부르크 사이에서 - 유대인 너도 밤나무: 21세기의 고향에 대한 풍속화. 독일어문학 19, 297-322.
홍성욱, 조은서(2023): 이미지 생성인공지능의 도전과 문제들. 사회와이론 46, 7-51.
홍태완(2019): 16세기 세계지도 문헌을 통해 본 마젤란의 세계일주의 지도학적 영향, 지리교육논집 63, 53-66.

Arnold, Heinz Ludwig(Hrsg.)(2007): Raoul Schrott. Text+Kritik. München.
Barber, Richard(1984): The Penguin Guide to Mediaeval Europe. London.
Bartel, Karl(1879): Vorlesungen über die deutsche Nationallitteratur der Neuzeit. 9. Aufl. Güthersloh.
Behr, Iasachar Falkensohn(2002/1772): Gedichte von einem polnischen Juden. Mit einem Nachwort hg. v. Andreas Wittbrodt. Göttingen.
Benjamin, Walter(1980): "Über den Begriff der Geschichte". In: ders., Gesammelte Schriften. Suhrkamp. 691-704.
Berg, Thomas Reinertsen(2023): Die Geschichte der Gewürze: Genuss, Gier und Globalisierung. Bern.
Bergengruen, Maximilian(2016): Himmel und Hölle ökonomisch. Kreditt und Bankrott in Adelbert von Chamissos 'Peter Schlemihl'. In: Lesch, Harald/Oberdorfer, Bernd/Waldow, Stephanie(Hrsg.): Der Himmel als transkultureller ethischer Raum. Göttingen, 167-192.
Bossong, Nora(2018): Kreuzzug mit Hund. Berlin.

Boockmann, Hartmut/Schilling, Heinz/Schulze, Hagen/Stürmer, Michael(1984): Mitten in Europa. Berlin.

Braun, Michael(2016): Das regungslose Zentrum vom Gesang. Zwei Fußnoten zur Dichtkunst Jan Wagners. In: Text+Kritik 210. München 46-50.

Chamisso, Adelbert von(1999): Peter Schlemihl's wundersame Geschichte. München.

Delius, F. Christian(2019): Wenn die Chinesen Rügen kaufen, dann denkt an mich. Berlin.

De Ridder, Paul(2002;1989): Brüssel. Geschichte einer Brabanter Stadt. Gent.

Droste-Hülshoff, Annette von(1998): Sämtliche Werke(hrsg. v. Bodo Plachta und Winfried Woesler). Frankfurt a. M.

Enzensberger, Hans Magnus(2011): Sanftes Monster Brüssel oder die Entmündigung Europas. Frankfurt a. M.

Enzensberger, Hans Magnus(2003): Die Geschichte der Wolken: 99 Meditationen. Frankfurt a. M.

Enzensberger, Hans Magnus(2004): Natürliche Gedichte. Frankfurt a. M./ Leipzig.

Enzensberger, Hans Magnus(1995): Kiosk. Neue Gedichte. Frankfurt a. M.

Enzensberger, Hans Magnus(1998; 2006): Ach Europa! Wahrnehmungen aus sieben Ländern: Mit einem Epilog aus dem Jahre 2006. Frankfurt a. M.

Eskin, Michael/Grünbein, Durs(2015): Michael Eskin im Gespräch mit Durs Grünbein. In: Auf der Horst, Christoph/Seidler, Miriam(Hrsg.)(2015): Bildlichkeit im Werk Durs Grünbein. Berlin, 15-30.

Fischer, Gerhard(2005): Kein Interesse an Deutschland? Enzensbergers literarische Arbeiten zur 'deutschen Frage' vor und nach der Wende. 독어독문학 46(2), 44-62.

Freund, Winfried(1990): Literarische Phantastik. Die phantastische Novelle von Tieck bis Storm. Stuttgart.

Gasset, José Ortega y(1929): La rebellion de las massas. Madrid.

Gehler Michael/Vietta Silvio(Hrsg.)(2010): Europa-Europäisierung-Europäistik.

Neue wissenschaftliche Ansätze, Methoden und Inhalte. Wien.
Gorlée, Dinda L.(2020): Wittgenstein's Secret Diaries. Cryptography and Semiotics. London.
Grünbein, Durs(2016): Der Misanthrop auf Capri. Mit einem Nachwort von Michael Eskin. Berlin(Frankfurt a.M. 2005).(MC)
Grünbein, Durs(2005): Antike Dispositionen. Aufsätze. Frankfurt a. M.(AD)
Grünbein, Durs(2005): Porzellan. Poem vom Untergang meiner Stadt. Frankfurt. a. M.(P)
Grünbein, Durs(2004): An Seneca. Postkriptum. Frankfurt a. M.
Hartlaub, Gustav Friedrich(1925): Giorgiones Geheimnis. Ein kunstgeschichtlicher Beitrag zur Mystik der Renaissance. München.
Holthusen, Hans Egon(1955): Der unbehauste Mensch. Motive und Probleme der modernen Literatur. München.
Hörisch, Jochen(1995): Schlemihls Schatten - Schatten Nietzsches. Eine romantische Apologie des Sekundären. In: Athenäum, Jahrbuch für Romantik. 5, 11-42.
Hartung, Gerald/Steinbach, Tim-Florian(Hg.)(2020): Georg Simmel: Philosophie des Geldes. Berlin/Boston.
Heidegger, Martin(2022): Die Frage nach der Technik. In: ders., Kleine Schriften, Stuttgart, 137-173.(FT)
Heidegger, Martin(2005): Über den Anfang(hrsg. v. Paola-Ludovika Coriando). Frankfurt a. M.
Heidegger, Martin(1985): Unterwegs zur Sprache. Frankfurt a. M.
Heidegger, Martin(1971): Einleitung in die Philosophie(이기상, 김재철 옮김). Tübingen.
Heidrich, Ernst(Hrsg.)(1908; 1920): Albrecht Dürers schriftlicher Nachlass. Berlin.
Hölderlin, Friedrich(1989): Sämtliche Gedichte(hrsg. v. Detliv Lüders). Wiesbaden.
Italiano, Federico/Wagner, Jan(Hrsg.)(2019): Grand Tour. Reisen durch die

junge Lyrik Europas. München.

Johann, Wolfgang/Patrut, Iuria-Karin/Rössler, Reto(2019)(Hrsg.): Transformationen Europas im 20. und 21. Jahrhundert. Zur Ästhetik und Wissensgeschichte der interkulturellen Moderne. Bielefeld.

Judt, Tony(2006): "Geschichte Europas von 1945 bis zur Gegenwart(übersetzt v. Matthias Fienbork und Hainer Kober). München.

Kläger, Florian/Wagner-Egelhaaf, Martina(Hrsg.)(2016): Europa gibt es doch... Krisendiskurse im Blick der Literatur. Paderborn.

Knaap, Ewout van der(2022): Eine eurosophische Fiktion. Zu Robert Menasses Die Hauptstadt. In: Text+Kritik 234, 61-72.

Kraume, Anne(2010): Das Europa der Literatur. Schriftsteller blicken auf den Kontinent. Berlin.

Krüger, Michael(2019): Mein Europa. Gedichte aus dem Tagebuch. Innsbruck-Wien.(ME)

Kuhligk, Björn(2016): Die Sprache von Gibralter. Gedichte, Berlin.

Kuhligk, Björn/Wagner, Jan(Hrsg.)(2008): Lyrik von Jetzt zwei. 50 Stimmen. Berlin.

Kuhligk, Björn/Wagner, Jan(Hrsg.)(2003): Lyrik von Jetzt. 74 Stimmen mit einem Vorwort von Gerhard Falkner. Köln.

Kupperman, Karen Ordahl(2007): The Jamestown project. Harvard.

Lahnstein, Peter(1984): Adelbert von Chamisso: der Preusse aus Frankreich. List Verlag.

Latour, Bruno(1996): On actor-network theory: A few clarifications. In: Soziale Welt 47(4), 369-381.

Lentz, Michael/Opitz, Michael(Hrsg.)(2010): In diesem Land. Gedichte aus den Jahren 1990-2010. Frankfurt a. M.

Lommel, Michael(2007): Peter Schlemihl und die Medien des Schattens. In: Athenäum 17, 33-50.

Mann, Thomas(1960): Chamisso. In: Ders.: Gesammelte Werke in 12 Bänden. Band IX: Reden und Aufsätze 1. Frankfurt a. M., 35-57.

Mann, Thomas(1936): Achtung, Europa! In: Lützeler, Paul Michael(Hrsg.) (1994): Hoffnung Europa. Frankfurt a. M.

Maync, Harry(1944): Eduard Mörike. Sein Leben und Dichten. Stuttgart.

Menasse, Robert(2017;2012): Der Europäische Landbote. Die Wut der Bürger und der Friede Europas oder Warum die geschenkte Demokratie einer erkämpften weichen muss. Wien.

Menasse, Robert(2017): Die Hauptstadt. Berlin.

Mitscherlich, Alexander/Margarete(1977): Die Unfähigkeit zu trauern. Grundlagen kollektiven Verhaltens. München.

Pils, Holger(2016): Mit literaturbetrieblicher Wucht. Das Echo auf die Verleihung des Preises der Leipziger Buchmesse an Jan Wagner. In: Text+Kritik 2016 März, 64-73.

Popp, Steffen(2017): 118. Gedichte. Berlin.

Richter, Christian(2004): Die Grand Tour - Die Bildungsreise der Adligen in der Frühen Neuzeit. München.

Richter, Gerhard(2019): Thinking with Adorno. The Uncoercive Gaze. New York.

Rilke, Rainer Maria: Die Aufzeichnungen des Malte Laurids Brigge. Leipzig 1910.

Rothschild, Thomas(1977): Durchgearbeitete Landschaft. Die Auseinandersetzung mit dem Naturgedicht in einer Gegenwart der zerstörten Natur. In: Mecklenburg, Nobert(Hrsg.): Naturlyrik und Gesellschaft. Stuttgart, 198-214.

Schrott, Raoul (2019): Eine Geschichte des Windes oder von dem deutschen Kanonier der erstmals die Welt umrundete und dann ein drittes Mal. München.(W)

Sebald, Winfried Georg(2012): Nach der Natur. Ein Elementargedicht. Frankfurt a. M.

Shin, Jiyoung/Chraplak, Marc(2020): Robert Menasses EU-Roman Die Hauptstadt(2017) als Der Mann ohne Eigenschaften 2.0. In: Weimarer

Beiträge 66, 98-112.
Sorg, Bernhard(1989): Der Künstler als Misanthrop. Tübingen.
Steinweg, Reiner(2014): Sterbenlassen an den europäischen Südgrenzen. In: Bierdel/Lakitsch 2014, 137-151.
Text+Kritik. Heft 210 Jan Wagner März 2016. München.
Trakl, Georg(2016): Georg Trakl. Das dichterische Werk(Hg. Walter Killy und Hans Szklenar). München.
Wagner, Jan(2014): Regentonnenvariationen. Gedichte. München
Wertheimer, Jürgen(2020): Europa. Eine Geschichte seiner Kulturen. München.
Wild, Ariane(2002): Poetologie und Décadence in der Lyrik Baudelaires, Verlaines, Trakls und Rilkes. Würzburg.
Wilhelm, Richard(übers.)(2015): I Ging. Das Buch der Wandlungen. Diederichs.
Zweig, Stefan (1937; 1994): Magellan. Der Mann und seine Tat. Frankfurt a. M.(Zweig)

https://quh-berg.de/aber-ich-lebe-noch/ (2023.12.09.)
https://www.burg-huelshoff.de/ueber/historie/anette-von-droste-huelshoff
https://www.greeknewsagenda.gr/index.php/interviews/reading-greece/6470-reading-greece-katerina-iliopoulou-on-poetry,-language-and-art-as-a-denial-of-defeat (2020.03.27.)
https://www.fr.de/kultur/literatur/jagd-hunde-11723898.html (2020.03.27)
https://www.zitty.de/das-neue-buch-des-berliner-dichters-bjorn-kuhligk/ (2020.04.01.)
https://www.forschung-und-lehre.de/management/uni-hamburg-zieht-sich-aus-konfuzius-institut-zurueck-2978
https://www.tagesspiegel.de/politik/ist-europa-heute-eine-einsame-frau-in-zerrissenem-kleid-7900024.html